TAKE no FAKE

Die Welt am Abgrund,
durch Plagiate, Lügen, KI und ChatGPT

———————

Zukunft braucht das ECHTE
und ORIGINALE wie Dich!

Alex Deitermann

Zum Geleit:

Was immer wir hören, ist eine Meinung,

kein Fakt.

Was immer wir sehen, ist eine Perspektive,

nicht die Wahrheit.

Marcus Aurelius

Impressum

© 2023: Alex Deitermann
www.alexdeitermann.de

1. Auflage

ISBN 978-3-98942-319-0

Fotos:	Ralf Hellmann, ARD Thorsten Jander (Claudia Kleinert), Wolfgang Grupp, Christian Manthey (Alex Deitermann)
Lektorat:	Krizia Köhler, D-61206 Wöllstadt
Buchsatz:	Katharina Boguslawski, D-54294 Trier
Korrektorat:	Tanja Spath-Nagazi, Nagazi Übersetzungsbüro, D-66693 Mettlach
Coverdesign:	afkara jl modang und Katharina Boguslawski
Druck:	One World Distribution, Lenneper Straße 88, D-42855 Remscheid
Distribution und Vertrieb:	Nova MD GmbH, Vachendorf

Individuelle Autorenexemplare mit Widmung und Sammelbestellungen
ab 10 Exemplaren: www.alexdeitermann.de oder info@alexdeitermann.de

Haftungsausschluss

Autorenanmerkung zum Sprachstil

Mit möglichst ungehindertem Lesefluss soll Ihnen dieses Buch Lesefreude schenken. Mit der Wahl des „Sie" und damit der Höflichkeitsform anstelle des „du" in der persönlichen Anrede bringe ich allen Lesenden, gleich welchen Alters, meinen Respekt entgegen. Für bestmögliche Lesbarkeit biete ich alles, was beim Lesen aufhalten würde, nicht an – selbst wenn es politisch korrekter wäre. Als offener und respektvoller Mensch ist es für mich selbstverständlich, dass ich bei generischen Formulierungen immer alle Menschen meine. Es gibt entsprechende Schreibweisen, um dies vollumfänglich zu erkennen zu geben. Dennoch habe ich bewusst auf einen formvollendeten, gendergerechten Sprachcode verzichtet. Ich bediene mich vieler geschlechtsneutraler Beschreibungen, um – flüssig lesbar – möglichst diskriminierungssensibel zu schreiben. Zusätzlich binde ich weiterhin das generische Maskulinum ein. Wie gesagt, sind stets weibliche und weitere nichtbinäre Geschlechtsidentitäten mitgemeint. Fühlen Sie sich bitte auch ohne Sternchen, Binnen-I, Doppelpunkt oder Gender-Gap unbedingt angesprochen.

Widmung

*Für meine einzigartige Tochter Rita,
meine wunderbaren Söhne Anno und Felix sowie
meine faszinierenden Enkel Leon, Paulina und Carlotta.*

Zukunft wird aus Mut gemacht!

Liebe Leserinnen und Leser,

im **Bonusmaterial** zum Buch finden Sie:
- weiterführende Quellen mit interessanten Inhalten
- das Dokument „Clarity about lies" von Milos Rakic
- Link zum KLARHEIT Check von Manuela Ederer
- Literaturverzeichnis mit klickbaren Links

 **BONUS zum Herunterladen**
Scannen Sie den QR-Code.

Inhalt

TEIL 1: Wissenschaft, Wirtschaft, Politik

TEIL 2: Kunst, Kultur, menschliches Verhalten

TEIL 3: Philosophie, Psychologie, spirituelle Pfade

Prolog – Ralf Hellmann

Mit dem Autor Alex Deitermann war ich 2017 eine Woche in Indien unterwegs. Wir beziehen Biobaumwolle direkt von zertifizierten Biofarmern in Indien und haben gemeinsam analysiert, wie wir den Betrug bei Biobaumwolle verhindern können. Oft werden konventionelle Produkte als „Bio" gekennzeichnet, weil dadurch höhere Erträge erzielt werden können.

Zwei Jahre nach unserem Besuch kam es in Indien zu einem großflächigen Betrug bei Biobaumwolle. Konventionelle Baumwolle wurde als Biobaumwolle „umetikettiert". Dieses schockierende Ereignis zeigte uns deutlich, dass Betrug und Fälschungen uns in allen Lebensbereichen, Produkten und Dienstleistungen begegnen können.

In *TAKE no FAKE* zeichnet der Autor die Beweggründe der Betrüger auf und zeigt an eindrucksvollen Beispielen, welche Kreativität diese Menschen an den Tag legen. Es wird deutlich, wie perfide die Techniken und Vorgehensweisen der Betrüger sind. Dabei geht der Autor noch weiter, indem er auch seine eigenen Schwächen nicht ausschließt und aufzeigt, dass das „Flunkern" zum Menschsein gehört.

TAKE no FAKE nimmt den Lesenden mit auf eine faszinierende Reise in die Welt der Fälschungen und *Fakes*. Durch persönliche Aufzeichnungen und Erlebnisse kann man sich auf die ein oder andere Weise selbst wiederfinden. Alex Deitermann hat es geschafft, seine eigene Sicht und seine persönlichen Schwächen in diese fesselnde Erzählung einzubinden, die uns anhand beeindruckender Beispiele aus Industrie, Politik und Gesellschaft aufklärt und zum Nachdenken anregt.

Neben den spannenden Geschichten und persönlichen Einblicken bietet das Buch auch eine leicht verständliche Darstellung psychologisch wertvoller Erkenntnisse. Diese Erklärungen verleihen dem Werk eine zusätzliche Dimension und runden es ab. So wird es möglich, das Buch in einem Durchlesen zu verschlingen, ohne dabei den roten Faden zu verlieren.

Die Lektüre dieses Buches wird Ihre Wahrnehmung schärfen und Sie für die subtilen Manipulationen und Täuschungen sensibilisieren, denen wir täglich ausgesetzt sind. Es ist ein Aufruf zur Achtsamkeit und zur kritischen Betrachtung unseres Umfelds. Wir dürfen uns bewusstwerden, dass Betrug und Fälschungen nicht nur ein Problem anderer Menschen sind, sondern dass auch wir selbst anfällig für fremde sowie auch eigene *Fakes* und Täuschungen sind.

TAKE no FAKE bietet Ihnen in gut verständlicher, eindringlicher Klarheit konkrete Handlungsmöglichkeiten, die zu einem neuen Bewusstsein, einer persönlichen Entwicklung, zu mutigen Entscheidungen und wertvollen Ergebnissen für jeden persönlich, wie für unsere gemeinschaftliche Welt, führen können.

Ich wünsche Ihnen eine fesselnde und erkenntnisreiche Lektüre, die Ihnen neue Perspektiven eröffnet und Ihnen nicht nur dabei hilft, die Welt der Fälschungen und *Fakes* mit anderen Augen zu sehen, sondern selbst ein Original zu sein, das mit Mut und Engagement zu einer positiven Zukunft beiträgt.

Bocholt, im Juni 2023.

Ralf Hellmann
Gesellschafter-Geschäftsführer
Dibella b.v., NL-7121 JC Aalten

16

Vorwort – Wolfgang Grupp sen.

 Als Unternehmer und Inhaber von TRIGEMA bin ich überzeugt, dass Originalität und Qualität die Basis für langfristigen Erfolg sind. Deshalb setze ich mich klar gegen Plagiate und Fälschungen ein. Sie sind nicht nur illegal, sondern auch ein großes Risiko für Verbraucher, da sie oft minderwertige Materialien und Verarbeitung verwenden.

Darüber hinaus schädigen sie nicht nur die getäuschten Kunden sowie die Firmen, die die Originale entwickelt haben, sondern oft auch die Menschen sowie die Umwelt in den Herkunftsländern, weil dort keinerlei Arbeits- und Umweltschutz gewährleistet wird.

Ich glaube auch fest an die Eigenverantwortung jedes Einzelnen. Jeder Mensch ist für sich selbst verantwortlich, auch für die Gestaltung seiner eigenen Zukunft. Die Politik sollte sich nicht in jedes Detail des Lebens der Menschen einmischen, sondern Rahmenbedingungen für Menschen und Organisationen gestalten, die Eigenverantwortung fördern und stärken. Nur so können wir uns als Gesellschaft und Staat erfolgreich weiterentwickeln.

Ich sehe auch die zunehmende Regulierung und Bürokratie in Deutschland und Europa kritisch. Wir brauchen eine wirtschaftsfreundliche Politik, die den Unternehmergeist fördert und Unternehmen in ihrer Entwicklung unterstützt. Die Entlastung der Unternehmen von bürokratischen Unsinnigkeiten und die Schaffung von Bedingungen und Freiräumen für kreative Entwicklungen sind der Schlüssel zur Stärkung der Wirtschaft sowie zur langfristigen Sicherung und Schaffung von Arbeitsplätzen.

Ich bin der Meinung, dass wir nur durch Originalität, Qualität und Eigenverantwortung sowie einer wirtschaftsfreundlichen Politik langfristigen Erfolg erzielen können.

Ihr Wolfgang Grupp
Inhaber
TRIGEMA, D-72393 Burladingen

Impuls – Claudia Kleinert

 Liebe Leserinnen und Leser,

ich freue mich sehr, mit diesem Impuls zu einem Buch beizutragen, das nicht nur mein Interesse geweckt hat, sondern das auch von höchster gesellschaftlicher Relevanz ist. *TAKE no FAKE* von Alex Deitermann ist ein Werk, das sich mutig den vielfältigen Herausforderungen unserer Zeit stellt: Plagiate, Lügen, Fälschungen, Desinformationen und *Fake News*, die nicht nur unser Vertrauen in Informationen untergraben, sondern auch den Weg zu einer nachhaltigen und lebenswerten Zukunft versperren.

Als Diplom-Kauffrau, Unternehmerin und Wetter-Moderatorin bin ich täglich mit Zahlen, Daten und Fakten konfrontiert, die weit über das aktuelle Wetter hinausgehen und zeigen, dass die Folgen der globalen Erwärmung schon jetzt vielerorts zu gravierenden Veränderungen geführt haben. Die Natur ist in Gefahr, und der Klimawandel ist eine reale Bedrohung, der wir uns stellen müssen. In *TAKE no FAKE* finden wir uns mit den unbestreitbaren Ursachen dieses Klimawandels konfrontiert – sowie auch den Versuchen der Leugnung und Desinformation – und werden aufgefordert, gemeinsam zu handeln, um eine positive Veränderung herbeizuführen.

Alex Deitermann zeigt uns auch anhand persönlicher Beispiele auf beeindruckende und glaubwürdige Weise, wie Plagiate, Lügen und Falschinformationen nicht nur in Bezug auf Produkte und Leistungen sowie Beziehungen zwischen Menschen und politische Themen wirken, sondern auch das Verständnis und die Wahrnehmung des Klimawandels beeinflussen können. Und das Buch wäre nicht vollständig, wenn es uns nicht auch die Augen für die dringende Notwendigkeit des Handelns öffnen und konkrete Möglichkeiten aufzeigen würde.

Mit Sachverstand und Herz legt der Autor die Zusammenhänge zwischen *Fake News* und Manipulationen sowie deren Folgen dar. Er ermutigt uns, die Macht der Wahrheit zu erkennen und uns gegen Desinformationen zu wappnen. Denn nur durch ein Bewusstsein für die Fakten und die eigenen Fähigkeiten können wir effektive Lösungen finden und unseren Planeten schützen.

TAKE no FAKE ist ein Appell an uns alle, uns nicht von Halbwahrheiten blenden zu lassen, sondern die Realität anzunehmen und Verantwortung zu übernehmen. Als Moderatorin weiß ich, dass der Klimawandel kein abstraktes Konzept ist, sondern ein ernstzunehmendes Problem, das wir heute angehen müssen, um unseren Kindern und Enkeln eine lebenswerte Welt zu hinterlassen.

Lassen Sie sich inspirieren und ermutigen, sich den Herausforderungen zu stellen, denen wir alle gegenüberstehen. Gemeinsam können wir die Weichen für eine nachhaltige Zukunft stellen und die Welt zu einem besseren Ort machen.

Herzlichst
Claudia Kleinert
TV-Wetter-Moderatorin

Vorwort des Autors

Fakes, also Fälschungen im Sinne von Plagiaten, Kopien und Täuschungen, sind so alt wie die Menschheit und treten in den unterschiedlichsten Formen auf. Meist sind sie nicht „offen-sichtlich" und deshalb schwer erkennbar, weshalb sie im Zweifel sehr gefährlich sein können. Und manchmal tragen sie ungeahnte positive Aspekte in sich, obwohl die Risiken und Auswirkungen in den allermeisten Fällen als sehr negativ zu bewerten sind.

Wie interessant es ist, die unterschiedlichsten Arten von „Tarnen und Täuschen" zu analysieren, sehen Sie anhand vielfältiger Beispiele, mit denen ich von 2009 an etwa zwölf Jahre beruflich konfrontiert war und die mir im Laufe der Zeit aufzeigten, dass ich mich selbst nicht von Lügen und *Fakes* freisprechen kann.

Damals war ich knapp 50 und auf der Suche nach einer neuen unternehmerischen Herausforderung, als ich durch einen Professor der Chemie und zwei seiner Doktoranden das erste Mal wirklich mit dem Thema *Fakes*, also mit Plagiaten, Produktkopien und Fälschungsschutz konfrontiert wurde. Die Drei hatten ein faszinierendes System gegen Produktfälschungen entwickelt und suchten einen Marketing- und Vertriebsspezialisten als Partner für die Ausgründung eines „Start-ups"* aus der Hochschule.

Zu dieser Zeit war der Begriff *Fake News* noch nicht populär, und es schien, als gäbe es Fälschungen nur – oder sagen wir vorwiegend – in der Welt der Produkte und Materialien, bei Banknoten, Luxusartikeln und anderen teuren Gegenständen. Schon bald nach der Gründung des Unternehmens* begann eine klassische Werbeagentur mit der Visualisierung des Schutzsystems, und hier wurde auch der Slogan *Take no Fake* entwickelt. Ihn nahm ich mit auf die Reise zum Buch.

Heute, im Jahr 2023, zum Zeitpunkt der Veröffentlichung dieses Buches, und drei Jahre nach der Übergabe des Unternehmens an die Nachfolger, haben sich das Verständnis und die Bedeutung des Wortes *Fake* völlig verschoben: Nicht mehr die Plagiate zum Beispiel einer Rolex-Uhr, eines Adidas-Kleidungsstücks, hochwertiger Materialien oder technischer Produkte stehen im Vordergrund, sondern

Falschmeldungen in Social Media, Verschwörungsfanatiker, die seit Beginn der Coronapandemie online und offline ihr Unwesen treiben, und Persönlichkeiten wie Donald Trump, der von vielen Menschen als Erster mit „alternativen Fakten" in Verbindung gebracht wird.

Oder auch Skandale, wie beim Unternehmen Wirecard, das den größten Bilanzbetrug in der deutschen Geschichte initiierte und Millionen Anleger um ihr investiertes Geld brachte. So war auch die Entstehung dieses Buches ein Prozess, der viel länger gebraucht hat als zunächst angenommen. Und Sie würden es als Leserinnen und Leser heute nicht in der Hand halten, hätte ich mir nicht schließlich selbst ein zeitliches Limit gesetzt. Denn Sie werden sehen, je tiefer Sie sich in die „Welt des Zwielichtes" begeben, desto mehr „Schatten" und Schattierungen werden sichtbar, und es besteht die Gefahr, den Überblick zu verlieren.

Je mehr wir uns mit dem Thema „Täuschen und Tarnen" beschäftigen, desto breiter wird das Spektrum an Fälschungen und desto mehr wird deutlich, dass praktisch jeder Mensch auf diesem Globus davon betroffen ist. Das Thema hat also eine hohe Relevanz – quer durch alle Lebensbereiche, angefangen bei der eigenen Gesundheit, den Auswirkungen auf Klima, Umwelt und Gesellschaft, ethische und religiöse Positionen bis hin zur lokalen und globalen Politik sowie Krieg und Frieden.

So gibt es heute praktisch keine News mehr, denen man einfach „blind vertrauen" kann, und wir alle spüren mit dem Einzug der KI und Systemen wie ChatGPT die Tendenz, dass praktisch alle Informationen in Frage gestellt werden (müssen).

Spätestens bei dem Versuch, die komplexere Fragestellung rund um „Wahrheit und Lüge" zu analysieren, kommen wir zu dem Ergebnis, dass es keine „absolute Wahrheit" geben kann. An deren Stelle treten Werte, Prinzipien und Überzeugungen, die sehr unterschiedlich ausfallen können und dennoch im Einzelfall echt und authentisch sind. Dieses Dilemma stellt für jeden Menschen eine Herausforderung dar, sofern er bestrebt ist, seine eigenen Wahrheiten zu ergründen und zu entwickeln.

Auch hier existieren freilich nicht nur „Schwarz oder Weiß", „Falsch oder Richtig", „Echt oder Unecht". Hier fängt für alle, die Interesse daran haben, die eigene Arbeit an. Wie sagte einst ein kluger Mensch: „Arbeit an sich ist Arbeit an sich". Und so wundert es nicht, dass es auch bei Menschen letztlich „Kopien" und „Originale" gibt.

Schließlich beginnen wir unser irdisches Dasein einerseits als Original, andererseits kopieren wir von der ersten Minute all das, was uns die Umwelt zeigt und bietet – zumindest in den ersten Lebensjahren. Und dann können und dürfen wir uns der Gabe bewusstwerden, eigene Entscheidungen treffen zu können, uns selbst zu entscheiden und uns so zu entwickeln, wie wir das möchten oder für richtig halten.

Wir stellen fest, dass wir der Schöpfer unseres eigenen Lebens sind – oft geleitet von Vorbildern, die nicht nur uns beeindruckt haben. Wir erleben Menschen, die so anders und ungewöhnlich sind als der „Rest der Welt", dass uns der Atem stockt. Wir sehen Leute, die wirklich Ungewöhnliches erreicht haben und verkörpern – positiv wie negativ. Wir dürfen lernen, tolerant zu sein und die Vielfältigkeit der Menschen sowie ihrer Neigungen, Gedanken, Vorlieben, Interessen, Wahrheiten und Überzeugungen zu tolerieren, solange sie nicht damit andere einzuschränken versuchen.

Wir finden Vorbilder, die uns zeigen, dass wir unser Potenzial oft nur zu einem kleinen Teil nutzen. Mir hat die Auseinandersetzung mit dem Komplex „Fälschungen und Originale" verdeutlicht, welch wunderbare Fähigkeiten jeder einzelne Mensch als „Schöpfer" erhalten hat und was wir alle ganz individuell tun können, um uns selbst und die Welt ein Stückchen zu verbessern. Abseits von *Fake* besteht sie wirklich, die Möglichkeit, eine Art *Weltverbesserer* zu werden – auf ganz eigene Art und Weise.

Abschließend sei angemerkt, dass die Ausführungen in diesem Buch meine eigene Meinung spiegeln und auf meinen Erfahrungen basieren. Sie sind also subjektiv und haben keinen Anspruch auf objektive Korrektheit oder dem Entsprechen von Ansichten und Meinungen anderer Menschen. Selbstverständlich habe ich viele Aussagen durch Literatur oder andere Nachweise untermauert, Zitiertes stets kenntlich gemacht – nach bestem Wissen und Gewissen.

Ich bin davon überzeugt, dass Authentizität kein Modewort ist, kein Trend, sondern neben Mut zu Veränderung und Integrität *die* Voraussetzung, unsere Welt nachhaltig zum Besseren zu verändern.

In diesem Sinne wünsche ich Ihnen jetzt viel Freude mit dieser Lektüre und die eine oder andere Inspiration für Ihre eigene Reise zu innerer Stärke und persönlichem Wachstum. Möge das Buch Ihnen auch ein Stück Ihres Weges zeigen. Ich freue mich über Ihre Leseeindrücke und über Ihr Feedback und schätze schon jetzt den Dialog mit Ihnen.

Oktober 2023
Alex Deitermann

(*) Tailorlux GmbH mit Sitz in Münster

Einleitung

Was ist Authentizität für mich? Worin besteht der Wert des Echten? Und was ist das überhaupt genau? Wann habe ich zuletzt meine eigenen Werte hinterfragt, alte Lebenspläne losgelassen und ganz neue Ziele gesteckt? Bin ich ganz bei mir oder doch eher im Außen? Bin ich eigentlich integer?

Zu diesen Fragen kommen Sie ganz selbstverständlich, wenn Sie dieses Buch als Impulssammlung in die Hand nehmen. Gemeinsam entlarven wir nicht nur einige *Fake*-Fallen, sondern wir widmen uns auch den philosophischen Fragen des Lebens. Erst das Hinterfragen, dann die eigenen Antworten. Die Antwort auf die große Frage „Was können wir tun?" lautet immer: „Wir können nur bei uns selbst anfangen."

In drei Teilen nehme ich Sie mit auf die Reise durch *Fakes* in allen Lebensbereichen. Da ich Storytelling liebe und handfeste Beispiele, tauche ich immer wieder in Geschichten ein, die mir in meinem Leben begegneten oder die mir zugetragen wurden. Sie haben hier eher ein Praxisbuch in der Hand als ein Fachbuch. Übrigens kann es nicht Ziel dieses Buches sein, sämtliche Spielarten von *Fakes* abzudecken und zu ergründen. Sie kennen den Spruch und verstehen nun den Hintergrund: kein Anspruch auf Vollständigkeit.

Vielfältigkeit ist dennoch geboten; das zeigt Ihnen schon das breit aufgefächerte Inhaltsverzeichnis. Die Kapiteltitel weisen Ihnen den Weg, wo die Reise jeweils thematisch hingeht. Im ersten Teil sitzen Sie fast in einer Art Vorlesung, um zunächst die Fakten rund um *Fakes*, von Definition bis Spielart, zusammenzutragen und einzuordnen. Keine Sorge, staubtrocken wird es aber keinesfalls zugehen.

Teil zwei widmet sich stärker dem Zwischenmenschlichen. Und hier tauchen Sie dann auch in die *Fake*-Erfahrungen aus meiner Biografie ein. Die Schatztruhe für Ihre eigene persönliche Weiterentwicklung haben Sie mit Teil drei in der Hand. Die im Inhaltsverzeichnis angekündigten spirituellen Pfade führen Sie geradewegs in die eigene Werte- und Lebensart-Inventur. Vertiefen können Sie diese, wenn Sie sich weiterführende Lektüre aus meinen Empfehlungen besorgen. Sie sind angehender Unternehmer oder erfahrene Unternehmerin? Dann könnten Sie darauf brennen, sich die Kapitel 9 ff. im letzten Teil des Buches anzusehen. Darin finden Sie Erfolgsregeln, die durchaus Allgemeingültigkeit besitzen, und sogar eine Art Formel für Ihren unternehmerischen Erfolg. „Spulen" Sie gern vor, und gehen Sie direkt in die Umsetzung.

Das Buch ist so angelegt, dass Sie ganz frei entscheiden können, welchen Teil Sie zuerst lesen und was in welcher Reihenfolge. Es ist in Teilen chronologisch aufgebaut, kann jedoch auch wunderbar Teil für Teil oder Kapitel für Kapitel gelesen werden. Sie dürfen sich hier austoben. Linear „normal" von vorn bis hinten lesen, hin und her springen, vorspulen, zurückgehen – alles ist möglich. Sie können auch – Überraschung – den Zufall entscheiden lassen, auf welcher Seite Sie starten.

Ein Quellenverzeichnis bietet Ihnen die Übersicht und Einstiegsmöglichkeit, noch tiefer in den *Fake*-Themen zu graben. Klar ist: Für eine vollumfängliche *Fake*-Bestandsaufnahme und -Analyse bräuchte es ganze Buchreihen statt Einzelbücher, und zwar fortlaufend aktualisierte. Mein Ziel ist keine Informationslehre, weder mit Anspruch auf Vollständigkeit noch Wahrheit. Vielmehr würde es mich freuen, Sie durch die Beispiele zum Nachdenken und Weiterdenken anzuregen.

Es klingt vielleicht vermessen, aber dieses Buch richtet sich an JEDE und JEDEN. Ganz egal, ob Sie, liebe Leserin, lieber Leser, Angestellte oder Unternehmer sind, Führungskraft, Beamtin, Teamleitende, Journalist oder Mediengestalter, Lehrbeauftragte, Studierende, Schüler, Politikerin, Künstlerin, Forschender, Berufsanfänger, schon in Rente oder Pension, selbstständig, verbeamtet, angestellt oder gerade ohne Arbeitsplatz – die Beschäftigung mit den eigenen Lebenszielen, die Reise zur Weiterentwicklung der eigenen Persönlichkeit, die geht uns alle an. Und die beeinflusst unser jeweiliges Umfeld.

Wir alle sind täglich Unmengen an Informationen ausgesetzt, die leider nicht alle einen Wahrheitsanspruch an den Tag legen. Unwahres und Wahres sind oft ebenso schwer auf den ersten Blick zu erkennen wie Unwichtiges und Relevantes.

Es liegt mir fern, Ihnen auf den folgenden Seiten maßgeschneiderte Handlungsanweisungen mit auf den Weg zu geben. Mir geht es um Inspiration, kritische Betrachtung, Bewusstsein und Anstöße zum Mit- und Weiterdenken. Und klar: Fehler, die andere schon begangen haben, müssen Sie nicht auch noch machen. Dieses Buch bietet Beispiele und Perspektiven, wie Ehrlichkeit gelebt werden kann. Wie Sie und ich nicht nur Originalität, also eigene Fantasie, Kreativität und Authentizität, erschaffen, sondern auch Integrität entwickeln und vorleben können.

Hier wird von Menschen und Beispielen berichtet, die Ehrlichkeit leben – oder nicht – und den Auswirkungen daraus. Ich schreibe von Möglichkeiten und Potenzial, durch das eigene mutige Handeln individuell, in Beziehungen, Unternehmen und Gesellschaften *den* Unterschied zum Besseren zu machen.

Nehmen wir das Wort ruhig in den Mund: *Weltverbesserer* sein. Das geht auch im Kleinen, ganz individuell. Das ist aus meiner Sicht eine wichtige Thematik, angesichts der vielen Krisen, die sich um uns herum zu stapeln scheinen. Mein Wertesystem fußt auf dem absoluten Basiswert namens *Vertrauen*. Dazu kommen Freiheit, Toleranz, Verantwortung, Dankbarkeit und Güte.

Wenn Sie neugierig sind, wie Ihre eigenen Werte und Prinzipien, Ihre Anliegen, Vorstellungen und Ziele nicht nur in den Kontext von Wahrheit, Originalität und Authentizität passen, sondern was die Auswirkungen von Plagiaten, *Fake News*, Lügen und Täuschungen in Ihnen auslösen – und wie Sie darauf reagieren können, dann ist dieses Buch zu einhundert Prozent die richtige Lektüre für Sie.

Zu Beginn – Was habe ich von diesem Buch?

Wahrscheinlich sind die Gründe, dieses Buch zu lesen ebenso vielfältig wie die Leserinnen und Leser selbst sowie ihre individuelle Erwartung an den Inhalt und die darin angebotenen Gedanken, Modelle, Erkenntnisse, Thesen und Tipps.

Ganz ehrlich, das Allermeiste in diesem Buch ist nicht wirklich neu. Auch deshalb kann ich Ihnen unmöglich versprechen, Ihre persönlichen Erwartungen zu erfüllen, vielleicht nicht einmal in Ansätzen. Um Ihnen dennoch ein Maximum an Lesefreude und für Sie wertvollen Erkenntnissen zu bieten, lade ich Sie ein, sich für meine gedankliche Welt, bezogen auf Lügen, Fälschungen, Täuschungen, Misstrauen und Angst, ebenso zu öffnen, wie für die Gegenseite, die unter anderen aus Authentizität, Integrität, Ehrlichkeit, Verantwortung, Vertrauen, Dankbarkeit, Liebe und Zuversicht besteht.

Statt die beschriebenen Ereignisse und Geschichten, deren Hintergründe und Essenzen spontan zu beurteilen und in Ihre eigene, bereits bestehende Wertewelt einzuordnen, lade ich Sie ein, *TAKE no FAKE* mit der Offenheit eines neugierigen Kindes zu lesen und sich auch auf für Sie zunächst fremd oder skurril wirkende Gedanken und Sichtweisen einzulassen, ohne sie im selben Moment zu bewerten oder gar zu verurteilen. Mit dem gleichen erwartungsvollen Interesse, mit dem Sie ins Kino gehen und sich von einem neuen Film überraschen lassen. Im besten Fall gelangen Sie durch eine solche Unvoreingenommenheit zu einem neuen Verständnis für andere Perspektiven und Sichtweisen oder auch zur Ablehnung, Bestätigung oder Veränderung von Überzeugungen, die Sie schon vor dem Lesen in sich trugen.

Mein Ziel ist es, anhand von Beispielen zahlreiche Dinge infrage zu stellen, die auf den ersten Blick logisch oder schlüssig erscheinen und deshalb sehr oft unreflektiert als wahr angenommen werden. Dazu gehören viele Verhaltensweisen und Probleme in der Gesellschaft, die nicht als gottgegeben oder unveränderlich angesehen werden müssen. Im Gegenteil stecken in den meisten misslichen Situationen auch Perspektiven, die nur auf den zweiten Blick und durch gezieltes Hinsehen erkennbar werden. Bei allen großen Herausforderungen, mit denen wir uns im Kleinen wie im Großen konfrontiert sehen, existieren nach meiner tiefsten Überzeugung immer und überall auch Chancen und Handlungsmöglichkeiten zum Positiven.

Wenn Ihnen dieses Buch den einen oder anderen für Sie brauchbaren, vielleicht sogar wertvollen Impuls liefert, mit dem Sie Ihr Leben zum Besseren gestalten können, hat es sich für Sie gelohnt, es in die Hand zu nehmen und ihm Ihre wertvolle Zeit zu widmen. Für mich wäre es die größte Freude, zusammen mit Ihnen einige der Mythen zu entlarven und dadurch dazu beizutragen, die Zukunft in vielfältiger Weise lebenswert zu gestalten. In diesem Sinne bedanke ich mich bei Ihnen auf das Herzlichste und wünsche Ihnen über viel Freude beim Lesen hinaus die Inspirationen, die für Sie von hohem Wert und deshalb jetzt genau richtig sind.

TEIL 1

Wissenschaft, Wirtschaft, Politik

Was ist alles *Fake*? Differenzierung und Beispiele

1 Zwischen Plagiat, Lüge, Halbwahrheit und Co. – vom Mini-Schwindel bis zum ausgewachsenen Betrug

1.1 *Fake it until you make it*

Wie bei nahezu allem im Leben beginnt auch jede Geschichte eines *Fakes* in uns Menschen – in denjenigen von uns, die sich an Schwindeleien, Lügen, Manipulationen bedienen, um an bestimmte Ziele zu gelangen. Und das sind wir tatsächlich alle. Empirisch validen Studien zufolge flunkern wir im Schnitt zweimal pro Tag. Viele Philosophen betrachten die Lüge übrigens als eine Art neutrales Werkzeug. Psychologen sehen sie als Teil unserer Kommunikation und als lebensnotwendig, um uns in schwierigen Umständen das Leben zu erleichtern.

Als moralisch verwerflich gelten gemeinhin nur Lügen, die anderen schaden sollen, auch schwarze Lügen genannt. Zwecklügen, Notlügen, Ausreden, soziale Lügen, die andere schützen, oder zwanghaft pathologische Lügen – das Spektrum der zwischenmenschlichen Kommunikation ist groß. In den beiden „Bibeln" der Ethik hingegen, also der *Nikomachischen Ethik* von Aristoteles und der *Kritik der praktischen Vernunft* von Immanuel Kant, wird die Lüge klar verurteilt. Kant sieht die Wahrhaftigkeit als ethische Pflicht des Menschen gegen sich selbst.

Wir betreten aber auch im Rahmen der Erkenntnistheorie einer starken Relativierung des Wahrheitsbegriffes. Es geht dann beispielsweise bei der Konsenstheorie der Wahrheit in die Richtung, dass auch eine Lüge wahr sein kann, sofern sie sozial akzeptiert wird.

Wir wagen in Teil eins des Buches den Versuch der Annäherung: Wo hört die Wahrheit auf und wo beginnt die Lüge? Einblicke in unser menschliches Bewusstsein machen deutlich, wie schmal der Grat ausfallen kann zwischen waschechtem *Fake* und nachvollziehbarem *Fake*-Mittel zu einem Zweck, der durchaus auch den Manipulierten dienen kann.

Dieser Satz zählt zu den bekanntesten Aussprüchen und wird oft und gern in Beratungsgesprächen und Coaching-Sitzungen genutzt: *Fake it until you make it*. Wir schauen auf die Bewusstseinsebene: Es ist ein gravierender Unterschied, mit welchem Bewusstsein (oder ohne) ich meine Arbeit verrichte. Beispiel: Bau-Handwerker. Einige „spielen" den Fachmann, obwohl sie weder die Kenntnisse noch die Einstellung zu guter Qualität haben. Die Ergebnisse sprechen dann im negativen Sinne für sich – für den Fachmann-*Fake*.

Auch Verkäuferinnen und Verkäufer erwecken nicht selten den Eindruck, als würden sie verkaufen – obwohl sie von Sales als Fachdisziplin keine Ahnung haben. Führungskräfte führen ihre Mitarbeitenden nicht im Sinne von Wachstum und dem Erreichen von Zielen, sondern geben Anweisungen oder versinken in den Details der Fachaufgaben, für die doch eigentlich ihr Team zuständig ist.

Unternehmer spielen Unternehmer, obwohl oder weil sie nicht wissen, was einen Unternehmer ausmacht beziehungsweise für welche Kernaufgaben allein er verantwortlich ist. Was passiert, wenn ich so tue, als sei ich ein Fachmann – obwohl ich mich nicht wirklich darum bemühe? Ich täusche die Menschen, spiele ihnen etwas vor. Ich werde auch nicht besser, weil ich versuche, mich irgendwie „durchzumogeln". Warum? Weil kein Bemühen dahintersteht, besser zu werden und einem – klar unerreichbaren – Ideal zu entsprechen.

Dementsprechend werden die Ergebnisse sein: schwach, maximal mittelmäßig. Eine Sache des Bewusstseins (= Wachheitszustand) und des eigenen Anspruchs.

Anderes Beispiel: Sie gehen auf den Golfplatz und „spielen" Tiger Woods – oder Bernhard Langer. Angeblich gibt es einen TV-Golf-Kommentator, der nie Golf spielte. Als er das erste Mal einen Schläger in die Hand nahm, versuchte er anhand der zehntausendmal gesehenen Bilder einen perfekten Schwung zu kopieren – und führte einen nahezu perfekten (den es ja nicht gibt) Schwung aus, sodass der Ball tatsächlich dorthin flog, wo er landen sollte.

Machen wir hier kurz die Unterscheidung zwischen dem sogenannten propositionalen Wissen auf, bei dem das Wissen ein Sachverhalt reiner Theorie ist, und dem praktischen Wissen, also dieses

„Wissen-wie", dem Besitz einer Fähigkeit. Auf der einen Seite sähe es so aus: Sie wissen über die Regeln des Golfspielens Bescheid, kennen die Theorie und wissen daher „theoretisch" ganz genau, wie man es macht. Und auf der anderen Seite: Sie wissen, wie Sie auf dem Golfplatz zu agieren haben. Sie haben das praktische Wissen im Sinne des „Könnens".

Die Griechen nannten dieses Wissen *techné*, daher auch der Begriff Technologie. Diese zwei Wissenskategorien sind wahrscheinlich nichts Neues für Sie.

Es gibt jedoch noch eine dritte Form, die für unser Beispiel relevant ist: Das Wissen, *wie* etwas ist. Damit ist das „Kennen" aus „eigenem" Erleben gemeint. Es geht um gesamtkörperliche Zustandserlebnisse, inklusive aller Gefühle – also, was beim Sport zum Beispiel das Gefühl nach überstandener Laufstrecke ist, das *Runner's High*, wenn die Endorphine durch den Körper jagen.

Zurück zum Golf: Stellen Sie sich vor, Sie müssten ein Turnier moderieren. Sie können sich dafür allerhand theoretisches Wissen und auch das Praktische aneignen, wenn Sie vorher einige Male zum Schläger greifen, vielleicht Trainingsstunden nehmen. Aber eigentlich möchten Sie wissen, *wie* es sich anfühlt, als Profi dort auf dem Grün zu stehen, wie es *wirklich* ist, im Spiel. Dazu ist das eigene Erleben, die eigene Erfahrung unerlässlich.

Ein gutes Beispiel für komplexe Zusammenhänge mit geistiger Erfahrung ist der Verlust eines geliebten Menschen. Den Satz „*Ich weiß, wie du dich fühlst*" kennen Sie. Diese Wissenskategorie im Zusammenhang mit Trauer ist unmöglich zu erreichen, wenn dazu keine eigenen Erfahrungen vorliegen. Nachfühlen funktioniert nicht ohne die eigene Erlebniswelt.

Was passiert, wenn ich so tue, als wäre ich bereits der, der ich sein will? Zu dem ich mich wirklich und wahrhaftig entwickeln will? Ich nähere mich mit jedem „Schauspiel" (*Fake*) der gewünschten Realität an. Kleidung, Auftreten, Gestik, Mimik, Wortwahl, Ziel und Taktik sowie die investierte Zeit und Energie werden zwangsläufig auf den gewünschten Zustand zusteuern. Und die Ergebnisse ebenfalls.

Sie werden immer besser werden und sich dem des (entstehenden) Profis annähern. Nicht umsonst heißt es oft: Fleiß, Disziplin und

Ausdauer schlagen Talent. Oder sagen wir es mit Karl Valentin: „Kunst kommt von Können, nicht von Wollen. Sonst würde es ja *Wunst* heißen." Der eigentliche Unterschied unserer *Fake*-Beispiele ist folgender: Der eine tut so, als sei er ein Fachmann (obwohl er sich nicht darum bemüht, einer zu werden), wird es aber nie; der andere tut so, als sei er ein Fachmann (weil er einer werden will), bis er einer ist.

An diesem Beispiel ist gut zu erkennen, dass „Fake nicht gleich Fake" ist. Im ersten Fall ist es der Versuch einer Täuschung, im zweiten das Mittel, sich zum Original zu entwickeln. Doch Achtung: Wer nicht aufhört, andere zu kopieren, wird nie selbst ein Original sein! Heiligt also manchmal der Zweck wirklich die Mittel der Kopie und Nachahmung? Dieser Frage gehen wir fokussierter nach, in Teil drei dieses Buches, wenn es um die Auswirkungen von *Fakes* geht. (Springen und dazu tiefer einsteigen? Weiterlesen ab Kapitel 7.)

1.2 „Es gibt Tausende Wahrheiten" versus „Es gibt nur eine Wahrheit"

Unsere markige Überschrift ist rein philosophisch nicht haltbar. Es gibt zwei Arten von Wahrheitstheorien: nicht-epistemische, also auf den Sachverhalt gerichtete Ansichten, und epistemische, die die Einstellung des oder der Sprecher untersuchen. Schauen wir auf die drei Anforderungen, die Bertrand Russel an Wahrheitstheorien stellt:

1. Wahrheit ist Eigenschaft von Überzeugungen (im Gegensatz zu Meinungen)
2. Es muss Falschheit geben (Wahrheit ist nicht absolut, aber binär)

Die Wahrheit einer Überzeugung hängt nicht von inneren Eigenschaften der Überzeugung ab, sondern von ihrem Verhältnis zu anderen Dingen, das heißt, Wahrheit ist relational (nicht intrinsisch). Dieses Buch dreht sich in weiten Teilen um Wahrheit und Lüge.

Manchmal sind beide bereits auf den ersten Blick offensichtlich und bedürfen keiner weiteren Erklärung. Wenn ein Auto zum Beispiel um 11:47 Uhr gegen einen Baum gefahren ist, ist das eine unbestreitbare Tatsache. Oft ist die Sache jedoch nicht so einfach. Und hier kommt wieder unsere Überschrift ins Spiel. Da behaupten zwei Menschen oder Parteien jeweils etwas, das sie für „wahr" halten und von dem sie zutiefst überzeugt sind.

So kommt es vor Gericht häufig vor – um bei dem Beispiel mit dem Autounfall zu bleiben –, dass Augenzeugen dazu später völlig widersprüchliche Aussagen machen. Für den einen war das Auto blau, für den anderen rot. Der eine hat eine Fahrerin am Steuer gesehen, die andere einen Mann. Die Liste an Beispielen widersprüchlicher Aussagen ließe sich beliebig fortsetzen. Natürlich sind viele Dinge objektivierbar, also ist die Wahrheit klar zu beweisen. Doch um solche „faktischen Wahrheiten" soll es hier einleitend nicht primär gehen.

Interessanter sind doch die Dinge, die wir wahrnehmen und als real bewerten und erinnern. Unser Gehirn neigt nämlich dazu, die Informationen, die über Augen und Ohren zu ihm gelangen, unmittelbar zu bewerten und in unser bestehendes Wertesystem beziehungsweise unsere bestehenden Erfahrungen einzuordnen.

So kann das Bild von einem saftigen Steak auf dem Grill bei dem einen Appetit anregen und zum einsetzenden Speichelfluss führen; bei einem Vegetarier jedoch vielleicht zu Übelkeit oder möglicherweise sogar Brechreiz. Beide sehen exakt das gleiche Bild – und doch etwas völlig Unterschiedliches.

Das ist genau der Punkt: Wenn Sie von etwas überzeugt sind, ist das Ihre Wahrheit. Sie stehen dahinter, können alle Aspekte dieser Sache benennen und bewerten, sodass Sie mit Ihrem Verstand und Ihrem Herzen zu dem Schluss kommen, dass das die Wahrheit ist. Aus der ethischen Perspektive heraus sind wir dann bei Wahrhaftigkeit, bei der inneren Haltung, die das Streben nach Wahrheit, das Streben nach Ehrlichkeit und das Streben nach Treue zu sich selbst beinhaltet.

1.3   *Fake News* als Permakrisen-Treiber

Krise hier, Krise dort: Kaum eine Schlagzeile kommt 2023 ohne dieses Wort aus – kein Wunder, nach Jahren, die geprägt wurden durch Coronapandemie, Energieengpässe, Lieferkettendramen, Klimadiskurs,

Handelskonflikte, Inflation und Krieg in Europa. Wir leben in einer Multikrisenrealität. Krisenzeit ist permanent. Und einer der Treiber: die sogenannten *Fake News*. Denn sie führen in eine Vertrauenskrise.

Zwischen Regierungen und Nationen, zwischen Politik und Bürgerinnen und Bürgern, zwischen Medien, Politik und den Menschen, die beide erreichen wollen, zwischen Familienmitgliedern, zwischen uns allen. Die Deutsche Welle schreibt: „Früher hießen Falschmeldungen liebevoll ‚Zeitungsenten'." Spätestens seitdem *Fake News* für den Wahlsieg Donald Trumps verantwortlich gemacht wurden, sei der Begriff in aller Munde.

Was genau sind *Fake News*? Es handelt sich um Falschmeldungen oder irrtümlich als Fakt dargestellte Neuigkeiten. Zurück zum Trump-Beispiel: Laut Angaben der Zeit-Online-Redaktion wurden in der Endphase des US-Wahlkampfs 2016 die zwanzig erfolgreichsten Falschmeldungen häufiger geteilt, gelikt und kommentiert als die zwanzig erfolgreichsten Berichte mit Wahrheitsanspruch von seriösen Medien.

Ganze *Fake*-Narrative, verbreitet durch Medienkonzerne wie Fox News in den USA beispielweise, wurden in die Gesellschaften gepumpt. Wir erleben heute eine neue Dimension, massiv befeuert auch durch soziale Medien.

Wenn wir auf die Coronapandemie-Zeit und ihre Nachwirkungen schauen, dann hängen *Fake News* und Verschwörungstheorien zusammen. Die Falschmeldungen führen zu Spaltung und Hetze, können gar die Demokratie gefährden. Wenn viele Menschen an *Fake*-Narrative glauben, dann werden diese in ihren Folgen irgendwann real.

Eine Unterscheidung zwischen Glauben (= für wahr halten) und Wahrheit verschwimmt. Das ist für den demokratischen Zusammenhalt gefährlich. Leider spielt hier auch die Digitalisierung in die *Fake*-Karten. Auf der einen Seite haben wir den schönen Effekt, dass sie uns Partizipation und Vernetzung erleichtert. Aber auf der anderen Seite wird das Systemvertrauen mit ihrer Hilfe zersetzt und unterspült. *Fake News* erreichen dank der Onlinewelten direkt ein potenzielles Weltpublikum – und das in immer größerer Geschwindigkeit.

Medienwissenschaftler Professor Bernhard Pörksen sagt, dass die Desinformation in den letzten Jahren an Macht gewonnen habe. Sie sei potenziell sogar tödlich. Schauen wir auf die Verschmutzung von Informationskreisläufen. Beispiel Corona, vorhin schon genannt und mit Verschwörungstheorien verknüpft: Wenn Menschen denken, Virus und Pandemie existiere beides nicht, Schutz wäre demnach unnötig und falsch, dann ist der Zusammenhang glasklar.

Ein weiterer Gesichtspunkt: Autokratische Systeme versuchen, eine Art neuen Eisernen Vorhang zu errichten, einen digitalen nämlich. Pörksen nennt hier China, Iran, Nordkorea und Russland. Es ginge darum, in westliche Netze einzudringen, Verwirrung zu stiften und Wahlen zu manipulieren.

Wir erinnern uns an die Bundestagswahl 2017: Damals war in Deutschland eine vielschichtige Einflussnahme Russlands auf die Wahl zu beobachten. Wie genau agiert Russland, damals und heute? Beispiel: In Trollfabriken arbeiten Hunderte von Menschen an der Aufgabe, Desinformationen zu streuen und Meinungsströme zu beeinflussen.

Anderes Beispiel: sogenannte *Deepfakes*. Das sind realistisch wirkende Medieninhalte, also Bild-, Video- oder Audioaufnahmen, die durch Techniken der künstlichen Intelligenz abgeändert und verfälscht worden sind. Bei scheinbar authentischen Videobeweisen schlagen wir die Brücke zum Ukrainekrieg.

Deepfakes als Propagandawaffe der Zukunft? Zu Beginn des russischen Angriffs auf die Ukraine wurde eine gefälschte Videobotschaft vom ukrainischen Präsidenten Wolodymyr Selenskyj über die gehackte Website eines ukrainischen Nachrichtensenders verbreitet. Der Präsident rief darin seine Landsleute vermeintlich zur Kapitulation auf.

2 Originale und *Fakes* der Gegenwart – Blick auf die jüngere Menschheits-*Fake*-Geschichte

2.1 *Deepfakes* als Kriegspropaganda und Herausforderung

Seit dem 24. Februar 2022, dem Tag, an dem die russische Armee in die Ukraine einmarschierte, prasselt ein Nachrichtensturm auf uns ein, der – drastischer als je zuvor, mit dem Versuch der Beeinflussung einhergeht. Im vorigen Kapitel waren wir bereits bei *Deepfakes* als Kommunikationswaffe. Berichte, Kommentare, Posts, Tweets und sonstige Beiträge in allen erdenklichen Medien buhlen darum, unsere Meinungen mit auszubilden.

Der Krieg, der nach Putins Erlass offiziell nicht so genannt werden durfte, heißt dann zum Beispiel „Spezialoperation". Selbst die russischen Soldaten dachten zu Beginn, sie würden an einem Manöver teilnehmen und erfuhren größtenteils erst durch Nachrichten auf ihren Smartphones, in was sie da verwickelt wurden. Erst rund zehn Monate später sprach Putin im Dezember 2022 selbst das verbotene Wort aus. Krieg.

Wie stark die extrem unterschiedlich gefärbten Nachrichten wirken, erfuhr in den Monaten nach Kriegsbeginn ein deutsches Unternehmerehepaar, das sich seit 2014 auf das Angebot von Gruppenreisen nach Russland spezialisiert hat. Mit etwa zehn einheimischen Mitarbeitenden organisierten die beiden bis zum Ausbruch der Coronapandemie Anfang 2020 die Informationsreisen in Russland für etwa 4.000 Teilnehmende.

Zu allen Mitarbeitenden hatten sie ein ausgesprochen persönliches und vertrauensvolles Verhältnis. Dies löste sich durch die Kriegspropaganda praktisch auf, wenn es nicht sogar in Feindschaft umschlug. Die zumeist jungen Menschen (30 bis 40 Jahre alt) standen fast alle hinter dem von Vladimir Putin verkörperten Nationalismus, teilten die Ansicht, die Ukraine bedrohe Russland und müsse deshalb „entnazifiziert" werden ...

Dabei ist es nicht so, dass diese überdurchschnittlich gut ausgebildeten Russen nur die Staatspropaganda hören und sehen. Durch das

Internet verfügen sie alle über den Zugang zu internationalen Medien. Wenn die Menschen „im Westen" vielleicht glauben mögen, die russische Staatsführung säße isoliert im Elfenbeinturm und würde sich einer andersdenkenden Bevölkerung gegenübersehen, ist dies eine irrige Annahme. Putin und seine Unterstützer sitzen viel fester im Sattel, als sich der Westen das wünschen mag.

Deshalb sind auch die Stimmen, die einen Plan für die Zeit „nach Putin" schon heute fordern, in gewisser Weise durch Hoffnung verblendet. Jedenfalls, wenn sie annehmen, dass es nach Putin einen radikalen Systemwechsel in Russland geben kann. Danach sieht es nicht aus, wenn wir den Erfahrungen konkret Betroffener glauben dürfen.

Was an dieser Entwicklung und Situation wirklich schockierend wirkt, ist die deutlich sicht- und spürbare Veränderung von Tausenden von Menschen, innerhalb kürzester Zeit. Weg von Offenheit, Freiheit, Menschlichkeit – hin zu Abgrenzung, Nationalismus, Kriegsunterstützung. Gab es das nicht alles schon? Zumindest rhetorisch lässt seit Monaten oft das „Dritte Reich" grüßen. Damals gab es als Medien nur Zeitungen und „Volksempfänger", und dennoch wirkte die Propaganda fatal – nicht viel anders als heute.

Wenn wir uns fragen, warum das so ist, kommen wir an dem sich über die Jahrzehnte drastisch verändernden Journalismus nicht vorbei. Während es früher zur Ehre des Berufsstandes gehörte, durch zuverlässige Quellen und Recherchen einen möglichst hohen Wahrheitsgehalt in Artikeln und Sendungen zu gewährleisten, spielen im Zeitalter der Online-Medien Klickraten scheinbar für viele die zunehmend größere Rolle. Die erreicht man bekanntermaßen jedoch nicht mit objektiver Berichterstattung, sondern vielmehr durch negativ konnotierte Sensationsmeldungen.

Nachrichten mit positivem Inhalt erzeugen drastisch weniger Interesse, weshalb nachvollziehbar ist, dass Inhalte auf reißerische Schlagzeilen verdichtet werden. Doch zu welchem Preis? Wir erleben, dass das Vertrauen in Medien aller Art drastisch schrumpft – und damit einhergehend die Toleranz für verschiedene Meinungen und Standpunkte. Und damit einhergehend das Vertrauen in die Gesellschaft, die Politik, die Zukunft. Statt sachlicher Argumentation sehen wir Aggressivität in Form wüster Beschimpfungen, ja, persönlicher Beleidigungen, die nichts mehr mit der Sache zu tun haben, um die es gehen sollte.

Das schwindende Vertrauen ist in Konsequenz ein drastisch hoher Preis, den wir als Gesellschaft zahlen, denn er verändert die Grundlage, auf der das Leben, wie wir es bisher kennen, basiert. Einer Gesellschaft, in der niemand mehr irgendetwas oder irgendjemandem trauen kann, gehen die existentiellen Werte und Prinzipien des Lebens verloren. An die Stelle von Vertrauen tritt Angst und statt Wohlwollen, Toleranz und Güte regieren Misstrauen, Ablehnung und im Extremfall Hass.

Doch auch für Betroffene ist der Preis oft unkalkulierbar hoch. Christian Wulff wurde als Bundespräsident im Dezember 2011 fälschlicherweise bezichtigt, eine kleine Anfrage des niedersächsischen Landtags bezüglich seiner Eigenheimfinanzierung nicht korrekt beantwortet zu haben (sogenannte Kreditaffäre). Dann wurde ihm von bestimmten Medien (unzutreffenderweise) vorgeworfen, er habe versucht, die Berichterstattung darüber zu verhindern (sogenannte Medienaffäre). In dessen Folge wurden immer wieder neue Vorwürfe (ebenfalls unzutreffenderweise) wegen früherer Verhaltensweisen aus seiner Zeit als Ministerpräsident erhoben.

Die Staatsanwaltschaft Hannover nahm schließlich anlässlich einer Urlaubsreise nach Sylt, die angeblich ein Filmproduzent bezahlt haben soll, Ermittlungen wegen des Verdachts der Vorteilsnahme auf und beantragte die Aufhebung von Wulffs Immunität als Bundespräsident. Wulf trat daraufhin im Februar 2012 zurück. Erst zwei Jahre später, am 27. Februar 2014, wurde Wulff vor dem Landgericht Hannover von ALLEN Vorwürfen freigesprochen und erhielt sogar eine Entschädigung „für erlittene Durchsuchungen". Die Staatsanwaltschaft nahm eine zunächst eingelegte Revision später zurück, sodass der lupenreine Freispruch rechtskräftig wurde. Kein einziger der Vorwürfe erwies sich als haltbar oder begründet.

Bemerkenswert ist, dass Christian Wulff zuvor ein Angebot der Staatsanwaltschaft, das Verfahren gegen Zahlung einer Geldauflage einzustellen, abgelehnt hat. Denn dies wäre einem Schuldeingeständnis gleichgekommen. Doch was bleibt? Die Skandale, die von der

Presse erfundenen Vorwürfe, der Rücktritt und der öffentliche Eindruck der Bestechlichkeit bleiben an Christian Wulff zeitlebens hängen. Stellen Sie sich vor, wie Sie sich in einer solchen Situation fühlen würden.

Im Prinzip identisch, wenn auch inhaltlich anders gelagert, verlief der so genannte Kachelmann-Prozess. Jörg Kachelmann, dem im Jahre 2010 wohl bekanntesten Wettermoderator, warfen die Staatsanwaltschaft Mannheim sowie die so genannte Nebenklage eine besonders schwere Vergewaltigung in Tateinheit mit gefährlicher Körperverletzung an seiner Geliebten vor. Kachelmann bestritt diese Vorwürfe und wurde am 31. Mai 2011 vor dem Landgericht Mannheim freigesprochen. Im September 2016 wurde in einem Zivilverfahren geurteilt, dass der Vergewaltigungsvorwurf zum Nachteil Kachelmanns von seiner Geliebten vorsätzlich wahrheitswidrig erhaben worden war. So weit auch zu diesem Freispruch erster Klasse.

Die Tragik in beiden Fällen, die hier exemplarisch für viele andere stehen, ist die öffentliche Vorverurteilung durch Presse und Medien. Wie eine Meute blutgieriger Hunde stürzten sich Journalisten und Kommentatoren auf die beiden Beschuldigten und sorgten in der Öffentlichkeit für die Beurteilung beziehungsweise Vorverurteilung, obwohl keinerlei Indizien oder gar Beweise vorlagen. Auch die Anklagen der betreffenden Staatsanwaltschaften wären ohne diesen medialen Druck wohl nie erhoben worden – und hätten nie erhoben werden dürfen –, denn handfeste und belastbare Beweise ergaben sich auch im Verlauf der Prozesse nicht. Allein das Schicksal dieser beiden Männer zeigt sehr deutlich, welche Konsequenzen *Fake News* für die betroffenen Menschen haben können. Journalismus, Medienarbeit und jede Nutzung von Medien verlangen nach Verantwortung. Worte sind Taten, die Grausames anrichten und zerstörerisch wirken können.

Was durch solche reißerische und negative Presse ausgelöst wird und was wir ebenfalls erleben, ist Angst. Ganz gleich, ob es sich um Berichte über Kriege, Klimaveränderungen, Umwelt, Wirtschaft, Gesellschaft, Religionen, Gesundheit, Pflege, Altersarmut, oder zum Beispiel fehlende Schul- und Kitaplätze, politische Skandale oder private Fehlleistungen handelt. Bei fast allem, was man sieht, liest oder hört, kann einem wörtlich angst und bange werden.

Angst ist das Gegenteil von Liebe und zerstört, wie auch Aggressivität, langfristig jedes Vertrauen, jeden Optimismus und jede Initiative für eine bessere Zukunft. Oder anders ausgedrückt, die Art und Inhalte der Information und Kommunikation in unseren Medien beeinflussen uns individuell und als Gesellschaft. Das mag in vielen Fällen unbewusst geschehen, jedoch vielfach oft stärker, als wir es uns selbst eingestehen können.

Als wären die durch Angst entstehende Unsicherheit, Konflikte, Zögern, Aufschieberitis und weitere Auswirkungen nicht schon tragisch genug – macht Angst auch noch dumm. Leider im wahrsten Sinne des Wortes. Die Blutgefäße im Frontalhirn, zuständig für Ratio und Planung, sind unter Stress verengt, damit die hinteren Teile des Gehirns, zuständig für Kampf- und Fluchtverhalten, gut versorgt werden.

Was, wenn durch das Erzeugen und Schüren von Angst gesellschaftliche Verhaltensweisen, wie zum Beispiel Widerstand gegen politische Vorhaben und deren Initiatoren, Zuwanderung aus dem Ausland, erforderliche Reformen, ein Gebäude-Energie-Gesetz, gezielt erreicht werden sollen? Sind wir nicht alle der Gefahr ausgesetzt, dass Medien als psychologische Waffe von Menschen benutzt werden, die durch das Verbreiten von Angst skrupellos eigene Interessen durchsetzen wollen?

Es stellt sich die Frage, wie sich Journalismus, Medien und Gesellschaften weiterentwickeln, wenn katastrophale Headlines, aus dem Kontext gerissene Zitate, unvollständige oder schlicht falsche Darstellungen sowie unsachliche und unangemessene Reaktionen die Medienwelt zunehmend beherrschen? Ist es nicht Zeit, diese Entwicklung bewusst und aktiv zu stoppen?

Ein beeindruckendes Zitat lautet: „Eine abgeschossene Gewehrkugel und ein gesprochenes Wort lassen sich nicht mehr aufhalten." Es zeigt sehr deutlich, welche Gefahr in beiden steckt. Wir müssen nicht auf jede kommunikative Fehlleistung reagieren, schon gar nicht in gleicher Form. Es reicht der Mut der Versachlichung. Ja, leider gehört in einigen Gesellschaften viel Mut zu einer sachlichen Berichterstattung oder auch öffentlichen Meinung. Denken wir nur an die vielen Journalisten, die jedes Jahr ihr Leben riskieren und manchmal sogar verlieren, weil andere Menschen und Machthaber ihre Interessen mit Gewalt durchsetzen.

Ebenso viel Mut gehört nach meiner Überzeugung dazu, sich gegen das oft vorherrschende System einer negativen Sensationsdarstellung zu stellen und als Journalist, Reporter, Influencer, Blogger, Post-Schreiber, Kommentierender sowie auch als Leser oder Reagierender zu verhindern, dass Öl ins Feuer gegossen wird. Selbstverständlich ohne dass darunter die sachliche Berichterstattung leidet.

Gibt es hier Patentrezepte? Sicher nicht. Ein guter Tipp von Phil Collins lautet: *Always hear both sides of the story*, also „Höre beide Seiten der Geschichte". Was es braucht, sind gute, bewährte Tugenden wie Korrektheit, Ehrlichkeit, Wahrheit, Höflichkeit, Respekt und Toleranz. Ja selbst Wertschätzung, Anerkennung, Verständnis und Güte sind hilfreich, auch wenn sie spontan schwerfallen mögen.

Dienlich kann auch die Frage sein, wofür das, worum es hier gerade geht, gut ist? Dient es der sachlichen Diskussion und einem positiven Ergebnis beziehungsweise Effekt, oder geht es darum, recht zu haben, andere klein zu machen, schlecht oder dumm aussehen zu lassen, zu meinen Gunsten? Oder schlicht darum, Aufmerksamkeit zu erzielen, auch auf Kosten der Wahrheit oder Betroffener? Und was wäre, wenn alle so handeln, argumentieren, schreiben, senden würden?

Klar, dass hier keine universellen Ratschläge auftauchen können. Nur der Appell, dass jeder das in seinem Rahmen Mögliche tut. Wie pflegte meine Großmutter väterlicherseits zu sagen? „Ein jeder kehr' vor seiner Tür, dann ists vor allen rein."

Insbesondere Journalisten, Medienschaffende, Programm- und Meinungsmacher sowie jeder Einzelne, der sich aktiv an öffentlicher Kommunikation beteiligt – oder auch nicht – tragen eine essenzielle Verantwortung für die Entwicklung einer Gesellschaft. Wir alle, jeder von uns trägt dazu bei, in welcher Art Zivilisation nicht nur wir, sondern auch unsere Kinder und Enkel leben werden.

2.2 Das Synonym für *Fake News* – Donald Trump

Inzwischen mag es Ihnen wie Schnee von gestern vorkommen. In der Anfangszeit, in der dieses Buch entstand, war er noch der amtierende Präsident, führte Wahlkampf und versuchte mit allen erdenklichen Mitteln, das Ergebnis zu seinen Gunsten zu „drehen". Er bediente sich der Zensur durch Rauschen, ein typisches *Fake-News*-Phänomen und eine gefährliche Waffe, wenn es um Meinungsmache und Machtverschiebungen geht.

Statt Informationen zu begrenzen, stiften Unmengen an *Fake News* und Nonsens-Meldungen Verwirrung, sodass die Aufmerksamkeit für wirkliche Fakten blockiert wird. Im Grunde erfand Trump ein neues Propagandamodell.

Mit wem ich auch während der letzten Monate sprach – beim Stichwort *Fake* dachten die meisten Menschen nicht an Plagiate bei Luxusartikeln oder Industriegütern, sondern an den damals wohl weltweit bekanntesten Politiker ...

Nun müssen wir keine politisch Andersdenkenden sein, um uns der Intention, vor allem aber den „Argumenten" von Trump, zu widersetzen. Denn die Dreistigkeit, mit der er seine eigene Meinung als *alternative facts* (die es ja für ihn auch sind) darstellt, obwohl sie objektiv im Gegensatz zu Zahlen, Daten und Wahrheit stehen, ist atemberaubend.

Viele schrieben schon vieles über dieses Phänomen. Seit die Washington Post versucht, alle Falschmeldungen von Trump zu identifizieren und zu dokumentieren, kommt sie auf rund 300 *Fake News* pro Monat, also etwa zehn am Tag.

Für mich stellt sich die Frage, wie es sein kann, dass jemand, der ganz offensichtlich lügt und betrügt, dennoch von mehr als siebzig Millionen Amerikanern als Kandidat beziehungsweise zur Wiederwahl als Präsident unterstützt wird.

Wie kann es sein, dass fast die Hälfte des Volkes, das für sich in Anspruch nimmt, die beste Demokratie auf diesem Globus entwickelt zu haben, plötzlich bereit ist, diese zugunsten eines Lügenbarons zu opfern?

Am Ende kann Amerika dankbar sein, dieses Kapitel der Geschichte durch die Wahl und die offizielle Bestätigung von Biden/Kamela abgeschlossen zu haben – ob temporär oder langfristig, wird sich zeigen.

Lüge und Wahrheit in der Politik – Ursache und Wirkung für Misstrauen gegen Politiker

Schauen wir genau hin: Politiker formulieren häufig Absichten, noch dazu „butterweich". Kaum ein Abgeordneter hat jemals gesagt: „Ich werde dieses oder jenes, in dieser Qualität und Güte, bis dann und dann tun, erreichen, umsetzen etc."

Und selbst der erste Kanzler der BRD soll gesagt haben: „Was kümmert mich mein Geschwätz von gestern", mit dem Hinweis, niemand könne ihn daran hindern, über Nacht schlauer zu werden ... Auch wenn die Zuschreibung des kompletten Zitats nicht vollends belegt ist, so hebt es dennoch eine Kernkompetenz im Umgang mit unvorhergesehenen und sich dynamisch entwickelnden Situationen hervor: Flexibilität.

Ein gehöriges Maß an Flexibilität ist die notwendige Voraussetzung, um sich erfolgreich an verändernde Rahmenbedingungen anpassen zu können. Ein stures Festhalten am gestern Gesagten mag auf den ersten Blick verbindlich wirken, kann beim fehlenden Blick nach vorn jedoch fatale Folgen verursachen.

Ein generelles Problem in der Politik ist, im krassen Gegensatz zu jedem Privatmann, Selbstständigen oder Unternehmer, dass Politiker zwar formal – und bis zu einem gewissen Grade auch juristisch – eine gewisse Verantwortung für ihr Tun und Handeln übernehmen, nicht jedoch wirtschaftlich. Kein Politiker geht bei der Verwaltung oder dem Einsatz, also dem Ausgeben öffentlicher Gelder, ein privates finanzielles Haftungsrisiko ein.

Das Schlimmste, was in der Regel passieren kann, ist ein Rücktritt vom Amt, der in den meisten Fällen auch nicht zum Verlust des Einkommens führt. Statt einer Entlassung, wie bei jedem Angestellten, Manager oder Geschäftsführer als Reaktion auf eine gravierende Fehlleistung üblich, heißt es dann eher „Versetzung in den einstweiligen Ruhestand", was nichts anderes bedeutet, als dass derjenige von nun an nicht mehr seinen amtlichen Verpflichtungen nachzugehen hat, dennoch aber seine Bezüge – weiterhin und ohne Gegenleistungen – erhält.

Warum das so ist. Schauen Sie mal ins Beamtenrecht. Die krassesten Auswirkungen dieses Systems werden jedes Jahr in einem Schwarzbuch des Bundes der Steuerzahler veröffentlicht. Dabei handelt es sich um die beeindruckendsten Beispiele, die nur die Spitze des Eisberges des öffentlichen Prinzips „Aus fremdem Leder lässt sich gut Riemen schneiden" darstellen.

Dagegen wird in der freien Wirtschaft praktisch niemand auf Lebenszeit fest angestellt, abgesichert und versorgt – noch dazu ganz unabhängig davon, ob er eine Leistung erbringt oder nicht. Selbst bei Spitzenverdienern im Leistungssport, betrachten wir als Beispiel Trainer in der Fußballbundesliga, ist festzustellen, dass die Verträge regelmäßig auf einige Jahre limitiert und erfolgsabhängig gegebenenfalls immer wieder verlängert werden.

Auf die Spitze getrieben hat diesen Missbrauch aus meiner Sicht übrigens Oskar Lafontaine in seiner Amtszeit als Ministerpräsident des Saarlandes. Ihm wurden unzulässigerweise noch jahrelang Pensionsbezüge aus der Zeit überwiesen, als er noch Oberbürgermeister in Saarbrücken war. Statt diese bei Bekanntwerden schnellstens zurückzuzahlen, versuchte er zum späteren Spott der Öffentlichkeit, die Sache so darzustellen, als ob er sogar zu wenig Geld erhalten hätte.

Zurück zum Thema; die Frage, der hier nachgegangen werden soll, ist jedoch: „Warum ist die Zustimmung zu Politikern oft sehr hoch, obwohl viele Menschen Politiker mit Lügen verbinden?" Sicher hängt die den Politikern zuteilwerdende Zustimmung von verschiedenen Faktoren ab und kann von Land zu Land sehr unterschiedlich sein. Deshalb ist es nicht korrekt zu sagen, dass die Zustimmung zu Politikern immer sehr hoch ist, auch wenn sie sich Lügen bedienen. In vielen Ländern existiert eine beträchtliche Menge an Skepsis und Misstrauen gegenüber politischen Institutionen und Politikern.

Allerdings kann es Situationen geben, in denen die Zustimmung zu Politikern höher ist als erwartet, obwohl Menschen Politiker mit Lügen in Verbindung bringen. Hier sind einige mögliche Gründe dafür:

- **Parteizugehörigkeit:** Viele Menschen sind stark an eine bestimmte politische Partei gebunden und unterstützen ihre Kandidaten unabhängig von deren Handlungen oder Aussagen. Dies wird oft als Parteienloyalität bezeichnet. In solchen Fällen können Anhänger einer bestimmten Partei dazu neigen, ihre Politiker trotz Kritik zu unterstützen.
- **Wahrnehmung der Alternativen:** Manchmal haben die Menschen das Gefühl, dass die anderen politischen Optionen noch schlechter sind als die aktuellen Politiker. Sie könnten der Meinung sein, dass, obwohl Politiker lügen mögen, sie dennoch besser als die Alternativkandidaten sind oder dass Politiker generell nicht vertrauenswürdig sind.
- **Wirtschaftliche Bedingungen:** In Zeiten wirtschaftlicher Stabilität oder Erholung kann die Zustimmung zu Politikern tendenziell höher sein. Die Menschen können dazu neigen, ihre politischen Führer für den wirtschaftlichen Erfolg verantwortlich zu machen, selbst wenn sie anderweitig unzufrieden mit ihnen sind.
- **Medienlandschaft:** Die Medien spielen eine wichtige Rolle bei der öffentlichen Wahrnehmung von Politikern. Wenn die Medien bestimmte Politiker positiv darstellen oder ihre Handlungen und Versprechen nicht ausreichend hinterfragen, kann dies zu einer höheren Zustimmung führen, selbst wenn Lügen oder andere Verfehlungen bekannt sind.

Auch wenn es Menschen wie Donald Trump schaffen, ihre Anhänger über lange Zeit bei der Stange zu halten, ist dennoch davon auszugehen, dass Politiker, die wiederholt lügen, in der Regel auf längere Sicht mit einem Verlust an Vertrauen und einer Abnahme der Zustimmung konfrontiert sind.

In Demokratien haben die Menschen die Möglichkeit, ihre Meinungen und ihre Zustimmung durch Wahlen auszudrücken und Politiker zur Verantwortung zu ziehen. Und auch in Diktaturen oder autokratischen Systemen bleiben notorische Lügner meist nicht ewig an der Macht. Über die beiden genannten Kategorien hinaus, nennen wir sie hilfsweise Pragmatismus und dreiste Lüge, existiert in der

Politik häufig ein weiteres Phänomen, das einer genaueren Betrachtung bedarf – die Halbwahrheit.

Halbwahrheiten – Spannende Grauzone

In den meisten Fällen trifft der Vorwurf gegenüber Politikern, in dem sie des Lügens bezichtigt werden, nicht zu. Und können wir wirklich wollen, dass sie unter allen Umständen immer die Wahrheit sagen?

Das sollten wir keineswegs erwarten. Damit ist nicht gemeint, dass hohe Amtspersonen für moralisch verkommen oder grundsätzlich für unehrlich zu halten sind. Es spricht jedoch auch einiges für den Aspekt, dass sie nicht immer die Wahrheit sagen können und dass das deshalb in diesem Kontext auch okay ist. Denn vollkommene Ehrlichkeit kann negative Folgen haben. Wenn eine Bank oder ein Land finanziell konkursgefährdet sind, würde ein offenes, schonungslos realistisches Wort dazu führen, dass der Konkurs, der bis dahin nur eine Möglichkeit war, mit ziemlicher Sicherheit eintritt. Die „Wahrheit" selbst hätte böse Effekte. Es ist verständlich, dass Menschen nicht in jeder Funktion alles sagen können.

Wenn Politikerinnen und Politiker etwa im Hintergrund in zähen Gesprächen Koalitionskonflikte zu entschärfen versuchen, dann tun sie gut daran, über diese Hintergrundgespräche möglichst zu schweigen oder, wenn sie auf diese angesprochen werden, irgendwie ausweichend „herumzuschwurbeln". Es ist dann vielleicht nicht okay, völlig wahrheitswidrig zu lügen, aber es kann sehr wohl in Ordnung sein, nicht die ganze Wahrheit zu sagen.

Gewiss balanciert diese Aussage auf sehr dünnem Eis. Berüchtigt ist die Aussage des ehemaligen Innenministers Thomas de Maizière, der – es ging um Terrorgefahr – meinte, „ein Teil der Antworten würde die Bevölkerung verunsichern". Sicherlich war diese Aussage an sich besonders unglücklich, da gerade sie die Bevölkerung besonders verunsicherte. Aber abgesehen davon: Wer entscheidet, mit welchen Antworten wir als Bürgerinnen und Bürger noch umgehen können, welche man aber von uns fernhalten müsse?

Zugleich ist auch wahr, dass „Verunsicherung", wenn sie etwa zu Massenpanik führt, im Extremfall sogar gefährlicher sein kann als die Gefährdung selbst, über die man uns im Unklaren lässt. Wir sehen aber schon, dass man gewisse Unwahrheiten durchaus legitimieren kann und dass sie sich von der dreisten, frechen Lüge unterscheiden.

Zwischen Wahrheit und Wirkung – Politik als Balanceakt der Kommunikation

Ein Staatsmann oder eine Staatsfrau darf die Wahrheit verschweigen, aber sie oder er darf nicht dreist lügen. Weil aber der Alltagsverstand da nicht immer einen Unterschied macht, meinen viele Menschen, dass „die Politiker" sowieso allesamt Lügner seien, was den wirklich dreisten Lügnern das Leben erleichtert, getreu dem Motto: Machen doch alle so.

Nein, es machen nicht alle so. Ein bestimmter Politikertypus hat die freche Lüge zum Mittel der Politik gemacht. Donald Trump war und ist hier eine Liga für sich. Aber er wird fleißig kopiert. Nehmen wir nur die PR-Maschine des ehemaligen österreichischen Bundeskanzlers Sebastian Kurz. Die trommelte in der letzten Phase seiner Amtszeit: „Seit Wochen hat sich Sebastian Kurz für eine faire Verteilung des Impfstoffes in der EU eingesetzt. Nun bekommt Österreich noch im zweiten Quartal zusätzlich eine Million Dosen Impfstoff von Pfizer/Biontech." An diesen zwei Sätzen stimmt nichts. Erstens erhielt Österreich nichts „zusätzlich", sondern lediglich früher. Großartig! Nur war der Beitrag von Sebastian Kurz dazu null. Biontech konnte einfach fünfzig Millionen Dosen schneller liefern, und Österreich erhielt davon eine Million.

Das Bemerkenswerte am neuen politischen Stil der dreisten Lüge ist, dass es sich dabei ja um Lügen handelt, die das durchschnittlich informierte Publikum als Lügen leicht erkennt. Das macht den Propagandatrommlern aber nichts, da sie denken, ein ausreichend großer Teil der Wählerschaft würde dennoch niemals erfahren, dass es Lügen sind. Das ist neu und verstörend: Denn es stört die Lügenverbreiter nicht einmal mehr, wenn sie ertappt werden – für sie ist nur mehr relevant, ob ein ausreichend großer Teil der Menschen die Lügen glaubt.

Was also können wir selbst konkret tun? Wachsam bleiben – und kritisch. Statt Informationen spontan zu akzeptieren, kann ich mir Fragen stellen wie „Stimmt das wirklich?", „Ist die Quelle zuverlässig?",

„Welcher Zweck wird hier verfolgt?", „Entspricht das auch meinen Werten und Prinzipien?" oder „Kann ich das mit einem guten Gefühl unterstützen?"

Logischerweise ist die Nachricht, der Beitrag oder die Information damit noch nicht geprüft, geschweige denn der Inhalt verifiziert. Sie werden jedoch im Laufe der Zeit durch die wiederholte Übung einen kritischen Blick entwickeln sowie einen siebten Sinn, also ein intuitives Gefühl für „faule" Meldungen. Wenn Sie dann noch den Mut entwickeln, Falschmeldungen, Verleumdungen oder Lügen als solche öffentlich zu benennen, gehören Sie zu den positiven und wünschenswerten Ausnahmen jeder Gesellschaft, die man auch „kumulatives Gewissen" nennen könnte.

Wer jedoch den Standpunkt vertritt, dass doch „alle Politiker" Lügner seien, und nicht bereit ist, den Unterschied zwischen unklaren Antworten und der Unwahrheit zu erkennen, der unterstützt damit das Geschäft gerade der übelsten Figuren und ist, ohne es zu wollen, mitverantwortlich für den Aufstieg der dreisten Lüge zum Instrument der politischen Kommunikation.

2.3 Mensch oder Maschine – Künstliche Intelligenz verändert die Welt

Wir wenden uns dem wohl aktuellsten „Echt-oder-unecht-Thema" zu, das die Menschen bewegt: Künstliche Intelligenz. Gefährlich oder nicht gefährlich? Hype oder unverrückbare Veränderung mit gewaltigen Folgen? Kritiker warnen vor der Vermischung von Wahrheit und *Fake News* – Schlagzeilen wie diese lesen wir überall. Das passt doch wunderbar in den Reigen der *Fake*-Erforschung.

Kaum jemand ahnte im November 2022 bei der öffentlichen Freigabe von ChatGPT, der ersten frei nutzbaren Plattform der Künstlichen Intelligenz von Microsoft, wie schnell und tiefgreifend sich dadurch die Welt verändern würde. In rasender Geschwindigkeit stieg die Anzahl der Nutzer weltweit und diese entdeckten, dass die Chatbots innerhalb kürzester Zeit wirklich brauchbare Texte generierten, die oft Aspekte und Details enthielten, an die sie selbst nicht gedacht hatten. Die waren gut, diese nicht menschengemachten Kreativarbeiten, überraschend gut.

Wenn man bisher annehmen konnte, dass ein Text von einem Menschen geschrieben wurde, war dies plötzlich hinfällig. Wir können nicht einmal auf den zweiten Blick erkennen, ob eine einfache Nachricht, ein Kommentar, ein Artikel, eine Hausarbeit, ja selbst eine wissenschaftliche Abhandlung oder ein ganzes Buch teilweise oder ganz von der Künstlichen Intelligenz generiert wurden.

Das erweckt Zweifel, und inzwischen dürfen wir uns allenthalben fragen, ob das, was wir lesen, „echt" ist. Bei Fotos haben wir uns inzwischen daran gewöhnt, dass sie nachträglich aufpoliert, teilweise extrem entfremdet und damit *instagrammable* sind, also so bearbeitet, dass sie den gewünschten Eindruck oder Effekt erzeugen. Stichwort: Filter. Schon lange geht niemand mehr ernsthaft davon aus, dass jemand tatsächlich in Dubai war, wenn ihn sein Foto vor dem Burj Khalifa zeigt.

Bei Filmen ist das Bewusstsein für die künstliche Herstellung tatsächlich noch länger ausgeprägt, weil es bei Zeichentrickfilmen schon lange im wahrsten Sinne offensichtlich ist, und auch bei Science-Fiction- und Fantasy-Produktionen gar nicht anders sein kann. Neu ist, dass selbst die Darsteller samt Aktionen und Dialogen, die Hintergründe und Kulissen sowie die Storys selbst von Maschinen erzeugt werden.

Die Frage, die sich stellt, ist die nach der Bedeutung des Ursprungs. Ist es wichtig, zu wissen, wessen Geist das Dargestellte entsprungen ist, oder kann uns das gleichgültig lassen? Apropos Geist – inzwischen wird darüber spekuliert, ob die KI nicht schon über ein eigenständiges Bewusstsein verfügt. Also mehr als das reine Sprachmodell, das unbestritten groß ist und auf Basis von Milliarden verschiedener Texte lernt, welche Inhalte zu konkreten Stichworten, Fragen, Aufgaben oder Thesen passen, in welcher Wortreihenfolge, mit welchen Absätzen und welchen Gedankenketten, die sich aus der Anweisung ergeben.

Noch wird das Bewusstsein überwiegend verneint, doch auch zu der Frage, ob das überhaupt von Bedeutung ist, später mehr.

Teil eins dieses Buches behandelt historische Schwerpunkte, also springen wir auch hier von der Gegenwart in die früheren Meilensteine der KI-Geschichte:

Bereits 1962 machte sich der Physiker und Philosoph Max Bense in einem Aufsatz Gedanken darüber, wie sich mit dem Computer erzeugte Literatur von der herkömmlichen, von Menschen geschriebenen, unterscheidet. Bense definierte die natürliche Poesie dadurch, dass ein Text nur eine Bedeutung tragen kann, wenn er ein personales, poetisches Bewusstsein auch mit der Welt verknüpft.

Das Sprechen gehe von einer Person aus, sie spreche sich also immer mit, ganz gleich, was sie sagt; und zugleich beziehe sie sich in ihrem Sprechen immer auf die Welt. Ohne dieses Bewusstsein wären die Zeichen und die Beziehung zwischen ihnen bedeutungslos. Diesen Fall beschreibt Benses zweite Kategorie, die künstliche Poesie. Damit meinte er literarische Texte, die über die Ausführung einer Regel, eines Algorithmus hervorgebracht werden. Hier steht kein Bewusstsein mehr am Anfang, stattdessen seien sie allein über mathematische Eigenschaften wie Buchstabenhäufigkeit oder Wortverteilung zu beschreiben. Das Thema eines künstlich generierten Textes sei dann, selbst wenn seine Wörter zufällig für uns Dinge in der Welt bezeichnen sollten, nicht eigentlich mehr die Welt – sondern nur noch dieser Text selbst.

Bei Bense geht es nicht um die Verteidigung der authentischen menschlichen Schaffenskraft. Der Deutschlandfunk schreibt, dass, ganz im Gegenteil, bei ihm „der Autor als Genie" tot sei. Stattdessen wollte Bense wissen, welche Aussagen wir zu einem Text ästhetisch noch treffen können, wenn wir von traditionellen Kategorien wie Bedeutung oder Weltbezug absehen.

Bereits 1959 beauftragte er zu diesem Zweck seinen Schüler Theo Lutz, per Computer „Stochastische Texte" zu generieren, die der Schüler später in einer Literaturzeitschrift veröffentlichte. „Stochastisch" waren diese Texte, weil sie vom Computer nach Zufallsprinzip aus einer Sammlung von Vokabeln ausgewählt und zusammengesetzt wurden.

Sie enthielten am Ende Sätze wie: „NICHT JEDES SCHLOSS IST ALT. NICHT JEDER TAG IST ALT."

Wussten Sie das? Die „Stochastischen Texte" gelten als erstes deutschsprachiges Experiment mit digitaler Literatur. Im Grunde sind sie gewissermaßen ein Ahne von ChatGPT. So viele Variationen das Programm auch ausspuckte, kein bewusstes ICH schien sich hier auszusprechen und für die Bedeutung der Wörter einzustehen. An die Intelligenz des Computers glaubte niemand. Lutz und Bense wussten ja auch, wie ihre Texte hergestellt worden waren. Was passiert aber, wenn wir das nicht mehr wissen?

Schauen wir uns noch das Experiment von Lutz an, ein Jahr später, 1960. Er führte die Leserschaft schon eher „an der Nase" herum. Nicht etwa, weil er wieder ein Computerprogramm mit Textarbeit betraute, sondern, weil er die KI-Quelle nicht benannte.

Der besagte Text hatte dieses Mal ein Weihnachtsthema: „Jeder Schnee ist kalt/und nicht jeder Engel ist weiß."

So lautete die schlichte Zeile. Wie gesagt, jeglicher Hinweis auf die elektronische Machart fehlte. Interessant sind die Reaktionen der Leserschaft: In der nächsten Zeitschriftausgabe waren Leserbriefe von ästhetisch düpierten Menschen abgedruckt: „Sie sollten sich vielleicht doch überlegen, ob Sie solchen modernen Dichterlingen die Spalten Ihres Blattes öffnen!", beschwerte sich einer. Ganz anders geartet war das Feedback eines Lesers, der sich avantgardistisch beeindruckt zeigte: „Endlich mal was Modernes!"

Die Produktionsbedingungen waren unklar, und so hielten alle das Gedicht für einen „natürlichen" Text. Darin steckt die Annahme, ein Mensch habe die Worte geschrieben, um Bedeutung zu kommunizieren. Das nennt der Deutschlandfunk im Artikel zum Thema „Standarderwartung an unbekannte Texte".

Also: Um einen Text als artifiziell zu erkennen, bedarf es immer noch zusätzlicher Information – gerade bei Poesie.

Aber machen wir uns nichts vor: Einen künstlichen Text als natürlichen Text auszugeben, das ist das Urprinzip Künstlicher Intelligenz.

Wir springen noch weiter zurück, ins Jahr 1950: Der Wegbereiter der Informatik, Alan Turing, dachte darüber nach, ob Computer jemals intelligent sein könnten. Turing lehnte diese Frage als falsch gestellt ab – wie würde man das auch messen wollen? Er ersetzte sie durch eine andere: Ist Intelligenz eine Eigenschaft von Menschen? Seine nachfolgende Überlegung: Dann müsste man nur herausfinden, wann ein Mensch den Computer selbst für einen Menschen und demnach für intelligent hielte.

In seinem Versuchsaufbau, der später Turing-Test genannt wurde, kommunizieren Personen über einen Fernschreiber miteinander, wobei einer der Akteure abwesend ist. Die andere Person soll durch Frage und Antwort herausfinden, ob es sich beim abwesenden Gesprächspartner um einen Menschen oder eine Maschine handelt. 1950 saßen die beteiligten Testpersonen einfach in unterschiedlichen Räumen. Dabei waren übrigens Lügen und Bluffen explizit erlaubt. Ums Lügenerkennen ging es nicht. Die kurz-knackige Erklärung des Turing-Tests lautet folgendermaßen: Kann ein Mensch fünf Minuten lang ein Gespräch führen, ohne zu merken, dass er mit einer Maschine spricht, dann hat der Computer den Test bestanden.

Künstliche Intelligenz basiert von Anfang an auf dem Prinzip der Täuschung – und sie muss es: Intelligenz wurde nicht als objektive Eigenschaft des Systems, sondern nur als subjektiver Eindruck für eine Beobachterin definiert. Somit ist der Turing-Test ohne Täuschung gar nicht denkbar.

Wir halten fest: Die Erwartungshaltung an unbekannte Texte hat sich seit Lutz' Zeiten nicht großartig geändert. Es hagelte damals nach Enthüllung des Schwindels Kritik und Empörung und das passiert auch heute noch, wenn mit Abstand zur Veröffentlichung enthüllt wird, dass es sich um einen artifiziellen Text handelt. Die Veränderung tritt jetzt zutage, vor allem, wenn es nicht um die literarischen Texte geht, die in unserer Kultur etwas Besonderes sind. So viele Kommunikationswege laufen seit Jahren über unsichtbare Maschinenschnittstellen, in vollem Bewusstsein, mit wem wir da sprechen oder texten. Stichwort Siri oder der Support-Chat auf einer Website.

Die Frage, die die von ChatGPT und Co. aufgeheizten Gemüter aktuell bewegt, ist die Frage der Herkunft. Im schon erwähnten Essay des Deutschlandfunks steht: „Werden artifizielle Texte also zu gut, und wissen wir zudem, dass Computer solche Texte zu verfassen in der Lage sind, steht eine neue Standarderwartung gegenüber unbekannten Texten in Aussicht: der Zweifel an ihrer Herkunft. Statt selbstverständlich einen menschlichen Ursprung anzunehmen oder ihn erst einmal auszuklammern, wäre das Erste, was wir von einem Text wissen wollen: Wie wurde er gemacht?"

Auf welche Informationen ist noch Verlass?
Bei mir schwingt hier noch die folgende Frage mit: Worauf kann ich mich beim Lesen verlassen? Es existiert da eine Verknüpfung, die Unbehagen stiften kann, denn KI-Text boomt ganz besonders in einem Bereich: Marketing. Große KI-Sprachmodelle sind nämlich vor allem dort profitabel einzusetzen, wo es um die Produktion des wahrscheinlichsten Outputs geht. Schnelle Werbetexte in großen Mengen für Social Media, Produktseiten und Blogs sind heiß begehrt. Oft sollen diese Texte gar nicht so genau gelesen werden – und da ist es von Vorteil, wenn das Ergebnis nicht überrascht, sondern gewollt so klingt wie andere Texte ähnlicher Machart auch.

Diese neuartige Textflut steigt stetig an. Und je mehr künstliche Textbausteine zirkulieren werden, desto mehr wird sich die Standarderwartung an unbekannte Texte in Richtung dieses Zweifels verlagern: Hat das eine Maschine geschrieben? Ist Marketingprosa so problematisch? Hier können wir unterschiedlicher Meinung sein.

Knifflig wird es vielleicht hier: Was ist mit dem Brief vom Anwalt, bei dem es um meinen ganz persönlichen Fall gehen soll? Was ist mit den Hausarbeiten meiner Studierenden, die ich bewerten muss? Wie sieht es mit politischen Artikeln oder Meinungsbeiträgen in der Zeitung aus? Was ist mit der privaten, persönlichen, vielleicht intimen E-Mail?

Der folgende Satz blieb mir bei den Überlegungen besonders eindringlich im Gedächtnis: Menschen stehen ein für das, was sie schreiben. Auch, wenn nicht jeder Aussage ein Faktencheck vorausging, wenn manch Schlussfolgerung vielleicht keiner Prüfung standhielte – wir gehen davon aus, dass Autorin oder Autor es ernst meinen mit dem Schreiben. Wir möchten Texten erstmal glauben, bei aller vielleicht grundkritischen Haltung.

Hier zitiere ich wieder den Deutschlandfunk: „Das wird aber schwieriger, wenn große Sprachmodelle einerseits Texte herstellen können, die so scheinen, als hätte sie ein Autor produziert und sanktioniert – und die andererseits kein zuverlässiges Wissen über die

Welt besitzen, sondern nur die Wahrscheinlichkeit von Zeichenfolgen ausrechnen."

Eines ist klar: Wir haben längst keine getrennten Welten mehr – hier die Welt der KI-Texte, fein säuberlich unterscheidbar von der Welt der menschlich geschriebenen Worte. Nein, wir integrieren artifiziellen Text in unsere Welt der natürlichen Texte.

Die Sprachmodelle lernen mit großen Mengen an natürlichem Ursprungstext und lernen weiter mit den „künstlichen Anteilen". Alles vermischt und verschränkt sich. Die Prognose: Ein zukünftiges, quasi „monumentales" Sprachmodell wird mit aller weltweit verfügbaren Sprache trainiert worden sein. Jeder Text, der mit diesem Modell generiert würde, wäre auf Grundlage natürlicher Texte entstanden und die natürlichen Sprachressourcen wären vollends erschöpft. Das klingt verdammt nach einer neuer Ära – nach einer Art Ende der natürlichen Sprache? ...

Dieses Gedankenexperiment zeigt ein überspitztes Szenario auf, ja. Aber wir leben ja schon heute mit diesen neuen Standarderwartungen und wir haben zu diskutieren, wie wir Menschen mit dem Zweifel an Textursprüngen – von Datenschutz und Quellensicherheit will ich hier noch gar nicht schreiben – künftig umgehen wollen. Im Gespräch sind längst mögliche politische Regulierungen, technische Eindämmungen, Maßnahmen wie digitale Zertifikate, Wasserzeichen, juristische Verschleierungsverbote oder andere Sicherheitstechniken.

Inhalt oder Quelle – worauf kommt es an?

Vielleicht ändert sich ja aber auch unsere Grunderwartung fundamental. Vielleicht fragen wir bald gar nicht mehr nach Autorin oder Autor, zumindest, was Online-Texte angeht. Vielleicht wird es uns „nur" noch um die Botschaft gehen. Sogenannte postartifizielle Texte wären in ihrer Herkunft neutral, und wir wären neutral in dem Sinne, dass uns die Abstammung nicht länger interessiert. Der neue denkbare Standard: ohne Autor.

Es ist doch vorstellbar, dass die dann insgesamt „seltenere" Hervorhebung menschlicher Herkunft wie eine Art besonderes Gütesiegel wirkt, oder? Label *guaranteed human (made)*. Nur: Wäre diese

Zusicherung beweisbar? Nicht wirklich. Radikal unkonventioneller Sprachgebrauch könnte sich merklich vom KI-Standard abheben. Die textliche Überraschung, das Unvorhersehbare als Beweis menschlicher Herkunft – Avantgarde als literarische Selbstbehauptung.

Ich weiß nicht, wie es Ihnen geht, aber für mich liest sich das wahnsinnig anstrengend, sowohl, wenn ich an eine Autorentätigkeit denke als auch an die Augen und verarbeitenden Hirne der Leserschaft. Ich stimme dem Autor des zitierten Essays zu: Wir lesen hier auf äußerst spekulativem Terrain, aber die Analyse von absehbaren Tendenzen lohnt sich, und dazu gehört auch dieser Blick auf Extreme.

Wie sieht es mit dieser Überlegung aus: Welche Schlüsse können Sie ganz praktisch aus der vorangegangenen Abhandlung ziehen, die ich in weiten Teilen zitiert habe, weil ich den Inhalt schlicht nicht besser hätte wiedergeben können? Diese Frage habe ich mir wirklich, wahrhaftig, ehrlich selbst gestellt.

Meine Antwort und die Begründung dazu ist folgende: Wenn es sich nicht um das Ergebnis einer persönlichen Aufgabenstellung in Form einer vorzulegenden Hausarbeit oder Ähnlichem handelt (bei der der Einsatz der KI als vorsätzliche Täuschung zu werten wäre), ist es letztlich unerheblich, ob ein Text von einer natürlichen Person oder einem computerbasierten Sprachmodell stammt.

Das bedeutet nicht, auf die Prüfung, Analyse und Bewertung der Quelle und ihrer Motive verzichten zu können, will man sich nicht hinters Licht führen lassen. Erste hilfreiche Schritte sind, den Autor festzustellen und zu prüfen: „Wer sagt was mit welcher Kompetenz und welcher Motivation? Welche Quellen werden zitiert und welche Glaubwürdigkeit ist ihnen zuzuschreiben?" Damit wird meist schnell klar, aus welcher Richtung der Inhalt kommt und welche Ziele verfolgt werden. Das kann hilfreich sein, Vertrauen zu entwickeln oder auch Glaubwürdigkeit infrage zu stellen und so kritischer an die Beurteilung des Contents heranzugehen.

Entscheidend ist jedoch der Inhalt und dessen Bewertung, den ich selbst lesend (und eventuell tiefer recherchierend) zu bewerten habe, und zwar dahingehend, ob er meinen persönlichen Werten und Prinzipien, meinen Ansichten und Vorstellungen entspricht.

Was uns zu einer völlig anderen Aufgabenstellung führt: Nicht das Herausfinden der Quelle ist am Ende essenziell, sondern die Frage, ob ich den Inhalt des Geschriebenen zwar zur Kenntnis nehme, ihn jedoch nicht im Sinne von meinen eigenen Vorstellungen entsprechend teile und akzeptiere, also höchstens im Sinne der Meinungsfreiheit respektiere, oder ob er eben in meinem ureigenen Sinne und Verständnis meine Sichtweise, meine eigene Wahrheit spiegelt und ich deshalb auch mit meiner eigenen Identität hinter dem Text stehen kann.

Das alles Entscheidende – der eigene Standpunkt

Das bedeutet, dass ich gezwungen bin, mir nicht nur Gedanken über das Geschriebene zu machen, sondern mir auch meiner Werte und Prinzipien bewusst sein oder werden muss. Das ist zweifellos Arbeit, zu der nicht alle Menschen bereit sind. Sie sind es offensichtlich – sonst hielten Sie dieses Buch nicht in der Hand – und werden dazu noch jede Menge mehr lesen können – von mir ganz eigenständig verfasst – im Verlaufe der folgenden Kapitel. Im Sinne einer persönlichen Entwicklung und Reife ist diese Arbeit jedoch essenziell und unbedingt erforderlich. Also zumindest dann, wenn ich den Anspruch erhebe, selbst und bewusst zu bestimmen, wer ich bin und wofür ich stehe.

Warum ist das so wichtig? Jeder Mensch hat Einfluss auf Menschen, die ihn umgeben und mit denen er in Beziehung steht. Im Extrem ist das bei Kindern in der Beziehung zu ihren Eltern zu beobachten. Bis zum siebten Lebensjahr nehmen sie alle Wahrnehmungen völlig ungefiltert auf und speichern sie eins zu eins, ohne eigene Bewertung in ihrem Gedächtnis ab, wie Rohdaten auf einer Festplatte. Damit wird die Persönlichkeit der Kinder über die Ansichten, Glaubenssätze und Überzeugungen – vor allem der eigenen Familie – zum großen Teil bereits in frühester Kindheit für ihr gesamtes weiteres Leben geprägt.

Stellen Sie sich den Unterschied einerseits zwischen Eltern vor, die völlig unbewusst und unreflektiert agieren und kommunizieren, und andererseits zu solchen, die sich bewusst und kritisch mit ihren eigenen Positionen auseinandersetzen und auch kontroverse Standpunkte reflektieren, bestimmen und begründen. Das Gleiche gilt selbstverständlich für Freunde, Nachbarn, Bekannte, Partnerschaften, Kollegen, Führungskräfte, Chefs und Angestellte – praktisch für jede Konstellation menschlicher Beziehungen.

Ein geflügeltes Wort sagt: „Es gibt mehr Münzen als Prägestöcke." Wollen und werden Sie zu den Münzen gehören oder zu den Prägestöcken? Doch auch hier – Vorsicht! Lassen Sie sich durch die Metapher nicht dazu verleiten, zu glauben, sie hätten zu wenig Bedeutung, wenn sie nicht Hunderte oder Tausende anderer Menschen beeinflussen würden. Das wäre ein fataler Trugschluss. Für die Bedeutung der Wirkung Ihrer eigenen Meinung und Position reicht – über die Bedeutung für Sie selbst hinaus – ein einziger Mensch, der durch Sie einen anderen Impuls oder eine andere Sichtweise bekommt, als er zuvor hatte oder ohne Sie bekommen hätte.

Warum das so ist? Sicher kennen Sie die Legende von den Weizen- oder Reiskörnern und dem Schachbrett, deren Anzahl sich von Feld zu Feld verdoppelt. So kann sich genau Ihr Impuls, den Sie an eine einzelne Person weitergegeben haben, exponentiell ausdehnen und ungeahnte Auswirkungen erzeugen.

Abschließend sei zu diesem Beispiel noch angemerkt, dass wir Menschen uns eine solche exponentielle, also sich ständig verdoppelnde Entwicklung nur sehr begrenzt bis gar nicht vorstellen können. Im Gegensatz zu einer linearen Funktion, also zum Beispiel der Zunahme von zehn Prozent pro Jahr. Allein deshalb wird allgemein völlig unterschätzt, wie hoch sich der Zinseszinseffekt bei Geldanlagen über lange Zeiträume auswirkt.

Im **Bonusmaterial** bekommen Sie einen Artikel, der Beispiele für exponentielles Wachstum bringt und die Konsequenzen davon zeigt.

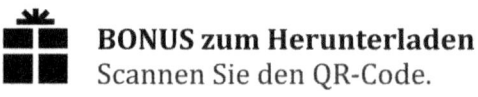 

BONUS zum Herunterladen
Scannen Sie den QR-Code.

Zurück zur Literatur: Bevor es ChatGPT gab, habe ich Bekanntschaft mit dem Buch *Gespräche mit Gott* von Neil Donald Walsch gemacht, das ich inzwischen mehrmals gelesen beziehungsweise gehört habe. Und das zu den besten gehört, die ich kenne, weil es alle Aspekte des menschlichen Lebens behandelt analysiert und diskutiert. Die meisten Schlussfolgerungen sind für mich verblüffend klar und logisch, sodass ich es wirklich uneingeschränkt empfehlen kann. Und ganz unabhängig davon, ob die geschilderten Inhalte, wie vom Autor behauptet, von Gott selbst oder aus der eigenen Fantasie stammen.

Dennoch entfachte sich erst kürzlich eine Diskussion mit jemandem, der kritisierte, dass das Buch nur durch ein geniales Marketing erfolgreich geworden und der Autor nur dadurch zu Wohlstand und Reichtum gekommen wäre. Ihm ging es in der Diskussion weniger um den Kern der Inhalte, sondern er glaubte stattdessen vielmehr, dass sie eigens dazu entwickelt wurden, das Buch zu einem Bestseller avancieren zu lassen, eine für mich skurrile Sichtweise. Auch die Bewertung von „natürlichen Texten" liegt also nach wie vor ganz im Auge des Betrachters.

Und was sagt ChatGPT zu der Frage „Welche Gefahren für die Menschheit entstehen durch ChatGPT?"? Hier die Antwort:

 ChatGPT über „Welche Gefahren für die Menschheit entstehen durch ChatGPT?"

Als KI-Modell wurde ChatGPT entwickelt, um eine Reihe von Aufgaben zu erfüllen, wie zum Beispiel Textgenerierung und -verarbeitung. ChatGPT wurde jedoch nicht entwickelt, um aktiv Schaden für die Menschheit zu verursachen. Im Gegenteil, ChatGPT wurde entwickelt, um in verschiedenen Bereichen und Anwendungen, wie beispielsweise bei der Verbesserung der Kommunikation und der Sprachverarbeitung, eingesetzt zu werden.

Allerdings besteht eine potenzielle Gefahr bei der Verwendung von KI-Modellen wie ChatGPT, wenn sie falsch eingesetzt oder missbraucht werden. KI-Modelle sind nur so gut wie die Daten, die sie zur Verfügung haben, und wenn diese Daten fehlerhaft, unvollständig oder voreingenommen sind, können KI-Modelle wie ChatGPT auch fehlerhaft, unvollständig oder voreingenommen sein.

Ein weiteres potenzielles Risiko besteht darin, dass ChatGPT in der Lage ist, menschenähnliche Texte zu generieren, die schwer von echten Texten zu unterscheiden sind. Dies kann zu Problemen führen, wenn ChatGPT dazu missbraucht wird, falsche Informationen zu verbreiten oder um Menschen zu manipulieren oder zu täuschen.

Es ist jedoch wichtig zu betonen, dass solche Missbräuche nicht durch ChatGPT selbst entstehen, sondern durch diejenigen, die das Modell verwenden und für falsche oder manipulative Zwecke einsetzen. Daher ist es von entscheidender Bedeutung, dass KI-Modelle wie ChatGPT sorgfältig und verantwortungsbewusst eingesetzt werden und dass die Entwickler und Nutzer von KI-Modellen sich der potenziellen Risiken bewusst sind und Maßnahmen ergreifen, um sie zu minimieren.

Soweit die Antwort der KI.

2.4   Fünf Sterne für Schrott – *Fake*-Bewertungen im Internet

Wahrscheinlich haben auch Sie schon „online" eingekauft. Für mich war Ebay die erste Plattform im Internet, über die ich seit 2003 alle erdenklichen Dinge erworben habe. Nach meiner Erinnerung stand zu Beginn die Funktion „Sofortkauf" noch nicht zur Verfügung. Alles wurde über einen einstellbaren Zeitraum versteigert, also zum höchsten Gebot verkauft. Nach der Zahlung und Lieferung hatten beide Seiten die Möglichkeit, die Transaktion zu bewerten.

Negative Bewertungen fielen schnell ins Auge und warnten Interessenten vor unseriösen Anbietern sowie Verkäufer vor unzuverlässigen Kundinnen und Kunden. Bei jeder Bewertung war sichtbar, um welchen Artikel es sich handelte und für welchen Preis er wann verkauft worden war. Ein äußerst hilfreiches System, um bereits vor dem Kauf festzustellen, ob es sich um einen seriösen Anbieter handelt.

Heute, 20 Jahre später, stellt sich die Situation völlig anders dar. Für Bewertungen aller Art existieren „virtuelle" Anbieter, die eigens für die Evaluierung von Waren und Dienstleistungen aller Art geschaffen wurden. Sie erzeugen „gegen Einwurf kleiner Münzen"

Hunderte, manchmal Abertausende von Bewertungen, natürlich mit fünf Sternen, immer positiv und mit Texten, die der Auftraggeber häufig selbst vorformuliert. Da ist man als Laie schon beeindruckt, wie viele Transaktionen Shops oder andere Provider durch ihre Systeme schleusen und zur Zufriedenheit der werten Kundschaft abwickeln.

Aber ist das wirklich so? Auch hier wird „geschummelt", so mein subjektiver Eindruck aus eigener Erfahrung. Dass sich die Realität jedoch ganz anders darstellt und man heute als „Standard" von gekauften, also erfundenen Bewertungen ausgehen muss, war doch eher schockierend als überraschend. „Bewertungen sind die wichtigste Währung im Internet", heißt es, und viele Anbieter rechnen einfach: Viele Fünf-Sterne-Bewertungen täuschen eine hohe Seriosität und Zuverlässigkeit vor. Das wiederum führt zu mehr Bestellungen, weil sich Interessenten „sicher fühlen". So viel Lob und positives Feedback muss doch auch gute Gründe haben, oder?

Weit gefehlt. Das ZDF veröffentlichte in einem Beitrag von *Frontal 21* (früherer Name, heute *frontal*) am 15.12.2020 eine Dokumentation, die belegt, dass praktisch alle Bewertungen bestimmter Anbieter gefakt waren, ob Ärzte oder Rechtsanwälte, Autohäuser oder Versandhandel – durch praktisch alle Branchen hinweg. Der Preis: circa zehn Euro pro Bewertung. Und noch schlimmer – die gleichen Anbieter offerieren nicht nur gekaufte Fünf-Sterne-Bewertungen, sondern auch gezielte Negativbewertungen, mit denen man seine Konkurrenz belegen kann. Für circa 22 Euro das Stück.

Und als „Krönung" bietet, oder sagen wir, bot der von *Frontal 21* recherchierte verantwortliche Berliner Unternehmer, der sein *Fake*-Geschäft mit einem verschachtelten Firmennetzwerk auf Malta und Zypern betreibt, über eine ebenfalls gefakte, also nicht real existierende Rechtsanwaltskanzlei, die Löschung von Negativbewertungen bei Google und Co. an. Für 169 Euro je Löschung.

Wer nun meint, es handele sich hier um „Kavaliersdelikte", also quasi „Unzulänglichkeiten" im Sinne von Ordnungswidrigkeiten, wird eines Besseren belehrt: Es geht ganz und gar nicht um „harmlose" Produkte, die wenig Schaden anrichten können, sondern auch um die Gesundheit beziehungsweise langfristige Schäden an Leib und Leben von Patienten. Ärzte kaufen zu Hunderten Fünf-Sterne-Bewertungen und ziehen mit den 1,0-Ergebnissen Patienten an, die sie sonst nie erreicht hätten.

Dass die Aussagen häufig im Gegensatz zu den schlechten Erfahrungen von tatsächlichen Patienten stehen, merken diese erst, wenn es zu spät ist und sie selbst schon zu den Opfern gehören. Nachweislich werden (berechtigte) Negativbewertungen aus den Portalen gelöscht, sodass ein Interessent keinerlei Hinweis erhält, dass er mit diesem Arzt besser vorsichtig sein sollte. Die Anbieter sind sehr schwer zu (er-)fassen. Immer sind es Gesellschaften mit begrenzter Haftung, die oft nur wenige Monate lang existieren, bevor sie abgemeldet und wieder geschlossen werden. Der Sitz befindet sich, wie das Beispiel zeigt, oft im Umland, und das Risiko, in dieser Zeit aufzufliegen und „dicht gemacht" zu werden, ist offenbar sehr gering.

An dieser Stelle ein wichtiger Hinweis: So verbreitet die gefälschten Fünf-Sterne-Bewertungen weltweit auch sein mögen – es gibt gewiss auch noch seriöse Anbieter, für die solche Machenschaften ausgeschlossen sind. Vielleicht finden wir sie bei den Suchmaschinen nicht gleich auf der ersten Seite, ein genaueres Hinsehen lohnt sich aber in den allermeisten Fällen.

Eine Frage, die sich stellen lässt, ist die nach der Bewertung sowie den Konsequenzen und Auswirkungen dieser surrealen Situation, die Millionen Menschen bewusst und gezielt hinters Licht führt. Welche Veränderungen finden aktuell in der globalen Gesellschaft statt? Welche Konsequenzen werden sich daraus entwickeln? Welche Alternativen bestehen und was kann jede/r Einzelne dazu beitragen?

Was passiert, wenn sich niemand mehr auf Bewertungen verlassen kann?

Sie werden im wörtlichen Sinne „wert"-los. Niemand kann ihnen mehr vertrauen. Ihr Wert verfällt. Aber ist nicht die Gesellschaft, wie wir sie bisher kennen, auf Vertrauen aufgebaut? Ich bestelle etwas, in dem Vertrauen, dass es wie beschrieben geliefert wird. Ganz einfach. Ich vertraue darauf, dass jemand tut, was er sagt. Ich verlasse mich darauf. Sonst bin ich verlassen. Allein. Auf mich selbst gestellt. Weil ich mich auf niemanden mehr verlassen, niemandem mehr vertrauen kann.

Wenn wir den Bedeutungskreis erweitern und die gesellschaftliche Dimension betrachten, gilt das doch für praktisch alle Lebensbereiche. Für Partnerschaften, Ehen, das Verhältnis zwischen Eltern und Kindern, Freunden, Unternehmen und Mitarbeitenden, Vertragsparteien, Tarifpartnern. Es gilt auch für die Politik, bis hin zu weitreichenden Verträgen zwischen Nationen und Wirtschaftssystemen. In allen Fällen ist das Vertrauen, dass Menschen verlässlich handeln und sich an gegebene Zusagen halten, ein hohes Gut, das wir in den meisten Fällen als „selbstverständlich" annehmen – und das auch dürfen.

Ist es nicht so, dass wir uns nur auf das „Echte", auf Authentisches verlassen können? Alles Geschönte erweckt zwar einen tollen Eindruck – was es ja soll – führt am Ende aber zu „Ent-Täuschung", weil es eben nicht hält, was es verspricht. Klar, eine alte Weisheit besagt „Augen auf oder Portemonnaie auf", und es war schon immer erforderlich, genau hinzusehen, um nicht getäuscht zu werden. Sehen, fühlen, riechen, schmecken – alle Sinne helfen bei der Beurteilung vieler Erzeugnisse und Produkte ebenso gut wie ein gesunder Menschenverstand.

Wie aber soll das bei Bewertungen im Internet gehen? Persönliche Referenzen und Empfehlungen hatten schon immer einen hohen Wert, weil sie ja auf der tatsächlichen Erfahrung anderer beruhen, also „echt" sind. Wir durften bisher in den allermeisten Fällen davon ausgehen, dass eine geteilte Erfahrung, ganz gleich ob positiv oder negativ, auf tatsächlichem Erleben beruht und – bei aller Subjektivität – daher auch wahr ist. Mal abgesehen von ganz „Ausgebufften", die andere Menschen zu deren Nachteil bewusst anlügen.

Das mag zwar auch vorkommen, und niemand ist zu einhundert Prozent dagegen gewappnet, aber das sollte doch eher die Ausnahme als die Regel sein. Wie zum Teufel sollen wir also aus eigener Erfahrung annehmen, dass Bewertungen völlig „aus der Luft gegriffen sind" und einzig und allein dem Ziel einer Täuschung dienen? Das ist Lug und Trug, noch dazu vorsätzlich – mit der Absicht, andere Menschen zum eigenen Vorteil zu täuschen.

Unser Denken ist – zumindest in der westlichen Zivilisation (über andere Kulturkreise, wie zum Beispiel China, geht es in Kapitel 4.2) – traditionell eher von Vertrauen und dem Wunsch geprägt, sich auf andere verlassen zu können. In diesem Sinne ist Vertrauen ein Ausdruck –

von Liebe, Nähe Geborgenheit, Sicherheit. Ist es nicht genau das, wonach sich die meisten Menschen sehnen? Das, was wir alle „brauchen", um uns wohlzufühlen, mit einem „Geben und Nehmen".

Doch was, wenn sich das alles ins Gegenteil verkehrt? Was, wenn wir nichts und niemandem mehr vertrauen können? Wenn alles nur noch *fake* ist? Nichts mehr verlässlich? Wie wird sich unser Denken und Fühlen verändern müssen, damit wir überleben? Wir müssten alles in Frage stellen. Alles. Jede Nachricht, jedes Foto, jedes Video. Jede Information über irgendwas. Alles könnte gefälscht sein. Wir müssten ständig auf der Hut sein, um nicht getäuscht zu werden.

Das würde zweifellos unser Verhalten verändern. Misstrauen würde an die Stelle von Vertrauen treten, Zweifel an die Stelle von Glauben. Bisher haben wir „in gutem Glauben" gehandelt, dass wir uns auf andere verlassen können. Misstrauen ist wie Gift im Brunnenwasser. Es vergiftet alles, was damit in Berührung kommt. Treffen Sie eine Entscheidung, wenn Sie sich unsicher sind? Wahrscheinlich nicht. Sie wollen doch eher, dass ihre Entscheidung „gut" ist und das gewünschte Resultat bringt. Sie handeln in dem Vertrauen, dass die Dinge wie erwartet oder geplant funktionieren.

Ganz anders sieht es aus, wenn Sie zweifeln. Sie zögern und zaudern. Natürlicherweise. Das bedeutet zwangsläufig, dass sich alles verlangsamt. Keine Entscheidung bedeutet Stillstand. Oder dass das erfolgt, was andere wollen. Aber nicht das, was Sie wirklich wollen. Nicht vertrauen zu können, macht einsam. Mit wem wollen Sie sich austauschen, wenn Sie nicht sicher sein können, ob Sie nur manipuliert werden? Kann es richtig sein – und konsequenterweise der „Normalfall" in Zukunft –, dass wir niemandem mehr vertrauen?

2.5   *Fake* in Literatur, Studium, Promotion

Die Definition des eigenen Selbst über Arbeit ist ein für den Neoliberalismus typisches und praktisches Prinzip, was uns über die letzten Jahrzehnte sehr prägte, sodass die Formel „Ich bin meine Arbeit" für viele wohl normal geworden ist. Unser Beruf ist oft ein großer Anteil unserer Identität. Und Berufswege beginnen mit der Ausbildung. Schauen wir, was die *Fakes* angeht, auf einen Klassiker: Promotionen und Doktortitel.

Das Ziel vieler Studierender ist die Masterarbeit oder die Promotion. Je besser die Note, desto besser die späteren Berufs- und Karrierechancen – zumindest wird es den Studierenden von der Wirtschaft so weisgemacht. Doch das ist ein anderes Thema.

Konkurrenzkampf, Angst vor Arbeitslosigkeit oder dem jahrelangen Verstauben auf Praktikantenlevel lassen einige Studierende zu drastischen Mitteln greifen: Die Zahl derer, die ihre Masterarbeit von einem sogenannten Ghostwriter schreiben lassen, nimmt zu. Mittlerweile gibt es viele Unternehmen, die damit werben, Bachelor- und Masterarbeiten oder sogar Promotionen zu schreiben. Online buchen, bezahlen, schreiben lassen – fertig.

Was so schön einfach klingt, ist jedoch weder rechtens noch risikolos: Aus Zeitgründen setzen besagte Ghostwriter (oder Schreibprogramme) häufig bestehende Textblöcke aus existierenden Masterarbeiten zusammen. Die Gefahr eines Plagiats ist groß. Aus diesem Grund nutzen Universitäten mittlerweile verstärkt Plagiatssoftware, durch die die Arbeiten gejagt werden, um kopierte Passagen direkt aufzufinden.

Da hilft es auch nicht, dass die Unternehmen zwar die Promotionen schreiben, jedoch deutlich auf ihrer Website angeben, dass diese nicht verwendet oder im eigenen Namen eingereicht werden dürften, da dies Betrug sei. Der Ghostwriter kann juristisch nicht belangt werden; der Student schon, aufgrund der eidesstaatlichen Versicherung. Die mögliche Folge: eine Exmatrikulation und eine Strafanzeige wegen Betrugs. Was sollen Studierende ansonsten mit einer bezahlten und durch einen Ghostwriter geschriebenen Promotionsarbeit anfangen? Lassen wir diese Logik der Unternehmen einfach so stehen.

Übrigens kann eine Doktorarbeit bis zu 20.000 Euro kosten. Aber für den kleineren Geldbeutel gibt es glücklicherweise auch Angebote von um die 3.000 Euro. Für jede und jeden etwas am Betrugsbuffet dabei.

Plagiate bei Doktortiteln

Wer sich den *Fake* mit ausgelagerten Promotionsarbeiten sparen möchte, kann auch den direkten Weg wählen und sich einen Doktortitel kaufen. Immerhin geht es hier um Ansehen, Würde und Respekt. Der Kauf eines Doktortitels ist nicht nur in Osteuropa für ein paar tausend Euro möglich, sondern ebenfalls in den USA, dem Land der unendlichen Möglichkeiten – sogar bedeutend günstiger.

Sobald die kritische Frage nach dem Wunschtitel geklärt ist (und dabei laut Spiegel-Recherche so berauschende Möglichkeiten wie *Doctor of Motivation*, *Doctor of Angel Therapy* oder *Doctor of Immortality* zu erwerben sind), wird innerhalb von vier bis sechs Wochen die Urkunde inklusive Prüfbescheinigung nach Deutschland geschickt. Ach ja, die Prüfungen werden selbstredend auch vom jeweiligen Unternehmen übernommen, das den Titel verleiht und zuschickt.

Es existiert eine weitere, skurril anmutende Möglichkeit, an einen Titel zu gelangen, ohne den wahren Promotionsweg zu beschreiten. Kirchen haben sich ein zweites Standbein geschaffen und verleihen – gegen eine kleine Spende – Doktortitel, die angeblich auch in Deutschland offiziell geführt werden können, zumindest auf der Visitenkarte oder dem Briefpapier. Sie erinnern sich: das liebe Ansehen.

Eine wichtige Information für alle, die jetzt darüber nachdenken, sich in den Doktorstand zu erheben: Dabei handelt es sich um eine Ehrendoktorwürde und um einen kirchlichen Titel, weshalb immer der komplette Titel ausgeschrieben werden muss. Schreibt jemand nur „Dr.", macht sie oder er sich strafbar, da dies suggeriert, es handele sich um einen akademischen Grad. Also bitte ins Kleingedruckte schauen, wenn Sie einen Doktortitel in der Kirche „erspenden". Das alles entfällt übrigens bei einem Titel, der ehrenhalber verliehen wird, also einem „Dr. h. c.". Und falls Sie jetzt neugierig geworden sind: Auch bei Ebay sind reichlich Angebote zu Doktortiteln zu finden.

2.6   *Fake* am menschlichen Körper

Schönheitsoperationen erleben einen wahren Boom. Von der Brustvergrößerung, der Botoxspritze und dem Gesichtslifting über Po-

Implantate à la Jennifer Lopez bis hin zur Komplettoperation, um wie Barbie oder Ken auszusehen. Das Internet, allen voran die sozialen Medien, ist voll von Menschen, die ihre Personenmarke auf Schönheitskorrekturen aufbauen. Patrick Mast ließ sich beispielsweise etwa zwanzigmal operieren und zahlte 60.000 Euro, um dem Aussehen von Barbie möglichst nah zu kommen.

Die Gruppe *Plastic Positive* befürwortet Schönheitsoperationen und ermöglicht es „echten Barbies", sich untereinander auf Instagram auszutauschen. Dazu zählt auch Barbie-Double Amanda Ahola. Sie begann bereits mit 18 Jahren, sich für ihren Traum operieren zu lassen. Es folgten unzählige OPs, um dem Aussehen von Barbie immer näher zu kommen.

Auch in Deutschland steigt die Zahl der Beauty-OPs Jahr für Jahr.

Psychologin Ada Borkenhagen beschäftigt sich mit den Motiven, die hinter dem zunehmenden Drang zur Selbstoptimierung stehen. Der wenig überraschende Hintergrund: Ein wachsender Einfluss der sozialen Medien und den dort vermittelten Schönheitsidealen. „Generation Selfie", sagt Ada Borkenhagen und meint die junge Generation, die viel Zeit damit verbringt, sich selbst zu fotografieren – und dabei mittels Beauty-Apps und Filter stets darauf bedacht ist, blendend auszusehen. Die Deutsche Gesellschaft für Ästhetisch-Plastische Chirurgie nennt in ihrer 2022-Statistik einen Trend als Schwerpunkt, den die Verbandsfachärzte und Vorstände selbst sehr kritisch sehen: Der Einsatz von eben jenen Filtern und Face-Apps zur Selbstoptimierung sowie die Darstellung und Konsumierung von geschöntem Bildmaterial in sozialen Netzwerken.

Aber auch gesamtgesellschaftliche Tendenzen seien für den Schönheitswahn mit verantwortlich. Die zunehmende Individualisierung unserer westlichen Gesellschaften führe dazu, dass wir aufgefordert sind, unseren Körper selbst zu gestalten und für unser körperliches Aussehen verantwortlich zu sein.

Apropos Schönheitswahn: Sogar bei Schamlippenoperationen steigt die Nachfrage: Mehr als 7.000 Frauen lassen sich jährlich in Deutschland an der Vulva operieren. Damit hat sich die Anzahl laut Sexualtherapeutin Bettina Kirchmann in den letzten Jahren verfünffacht.

Haben Sie sich schon gefragt, warum der intime Bereich des menschlichen Körpers eigentlich „Scham" genannt wird? Weil man sich dafür schämen muss oder sollte? Wikipedia teilt dazu mit, dass das Wort etymologisch von der alten germanischen Wurzel *skam/ skem* abstamme und dementsprechend die Bedeutung „Schamgefühl", „Beschämung", „Schande" hat.

Ist es nicht schade, sich für etwas im Grunde Schönes, ja Wunderbares und erotisch Anziehendes schämen zu müssen? Wir dürfen uns nach den Gründen und deren Quellen fragen, warum wir welches Bild von uns selbst entwickelt haben und wie weit es von einem zweifelhaften Ideal oder fragwürdigen Wunschbild abweichen muss, um zu Mitteln wie Schönheits-OPs zu greifen. Was die Religionen dieser Welt hierzu wie auch zu anderen Aspekten über viele Generationen erdacht und ihren „Gläubigen" als angebliche Wahrheit und Verhaltenskodex aufgebürdet haben, ist im Grunde menschenverachtend und ergäbe mehr Stoff, als ein eigenständiges Buch aufnehmen und beschreiben könnte.

Fake im Fitnessstudio

Wenn es um Körperkult geht, dann greifen viele auch zu vermeintlich weniger drastischen Mitteln, als es Schönheits-OPs hergeben – mit Muskelaufbau oder Leistungssteigerung der Fitness im Fokus. Anabolika sind ein beliebtes Mittel, zu dem vor allem Bodybuilder gerne greifen. Anstatt die Muskulatur im natürlichen Sinne aufzubauen, nutzen sie chemische Mittel, die die Muskeln zwar anwachsen lassen, aber keine echte Stärke verleihen.

Eine ältere, vom Bundesgesundheitsministerium im Jahr 2015 herausgegebene Studie vermutet, dass fünf Prozent aller Fitnessstudiobesucher Deutschlands Mittel zur Leistungssteigerung einnehmen. Oft kommen diese Mittel aus Osteuropa und werden über Mittelsmänner eingeschleust.

Auch der Sport hat weiterhin mit *Fake* zu kämpfen. Gerade im Profisport wird trotz aller Tests und Skandale der letzten Jahre immer wieder gedopt, um die eigene Leistung zu steigern. Nach 200 Substanzen wird routinemäßig gefahndet, und neue Arzneimittel werden im Standardverfahren direkt mit untersucht, ob sie als Dopingsubstanz zu nutzen wären.

2.7 Digitale *Fakes*: „Mein Haus, mein Auto, mein Boot, mein Leben"

Schauen wir erneut in die digital vernetzte Welt der sozialen Medien: Influencer leben davon, ihren Followern nicht nur ihr Leben, sondern auch Produktsponsorings vorzusetzen. Große Unternehmen zahlen dem Influencer oft hohe Beträge, damit eines ihrer Produkte im Post gezeigt oder sogar genannt wird. Je mehr Reichweite ein Influencer hat, desto interessanter und wertvoller wird er für Unternehmen und desto höher sind die Werbekosten. Üblich ist ein Tausender-Kontakt-Preis, das heißt, die Unternehmen zahlen einen festgelegten Betrag pro eintausend Kontakten mit Personen, die als Käufer infrage kommen.

Mittlerweile kommt es allerdings immer häufiger vor, dass Influencer ihre Reichweite mit *Fake Followern* in die Höhe treiben. Diese bestehen aus Bots, also einem Programm, das automatisiert Reaktionen verteilt oder generische Kommentare hinterlässt.

Im ersten Halbjahr 2020 hat die Modebranche circa 1,3 Millionen Euro ausgegeben – für Werbung, die nur an Bots rausging.

Falsche Identitäten haben es leicht in der Welt von Social Media. Die Anonymität ermöglicht es, falsche Profile auf Insta, Facebook & Co. anzulegen und sich für andere Menschen auszugeben. So ist nicht nur Phishing ein Problem, sondern auch Stalking, Einbruchsplanung (wenn bekannt ist, dass andere im Urlaub sind) und andere Vergehen. *Fake*-Profile können also eine echte Gefahr darstellen.

Sein eigenes Leben auf sozialen Plattformen auszuschmücken ist auch ein Leichtes. Schöne Fotos, vielleicht noch in Photoshop erstellt, täuschen ein Leben vor, das der Inhaber des Profils vielleicht gar nicht führt. Schnell ein Foto aus dem Louis-Vuitton-Geschäft (freilich ohne die Zehntausend-Euro-Tasche gekauft zu haben), Videos aus dem für eine Probefahrt gemieteten Porsche – all das vermittelt den

Followern einen falschen Eindruck. Ein gegenseitiges Übertreffen, Druck und Neid sind oftmals die Folge. Authentizität bleibt auf der Strecke, denn wer will schon „normal", wenn er *Fake*-Erfolg posten kann?

Ein *Fake* des Lebens: Viele gaukeln der Öffentlichkeit, dem Nachbarn, den Kollegen etc. ein Leben vor, das sie gar nicht wirklich leben. Teure Luxusautos auf Raten, großes TV auf Kredit ... – selbst Reisen können heute über Auxmoney mit Konsumkrediten ermöglicht werden. Es geht nicht mehr um den Urlaub an sich, sondern darum, anderen die Fotos zeigen zu können.

Während das vordergründige Ziel offensichtlich daherkommt, nämlich Eindruck zu schinden, können wir uns doch fragen, was sich im Laufe der Zeit im Inneren dieser Menschen abspielt? Kann eine solche Show zu innerem Frieden, emotionaler Stärke und einer Ausgeglichenheit und Gelassenheit führen, die man auch als In-sich-selbst-Ruhen bezeichnen kann? Oder führt diese Dauertäuschung zu einer Endlosschleife, in der immer neue Eindrücke erfunden werden müssen, aus dem Gefühl, oder sogar der Gewissheit, dass die Außenwelt das erwartet, sodass am Ende Schauspieler und Marionette nicht mehr unterscheidbar sind?

2.8   *Fake* bei Nahrungsmitteln und nachhaltiger Tierhaltung

Über die mangelhafte Qualität von industriell hergestellten „Lebensmitteln" ist schon so viel geschrieben worden, dass es hier keiner langatmigen Wiederholungen bedarf. Nur ein interessanter Aspekt: Seit etwa zehn Jahren sinkt in den USA die Lebenserwartung der Menschen kontinuierlich, nachdem sie seit dem zweiten Weltkrieg in jedem Jahrzehnt statistisch etwa zwei Jahre zugelegt hat. Dieser Effekt sollte unsere Aufmerksamkeit erhalten, weil viele Entwicklungen aus den Staaten bisher einige Jahre später auch in Europa und anderen Erdteilen sichtbar wurden.

Die Ursache für die höhere beziehungsweise frühere Sterblichkeit der Amerikaner hat zwei wesentliche Ursachen: Neben einem geringeren Einfluss von Drogen und Medikamenten sind mit großem Abstand Herz-Kreislauf-Erkrankungen als Grund angeführt. Was sich zunächst wie ein „organisches Problem" liest, ist zu einem großen Anteil die Auswirkung der Ernährung, in der Fertiggerichte, Fast Food, Süßwaren und Produkte der Getränkeindustrie einen stetig steigenden Anteil einnehmen. Einhergehend damit sind Übergewicht bei einem Viertel der Amerikaner und Fettleibigkeit bei fast der Hälfte. Nie waren diese Zahlen so hoch wie heute.

Das ist der wahre Grund für die erhöhte Sterblichkeit, und deren Ursache ist eine zweifelhafte Ernährung, von der neben der Lebensmittelindustrie vor allem die Pharmaindustrie profitiert. Um es hier deutlich und unmissverständlich klarzustellen: Das „Dosenfutter", die „Tütengerichte" und „Pappschachtelmahlzeiten" sowie viele zuckerhaltige Mischgetränke sind eher als „gesundheitsschädliche Chemie-Cocktails" einzustufen, denn als nahrhafte oder gesundheitsfördernde Lebensmittel, wie uns farbenfrohe Verpackungen zu suggerieren versuchen.

Wer seine Ernährung in jungen Jahren radikal umstellt, gewinnt bis zu zehn Jahre an Lebenszeit hinzu. Selbst für 80-Jährige kann es sich noch lohnen. Dabei gibt es eine besonders einfache und wirksame Maßnahme: Auf Fleisch verzichten, mehr Hülsenfrüchte und Vollkornprodukte essen: Das sind die wichtigsten Schlüsse aus einer Studie, die ein Team von der Universität Bergen in *PLOS Medicine* vorgestellt hat. Die Gruppe um den Gesundheitsforscher Lars Fadnes stützt sich auf Daten der Global-Burden-of-Disease-Studie, die seit mehr als dreißig Jahren weltweit Todesfälle und Krankheiten sowie deren Risikofaktoren erfasst.

Auf dieser Basis berechnete das norwegische Team, wie sich eine Ernährungsumstellung statistisch gesehen auf die Lebenserwartung auswirken würde. Zentrale Erkenntnis: Mit optimalen Essgewohnheiten könnte eine Person, die sich zuvor typisch westlich ernährt hat, deutlich an Lebenszeit gewinnen: 20-Jährige mehr als zehn Jahre, 80-Jährige mehr als drei Jahre.

Die Umstellung lohne sich also bis ins hohe Alter. In jungen Jahren profitieren die Männer etwas mehr. So kann ein 20-Jähriger in den

USA sein Leben im Mittel um rund dreizehn Jahre verlängern, eine gleichaltrige Frau knapp elf Jahre. In Europa fallen die Ergebnisse nahezu identisch aus.

Eine der am häufigsten und heftigsten diskutierten Fragen in Bezug auf die Ernährung ist der Verzehr von Fleisch. Natürlich kann man auch hier Standpunkte von „jeden Tag Wurst, Schnitzel oder Steak" bis „fleischlos, vegetarisch" oder gar „vegan" beziehen. Vielleicht ist „weniger und besser" eine gute Alternative?

Etikettenschwindel „Tierwohl"

Womit wir zu einem Trend kommen, der genau dieses Anliegen vieler Menschen, die sich bewusst, wertschätzend und gesund ernähren wollen, aufgreift: Artgerechte Tierhaltung. Dass ein „Nutztier", im Gegensatz zum „Haustier", und ganz zu schweigen von Tieren, die dem Menschen (vordergründig) nichts nutzen, heute kaum noch einen Wert hat, wird besonders in der Massentierhaltung deutlich. Auch hier werden Konsumenten, die sich verantwortungsbewusster verhalten möchten, regelrecht angeschmiert. Und das sogar mit Zustimmung der Bundesregierung.

Schauen wir uns die wohlklingenden Begriffe „Bio" oder „Öko" an: Welches Bild erscheint direkt bei Ihnen im Kopf? Genau: saftige, grüne Wiesen, auf denen Kühe grasen. Große Ausläufe, in denen sich Schweine tummeln und ausgelassen im Matsch wälzen.

Weitläufige Areale, in denen Hühner picken, scharren und hudernd ihre Federn im Sand reinigen. Ein idyllischer Bauernhof halt, auf dem sowohl der Landwirt als auch seine Tiere harmonisch in Einklang leben.

Okay, ich gebe es zu: Das war jetzt vielleicht übertrieben romantisch dargestellt, aber bei den Begriffen „Bio" und „Öko" denken die meisten Menschen doch immerhin, dass die Tiere artgerecht gehalten, gefüttert und geschlachtet werden. Das sehen wir doch ständig an den Produktverpackungen, auf denen lachende Schweine und Kühe abgebildet sind. Sie zieren absurderweise sogar so manchen LKW bei Tiertransporten.

Doch die Realität sieht leider ganz anders aus. So findet man auch auf zweifelhaften Biohöfen eher die Massentierhaltung in engen

Ställen und Käfigen. Der unangenehme Spaltenboden, auf dem die Tiere stehen und der dafür sorgt, dass Fäkalien direkt durchfallen, sowie die umstrittene Fixierung von Zuchtsauen etc. sind an der Tagesordnung. Die Siegel, vergeben von offiziellen Stellen, suggerieren dem Endverbraucher dagegen eine gute Tierhaltung mit Freilauf, viel Platz und sauberen Ställen. Das sieht dann so aus: Ein einhundert Kilogramm schweres Mastschwein hat statt 0,75 qm in der konventionellen Haltung Anspruch auf enorme 2,3 qm Platz bei der Biohaltung – oft auf überdachtem Spaltenboden, denn auf dem steht und liegt es sich ja so gemütlich.

Sechs Legehennen pro Quadratmeter sind erlaubt und können sich auf diesem Überangebot an Platz entfalten. Dass sie oftmals noch nicht einmal die Legeperiode überleben, interessiert nicht wirklich. Ach ja, und auch in der Bio-Eierindustrie werden weiterhin männliche Küken geschreddert oder die Embryos zuvor schon im Ei getötet, da sie ökonomisch wertlos sind. Ein Hoch auf Biosiegel & Co.

Bio ist nicht gleich Bio
Bio ist also auch „einfach *Fake*"?! Nein, ganz so drastisch dürfen wir es nicht formulieren. Dennoch – Bio ist nicht gleich Bio – das können wir festhalten. Genauso wenig, wie sich ein einheitliches *Fake*-Bild zeichnen lässt, können wir ein einheitliches Bild der Landwirtschaft an sich zeichnen. Von einigen *Fake*-Fällen auf die gesamte Branche zu schließen, greift zu kurz und ist nicht fair. Alle Bio-Betriebe unter Generalverdacht zu stellen, bringt uns nicht weiter. Im Gegenteil: Es sorgt für große Verunsicherung – bei den Verbraucherinnen und Verbrauchern und auch bei den Landwirten. Also: kritisch bleiben, aber nicht pauschal verurteilen. Die kritischen Punkte schauen wir uns gleich noch genauer an.

Falls Sie hin und wieder doch den Weg zu McDonald's finden, erinnern Sie sich vielleicht: Vor einigen Jahren versuchte der Fast-Food-Anbieter den Sprung in die vertrauenswürdige Bio-Ecke – mit dem Verkauf des *McB*, dem Bio-Burger. Er wurde groß mit einer „Weltpremiere" angekündigt. Ganze vier Monate hielt die Gutmensch-Fassade an, denn angeblich entwickelten sich die Verkaufszahlen nicht entsprechend.

Viel interessanter ist aber das Produkt selbst: Außer dem Fleisch-patty war nichts daran Bio. Daher durfte McDonald's ihn auch nur *McB* und nicht etwa *McBio* nennen. Auf den Schürzen der Mitarbeitenden stand „Ich arbeite im Bioladen", was ebenfalls eine irreführende Aussage war und den Verbraucher im Glauben ließ, sich und der Umwelt etwas Gutes zu tun. Generell erweckt McDonald's seit seiner Umpositionierung mit neuem, grünem Logo, vegetarischem Burger und Salaten den Eindruck, ein gesundes Fast-Food-Restaurant zu sein und lenkt somit von den ungesunden Großpackungen, Softdrinks und frittierten Angeboten ab.

Staatliche Bio-Siegel deutlich lascher als Demeter, Naturland und Bioland

In der Fernsehreportage *Ethik oder Etikettenschwindel* hat die ARD untersucht, was das EU-Biosiegel Öko-Betrieben vorschreibt. Der TV-Beitrag beleuchtet auch den aktuellen Zustand der Biolandwirtschaft. Das Ergebnis ist mehr als ernüchternd, schreibt der Münchner Merkur.

Jenseits der Quadratmeter-Thematik gibt es leider auch diese Parallelen: Laut der Tierschutz-Organisation Ariwa würden die Bilder in Ökoställen denen aus konventionellen Großställen ähneln. Auch hier gebe es kranke und tote Tiere. Da die Flächen addiert werden dürfen, entstünden auch in der Bio-Branche zum Teil riesige Hallen.

Statt die Bedingungen in der Landwirtschaft und für den Verbraucher zu verbessern, schaffen die staatlichen Bio-Siegel laut dem Merkur Trittbrettfahrern die Möglichkeit, den Bio-Trend auszunutzen. Tierrechtler seien sich daher einig, dass das Biosiegel „Verarsche" sei, heißt es. Denn praktisch würden die staatlichen Bio-Siegel keine Verbesserungen in den Punkten garantieren, die bei der konventionellen Tierhaltung kritisiert werden. Bio-Tiere hätten etwas mehr Platz, gesünder seien sie aber nicht, schreibt die Zeitung unter Berufung auf die ARD-Doku weiter. „Bio heißt zwar nicht, dass artgerechte Tierhaltung zu hundert Prozent gewährleistet wird", sagt der Tierschutzbeauftragte des Saarlands, Dr. Hans-Friedrich Willimzik. Doch die Massentierhaltung habe längst so extreme Standards, dass diese minimalen Verbesserungen nicht genug seien.

Als Vorbild werden dagegen private Bio-Siegel wie Demeter, Naturland und Bioland genannt, die sehr strenge Maßstäbe ansetzen.

Es erscheint tragisch, dass gerade die Betriebe, denen es wirklich um eine umweltverträgliche und tierschutzgerechte Landwirtschaft geht, augenblicklich mit den größten Herausforderungen konfrontiert sind. Was hilft? Auch hier – genau hinsehen! Bio ist offensichtlich nicht gleich Bio. Finden Sie heraus, was zuverlässig Ihren Vorstellungen entspricht und handeln Sie danach. Viele Bio-Siegel sind Marke Eigenbau und nicht gesetzlich anerkannt.

Blick über den nationalen Tellerrand: Bio-Äpfel aus Argentinien, Bio-Weintrauben aus Südafrika, Hülsenfrüchte aus China – sie alle tragen das Bio-Siegel. Wie kann es sein, dass Lebensmittel, die per Flugzeug oder Schiff um die halbe Welt transportiert werden, noch als „Bio" oder „Öko" gelten? Okay, zugegeben, der Anbau von Ananas, Bananen, Kaffee und Kiwis könnte in Deutschland etwas schwierig werden, und die Nachfrage nach Bio-Varianten dieser und noch viel mehr Lebensmitteln ist eindeutig gegeben. Generell ist es ja auch wünschenswert, dass auch im Ausland strenge Verordnungen gelten, wie in vielen Fällen das EU-Biosiegel. Unternehmen, die dieses Siegel führen, dürfen zum Beispiel keine Gentechnik verwenden und auch beim Düngemittel gilt es, strengere Vorgaben zu beachten.

Zertifizierungsstellen sind von den zu prüfenden Unternehmen abhängig

Das Problem: Von der EU zugelassene private Öko-Kontrollstellen werden eingesetzt, um die landwirtschaftlichen Betriebe vor Ort zu kontrollieren. So weit, so gut. Allerdings kann sich der Produzent aussuchen, welche Kontrollstelle ihn untersuchen soll, was die Kontrollstelle gleichzeitig zum Kunden des Produzenten macht. So ist die Gefahr hoch, dass schlampig kontrolliert oder sogar betrogen wird, damit die Kontrollstelle auch nächstes Jahr wieder bei diesem Produzenten kontrollieren darf und dieser nicht zur Konkurrenz geht.

Dass eine Kontrollstelle vom Produzenten abhängig ist, ist an sich schon eine Farce. Eine unabhängige Arbeit zu liefern, während man gleichzeitig vom Kunden finanziell abhängig ist, ist ein Witz. Hier einige Beispiele:

Der Bauer war sauer, denn Kontrolleur Manfred Flegel hatte ihn erwischt. Auf dem Hof in Niedersachsen mussten sich Flegel zufolge 48 Rinder nur vierzig Fressplätze teilen. Obwohl der Bioverband des Betriebs einen Platz pro Tier verlangt, damit auch schwächere Rinder genügend Futter bekommen. Flegel meldete den Verstoß der Zentrale seines damaligen Arbeitgebers, Deutschlands größter Biokontrollstelle Abcert. Die aber habe daraufhin weder dem Hof noch den Tieren das Siegel entzogen, ärgert sich Flegel. Der Landwirt verlor allerdings Zeit, denn Flegel schrieb nach eigenen Angaben in mühevoller Kleinarbeit die Identifizierungsnummern auf den Ohrmarken aller Tiere auf. Der Bauer sah sich auch zu langen Rechtfertigungsbriefen an Abcert genötigt, um schmerzhafte Sanktionen abzuwenden.

Deshalb rief der Betrieb laut Flegel einen Tag vor der nächsten regulären Kontrolle bei Abcert an. „Sie haben gesagt: ‚Den Flegel wollen wir nicht mehr haben. Da stimmt die Chemie wohl nicht.' Da haben sie dann jemand anderes hingeschickt", erzählt der ehemalige Inspekteur, der von 2017 bis 2021 bei der Kontrollstelle gearbeitet hat. „Das finde ich schon ein bisschen schräg, dass der Betrieb sich nicht nur die Kontrollstelle aussuchen kann, sondern auch den Kontrolleur." An den zwei Tagen, die er für die dann abgesagte Kontrolle eingeplant hatte, habe er stattdessen Urlaub nehmen müssen. „Dann ist der Kontrolleur in der Regel bemüht, lieber nicht so kontrovers und so kritisch zu kontrollieren, damit er nicht ausgeladen wird", sagt der 63-Jährige.

Abcerts Codenummer DE-ÖKO-006 steht auf vielen Biolebensmitteln. Die Aktiengesellschaft ist wie alle 19 von den Behörden zugelassenen Biokontrollstellen in Deutschland ein privates Unternehmen. Bezahlt werden sie von denjenigen, die sie kontrollieren sollen: den Bauern und Firmen, die mit dem Biosiegel werben. Die Kunden dürfen ihre Kontrollstelle selbst auswählen – und auch wechseln. So können die Kontrollierten Druck auf die Inspekteure ausüben. „Abcert will keine Kunden verlieren", sagt Flegel. Deshalb würden zu kritische Kontrolleure kaltgestellt, wenn sich die Betriebe beschweren. Außerdem bestrafe die Zentrale von den Kontrolleuren festgestellte Verstöße gegen das Biorecht oft zu lasch.

Kritisiert wird schon lange, dass es bei Biokontrolleuren einen Interessenkonflikt zwischen öffentlichem Auftrag und Gewinnstreben gebe und sie deshalb manchmal nicht so genau hinschauten – nachweisen ließ sich das allerdings bisher kaum. Flegel ist der erste Whistleblower, der öffentlich und mit vollem Namen konkrete Missstände in einer Biokontrollstelle enthüllt. Manfred Flegel ist der taz zudem seit Jahren bekannt.

Ein weiterer ehemaliger Abcert-Kontrolleur, der anonym bleiben möchte, hat gegenüber der taz bestätigt, dass die Inspektoren gewechselt werden, wenn die Betriebe sie ablehnen. „Ich hatte jemanden bei einem richtigen Anbaubetrug erwischt", sagt der Kontrolleur. „Der hat mich vom Betrieb geschmissen, weil ich ihm wirklich auf die Füße getreten bin." Abcert habe dann statt ihm einen sehr jungen Inspekteur mit wenig Erfahrung beauftragt. „Der hat gesagt: ‚Da war nix, ich habe mich vertan.'" Der Ex-Kontrolleur ist bis heute vom Gegenteil überzeugt.

Der Abcert-Vorstandsvorsitzende Friedrich Lettenmeier bestätigt auf Anfrage der taz, dass die Kontrollstelle tatsächlich den Inspekteur austauscht, wenn der Betrieb darum bittet. „Die Norm DIN/ISO 17065 sieht dies so vor", behauptet Lettenmeier. Doch der Abschnitt dieser Norm für Zertifizierungen, den Lettenmeier als Beleg mitschickt, verlangt lediglich, dass die Kontrollstelle den Inspekteur zur Offenlegung persönlicher Interessenkonflikte verpflichtet. Er fordert nicht, auf Wunsch des Betriebs hartnäckige Inspekteure auszutauschen.

Die Enthüllungen sind Sprengstoff für eine Branche, die maßgeblich vom Vertrauen der Verbraucher abhängig ist. Denn viele zahlen den teils heftigen Aufpreis für Biolebensmittel, weil sie eben keine Pestizide im Essen haben wollen und etwas für die Vielfalt von Tier- und Pflanzenarten sowie den Tierschutz tun wollen. Das soll die Ökoverordnung der Europäischen Union garantieren. Biobauern müssen demnach zum Beispiel auf chemisch-synthetische Pflanzenschutzmittel und besonders umweltschädlichen Dünger verzichten. Sie sind auch dazu verpflichtet, ihren Tieren mehr Platz im Stall und Auslauf zu gewähren. Die Ökoverordnung schreibt daher vor, dass Kontrollstellen jeden Biobetrieb mindestens einmal im Jahr überprüfen müssen.

Doch wie zuverlässig schützen diese Kontrollen vor Betrug? Flegels Berichte lassen in dieser Hinsicht Zweifel aufkommen. Die Zentrale der Abcert habe eine lasche Haltung befördert, sagt er. Ein Vorgesetzter habe ihn einmal sogar gefragt, warum er „so misstrauisch" sei, erzählt Flegel. „Ich habe ihm geantwortet: ‚Weil ich kein Pastor bin, sondern Kontrolleur.'" Friedrich Lettenmeier von Abcert schreibt dazu, keine der Führungskräfte, die er dazu habe befragen können, könne sich an ein derartiges Gespräch erinnern. Offen bleibt, welche Führungskräfte er gefragt hat.

Flegel ist Agraringenieur, er hat an der Pionier-Ökofakultät der Universität Kassel/Witzenhausen studiert und hat selbst einen Biobetrieb gehabt. Er arbeite im Ökolandbau aus Überzeugung, sagt er. Flegel weiß, welche Schäden Überdüngung und Pestizide der konventionellen Landwirtschaft in der Umwelt anrichten.

Durch die Lappen gegangen ist Abcert auch der Fall des Bioschweinehalters aus dem Dorf Zargleben im niedersächsischen Wendland, der laut Staatsanwaltschaft seinen Tieren im Ökolandbau verbotene Medikamente und konventionelles Futter gegeben haben soll. Der Landwirt ist ein Pionier der Bioschweinefleischerzeugung und war mit jährlich rund 7.000 gemästeten Tieren ein wichtiger Player in der Branche. Allerdings verabreichte der Betrieb laut dem Niedersächsischen Landesamt für Verbraucherschutz und Lebensmittelsicherheit (Laves) Sauen Hormone, die künstlich die Brunst auslösen. Dadurch warfen sie mehr oder minder gleichzeitig Ferkel, die Produktionsabläufe sowie die Liefermengen ließen sich besser planen. Solche unnatürlichen Eingriffe untersagt die Ökoverordnung eindeutig.

Mangelnde Transparenz in der Lieferkette

Doch das Laves hatte nach eigenen Angaben „keine Hinweise auf Unregelmäßigkeiten in dem betreffenden Betrieb durch Öko-Kontrollstellen erhalten", obwohl es als Aufsichtsbehörde über die niedersächsische Biobranche als erste hätte eingeschaltet werden müssen. Dabei habe der Landwirt in den „Bestandsbüchern" dokumentiert, dass er zu „Zeitpunkten vor den Kontrollen" Sauen mit „nicht zulässigen Medikamenten" behandelt habe. Die Kontrollstelle habe laut ihrem Bericht an das Laves den Medikamenteneinsatz überprüft, aber: „Abweichungen wurden nicht vermerkt". Im Gegenteil: Abcert habe den Betrieb im Juli 2020 von der Risikoklasse III (hohes Risiko für Unregelmäßigkeiten) in die Kategorie II herabgestuft. Solche Betriebe werden meist seltener unangekündigt überprüft. „Unser Mitarbeiter hat die in der Kontrolle vorgelegten Unterlagen geprüft und bewertet. Daraus haben sich keine Hinweise auf Verstöße ergeben", sagt Abcert-Chef Lettenmeier dazu. Allerdings gehört zu einer guten Kontrolle auch, durch Kombination verschiedener Informationen zu erkennen, wenn Unterlagen fehlen.

Dass das Biokontrollsystem insgesamt unter gravierenden Mängeln leidet, hat der EU-Rechnungshof belegt. „Viele Erzeugnisse konnten nach wie vor nicht zum landwirtschaftlichen Erzeuger zurückverfolgt werden", schrieb die Behörde 2019. Wenn sich aber nicht herausfinden lässt, welcher Landwirt ein Produkt hergestellt hat, lässt sich auch nicht feststellen, ob er wirklich ein Biobauer ist. Dieses Problem zeigte sich bei 42 Prozent der vom Rechnungshof untersuchten Testprodukte mit mindestens einem Erzeuger, Verarbeiter oder Händler von außerhalb der EU. Wenn alle beteiligten Unternehmer aus demselben EU-Staat kamen, versagte das System in 17 Prozent der Fälle. Waren die Unternehmer aus mehreren EU-Ländern, konnten die Behörden in 29 Prozent der Tests nicht bis zum Erzeuger zurückverfolgen.

Unter anderem deshalb lautet Flegels Fazit aus vier Jahren Biokontrolle: „Es funktioniert nicht!". Er behauptet nicht, dass die meisten Ökolandwirte betrügen würden. „Meine Familie und ich kaufen auch immer noch überwiegend Biolebensmittel." Aber das System sei „ein zunehmender Verrat an den Verbrauchern, den anständigen Biobauern, den betroffenen Tieren und der Umwelt".

So weit gehen die meisten Expertinnen und Experten nicht. Aber auch Achim Spiller, Professor für Agrarmarketing an der Universität Göttingen, sieht einen Interessenskonflikt darin, dass die Biokontrolleure von den Betrieben bezahlt und ausgesucht werden, die sie überprüfen sollen. „Diesen Interessenkonflikt gibt es bei allen Zertifizierungssystemen, aber auch bei der Wirtschaftsprüfung", sagt Spiller. Was die Sache nicht besser macht. Wirtschaftsprüfer werden ebenfalls von den Firmen bezahlt, die sie kontrollieren sollen. So war es auch im Skandal um den Zahlungsdienstleister Wirecard, der jahrelang Bilanzen manipulierte, ohne dass die Rechnungsprüfer von Ernest & Young, die sich danach in EY umbenannt haben, es bemerkten. Dazu später noch mehr im Kapitel 3.1.

Unabhängigkeit der Kontrollstellen gefordert
Doch wie lassen sich der Interessenskonflikt der Kontrollstellen und die Abhängigkeit von ihren Kunden beheben? Antworten kann ein Blick in andere EU-Staaten geben: In Dänemark und den Niederlanden arbeitet jeweils nur eine Kontrollstelle. Die Bauern können also nicht wechseln, wenn sie sich zu streng überprüft fühlen. In Dänemark sind die Kontrolleure Mitarbeitende von Behörden, die dem Lebensmittelministerium unterstellt sind. Und in den Niederlanden arbeiten die entsprechenden Inspekteure bei der staatlichen Stiftung Skal.

Die beiden Länder zeigen, dass sich die Biokontrolle auch ohne von den kontrollierten Betrieben abhängige private Kontrollfirmen organisieren und finanzieren lässt. In den Nachbarstaaten ziehen keine privaten Eigentümer Geld in Form von Gewinnen aus dem System. Und es gibt nicht so viele Kontrollstellenchefs wie in Deutschland.

Allerdings wollen die großen deutschen Parteien nicht an dieses Thema heran. „Wer eine Verstaatlichung der Biokontrolle fordert, hat alle Lobbys gegen sich", sagt ein Brancheninsider. Die traditionell mit dem Bauernverband verbündete CDU hat kein Interesse an strengeren Kontrollen, weil sie mehr Aufwand für die Landwirte bedeuten. Aber auch bei den Grünen findet sich fast niemand, der eine radikale Reform der Öko-Kontrolle fordert. Denn die Grünen stehen den Verbänden der Biobranche nahe, die ebenfalls kein staatliches System wollen. Berlins damaliger grüner Verbraucherschutzsenator Dirk Behrendt antwortete auf die Frage der taz nach einer Reform des Kontrollsystems, die privaten Inspekteure würden doch „staatlich überwacht".

Tatsächlich begleiten Beschäftigte der Länderbehörden regelmäßig einen kleinen Teil der privaten Kontrollen. Aber in der Praxis gibt es oft ein Kompetenz-Wirrwarr zwischen Ämtern und Kontrollstellen, das Betrügern nützt. Der Bioschweinepionier aus dem Wendland etwa konnte auch dann noch weiter Ware mit dem EU-Biosiegel verkaufen, als ihn Bioland schon wegen der schwerwiegenden Vorwürfe gegen ihn ausgeschlossen hatte. Das Laves erklärte, die privaten Kontrollstellen „können und müssen" das Zertifikat aussetzen, wenn die Verstöße das angemessen erscheinen ließen. Doch die Kontrollstellen fürchten oft Schadenersatzforderungen, wenn nicht das zuständige Amt gleichzeitig den Entzug des Zertifikats anordnet. Ergebnis: Oft handelt niemand, weil alle immer auf den anderen warten.

Kontrolleur Flegel hat dieses System so frustriert, dass er seinen Job kündigte. „Am Ende", sagt Flegel, „war es irgendwie egal, ob ich die Landwirte kontrolliere oder nur mit ihnen Kaffee trinke."

Die Betriebe, die unter den zweifelsfrei anerkannten und zuverlässig überwachten Standards von Demeter, Naturland und Bioland wirtschaften, trifft das Problem doppelt hart: einerseits durch den Wettbewerb von „Schein-Bio-Siegeln", der sich durch geringere Standards und damit niedrigere Kosten unlautere Wettbewerbsvorteile verschafft. Und andererseits durch die seit dem extremen Anstieg der Inflation 2022 rückläufige Nachfrage nach Bio-Produkten.

Welche Möglichkeiten bleiben uns als Konsumenten? Augen auf, informieren und im Idealfall direkt bei einem Biobauern mit glaubwürdigen Standards kaufen. Auch diese Betriebe gehen mit der Zeit und stellen ihre Vermarktungswege zunehmend transparent dar oder bieten sogar einen Shop im Internet inklusive Lieferservice für ihre Produkte an.

2.9 *Fake* bei Medikamenten

Medikamente sind nicht immer günstig – vor allem, wenn Patientinnen und Patienten auf regelmäßige Einnahmen oder spezialisierte Produkte angewiesen sind. So ist die Versuchung manchmal groß, günstigere Medikamente im Ausland zu erstehen, zum Beispiel aus den Niederlanden oder Portugal. Viele Touristen nutzen die Chance der günstigeren Medikamente während des Urlaubs und bringen Freunden und Familie auch durchaus gerne benötigte Produkte mit. Doch es besteht das Risiko, dass günstigere Medikamente im Ausland Fälschungen sein können, die den Wirkstoff gar nicht oder in nur geringen Mengen enthalten. Im absolut schlimmsten Fall sind sie sogar gesundheitsschädlich, da die Inhaltsstoffe durch billige oder sogar schädliche Stoffe ersetzt wurden. Doch es geht hier nicht nur um die schädliche Wirkung von Ersatzinhaltsstoffen an sich. Bleibt die Wirkung eines dringend benötigten Medikaments aus, zum Beispiel bei Krebs- oder Diabetes-Patienten, so ist eine ernste Folge vorprogrammiert.

Auch die Bequemlichkeit des Internets ist ein heikles Thema. Oft sind unseriöse Websites von seriösen kaum noch zu unterscheiden. Die Anonymität des Internets macht es Betrügern umso leichter, sich hinter zig Firewalls, Umleitungen und *Fake*-Profilen zu verstecken.

Ein besonders tragischer Fall von *Fake*-Medikamenten wurde im Jahr 2019 aufgedeckt. Das Pharmaunternehmen ZytoService soll in einen Millionenbetrug um Krebsmedikamente verstrickt sein. Doch nicht nur der Pharmakonzern steht unter Verdacht – ebenso sind Mediziner und Apotheker in den Abrechnungsbetrug verwickelt. Angeblich wurden Ärzte von ZytoService bestochen, um an Rezepte für Krebspatienten zu kommen. Im Austausch dafür erhielten diese netterweise Kickback-Zahlungen von mehr als 500.000 Euro. Doch nicht nur das: Zusätzlich erhielten die involvierten Ärzte rückzahlungsfreie Darlehen, Luxusfahrzeuge zur Nutzung oder neue Praxiseinrichtungen. Die gefakten Rezepte sollen dann an eine in Verbindung mit dem Pharmakonzern stehende Apotheke gegangen sein und auch zu Unrecht bei den Krankenkassen abgerechnet worden sein. Hut ab vor so viel Raffinesse.

Ein weiteres tragisches Beispiel betrifft ebenfalls ein so dringend benötigtes Krebsmedikament. Ein Großhändler hat jahrelang gefälschte Krebsmedikamente vertrieben und in Umlauf gebracht. Hierzu hat er nicht nur die Verpackungen gefälscht, sondern ebenfalls die Beipackzettel. Diese sind so gut wie nicht von echten Produkten zu unterscheiden, sodass Patientin oder Patient keine Möglichkeit hat, den *Fake* beim Kauf zu bemerken.

Doch es geht noch schlimmer – wer hätte es gedacht. Dass HIV-Erkrankungen insbesondere in Afrika ein großes Problem darstellen, ist uns allen bewusst. Umso dringender werden dort geeignete Medikamente zur Behandlung der Aidspatienten benötigt. Dennoch wurden HIV-Präparate, die ursprünglich für den afrikanischen Markt vorgesehen waren, plötzlich auf dem europäischen Markt gefunden. Sie gelangten als Re-Importe in verschiedene Apotheken, darunter auch in Deutschland, und fielen nur auf, nachdem ein Patient einen noch verschlossenen Blister entdeckte, in dem keine Medikamente waren. Dreister kalkulierend lässt sich kam noch mit Menschenleben spielen.

Doch der Grund für derartige Machenschaften ist schnell erklärt: Gefälschte Arzneimittel bringen mehr Umsatz als der altbekannte Drogenhandel oder Zigarettenschmuggel. Nach Angaben des Bundeskriminalamts bringt ein illegal hergestelltes Kilogramm Viagra auf dem Schwarzmarkt rund 100.000 Euro, ein Kilogramm Heroin dagegen nur 35.000. Klar, dass bei einer Verdreifachung der Einnahmen lieber die Branche gewechselt wird, um das lukrative Medikamenten-Schmuggel-Unternehmen auf stabile Beine zu stellen. Als Folge davon beschlagnahmten europäische Zollbehörden mehr als 34 Millionen gefälschte Tabletten beziehungsweise neun Millionen Verpackungen. Die Weltgesundheitsorganisation schätzt, dass sogar circa sieben bis zehn Prozent aller Medikamente in Industrieländern Fälschungen sind.

Sie fragen sich, warum das Entdeckungsrisiko dieser Fälschungen so gering ist? Die Erklärung hierfür ist ebenfalls so einfach wie schlimm: Bei einem Patienten, der an einer tödlichen Krankheit leidet und stirbt, werden die Medikamente nicht überprüft. So bleiben leider viele tödliche Fälschungsdelikte unentdeckt.

3 *Fakes* im Unternehmensumfeld

Auch wenn Sie selbst kein Unternehmer sind, liegt es doch nahe, beim großen Thema *Fakes* den Blick auch etwas fokussierter auf die Unternehmenswelt zu richten. Denn viele Menschen haben doch täglich mit Unternehmen zu tun und dürften deshalb interessiert sein, wie Menschen auch im Unternehmensumfeld auf Betrugsmaschen hereinfallen.

Zwei Beispiele: *CEO Fraud* oder *Vishing*. Per Telefon oder E-Mail geben sich Kriminelle als Firmenchefs oder leitende Angestellte aus und weisen Geldtransfers an. Die Täter sammeln zunächst jede Art von Informationen über ein Unternehmen – durch Wirtschaftsberichte, das Handelsregister oder die Website. Zusätzlich zapfen sie soziale Netzwerke an, in denen Mitarbeitende ihre Funktion, Tätigkeit oder persönliche Details preisgeben. Die so ausgeforschten Mitarbeitenden – vorzugsweise aus Rechnungswesen oder Buchhaltung – kontaktieren sie anschließend gezielt mit vermeintlichem Insiderwissen. Der Klassiker unter den Vorwänden: angebliche Unternehmensübernahme oder geänderte Bankverbindungen. Das Ziel: Größere Summen sollen auf ausländische Konten überwiesen werden.

Beim sogenannten Vishing, ein Kombinationsbegriff aus Voice und Phishing, geben sich Täter als Person oder Unternehmen mit passendem Bezug aus – zum Beispiel Mitarbeitende, gesuchte Experten oder Kundenunternehmen. Im Gespräch versuchen sie, über Passwörter, Geburtsdaten etc. an sensible Informationen zu kommen. Ziel der Betrüger: Zugang zu den Daten des Unternehmens für den anschließenden Datenklau.

Auch die schon besprochenen *Fake News* sind kein rein gesellschaftspolitisches Thema. Desinformationskampagnen haben nicht nur die Macht, politische Karrieren und Systeme zu beeinflussen, sondern sie werden zunehmend für die Wirtschaft zu einer relevanten Bedrohung. Aktuelle Untersuchungen zeigen, dass *Fake News* die Weltwirtschaft jährlich mehr als 78 Milliarden US-Dollar kosten. Der Grund: Sogenannte Corporate Desinformation – also Desinformationen, die einem Unternehmen gezielt schaden sollen – können die Reputation einer Firma zerstören, Stakeholder verärgern oder Aktienkurse zum Absturz bringen.

Wenn wir auf Unternehmen, unternehmerische Interaktionen und unehrliche Absichten schauen, dann betrifft dies auch Zustände in der Produktion, die Beziehung zwischen Kaufenden und Verkaufenden, Veruntreuung, Produkt- und Marktmanipulation. Tauchen Sie ein in die sehr breit gefächerte *Fake*-Welt im Unternehmenskontext:

3.1 *Fake* bei Investments

So ziemlich alle Themen rund um Investments sind ein beliebter Bereich für *Fakes*, denn überall dort, wo mit der Möglichkeit des Geldverdienens geworben wird, sind Betrügende meist nicht weit. Es ist egal, ob es sich um Kryptowährungen, Aktien, Immobilieninvestitionen oder alternative Energien handelt: Recht schnell tauchen Anlagebetrüger, sogenannte Scammer auf. Ein Scam ist oft kaum von seriösen Angeboten zu unterscheiden: Professionelle Websites, angebliche Berechnungen und äußerst positive Analysen, halbwegs seriöse Texte und Firmennamen gaukeln den interessierten Anlegern vor, es mit stabilen und zukunftsträchtigen Unternehmen und Anlagemöglichkeiten zu tun zu haben.

Den Unterschied erkennen wir bei einigen erst dann, wenn die nicht zimperliche Vorgehensweise transparent wird. Interessierte Anleger werden oft monatelang per Telefon kontaktiert und von geschulten Verkäufern sehr geschickt bearbeitet. Ein Nein wird meist nicht akzeptiert und so oft ausgehebelt, bis Kundin oder Kunde den nächsten Schritt geht. In diesen Telefonaten wird auf freundliche, aber bestimmende Art ein solch großer psychischer Druck aufgebaut, dass man sich kaum noch traut, abzulehnen. Oftmals sind die angeblich exklusiven, als besonders günstig und rentabel angepriesenen Angebote scheinbar nur für eine kurze Zeit verfügbar, sodass Interessierte schnell zuschlagen sollen. Geworben wird mit hohen Renditen und einem geringen Risiko, was durch ausführliche Erzählungen, Berechnungen und auf Basis einfacher, jedoch wirkungsvoller psychologischer Tricks untermauert wird.

Betrügerbanden & Cybercrime – Milliardenraub im Netz

Der Betrug mit gezinkten Geldanlageportalen ist eine der größten Betrugsmaschen unserer Zeit: Anleger werden durch das sogenannte Cybercrime um Milliarden geprellt. Es gibt Tausende Betroffene allein in Deutschland. Die Filmemacher Niklas Resch und Caroline Uhl haben Opfer und Ermittler getroffen und Hintermänner aufgespürt. Sie haben gelernt: Der Versuch, den Tätern das Handwerk zu legen, gleicht dem Kampf gegen Windmühlen. Und Opfer und Täter seien sich in den Motiven ihres Handelns manchmal ähnlicher, als sie selbst vermuten würden. Der Film gibt Einblick ins Innerste einer hochgradig durchorganisierten Betrügerbande. Es geht um Callcenter-Methoden und Finanzbetrug. Die Reportage stellt Sichtweisen und Motive von Opfern, Tätern und Ermittlern gegenüber und zeigt, welche psychologischen Mechanismen ablaufen – bei den Betrogenen und bei den Betrügern.

Laut Mediathek ist die Doku bis Mai 2025 abrufbar.

Greenwashing bei Geldanlagen
Aber auch bekannte Größen der Global Player tauchen in fragwürdigen Konstrukten auf. So war die BP-Aktie jahrelang in vielen Nachhaltigkeitsfonds zu finden – trotz Verursachung einer der größten Umweltkatastrophen der letzten Jahrzehnte. Dass einer der weltweit größten Mineralölunternehmen den Weg in einen grünen Nachhaltigkeitsfonds findet, lässt schon aufhorchen. Es mag sein, dass BP fleißig im Emissionshandel tätig war oder in Waldprojekte investierte, um sich eine „weiße Weste" zu erkaufen. Doch wir als Kunden möchten ein gutes Gefühl haben und in nachhaltige und verantwortungsbewusste Unternehmen investieren, richtig? So wunderten sich viele damals beim genaueren Hinsehen schon sehr über die Zusammenstellung einiger Fonds.

Doch damit hört es beim Thema „Nachhaltigkeit" nicht auf. Vor einigen Jahren wurde der Bereich Wald- und Holzinvestments extrem gehypt, schwamm doch gefühlt jede und jeder auf der ökologisch verantwortlichen Welle mit. Als nachwachsender Rohstoff zu Zeiten der Umweltkrisen, Klimadebatten und Treibhausdiskussionen bekam Holz einen völlig neuen Stellenwert – darunter Angebote wie Teakholz aus angeblich nachhaltig bewirtschafteten Plantagen in Brasilien, das auf den ersten Blick für ökologisch handelnde Investoren interessant klingen dürfte.

Die Methode dahinter: Bäume pflanzen, um gegen die Klimakrise zu kämpfen, klingt wie eine sehr logische Sache: Wälder verwandeln große Mengen CO_2 in Sauerstoff und Biomasse. Wenn das Holz, das dabei entsteht, zum Beispiel als Baumaterial verwendet wird, kann der Kohlenstoff auf lange Zeit gebunden werden. In einen

Fonds investieren, der Forstwirtschaft im globalen Süden finanziert, scheint also eine Win-Win-Situation darzustellen: Man rettet mit seinem Geld die Welt und bekommt auch noch eine fette Rendite.

Doch was, wenn die gepflanzten „Wälder" in Wirklichkeit Monokulturplantagen sind, auf denen nichteinheimische Baumarten wachsen? Und was, wenn das Holz zumindest teilweise als Biomasse verfeuert wird? Die vermeintlich nachhaltige Geldanlage wirkt auf diese Weise schnell wie ein Greenwashing-Produkt.

Dass niemand die Entwicklung des Holzpreises in zwanzig Jahren vorhersagen kann, ist dabei fast noch das kleinste Übel. Auffällig ist, dass Kosten für Verarbeitung und Transport oft zu gering angegeben werden, um die eh nicht nachweisbaren Berechnungen weiter zu schönen. Transparente Ertragsrechnungen sind erst gar nicht zu finden. Auch Wertgutachten oder Markteinschätzungen existieren nicht, sodass sich die Investoren allein auf die Aussagen des anbietenden Unternehmens verlassen müssen.

Dubiose Vertragsklauseln ermöglichen es den Anbietern, ihre Angebote an der behördlichen Aufsicht vorbeizuschummeln. So finden sich in den Verträgen fragwürdige Aussagen wie „Der Kauf von Bäumen ist ein sachenrechtliches Geschäft und keine Investition in ein Finanzprodukt". So wird zwar auf allen Webseiten und Unterlagen mit den Worten Investition und Anlage fröhlich umhergeschmissen, aber wenn es drauf ankommt, ist es seitens des anbietenden Unternehmens auf gar keinen Fall eine Investitionsanlage. Interessante Herangehensweise für ein Investmentangebot, oder?

Atom & Gas & die Nachhaltigkeit – Umweltorganisationen klagen gegen EU-Taxonomie

Mehrere Umweltorganisationen ziehen gegen die europaweite Einstufung von Erdgas und Atomenergie als „nachhaltig" vor Gericht. Greenpeace, der BUND, WWF und andere reichten beim Europäischen Gerichtshof (EuGH) in Luxemburg Klagen gegen die EU-Kommission ein, wie die Organisationen mitteilten. Sie werfen der Behörde von Kommissionspräsidentin Ursula von der Leyen Greenwashing vor. Die Umweltorganisationen hatten im vergangenen September mit einer solchen Klage gedroht.

Seit Anfang Januar können in der EU auch Investitionen in Erdgas- oder Atomkraftwerke als nachhaltig eingestuft werden. Das sorgte für Diskussionen und Kritik, da beim Verbrennen von Gas klimaschädliches Kohlendioxid ausgestoßen wird und bei der Nutzung von Atomenergie radioaktiver Müll entsteht.

Die Klage richtet sich gegen die sogenannte Taxonomie. Darin listet die Europäische Union Bereiche auf, in die investiert werden kann, um den Klimawandel zu bekämpfen. Finanzprodukte können dadurch als nachhaltig beworben werden, auch wenn sie Investitionen in Gas- oder Atomkraftwerke vorsehen. Die EU-Kommission hat Investitionen in neue Gas- und Atomkraftwerke somit als klimafreundlich eingestuft.

„Die EU-Kommission darf nicht das Problem als Lösung verkleiden. Atom und Gas können nicht nachhaltig sein", sagte die Geschäftsführerin von Greenpeace Deutschland, Nina Treu. Während Greenpeace gegen das grüne Label für Atomenergie und Erdgas vorgehen will, richtet sich die Klage anderer Gruppen speziell gegen die Einstufung von Gas.

„Mit der Entscheidung, fossiles Erdgas als klimafreundlich zu klassifizieren, hat sich die EU-Kommission sowohl faktisch als auch rechtlich auf sehr dünnes Eis begeben", sagte BUND-Vorsitzender Olaf Bandt.

Zuvor hatte die Regierung von Österreich gegen das Nachhaltigkeitssiegel für Atomenergie und Gas geklagt. Auch Luxemburg, Spanien und Dänemark kritisierten die EU-Einstufung, während Mitgliedsstaaten wie Polen und Bulgarien Gaskraftwerke als Alternative zu noch klimaschädlicheren Kohlekraftwerken verteidigten.

Die Brüsseler Einstufung gilt auch als Kompromiss zwischen deutschen und französischen Interessen: Für die Nuklearenergie macht sich vor allem Frankreich auf EU-Ebene stark. Mit der Einstufung von Erdgas kann dagegen die Bundesregierung wegen deren Bedeutung für die deutsche Industrie gut leben.

Fazit: Das letzte Wort ist hier noch nicht gesprochen und es kann Jahre dauern, bis die Gerichte geklärt haben, was zu nachhaltigen Finanzinvestitionen gehört und was nicht. Bis dahin werden bestimmte Anbieter den aktuellen Rahmen für ihre Chancen nutzen. Also auch hier: Zu genauem Hinsehen, eigenen Analysen und bewussten Entscheidungen gibt es kaum Alternativen.

Von Börsenkursen und Bilanzen

Schauen wir abschießend noch auf Hedgefonds-Schwindel: Die Performance wird geschönt, da die Indexberechnung nicht auf transparent ermittelten Börsenkursen, sondern auf freiwilligen Angaben der Fondsmanager basiert. Und: Fonds, die früh scheitern, werden nicht in die Berechnungen aufgenommen. Fonds werden gleich gewichtet. Dies sind nur einige Beispiele aus einer schier endlosen Liste von Möglichkeiten, denen sich unseriöse Teile der Finanzindustrie bedienen, um anlagewillige Interessenten zu täuschen.

Das noch recht aktuelle Beispiel: Wirecard. Umsätze in Bilanzen erfinden, um an Kredite von Banken und Investoren zu kommen. Wir erinnern uns: Wirecard war als Milliardenkonzern eine Art Versprechen, dass Deutschland nicht nur Verbrenner und Maschinenbau kann, sondern auch digitale Technologie – eine Art Tesla der globalen Finanzindustrie. Seit Sommer 2020 steht aber fest: Das war alles eine große Illusion, ein *Fake*. Bandenbetrug, Untreue, Marktmanipulation. Wirecard als Geschichte der Milliardenlüge. 1,9 Milliarden Euro fehlten auf Konten zugunsten der Firma. Der Unternehmensgewinn aus Bilanzen von mehr als fünf Jahren – er ist nicht da. Als erstes DAX-Unternehmen überhaupt meldete Wirecard Insolvenz an. Aktionäre verloren zwanzig Milliarden Euro insgesamt.

3.2   *Fake* in der Autoindustrie

Die Klimakrise ist keine Neuheit. Schon in den 80er-Jahren hingen eindeutige Plakate an den Wänden: „Wir behandeln unsere Welt, als hätten wir noch eine zweite im Schrank". Knapp 40 Jahre später ist das Thema sehr viel relevanter geworden, weil sich die sich rasant verändernden Klimadaten sowie die praktisch für jeden sichtbaren Auswirkungen nicht mehr leugnen lassen. Große Schritte haben wir in diesen 40 Jahren nicht gemacht, wenn wir einen Blick auf die Plastikflut in den Ozeanen, den Raubbau am Regenwald, die CO_2-Belastung in der

Luft, steigende Temperaturen, abschmelzende Gletscher, austrocknende Stauseen, sinkende Grundwasserstände, zunehmende Waldbrände, Dürreperioden und Extremwetterereignisse wie 2021 im Ahrtal werfen. Da war das Aufkommen der sogenannten E-Autos ein Lichtblick am Horizont: weg vom stinkenden Benziner oder Dieselfahrzeug, das die Luft verpestet und für hohe Feinstaubbelastung in den Innenstädten sorgt. Saubere Luft durch umweltfreundliche E-Autos – und weniger Lärm noch dazu. Eigentlich ein guter Ansatz, doch wie so oft lohnt sich ein Blick hinter die Kulissen.

Der umweltbewusste Autofahrer hängt sein Fahrzeug abends an die Steckdose statt an die Tanksäule – und fährt mit gutem Gewissen die nächsten dreihundert Kilometer mit so wenig CO_2-Ausstoß wie möglich. Doch wo kommt der Strom aus der Steckdose denn eigentlich her? Leider noch immer zum Großteil aus Kohle- oder Gaskraftwerken. Das ganze Konstrukt mit Ökostrom, Sonnenenergie, Windenergie und Co. ist so undurchschaubar, dass trotz dieser ganzen grünen Möglichkeiten der Großteil des Stroms noch immer aus den klassischen, fossilen Brennstoffen hergestellt wird.

Auch die Batterieherstellung benötigt viel fossile Energie und bekleckert sich mit dem katastrophalen Abbau von Lithium nicht gerade mit Ruhm. Dieser Rohstoff wird gebraucht, um die Batterie überhaupt herstellen zu können und ist in seinem aktuellen Abbau – vorrangig in Südamerika und Australien – ungefähr so umweltschädlich wie Diesel oder Benzin.

Batterien von E-Autos enthalten circa acht bis vierzig Kilogramm Lithium. Zum Abbau werden Chemikalien wie Kerosin und Salzsäure eingesetzt, während das lithiumhaltige Grundwasser aus mehreren hundert Metern zum Verdunsten hochgepumpt wird. Dumm ist nur, dass der Anteil von Lithium im Wasser mit einem Prozent sehr gering ist und so für eine Tonne des Rohstoffes circa zwei Millionen Liter Grundwasser verdunsten. Viele Chemikalien landen wieder in der Natur, und der übermäßige Wasserverbrauch führt zu einem ansteigenden Salzgehalt der Landschaft, während der Grundwasserspiegel durch den starken Wasserverbrauch weiter absinkt.

Lesen Sie im **Bonusmaterial** den Faktencheck des Fraunhofer-Instituts.

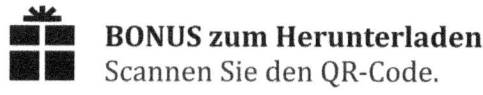 

BONUS zum Herunterladen
Scannen Sie den QR-Code.

Wurde das E-Auto jahrelang als umweltfreundliche Variante der Benzinschleuder angepriesen, so machen die Herstellung und der benötigte Steckdosenstrom laut Physikprofessor Christoph Buchal aus Jülich sowie dem österreichischen Forschungsinstitut Joanneum Research deutlich, dass das E-Auto sogar etwas mehr CO_2 ausstößt als ein moderner Diesel.

Im **Bonusmaterial** finden Sie eine Zusammenfassung der Ifo-Studie zu diesem Thema.

Können wir der Entwicklung des E-Autos zumindest noch lobend zugestehen, dass die dahinterstehende Absicht eine Gute war und ist, so sieht es beim VW-Abgasskandal ganz anders aus.

Dieselgate – ein Vertrauensschock für *Made in Germany*

Was mit einer großen Werbekampagne zum *Clean Diesel* startete, endete für den Volkswagen-Konzern in einem Skandal. Die US-Umweltbehörde *Environmental Protection Agency* (*EPA*) brachte den VW-Abgasskandal am 18. September 2015 ins Rollen, nachdem sie den Autobauer öffentlich beschuldigte, seine Fahrzeuge mithilfe einer illegalen Abschalteinrichtung manipuliert zu haben. Denn bereits ein Jahr zuvor ergaben Tests des Forschungsinstituts *International Council on Clean Transportation* (*ICCT*) und der Universität West Virginia, dass die vermeintlich umweltfreundlichen VW-Diesel deutlich mehr Emissionen ausstoßen als erlaubt. Die Abgasreinigung funktionierte lediglich auf dem Prüfstand ordnungsgemäß.

VW gab daraufhin zu, weltweit knapp elf Millionen Diesel-Autos mit einer entsprechenden Software ausgestattet zu haben und musste folglich zahlreiche Fahrzeuge zurückrufen. Diese hätten aufgrund der viel zu hohen Abgaswerte nämlich gar nicht erst zugelassen werden dürfen. In den USA wurde der Volkswagen-Konzern schließlich zu einer Strafzahlung in Milliardenhöhe verurteilt. In Deutschland startete die Staatsanwaltschaft Braunschweig im Jahr

2016 mit ersten Ermittlungen gegen Volkswagen und weitete diese auch gegen verantwortliche (Ex-)Mitarbeitende aus, die zum Teil bis heute anhalten. Zudem wurden nach und nach immer mehr betroffene VW-Diesel-Modelle durch das Kraftfahrt-Bundesamt (KBA) zurückgerufen.

Der VW-Abgasskandal betrifft mittlerweile den gesamten Volkswagen-Konzern: Der „Schummelmotor" EA189 wurde nämlich nicht nur in VW-Modellen, sondern auch in zahlreichen Diesel-Autos der Tochterfirmen Audi, Porsche, Seat und Skoda verbaut. Das Verkehrsministerium sprach im September 2015 von mindestens 2,8 Millionen betroffenen Diesel-Autos deutschlandweit.

Der Konzern verschaffte sich viele Vorteile durch den Schwindel: Die Einhaltung von Abgas-Grenzwerten, mehr Power und die Senkung des Spritverbrauchs begeisterten und täuschten die Verbraucher. Dank des *Defeat Device* (der Manipulationssoftware zur Deaktivierung der Abgasreinigung) konnten die vorgegebenen Grenzwerte perfekt eingehalten und die Autos in den USA ausgeliefert werden. Gestehen wir VW zu, dass der Plan wirklich ausgeklügelt war: Techniker gehen davon aus, dass die Software anhand von Steuerung und Gaspedal erkennen konnte, dass sich der Wagen in der Überprüfung befindet. So registriert die Software, dass sich zwar die Räder bewegen – das Lenkrad jedoch nicht. Für die Software das eindeutige Zeichen, dass sich das Auto nicht auf der Straße, sondern in der Überprüfung befindet und die Abgasreinigung eingeschaltet werden soll. In diesem Moment wurden also verfremdete Abgaswerte gemessen, die angeblich dem vorgegebenen Wert entsprachen. Betrug vom Feinsten.

Mit der Manipulation des Diesel-Motors EA189 nahm der VW-Abgasskandal seinen Lauf. Was in den Medien häufig als Dieselgate oder Dieselaffäre bezeichnet wird, beschreibt den Einbau unzulässiger Abschalteinrichtungen. Damit wurde das Ziel verfolgt, die Funktion der Abgasreinigung im Normalbetrieb kontrolliert einzuschränken – und das zu Lasten der Umwelt und auch der Fahrzeughalter. Da ein solcher Eingriff zu einem erhöhten Stickstoffausstoß führt, können die EU-weit geltenden Grenzwerte im normalen Fahrbetrieb nicht eingehalten werden. Die manipulierten PKW hätten somit keine Straßenzulassung erhalten dürfen. Da den betroffenen Diesel-Fahrern dadurch im schlimmsten Fall sogar die Stilllegung ihrer Autos droht, steht ihnen im VW-Abgasskandal Schadensersatz zu.

Auch die Tatsache, dass VW bereits 2014 von Verdachtsfällen in Kenntnis gesetzt wurde, lässt den Abgas-*Fake* nur noch schlimmer wirken. VW rief daraufhin zwar 500.000 Fahrzeuge zurück, jedoch schob der Konzern die hohen Abgaswerte auf technische Probleme. Erst nach Androhung des Europäischen Patentamts, die Zulassung neuer Modelle zu verweigern, gestand VW die Manipulation seit 2009. Das wirklich Tragische daran sind nicht die Milliarden an Strafen, die der Konzern scheinbar locker wegsteckte, sondern der Reputationsschaden, den nicht nur die deutschen Autobauer, sondern die gesamte Industrie Deutschlands mit ihrem Markenzeichen *Made in Germany* dadurch weltweit erlitten hat. Vertrauen kann man weder mit Geld kaufen noch durch Strafen wiederherstellen. Es dauert oft viele Jahre, wenn nicht gar Jahrzehnte, Vertrauen aufzubauen und immer wieder zu rechtfertigen. Zerstören kann man es hingegen binnen Sekunden mit einem einzigen Satz oder einer einzigen Handlung. Der weitere Umgang der Verantwortlichen (Kapitel 7.4) macht es nicht besser.

3.3 Neue Probleme treten an die Stelle von gelösten Problemen

Zweifellos hat die Menschheit in den letzten rund 300 Jahren, praktisch seit der Erfindung der Dampfmaschine und der damit beginnenden „industriellen Revolution", nicht nur viele ihrer Probleme erfolgreich gelöst, sondern mindestens ebenso viele neu geschaffen.

Als eines der größten, wenn nicht gar als das schwerwiegendste kann wohl die Anreicherung der Erdatmosphäre mit Kohlendioxid (CO_2) angesehen werden. Die weltweiten Kohlendioxidemissionen und die Kohlendioxidkonzentration in der Atmosphäre nehmen kontinuierlich zu. Seit 1970 haben sich die weltweiten energiebedingten Kohlendioxidemissionen mehr als verdoppelt, seit Beginn des letzten Jahrhunderts sogar mehr als verfünfzehnfacht. Zwar steigen die Emissionen seit dem Jahr 2013 langsamer als zuvor an, dennoch stellt sich die Frage, wie sich eine Stabilisierung und dann eine

Trendumkehr erreichen lässt. Und Sie alle wissen es: Die Prognosen lesen sich düster in allen Informationsquellen.

Im **Bonusmaterial** finden Sie Grafiken und detaillierte Tabellen über den CO_2-Ausstoß der Länder im Vergleich.

Klimakiller auf dem Vormarsch

Die Konzentration von Kohlendioxid in der Atmosphäre ist von 280 ppm im Jahr 1860 um fast fünfzig Prozent auf über 415 ppm im Jahr 2023 angestiegen. Diese Werte können als wissenschaftlich gesicherte Fakten angesehen werden. Ob ein in vielen Quellen zitierter Wert von 450 ppm als weithin angesehene Obergrenze angenommen werden kann, ab die globale Erwärmung nur noch sehr schwer unter der kritischen Grenze von zwei Grad Celsius gehalten werden kann, darf aber getrost in Frage gestellt werden. Wahr oder *Fake*?

Woher stammt dieser Wert? Wie ist er festgelegt worden? Wie kann man abschätzen, welche „Kipppunkte", zum Beispiel das Abtauen des Permafrostes in Alaska, Sibirien oder anderen Teilen der nördlichen Hemisphäre, sich wann wie auswirken? Was passiert, wenn durch das Auftauen der Böden nicht nur weiteres Kohlendioxid, sondern zusätzlich große Mengen an bisher durch den Frost gebundenem Methan freigesetzt werden, durch das die globale Erderwärmung im Verhältnis zum CO_2 noch viel stärker gefördert wird? Was wissen wir über die „Nachlaufzeiten" der bereits vor Jahren erreichten CO_2-Konzentrationen?

Schauen Sie sich die anschaulichen Grafen über die atmosphärische Treibhausgas-Konzentrationen im **Bonusmaterial** an.

Es ist wissenschaftlich erwiesen, dass der CO_2-Gehalt, der in den Weltmeeren und Ozeanen gespeichert wird, mit zunehmender Temperatur abnimmt, also von wärmerem Wasser große Mengen an CO_2 an die Luft bzw. Erdatmosphäre abgegeben werden. Wann und wie wirkt sich das auf den weiteren Verlauf der vielfältigen Faktoren aus, die wir unter dem Sammelbegriff Klima verstehen? Ist die Abnahme des „ewigen Eises" auf Gletschern, den Polkappen und im Nordmeer eine direkte Folge, die zeitlich mit den CO_2-Konzentrationen direkt korreliert oder beobachten wir das Schmelzen des Nordmeereises mit einer Verzögerung? Und falls „ja", handelt es sich um einige wenige, um vielleicht 10, 20 oder 50 Jahre? Anders ausgedrückt: Wenn wir den Bremsweg eines Autos nicht kennen, wie sollen wir wissen, wann wir beim Auftauchen eines Hindernisses „vom Gas gehen sollten" oder gar eine „Vollbremsung" auslösen müssten?

Wie der ozeanische Kohlenstoffkreislauf im Detail funktioniert, können Sie der Illustration im **Bonusmaterial** entnehmen.

 **BONUS zum Herunterladen**
Scannen Sie den QR-Code.

Faszinierend und schockierend – das Automobil

Bevor wir uns wieder mal das Auto vornehmen, als faszinierende technische Entwicklung einerseits, und als weltweit eines der stärksten Verursacher der CO_2-Emissionen, hier noch die Frage: Und was, wenn diese Konsequenzen der Kohlendioxidemissionen längst beschrieben wurden?

Sie merken schon, ich bin ein Fan des Beispiels Auto. Nun, im Grunde ist es ja auch eine zweifellos faszinierende Erfindung. Sein Benutzer reist, wenn er möchte, mit Freunden oder Familie, mit der zehnfachen Geschwindigkeit einer Pferdekutsche, jedoch in durch Heizung und Aircondition garantierter, temperaturgenauer Wohnzimmeratmosphäre und bei individueller Beschallung und exzellenter Akustik, höchst komfortabel auf ergonomisch perfekten Sitzen, unterstützt durch Streckenoptimierung internetgestützter Navigationssysteme, mit in das Soundsystem integrierter Freisprecheinrichtung für die telefonische Kommunikation zu jedem Telefon auf diesem Globus, praktisch ermüdungsfrei und abgesichert durch zahlreiche Assistenz- und Körperschutzsysteme, auf bestens ausgebauten, oft kreuzungsfreien Straßennetzen, zu jeder Zeit und zu jedem beliebigen Ziel – faszinierend. Wenn es das Auto noch nicht gäbe, müsste es unbedingt erfunden werden.

Es ist nicht übertrieben, wenn wir feststellen, dass es als mannigfaches Symbol für Freiheit, Abenteuer, Wohlstand, Luxus, individuellen Geschmack und sogar Lust, Erotik, Sex und noch vieles mehr dient. Doch bei so viel Licht ist der Schatten nicht weit.

Im Grunde, und mit etwas Abstand betrachtet, hat sich das Auto in den letzten einhundert Jahren nur in Details, aber nicht prinzipiell weiterentwickelt. Vier Räder, ein Motor, ein Rahmen, Sitze und Verdeck sind bis heute die wesentlichen Elemente jedes Autos. Zweifellos sorgen die unzähligen Erfindungen für viel Komfort und stetig steigende Sicherheit, von A wie Abblendlichtautomatik, ABS, Abstandstempomat, Airbag, Außenspiegel und Automatikgetriebe über B wie Bremskraftverstärker zu E wie Elektronisches Stabilisierungssystem, G wie Gurtstraffer, K wie Klimaanlage, und Kurvenlicht, bis N wie Navigationssystem, S wie Sicherheitsgurt, Schminkspiegel und Spurhalteassistent und schließlich Z wie Zahnriemen und Zusatzheizung.

Die Schattenseiten – CO_2 und über eine Million Straßenverkehrstote jährlich

Dennoch sterben trotz aller Fortschritte in der Technik jährlich weltweit immer noch mehr als 1.250.000 – in Worten: eine Million zweihundertfünfzigtausend – Menschen an den Folgen des Straßenverkehrs. Mehr als vierzig Millionen Menschen werden jährlich im Straßenverkehr verletzt. Diese Zahlen sind übrigens deutlich höher als die Summen aller Toten und Verletzten weltweit durch Kriege, Genozid und Terrorismus. Doch trotz dieser fast unvorstellbar hohen Zahlen scheint sich kaum jemand darüber zu echauffieren.

Und dann ist da noch der Energieverbrauch, die zweite Seite der Medaille. CO_2-Emission und damit die Hauptursache für ein globales Problem – die Erderwärmung. In Deutschland lag der Energieverbrauch für Verkehr 2021 mit 653 TWh und 27,1 Prozent knapp unter dem der Sektoren Industrie (699 TWh und 29,0 Prozent) und der privaten Haushalte (670 TWh und 27,8 Prozent) und höher als der gesamte Energiebedarf für Gewerbe, Handel und Dienstleistungen mit 385 TWh und 16,0 Prozent. Da bis heute weit über neunzig Prozent der Motoren als „Verbrenner" von Benzin oder Diesel zum Einsatz kommen, ist der Straßenverkehr für die mit Abstand höchsten Kohlendioxidabgaben in die Atmosphäre verantwortlich. Etwas flapsig ausgedrückt sind Autos die wichtigsten Abnehmer für die Ölkonzerne. Kann es also verwundern, dass sich über die 150-jährige

Entwicklungsgeschichte von Autos mannigfache Kooperationen zwischen Auto- und Treibstoffherstellern entwickelt haben?

Öl- und Gas-Multis verkaufen die Menschen für dumm – seit über 50 Jahren systematische Desinformationen

Erst 2015 deckten Journalisten in einer für den Pulitzerpreis nominierten Arbeit auf, dass Exxon schon seit Jahrzehnten wusste, dass sein Geschäftsmodell zu Lasten des globalen Klimas geht. Der Konzern hatte die Öffentlichkeit über Jahre in die Irre geführt, indem er gezielt Zweifel am Klimawandel und am Einfluss von CO_2 auf die globale Temperatur schürte. Zu diesem Ergebnis kamen 2017 Forscher der Universität Harvard. Noch 1997 hatte der Mineralölriese eine fragwürdige Anzeige in der New York Times platziert: Wissenschaftler könnten nicht mit Sicherheit vorhersagen, ob und wie stark Temperaturen anstiegen, behauptete Exxon damals. Man wisse immer noch nicht, welche Rolle vom Menschen verursachte Treibhausgase bei der Erwärmung des Planeten wirklich spielen ... Dabei wusste Exxon bereits 1982 durch die Ergebnisse der selbst in Auftrag gegebenen Studien sehr genau, wie stark die Erderwärmung bis 1997 ausfällt. Das Gleiche weisen auch Gutachten aus, die BP, Shell und Total schon in den 1970er Jahren in Auftrag gegeben und erhalten haben. Den gesamten Artikel können Sie im **Bonusmaterial** nachlesen.

Mindestens diese vier Giganten haben selbst Geld in die Hand genommen, obwohl dieser Effekt bereits seit 1824, seinerzeit von Joseph Fourier, beschrieben wurde. Nach weiteren Forschungen ab Mitte der 1800er-Jahre sagte der Chemiker und Physiker Svante Arrhenius bereits 1896, also schon vor mehr als 120 Jahren, konkret die Effekte einer globalen Erwärmung durch die menschengemachte Emission von CO_2 voraus. Seitdem entstanden zahlreiche Bestätigungen für diese Thesen, die sich nur hinsichtlich der zu erwartenden Temperaturerhöhung in der Atmosphäre unterscheiden. Zur Erinnerung: Wir sind aktuell bei circa 420 ppm angelangt, bezogen auf die „ursprünglichen" 280 ppm, was einer Erhöhung um circa 50 Prozent entspricht.

Die komplette Geschichte der Klimaforschung steht Ihnen im **Bonusmaterial** zur Verfügung.

 **BONUS zum Herunterladen**
Scannen Sie den QR-Code.

Eine weltweite – durch hohe Verbreitung über die Medien wahrnehmbare und ernstzunehmende – Warnung vor der globalen Erwärmung lieferte Mitte der 1970er erstmals eine große und renommierte Wissenschaftsorganisation, die *National Academy of Sciences* in den USA. Spätestens seit diesem Zeitpunkt wusste nicht nur EXXON, sondern wussten alle Öl- und Gasunternehmen sowie auch alle Automobilhersteller weltweit, wie sich ihre Politik und Produkte auf Mutter Erde auswirken. Dass heute, fast 50 Jahre später, weltweit immer noch circa 98 Prozent aller PKW mit Verbrennungsmotoren ausgestattet sind, ist angesichts der Kenntnisse über die katastrophalen Folgen skandalös.

Im **Bonusmaterial** finden Sie einen Artikel, der die Argumente von Skeptikern diskutiert.

Das Perfide an dieser Situation ist nicht das „Verschlafen" von Alternativentwicklungen. Die hat es gegeben, und zwar sehr früh. Wenn Sie etwas tiefer in die Aktivitäten des planmäßig gezielten Leugnens, Vertuschens, Verschleierns und Irreführens der Öl- und Gaskonzerne blicken möchten, dann schauen Sie sich den Beitrag des Reschke Fernsehens in der ARD vom 1. Juni 2023 an. Hier präsentiert Anja Reschke gut recherchierte, beeindruckende Fakten – amüsant, jedoch sehr gut verständlich aufbereitet.

Kleiner persönlicher Einschub: Der Hyundai-Händler, bei dem ich im Sommer 2020 meinen mit einer Brennstoffzelle ausgestatteten Wasserstoff-PKW abholte, schilderte bei der Übergabe und der gemeinsamen „Jungfernfahrt" zur wohl am schönsten gelegenen Wasserstofftankstelle in Deutschland mit Blick auf die Elbphilharmonie in Hamburg, dass vier Wochen zuvor ein 84-jähriger Mann bei ihm ebenfalls einen NEXO bestellt hatte. Dieser habe bereits vor vierzig Jahren Brennstoffzellenantriebe für U-Boote entwickelt und wolle nun „seine" Technologie auch für „sein letztes Auto". Brennstoffzellen wurden also schon vor vierzig Jahren in kritischen Anwendungen, wozu Unterseeboote zweifellos zählen, genutzt.

Das war neu für mich und die Intention des Herrn nenne ich eine starke persönliche Motivation. Garantiert rette auch ich nicht die Welt mit dem Umstieg von Diesel auf Wasserstoff. Neue Technologien durchlaufen immer verschiedene Phasen der Technologie-Akzeptanz-Kurve, bevor sie breite Anwendungen finden. Dabei sind es zumeist Exoten, Visionäre oder gerne auch „Spinner", die neue Entwicklungen und Produkte als Vorreiter akzeptieren, auch wenn sie noch nicht perfekt ausgereift sind.

Abschließend bieten zum Thema „Lügen und Mythen zum Klimawandel", also den Meldungen, nachdem es sich bei den inzwischen auch für jeden Laien sicht- und spürbaren Effekten nur um Panikmache und Verschwörungen handelt, verschiedenste seriöse Quellen national und international detaillierte und umfassende Informationen, für die Sie im Quellenverzeichnis Hinweise finden und die deshalb hier nicht weiter ausgeführt werden.

Ignoranz statt Konsequenz – Dieselgate statt alternative Antriebe

Doch zurück zur Frage: Hat die Autoindustrie 40 Jahre verschlafen? Kaum zu glauben. Wahrscheinlicher ist wohl, dass durch das „Kartell von Tätern wider besseren Wissens", hier sind in vorderster Front die gemeinsamen Interessen der Vorstände und Aufsichtsräte global agierender Unternehmen der Finanz-, Öl- und Autoindustrie gemeint, mit voller Absicht ein sehr gut funktionierendes Geschäftsmodell nicht nur aufrechterhalten, sondern weltweit ausgebaut wurde. Und wenn dann ein gut ausbalanciertes Netzwerk in und zwischen Unternehmen und Interessenverbänden dieser Branchen einerseits und der Politik andererseits besteht, was zweifellos der Fall ist, warum sollte man dieses schöne, lukrative Beziehungsgeflecht durch disruptive oder umweltschonende Alternativen, zum Beispiel Windkraft und Photovoltaik sowie grünen Wasserstoff aufgeben?

Da schien es beispielsweise für VW offensichtlich attraktiver, in den USA einen *Clean Diesel* zu etablieren, der nur durch den Einsatz eigens dafür entwickelter Manipulationssoftware die dortigen Abgasnormen erfüllte. Ein Geschäftsmodell, aufgebaut auf *Fake* – auf Lug und Trug. In einem unglaublichen Maßstab. Viele Effekte sind bekannt und brauchen hier nicht ausgewalzt oder wiederholt werden.

Eine kleine Anmerkung: Wussten Sie, dass BMW seit Mai 2000 über fast zehn Jahre eine Versuchsflotte von fünfzehn 7er-Limousinen mit der Bezeichnung 750hL mit einem auf Wasserstoffantrieb umgerüsteten Zwölfzylinder-Benzinmotor als „das erste in Kleinserie gebaute Wasserstoffauto der Welt" unterhielt, die an einer H_2-Tankstelle am Flughafen in München tanken konnten? Seit 2009 liegt die Tanke brach. Warum? Weil die EU-Fördermittel ausgelaufen sind. Unglaublich, aber wahr. Mercedes-Benz hat erst 2020 die Beendigung der Produktion des bis dahin einzigen Fuel-Cell-Fahrzeugs, dem GLC-F-Cell, bekanntgegeben.

Dagegen brachten in letzten Jahren der japanische Hersteller Toyota sowie die südkoreanischen Ingenieure bei Hyundai seit 2018 circa 40.000 Exemplare des Mirai bzw. NEXO mit Brennstoffzellen auf die Straße. Auch wenn diese Stückzahlen, gemessen an den Millionen Verbrennern, noch im Promillebereich rangieren, zeigen die Asiaten doch, dass Wasserstoff als Speicher für die ansonsten reinen E-Autos sehr wohl praxisreif und wirtschaftlich genutzt werden kann.

Die Vertreter der PKW-Hersteller in Deutschland argumentieren immer noch damit, dass grüner Wasserstoff aufgrund des niedrigeren Wirkungsgrades im Vergleich zu E-Autos mit Batteriespeichern keine Zukunft hätte. Und ignorieren dabei, dass die Stromnetze nicht ansatzweise den Energietransport für das Laden leisten können. Sie ignorieren auch, dass China sich seit Jahren strategisch und ohne große Schlagzeilen mit Ankündigungen à la „Wir werden die führende Wasserstoffnation" exakt auf Wasserstoff als zweite Energieform neben der Batterie festgelegt hat.

Bei den Olympischen Spielen 2022 in Peking waren unter anderen Brennstoffzellenbusse von Yutong Bus im Betrieb. Noch nie zuvor hat es weltweit ein Wasserstoffpilotprojekt in dieser Größenordnung gegeben. Fast unbemerkt von der Öffentlichkeit waren mehr als eintausend Fahrzeuge mit Brennstoffzelle bei den Olympischen Winterspielen in Peking im Einsatz, um Sportler, Zuschauer und Journalisten zu den Austragungsorten und zurück zu bringen.

Jede neue Entwicklung verursacht zunächst höhere Stückkosten als spätere Serien in größeren Stückzahlen. China leistet diese Investition sicher nicht ohne konkrete Pläne. Die dortige These: Wasserstoff wird überall dort eine Rolle spielen, wo elektrischer Strom nicht ausreichend zur Verfügung steht oder andere Nachteile beinhaltet.

Warum eigentlich hat denn die EU bereits seit Jahren den Aufbau von bereits über 120 Wasserstofftankstellen, davon allein neunzig in Deutschland, finanziell gefördert? Um jetzt nicht weiter auszubauen? Mit dem Tankstellennetz ist es wie mit Straßen – frei nach der Frage, was zuerst da war, Henne oder Ei? Ohne ausreichend enges Tankstellennetz wird es keine breite Nutzung von grünem Wasserstoff geben.

Globales Wettrennen – werden deutsche Autobauer bestehen?
Damit die deutschen Hersteller sich hinter der Aussage, die Infrastruktur für die Versorgung mit Wasserstoff wäre noch gar nicht vorhanden, verstecken? Hat Deutschland es in den vergangenen einhundert Jahren geschafft, durch Erfindergeist, Innovationen, hohe Qualität und Zuverlässigkeit sowie damit verbundene unzählige Patente und im weltweiten Wettbewerb gegen die ebenfalls ausgezeichneten Hersteller in Japan, den USA und Südkorea zu bestehen und als führende „Autonation" einen exzellenten Ruf aufzubauen, befindet sich die deutsche Autoindustrie heute „im freien Fall".

Selbst wenn kurzfristig eine Abwendung von rein batteriebetriebenen E-Autos hin zu Brennstoffzellenfahrzeugen erfolgen würde, darf bezweifelt werden, ob die Hersteller in der Lage wären, den Vorsprung der asiatischen Länder einschließlich China in Forschung und Entwicklung von Wasserstoffanwendungen noch aufzuholen, geschweige denn hier eine führende Position einzunehmen.

Gleiches gilt für das „autonome Fahren": Während deutsche Hersteller noch dabei sind, „das Internet ins Auto" zu bringen, bringen amerikanische Unternehmen wie Google, Apple und Uber „das Auto ins Internet". Nirgends auf diesem Globus fahren annähernd so viele Autos „autonom" wie in Kalifornien. Nirgends investieren Unternehmen mehr Geld in selbstfahrende PKW. Zudem unterstützen die rechtlichen Rahmenbedingungen die dortige Entwicklung. Im Gegensatz zu unserem Rechtssystem ermöglicht das angelsächsische die

Entscheidung eines Bordcomputers im Falle eines unvermeidbaren Unfalls mit Todesfolge. Also die automatisierte Lenkung zugunsten des kleineren Schadens und somit der geringeren Anzahl von Toten. Der Grund ist eine grundsätzliche Differenz zwischen den Rechtssystemen, wobei unseres ein Leben juristisch als ebenso wertvoll bewertet wie mehrere Leben. Dadurch werden bisher Programmierungen verhindert, die bei nicht mehr zu verhindernden Kollisionen die Variante bevorzugen, bei der wahrscheinlich weniger Menschen sterben würden.

Wir werden in den kommenden Jahren sehen, ob technischer Perfektionismus und die besten „Spaltmaße der Welt" künftig für eine führende Stellung ausreichen ...

Doch zurück zu den globalen Auswirkungen von Verbrennungsmotoren. Ist es nicht nachvollziehbar, dass sich heute junge Menschen, die noch 60, 80 Jahre Leben vor sich haben, berechtigte Sorgen um den Zustand der Erde und die sich verändernden Lebensbedingungen entwickeln? Ist es nicht geradezu ein „Muss", dass die „Greta Thunbergs" rund um den Globus jeden Freitag auf die Straße gehen, um darauf aufmerksam zu machen, dass dieser Wahnsinn aufhören muss? Ein Muss, dass ziviler Ungehorsam wieder höher auf unser aller Agenda steht? Auch wenn die Klebeaktionen der letzten Generation sehr zweifelhaft erscheinen mögen in der Absicht, damit Aufmerksamkeit und Sichtbarkeit zu erzeugen – sind sie nicht insofern nachvollziehbar, als dass den jungen Menschen zugestanden werden muss, sich wirksam gegen ein klimafeindliches „Weiter so" zur Wehr zu setzen?

Wie sonst kann eine Gruppe Menschen, die ein ernsthaftes und valides Anliegen verfolgt, Veränderungen initiieren? Der Vergleich mag hinken, aber waren es nicht die Aktivisten in Wackersdorf und Brokdorf Ende der 1970er-Jahre, die eine Bewegung initiierten, die letztlich zur Abschaltung der letzten drei Atomkraftwerke am 15. April 2023 führte?

Placebo oder Zukunft – Grüner Wasserstoff
Doch zurück zum viel diskutierten Thema „H_2". Wenn wir auf Daseinsvorsorge, Klimawandel und Energiewende schauen, dann kommen

wir nicht um Erneuerbare Energien und auch nicht um Wasserstoff herum. Elektroantriebe sind in aller Munde. Aber es gibt dieses „Mehr" an technischen Möglichkeiten und dem gebe ich hier Raum – auch, weil eine extreme Fokussierung und damit einhergehend praktisch das Ausschließen weiterer Lösungsmöglichkeiten, fast nach dem Prinzip „Scheuklappen auf und ab durch die Wand damit", eine leichte Tendenz zu Täuschungen, Halb- und Scheinwahrheiten mitbringen kann. Zumindest Irrungen und Wirrungen drohen – durch Informationsverlust, -vorenthaltung und lückenhafte Kommunikation. Und ein weiterer Grund ist meine persönliche Vorliebe und mein frühzeitiges Engagement, das vielleicht einen gewissen Pioniercharakter hat.

Hier wiederholt sich die Frage nach der EU-Förderung: Warum hat die EU oder warum hat Deutschland bisher kein weiteres massives Ausbauprogramm für H_2-Tankstellen initiiert? Könnte es mit der Lobby der Öl-, Gas- und Strom-Multis zu tun haben?

Klar ist: Grüner Wasserstoff ist der Tod für das bisherige Geschäftsmodell dieser Konzerne, weil er überall und unabhängig von bestehenden Netzen erzeugt, gespeichert und verbraucht werden kann. Die wissen das und setzen alles Erdenkliche daran, ihre Geschäftsmodelle so lange wie möglich zu erhalten. Auch und bewusst zu Lasten der Erde und der kommenden Generationen. Deshalb braucht es mutige Menschen, die als Unternehmer, Politiker oder Privatperson Zeichen setzen und gegen den Strom schwimmen.

Entscheidend ist das Ziel, und das kann nur „CO_2-freie Mobilität" sein, wenn wir – jeder einzelne von uns, denn Mobilität betrifft, wörtlich jeden – unseren Globus nicht weiter „abfackeln" wollen, oder?

Im **Bonusmaterial** bekommen Sie einen Überblick darüber, wie viel Energie die Sonne produziert und wie wir sie nutzen können.

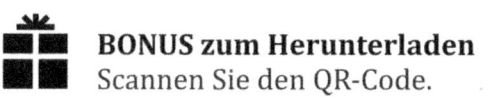 **BONUS zum Herunterladen**
Scannen Sie den QR-Code.

Neue Technologien sind zweifellos nie „perfekt", sondern müssen weiterentwickelt und verbessert werden. Entscheidend ist aus meiner Sicht, dass die Menschheit das Potenzial, sich hinsichtlich des

Energiebedarfs praktisch vollständig aus Wind- und Sonnenenergie zu versorgen, erkennt und erschließt. Die Erde bekommt jeden Tag dreizehnmal mehr (!) Sonnenenergie als die gesamte Menschheit im Jahr (!) verbraucht. Das sind etwa 5.000-mal mehr als aktuell benötigt.

Wir haben also kein Energieproblem (neben dem CO_2-Problem aus fossilen Brennstoffen), wie immer wieder behauptet wird, sondern ein Speicherproblem. Beide Herausforderungen lösen wir global durch regenerative Stromerzeugung und neben verschiedenen anderen Elektrizitätsspeichern mit grünem Wasserstoff.

Er stellt, global betrachtet, aufgrund bereits heute wettbewerbsfähiger Kosten und weltweiter Verfügbarkeit, neben der direkten Nutzung des grünen Stroms und dessen Speicherung in Batterien die einzig sinnvolle Alternative zu fossilen Brennstoffen dar. Die CO_2-Emission der fossilen Brennstoffe „kostet" den Autofahrer nichts, sondern „nur" die Umwelt. Die „Rechnung" bezahlt die Menschheit im Zuge der Erderwärmung, weil die Öl- und Gas-Multis es bis heute schaffen, ihre Preise so zu gestalten, dass sie (auf Kosten der Umwelt) hohe Gewinne einfahren und sich die Entwicklung alternativer Energieformen (zum Beispiel eben grüner Wasserstoff) nicht „rechnet". Genau diese Situation muss „aufgebrochen" werden, wenn wir den Planeten Erde noch bewohnbar erhalten wollen.

Um die oft genannten Argumente nicht unberücksichtigt zu lassen, hier die Korrektur einiger Mythen: Die häufig „gerechtfertigten" Pausen für das Laden der Batterien von E-Autos (Kaffee und Erholung des Fahrers) sind bei batteriebetriebenen Fahrzeugen, den *BEVs* (*Battery Electric Vehicle*), schlicht nicht zu vermeiden. Bei Brennstoffzellen-Elektrofahrzeugen, kurz *FCEV*, ist man (mit oder ohne Fahrerwechsel) nach fünf Minuten wieder unterwegs. Das ist für viele ein wichtiger Vorteil von H_2. Das mit dem „Ladenetz" ist eben nicht „einfach" und schon heute an vielen Stellen an der Obergrenze der Kapazität der Stromnetze.

H_2 muss nicht „zentral", also zum Beispiel wie Benzin und Diesel in Raffinerien produziert werden. Genau hier liegt der Vorteil gegenüber Öl, Gas und Kohle. Wasserstoff IST eine dezentrale Energieform, die durch erneuerbaren Strom (Wind, Sonne, Wasser) praktisch überall auf der Erde erzeugt und genutzt werden kann. Zum Leidwesen der bestehenden „Multi-Konzerne", deren Oligopol dadurch in Gefahr gerät. Wasserstoff kann mit und durch bereits bestehende Erdgaspipelines transportiert und gespeichert werden. Ein großer Vorteil, weil bestehende Infrastruktur genutzt werden kann.

Wasserstoff ist sogar weniger gefährlich als Benzin und im Gegensatz dazu nur wenige Sekunden nach einer Leckage (Fahrzeugtank) zündfähig, weil es sich als leichtestes aller Atome schnell in der Umgebung „verflüchtigt". Bei einem geborstenen Benzintank besteht die Explosionsgefahr deutlich länger, bis zu einer Stunde.

Das Argument, dass der Wirkungsgrad des aus regenerativen Energien erzeugten Stroms durch die Umwandlung per Elektrolyse in Wasserstoff signifikant sinkt, ist zutreffend. Verglichen mit einem reinen Batterieauto halbiert sich der Wirkungsgrad bei der Verstromung von grünem Wasserstoff durch eine Brennstoffzelle. Dies ist ein nicht wegzudiskutierender Nachteil, wenngleich der Wirkungsgrad von H_2-PKW immer noch höher liegt als beim Benziner oder Diesel.

Die Frage, welche Technologie sich in welchen Anteilen für welche Anwendungen durchsetzen wird, wird ganz wesentlich von der Kostenentwicklung und Verfügbarkeit der Technik sowie von grünem Strom und der Infrastrukturentwicklung für beide Energieformen abhängen.

Nostalgie oder neue Technologie – der Wasserstoffmotor
Aufgrund der globalen Erfordernisse, innerhalb relativ kurzer Zeit große Veränderungen im Energiesektor zu bewältigen, werden bekanntlich verschiedene Alternativen heiß und engagiert diskutiert, von der Atomkraft über erneuerbare Energien, Batteriespeicher, energetische Sanierung, Geothermie und (ohne Anspruch auf Vollständigkeit) Brennstoffzellen, E-Fuels und grünen Wasserstoff bis hin zu Stromnetzen, Photovoltaik, Windkraft und Wärmepumpen. Dabei scheinen Verbrennungsmotoren in Zukunft nur noch für Oldtimer angemessen zu sein. Aber stimmt das wirklich?

Still und leise, fast noch unbemerkt von der Öffentlichkeit, melden sich in letzter Zeit immer mehr Hersteller zu Wort, die auf eine

Kombination aus bewährter Technologie und neuem Energiemedium setzen. Dabei handelt es sich um Wasserstoffmotoren, also auf die Verbrennung von Wasserstoff umgerüstete Diesel- oder Benzinmotoren.

Wie Sie hier schon lesen konnten, hat zwar BMW aus dem Projekt 750hL der Umrüstung von Kolbenmotoren von Benzin auf Wasserstoff von 2000 bis 2009 kein neues Produkt zustande gebracht. Heute entwickelt aber ein anderes Unternehmen in München einen Wasserstoffverbrenner. Keyou heißt das Start-up. Thomas Korn, einer der Unternehmensgründer, ist überzeugt, dass „der Wasserstoffverbrennungsmotor einem Brennstoffzellenelektroantrieb hinsichtlich Robustheit, Lebensdauer, Herstellkosten, einer höheren spezifischen Leistungsdichte und eines geringeren Aufwands in der Kühlung deutlich überlegen ist". Die Basis für den Motor von Keyou liefert ein 7,8-Liter-Treibsatz von Deutz; diese Motoren treiben vorrangig Busse und LKW an. Keyou hat den Basismotor für seine Zwecke so wenig wie möglich verändert, allerdings spezielle Wasserstoffkomponenten bei Zündsystem, Turbolader, Druckventilen, Kühlsystem oder Injektoren zum Einsatz gebracht. Im ersten Schritt will Keyou vorrangig Stadtbusse mit den umgerüsteten Deutz-Motoren bestücken, die ab 2024 in Serienproduktion hergestellt werden sollen.

Doch auch hier ist Deutschland nicht mehr führend. Am 22.3.2023 meldete Hyundai, einen kostengünstigen Wasserstoffmotor in Serie zu produzieren, der zunächst vorwiegend bei LKW, Bussen und Nutzfahrzeugen zum Einsatz kommen soll.

Und Toyota? Wie viele andere Autobauer setzt der Konzern zwischenzeitlich auf batterieelektrische Antriebe, hält sich aber auch Alternativen offen. Dazu war Toyota im November 2021 eine Allianz mit den Partnern Mazda, Subaru sowie den Motorradherstellern Kawasaki und Yamaha eingegangen. Bereits am 17.2.2022 präsentierte der japanische Hersteller Toyota einen vom Entwicklungspartner Yamaha entwickelten V8-Motor, der als Verbrenner mit Wasserstoff als Kraftstoff agiert.

Wo der neue Wasserstoff-V8 zum Einsatz kommen wird, verraten die Japaner noch nicht. Vermutlich dürfte er aber in einem Rennauto debütieren. Toyota selbst hat bereits einen Dreizylinder-Turbomotor im Yaris GR auf Wasserstoffbetrieb umgerüstet. Neben diesen Beispielen sind eine Reihe weiterer Hersteller in vergleichbaren Projekten engagiert, und es ist nicht auszuschließen, dass die deutschen Hersteller, die scheinbar ihren Fokus fast vollständig auf Batteriefahrzeuge legen, hier eine bahnbrechende Entwicklung verschlafen. Einzig BMW hat mit der Fertigstellung einer Kleinserie von einhundert iX5-Modellen ein Wasserstoffauto auf der Straße, wenngleich für Kunden noch nicht zu erwerben. Die in den SUVs verbauten Brennstoffzellen stammen übrigens aus einer Kooperation mit Toyota.

Neben der Frage der Wasserstoffstrategie der deutschen Hersteller bleibt von außen betrachtet unverständlich, warum Mercedes Benz wieder aus dem Thema „Wasserstoffantrieb" ausgestiegen ist. Nun, Vorstände und Manager in Aktiengesellschaften sind keine Unternehmer und folgen manchmal anderen Interessen als den langfristigen des Unternehmens. Interessant ist, dass die Daimler Truck AG mit ihrem GenH$_2$-Truck sehr wohl weiter an H$_2$-Antrieben arbeitet, allerdings in Form der Brennstoffzelle. Zugegeben, die Zukunft hinsichtlich der Antriebsvarianten vorherzusehen, die sich in den kommenden Jahren durchsetzen werden, gleicht einem Blick in die Kristallkugel.

Ob die in den letzten Monaten ebenso oft als „Hintertür für den Verbrenner" gescholtene wie auch von den Befürwortern als „Voraussetzung für die Realisierung der besten Lösung" angeführte „Technologieoffenheit" nun der Batterie, der Brennstoffzelle oder dem Wasserstoffmotor zur Verbreitung verhilft, ist indes nicht die zentrale Frage. Sie lautet vielmehr, in welcher Zeitspanne wir es schaffen, die CO$_2$-Emisionen aus fossilen Brennstoffen drastisch zu reduzieren.

Im **Bonusmaterial** erfahren Sie, welche Treibhausgasemissionen die Wasserstoffproduktion verursacht.

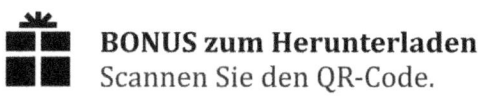 

BONUS zum Herunterladen
Scannen Sie den QR-Code.

Vielleicht wenden Sie ein, dass der überwiegende Teil des H_2 an den Zapfsäulen bisher „grau" und noch nicht „grün" ist. Das ist korrekt. Aber wie sollte das auch gehen? Es ist wie die Frage, ob die „Henne oder das Ei" zuerst existieren muss. Das Angebot von grünem Wasserstoff wächst jetzt kontinuierlich, siehe als Beispiele die GP JOULE Gruppe und Lhyfe, die es vormachen. Grüner Wasserstoff wird aktuell von GP JOULE für 9,99 Euro pro Kilogramm angeboten. Bei einem Verbrauch von circa einem Kilogramm je einhundert Kilometer entspricht das den Kosten für circa sechs bis sieben Liter Benzin oder Diesel für die gleiche Strecke, ist also zweifellos wettbewerbsfähig. *Grün, grau, blau sind alle meine Farben.*

Exkurs zu den Wasserstoffarten

Grüner Wasserstoff

Durch Elektrolyse wird er aus Wasser hergestellt. Das Verfahren benötigt viel Strom und dieser muss aus erneuerbaren Quellen stammen, damit die Produktion frei von CO_2 ist.

Grauer Wasserstoff

Diese „Sorte" wird aus fossilen Energieträgern gewonnen, meistens aus Erdgas. Im Zuge dieses Prozesses wird CO_2 in die Atmosphäre abgegeben. Schon seit vielen Jahren wird grauer Wasserstoff in großen Mengen hergestellt und in der Industrie verwendet.

Blauer Wasserstoff

Die Herstellung ist die gleiche wie beim grauen Wasserstoff. Der Unterschied: Hier wird das bei der Produktion freigesetzte CO_2 abgeschieden und mit einer Methode namens *Carbon Capture and Storage* unterirdisch gespeichert. Norwegen plant, Deutschland mit blauem Wasserstoff zu beliefern.

Selbst das Fahren mit grauem Wasserstoff erspart der Umwelt vierzig Prozent CO_2-Emissionen im Vergleich zum Diesel. Das ist bei mit

Kohlestrom nachgeladenen *BEVs* genau das Gegenteil. Wir können dieses Statement hier bringen: Mit CO_2-Einsparung hat die Mobilitätspolitik daher seit zwanzig Jahren nichts zu tun!

Ich habe meine positiven Erfahrungen mit den folgenden Zeilen vor einigen Monaten bereits auf meinen Social-Media-Kanälen geteilt: „Das Tankstellennetz in ganz Deutschland hat bisher immer ausgereicht, ohne je meine Fahrziele zu ändern." Wäre zu wünschen, wenn deutsche Autobauer (mit Ausnahme BMW derzeit) die Technik nicht weiter schlechtreden würden, nur weil sie (im Moment) auf ein anderes Pferd gesetzt haben.

Das eine tun und das andere nicht lassen! *BEVs* kommen weiter pro kWh Primärenergie, aber es wird auch in Zukunft Anwendungen geben, bei denen die Batterie nicht die (alleinige) Lösung ist. Wir importieren heute nahezu unsere gesamte Energie für den Verkehr (Schiene ausgenommen). Auch in Zukunft werden wir einen Großteil der „Verkehrsenergie" nicht CO_2-neutral in Deutschland erzeugen können. Grüner(!) Wasserstoff beziehungsweise darauf basierende Energieträger könnten auch von sonnen-/windreichen Ländern erzeugt und Überschüsse exportiert werden. Aber es sieht für mich momentan nicht so aus, als ob es in naher Zukunft annähernd genug grünen Wasserstoff (oder grünen Strom) geben wird. Ich hoffe, ich irre mich und die Politik kommt doch noch darauf, dass Absichtserklärungen alleine nicht ausreichen.

Schauen wir abschließend auf die Schiene: Auf elektrifizierten Streckennetzen werden Personenzüge schon heute mit einem hohen Anteil an grünem Strom angetrieben, und der Güterverkehr folgt dem Trend. Mit Siemens und Alstom bieten bereits zwei Hersteller Wasserstoffantriebe mit Brennstoffzellen an, und seit dem 25.8.2022 fährt der erste H_2-Zug zwischen Cuxhaven, Bremervörde und Buxtehude im Regelbetrieb. Beide Unternehmen sind damit im Wettbewerb mit anderen Anbietern gut gerüstet und nehmen weltweit Bahnstrecken ins Visier, die nicht über elektrische Oberleitungen verfügen.

Und selbst in der Luftfahrt werden erste Erfolge mit H_2-Antrieben gemeldet und das nicht nur bei Kleinflugzeugen. So hob am 3. März 2023 eine Dash 8-300 Lightning McLean mit dem Wasserstoff-Brennstoffzellenantrieb an einer der beiden Tragflächen zu einem 15-minütigen Erstflug ab. Im Juni 2023 konnten Flugzeit und -höhe verdoppelt sowie mit eingezogenem Fahrwerk geflogen werden.

Viele kleine Schritte, die Mut machen und zeigen, dass wir vor einem grundlegenden Wandel, also einer echten Energiewende stehen. Auch wenn vieles länger dauert, als man es gerne hätte, die Umstellung ist entgegen anderslautenden Nachrichten auch in vielen anderen Ländern bereits in vollem Gange, und es gibt bereits unzählige engagierte Idealisten, die die Energiewende voranbringen. Die Hoffnung stirbt also zuletzt, und vielleicht stellen Sie sich die Frage, was Sie dazu beitragen können.

Produktionsbetriebe: *Fake* trifft auf Ausbeutung

Zugegeben, das war ein längerer Exkurs von der kontroversen Welt der Automobilität über die Auswirkungen auf Klima und Umwelt, die fatalen Wirkungen von kartellartigem Leugnen, Desinformationen, Vertuschen, Herunterspielen und Ablenkungsmanövern der Energieriesen bis hin zu den desaströsen Auswirkungen und den daraus resultierenden aktuellen Herausforderungen.

Auch dadurch wird klar, dass wir ganz real in einer Welt leben, die zwar viele Grenzen kennt, jedoch angesichts globaler Vernetzungen, Warenströme und Auswirkungen jeglichen politischen, gesellschaftlichen und wirtschaftlichen Handelns ebenso grenzenlos erscheint. Letztlich leben wir alle auf einem Planeten, atmen die gleiche Luft, trinken das gleiche Wasser, ernähren uns von den Früchten der gleichen Böden und benutzen die Produkte, die uns die eine Erde herzustellen ermöglicht. Lassen Sie uns deshalb noch einmal zurückkehren in die materielle Welt der *Fakes*, Plagiate und Täuschungen.

Fairfashion, die faire Mode mit nachhaltiger und ethischer Produktion, und Fairtrade, der kontrollierte Handel, bei dem die Erzeuger für ihre Produkte einen Mindestpreis erhalten, sind vom Nischen-Statement längst zum Trend geworden. Und dennoch werden weiterhin Verstöße gegen die Menschenrechte entdeckt, in der Produktion von Marken wie Hugo Boss, Gerry Weber oder Esprit sowie bei deutschen Supermarkt-, Drogerie- und Modeketten. In Ländern wie Serbien, der

Ukraine, Kroatien und Bulgarien nähen 120.000 Beschäftigte für den deutschen Markt, wobei der Verdienst bei einem Drittel bis Fünftel des Existenzlohns liegt.

Ein weiteres Beispiel: In Großbritannien wurden bulgarischen Erntehelfern die Pässe vom Arbeitgeber abgenommen. Ebenso mussten sie einen Arbeitsvertrag unterzeichnen, den sie gar nicht verstehen und gemäß dem sie nur die Hälfte des Mindestlohns erhalten. In Indien müssen Arbeiterinnen unbezahlte Überstunden leisten und auch an Ruhetagen in die Fabriken kommen. Junge Männer aus Bangladesch liehen sich mehrere tausend Dollar für die Vermittlung eines Jobs auf einer Baustelle in Singapur. Die Familien werden nun von den Geldgebern bedroht, wenn sie die Kredite nicht zurückzahlen können.

Bekannt, toleriert oder gar anerkannt? *Fakes*
in der Textilindustrie

Damit Textilien in Deutschland zu Billigpreisen angeboten werden können, arbeiten Hunderttausende Menschen, vorwiegend Frauen und Mädchen, unter unwürdigen Bedingungen in asiatischen und osteuropäischen Fabriken zu Billiglöhnen – oft unter schwierigsten Bedingungen: Lange Arbeitstage, überhitzte Räume, keine Schutzkleidung, giftige Dämpfe etc. sind an der Tagesordnung.

Kommt Frau eine Minute zu spät, wird direkt der Lohn für die gesamte Stunde abgezogen. Auch der Urlaub wird vom geringen Lohn abgezogen, obwohl dieser manchmal nur 85 Euro pro Monat beträgt.

Besonders die Modekette H&M fällt immer wieder im Zusammenhang mit unzumutbaren Arbeitsbedingungen auf. Bei einem Lieferanten von H&M, den das Unternehmen mit „Gold" klassifiziert hatte, werden Arbeiter gezwungen, zwölf Stunden am Tag, sieben Tage die Woche zu arbeiten, um den gesetzlichen Mindestlohn zu erhalten. Bei Nachforschungen gaben die Arbeiter an, bis zu 44 Überstunden pro Woche zu machen.

Das bulgarische Arbeitsrecht sieht zwar die Vergütung von Überstunden mit Zuschlägen vor, doch werden diese selten gezahlt. Das Durchschnittsgehalt liegt bei circa 98 Euro pro Monat, was rund

51 Cent pro Stunde sind. Da Arbeitsinspektionen im Vorfeld angekündigt werden, instruieren die Arbeitgeber ihre Arbeiter vorher, was sie den Inspekteuren antworten sollen.

Die meisten der in 2019 importieren Kleidungsstücke kamen aus Ländern wie China, Bangladesch, Türkei, Italien, Indien, Vietnam, Kambodscha und Pakistan. Von den circa 75 Millionen Menschen, die in der Textilindustrie arbeiten, sind 80 Prozent Frauen, im Alter zwischen 18 und 35 Jahren.

2017 waren circa 57.000 Kinder (9 bis 14 Jahre) in der Baumwollbestäubung in Indien tätig. Sie arbeiten acht bis zehn Stunden täglich, für rund 1,50–1,90 Euro pro Tag. 30 Prozent der Kinder schlafen im Freien, sanitäre Anlagen sind oft nicht vor Ort. Körperliche Gewalt ist keine Ausnahme.

In Usbekistan wurden Millionen Menschen lange Zeit von der Regierung zur Zwangsarbeit in der Ernte verpflichtet. Darunter auch im Sommer bis zu zwei Millionen Schulkinder.

In den größtenteils in Indien befindlichen Spinnereien, die die Baumwolle zu Garn verarbeiten, wird das Labour-Camp-System genutzt. Rund 300.000 Mädchen und Frauen arbeiten in einer modernen Sklaverei. In diesen Arbeitslagern arbeiten die Frauen zwölf Stunden am Tag, sieben Tage pro Woche. Fehlender Arbeitsschutz sowie sexuelle Übergriffe sind nicht unüblich. Die Frauen bekommen nur einen geringen Lohn, und über einen Zeitraum von drei bis sechs Jahren wird ihnen eine zusätzliche Geldsumme angeboten, die viele als Brautpreis benötigen. Selbstmorde sind gängig: So wurden im Jahr 2016 in Unterkünften von Spinnereien die Leichen von 86 Mädchen gefunden (NGO Save).

Textilveredelung (zum Beispiel der *Used Look*) benötigen extrem viel Wasser, das am Ende der Produktion oft zu neunzig Prozent aus giftigen und krebserregenden Chemikalien besteht. Das Wasser wird oftmals nicht fachgerecht entsorgt, sondern fließt zurück in das Trinkwasser, wodurch die Bewohner genötigt sind, teures Trinkwasser zu kaufen.

Piraten an Land – der graue Markt

Viele Marken leiden unter Produktpiraterie, also dem Nachahmen der eigenen Markenprodukte. Vornehmlich Luxusmarken haben damit zu kämpfen, wenn ihre gefälschten Produkte zu Tausenden am Strand, auf bekannten Brücken in Italien oder auf Marktplätzen von afrikanischen Straßenhändlern angeboten werden (Gucci und Vuitton zum Beispiel).

Besonders Lacoste ist durch den ausufernden Gebrauch des gefälschten Markenzeichens, des Krokodils, fast schon zur Billigmarke verkommen, und auch zahlreiche weitere Markenhersteller leiden seit vielen Jahren unter einem weltweit sehr raffiniert organisierten grauen Markt.

Allein beim Hauptzollamt Frankfurt sind im Jahr 2021 8.958 Fälle von beschlagnahmten Plagiaten registriert worden. Die 265.086 Plagiate hatten einen Warenwert von rund 38 Millionen Euro. Etwa 83 Prozent der Fälschungen kamen aus China. Weitere Herkunftsländer waren die Türkei, Hongkong, Taiwan und Singapur. Die Bandbreite reichte von Uhren, Arzneimitteln, Mobiltelefonen, Computerelektronik, Kleidung und Schuhen sowie Körperpflegeprodukten bis hin zu Spielzeug für Kinder.

Mehr als ein Drittel der Deutschen hat schon einmal ein gefälschtes Markenprodukt erworben. Knapp die Hälfte von ihnen war sich nach eigenen Angaben darüber bewusst, ein Plagiat gekauft zu haben, ergab eine Studie von Ernst & Young.

Das Amt der Europäischen Union für Geistiges Eigentum (EUIPO) teilte 2019 mit, dass in Deutschland als Folge von Produktfälschungen 64.000 Jobs weggefallen sind. Der Schaden summiere sich für die deutsche Wirtschaft auf über sieben Milliarden Euro. Die Original-Hersteller produzieren auf Grund der Fälschungen weniger und beschäftigen daher auch weniger Mitarbeitende. Besonders der Sektor Bekleidung, Schuhe & Accessoires verliere jedes Jahr knapp fünf Milliarden Euro. Schätzungen zufolge macht die Verletzung von Rechten geistigen Eigentums bis zu 3,3 Prozent aus, in der EU bis zu 6,8 Prozent. Käufer nehmen dafür schlechte Qualität und Chemikalien in Kauf.

Fälscher benutzen längst nicht mehr nur vereinzelt große Schiffscontainer, sondern deutlich kleinere Packungen in höherer Stückzahl, um dem Zoll die Arbeit zu erschweren. Oft wird die Ware auch als No-Name-Artikel in die EU eingeführt und erhält dann die Markenlabels und Logos erst innerhalb des Binnenmarktes.

Laut Weltzollorganisation WCO führt Nike mit über eintausend Zollaufgriffen die Liste der kopierten Markenhersteller an. Danach folgen Apple, Rolex und Adidas als erstes deutsches Unternehmen auf Platz fünf (Zahlen aus 2013).

Augen auf im Online-Handel und die Rolle des Influencer-Marketings

Gefälschte Produkte werden seit einigen Jahren vermehrt über eCommerce-Plattformen und soziale Netzwerke an Kunden gebracht. Bei Instagram, TikTok und Co. bejubeln Influencer auch bewusst nachgemachte Produkte. Sogenannte *Dupe Influencer* kuratieren solche *Fakes* in ihren Videos und empfehlen sie ihren oft jungen und preissensiblen Followern. Mehr als jeder dritte jugendliche Europäer zwischen 15 und 24 soll schon vorsätzlich Fälschungen gekauft haben, heißt es im *Jugendbarometer 2022 zum geistigen Eigentum*. Das entspricht laut dem Amt der Europäischen Union für geistiges Eigentum mehr als einer Verdopplung in den vergangenen drei Jahren.

Auch hier kommen wir wieder auf die Frage zurück, wie man selbst mit dem Thema umgehen kann. So viel ist klar: Es gibt bestimmte Märkte, die wir klar als nicht zuverlässig einstufen können. Dazu gehören physische Märkte, wie zum Beispiel Basare oder ähnliche Bezirke in Städten (nicht nur) Südeuropas, des Mittleren Ostens oder auch in Asien und Südamerika sowie auch die vielen *Chinatowns* in jeder größeren Stadt Europas und Nordamerika. Und zu den unsicheren Märkten gehört zweifellos und zunehmend das Internet.

Seriöse Händler kennzeichnen ihre Stores sowie die angebotenen Waren in der Regel vorbildlich, bieten Vorkasse oder Sicherheit per PayPal, um ihre Seriosität durchgehend zu demonstrieren. Dennoch ist hier extreme Vorsicht geboten. Oft werden ganze Markenstores gefälscht, und es ist eben nicht einfach, solche *Fake Shops* auf den ersten Blick zu erkennen.

Der wachsende Erfolg von digitalen Vertriebskanälen kann Risiken bergen, die neben Produktherstellern auch Onlineshops und Marktplätze häufig unterschätzen. Wie können Shop-Betreibende ihre Kundschaft und Geschäftspartner vor Produktfälschungen schützen oder dagegen vorgehen?

Betreiber von Onlineshops können auf einige Punkte achten, um ihre Geschäftskontakte und nicht zuletzt sich selbst vor den Risiken und Folgen von Plagiaten zu bewahren.

Länderübergreifender Markenschutz

Nur angemeldete Marken sind rechtlich geschützt. Die Anmeldung bedingt den legalen Rechtshintergrund sowohl für Anwälte als auch für exekutive Schutzanbieter im In- und Ausland. Wichtig ist, dass die Eintragung der Marke in allen Ländern erfolgt ist, in denen der Hersteller agiert. Denn wenn der Schutz nur im deutschsprachigen Raum besteht, riskieren Unternehmen eine erhöhte Fälschungsgefahr, ohne rechtliche Handhabe. Denn Marktplatzbetreiber liefern über Ländergrenzen und deren Markenrecht hinaus. Ist dann ein Plagiat online erhältlich, müssen alle am Handel beteiligten Parteien Zeit und Geld in einen Rechtsstreit investieren.

Allein im Jahr 2021 hat der deutsche Zoll laut seiner offiziellen Jahresbilanz 25.000 im Internet bestellte Plagiate im Wert von 315 Millionen Euro aus dem Verkehr gezogen. Doch nicht nur das gekaufte Plagiat des Kunden ist damit weg. Darüber hinaus können die Hersteller des Originalprodukts auch noch Schadensersatzforderungen geltend machen.

Gesundheitsrisiken eindämmen

Kundinnen und Kunden, die im Internet nach Schnäppchen suchen, denken häufig nicht an die Folgen eines Fälschungskaufs. Dabei können die Risiken sie auch gesundheitlich betreffen: Brennende Akkus, schlecht verarbeitete Technik, billige Ersatzmaterialien bei imitiertem Schmuck oder aggressive Chemikalien in der Kleidung – all das kann Käufer von Plagiaten verletzen oder krank machen.

Das Wirtschaftsprüfungs- und Beratungsunternehmen EY hat eine Studie namens „Produktpiraterie" durchgeführt, für die rund eintausend volljährige Konsumenten in Deutschland befragt wurden. Mehr als vier von fünf der Studienteilnehmenden wissen um diese Gesundheitsgefahren als größtes Risiko beim Kauf von Plagiaten. Diese Gefahren sollen durch Prüfinstanzen wie den TÜV, der das GS-Siegel an sichere Artikel verleiht, vom europäischen Markt ferngehalten werden. Doch gelangen häufig Kopien mit gefälschtem Emblem über Onlineshops zu den Verbrauchern und können nicht nur deren Gesundheit, sondern auch dem Image der Originalmarke und nicht zuletzt dem Betreibenden der Einkaufsquelle schaden.

„Der vermeintlich niedrige Preis, den die Kunden für Plagiate bezahlen, kommt andere teuer zu stehen: die Unternehmen, die ihre Marke und ihre Reputation zum Teil jahrzehntelang aufgebaut haben. Mitarbeitende, die Tag für Tag daran arbeiten, vorhandene Produkte zu verbessern oder neue zu entwickeln. Das kostet neben dem Einsatz und der Energie jedes Einzelnen vor allem auch Geld. Es sind Milliarden, die die Unternehmen und ihre Mitarbeitenden jedes Jahr durch Produktfälschungen verlieren", sagt Michael Renz, Leiter des Bereichs Konsumgüter und Handel bei EY Deutschland und Autor der Studie.

Markenmissbrauch, Urheberrechtsverletzungen und potenzielle Fälschungen können beispielsweise durch den Einsatz Machine-Learning-gestützter Software gegen Produktpiraterie von Anbietern wie Sentryc erkannt werden. Erhält ein Onlineshop oder Marktplatz Rückmeldungen von Kundenseite zu qualitativ minderwertigen Produkten, die offensichtlich Fälschungen sind, sollten die Betreibenden offensiv via Website und Presse über die Plagiate informieren, um ihrer Verantwortung gegenüber den Konsumierenden gerecht zu werden und deren Vertrauen in die Originalmarke nicht zu beschädigen.

„Mit wenigen Klicks lassen sich mittlerweile alle möglichen Plagiate von überall auf der Welt bestellen. Es ist daher sehr wichtig, dass Unternehmen reagieren, sobald sie Kenntnis davon haben, dass mit Kopien gehandelt wird. Und zwar so schnell wie möglich. Den Markt beobachten, Beweise sammeln, Behörden informieren – das ist unerlässlich, um gegen Produktpiraterie vorzugehen", so Alexander Meinrad, Senior Manager Forensic & Integrity Services bei EY und Co-Autor der Studie.

Online-Händler können also in Bezug auf *Brand Protection* durch Echtheitschecks, Transparenz und Informationen über *Fake*-Produkte Hersteller und Politik beim Verbraucherschutz unterstützen. Denn, so Alexander Meinrad: „Das Geld, das den Unternehmen durch Produktpiraterie verloren geht, fehlt dann, um den Wirtschaftsstandort Deutschland auch in Zukunft sichern zu können. Geringere Umsätze der Unternehmen bedeuten letzten Endes auch niedrigere Steuereinnahmen – was dann auch für Kundschaft und deren Kaufkraft Folgen hat.“

Vorsichtsmaßnahmen

In aller Regel stehen die Käufer auf verlorenem Posten, wenn sie auf ein Internetangebot aus dem außereuropäischen Raum hereingefallen sind. Eine wichtige Vorsichtsmaßnahme ist es daher, vor dem Kauf nach dem Impressum oder den angebotenen Kontaktmöglichkeiten zu schauen. Wird lediglich eine E-Mail-Adresse angegeben und lässt sich nicht ersehen, von wo aus der Shop betrieben wird, sollte man von Käufen Abstand nehmen.

Vorsicht bei Inlandskäufen

Bei Käufen im Inland, zum Beispiel über Kleinanzeigen- oder Auktionsportale, kommt zwar nicht der Zoll ins Spiel, allerdings ist auch hier durchaus die Gefahr gegeben, dass man einer Fälschung aufsitzt. Dabei spielt auch eine strafrechtliche Komponente mit hinein: Wurde der Gegenstand als Original verkauft, obwohl es sich wissentlich um ein Falsifikat handelt, ist das Betrug, der bei der Polizei zur Anzeige gebracht werden kann. Wer zum Beispiel aus dem Urlaub mitgebrachte Fälschungen besitzt, sollte sich nicht nur deswegen hüten, diese weiterzuverkaufen. Denn die Markeninhaber lassen teilweise auch den Gebrauchtmarkt überwachen – auch hier wird abgemahnt.

Anspruch auf Schadensersatz

Hat der Verkäufer die Ware ausdrücklich als „echt“ verkauft – kluge Käufer haken nach und lassen sich das schriftlich geben –, kann die Lieferung eines Originals verlangt werden, notfalls per Anwalt. Ist es nicht lieferbar, besteht ein Schadensersatzanspruch in Höhe des Kaufpreises der echten Ware, abzüglich des bezahlten Preises.

Auch wenn die Liste der Beispiele, die sich hier anführen ließe, unendlich lang ist und jeden vernünftigen Rahmen sprengt, sollen die genannten uns doch sensibilisieren, auch hier bewusst eigene Entscheidungen zu treffen.

 Das Gesetz der Wirtschaft

Es gibt kaum etwas auf dieser Welt, das nicht jemand ein wenig schlechter machen und etwas billiger verkaufen könnte. Und die Menschen, die sich nur am Preis orientieren, werden die gerechte Beute solcher Machenschaften. Es ist unklug, zu viel zu bezahlen, aber es ist genauso unklug, zu wenig zu bezahlen. Wenn Sie zu viel bezahlen, verlieren Sie etwas Geld, das ist alles. Bezahlen Sie dagegen zu wenig, verlieren Sie manchmal alles, da der gekaufte Gegenstand die ihm zugedachte Aufgabe nicht erfüllen kann. Das Gesetz der Wirtschaft verbietet es, für wenig Geld viel Wert zu erhalten ... Das funktioniert nicht. Nehmen Sie das niedrigste Angebot an, müssen Sie für das eingegangene Risiko etwas hinzurechnen. Wenn Sie das aber tun, dann haben Sie auch genug Geld, um für etwas Besseres zu bezahlen.

– John Ruskin

3.4   Was *Fake* mit Nachfolge zu tun hat

Im Unternehmensumfeld geht es jedoch bei weitem nicht nur um faule Geldanlagen, gefälschte Produkte sowie dafür benötigte zweifelhafte Rohstoffe, skandalöse Bedingungen zu deren Herstellung und schließlich deren zwielichtigen Vertrieb. Auch die Unternehmen selbst sind nicht selten Gegenstand von Lug und Trug, die ihnen durch skrupellose Zeitgenossen widerfahren.

Tante und Neffe – Nachfolge nur zum Schein

Schauen wir uns ein Familienunternehmen-Beispiel an, eine Geschichte, die sich weitab von großen, nationalen Skandalen zutrug, die so gar nicht generisch oder allgemeingültig, sondern exemplarisch daherkommt: Eine Frau übernimmt den Betrieb ihres früh verstorbenen Ehemannes. Die Ehe war kinderlos geblieben. Der Betrieb verfügt neben einem gut gehenden Ausflugslokal über einen sehr wertvollen Immobilienbestand. Sie startet allein und ohne adäquate Vorbereitung, entwickelt die Firma aber erfolgreich weiter, über fast 20 Jahre lang. Dann besinnt sie sich auf das Thema „Nachfolge". In der näheren Verwandtschaft gibt es einen Neffen, zu dem sie ein gutes Verhältnis hat und nach entsprechenden Gesprächen dann auch das Vertrauen, dass er den Betrieb weiterführen kann und will.

Um ihm die für seine berufliche und unternehmerische Zukunft angemessene „Sicherheit" zu geben, bietet sie ihrem Neffen an, mit ihm einen Erbvertrag zu schließen, der den Eigentumsübergang spätestens mit ihrem Tod regeln würde. Auf Basis des Erbvertrages sollte der Neffe in das Unternehmen eintreten und in die Rolle des neuen Chefs hineinwachsen.

Mit Unterstützung der zuständigen Kammer verhandeln die beiden den Erbvertrag und beschließen ihn durch die Unterschriften von Tante und Neffe – vom Notar rechtskräftig beurkundet. Doch zur Überraschung der Tante tritt der Neffe nicht an. Er kommt nicht. Alle Bitten ihrerseits und auch die Zuhilfenahme der Familie fruchten nicht.

Es stellt sich heraus, dass der Neffe ganz andere Pläne hatte als die Tante. Er dachte und denkt nicht daran, in das Unternehmen einzutreten und aktiv mitzuarbeiten. Im Gegenteil: Er weiß, dass er den Immobilienbestand ohne einen einzigen Handschlag eigener Arbeit erben wird. Erbverträge lassen sich nur im Einverständnis aller von den Regelungen betroffenen Parteien, also einvernehmlich, ändern.

Nachdem die Tante merkte, dass der Neffe nicht kommt und in das Unternehmen eintritt, bat sie um die Auflösung des Erbvertrages, jedoch ohne Erfolg. Der Neffe bleibt stur, der Vertrag hat Bestand, und so wird er mit dem Tode seiner Tante Eigentümer des Unternehmens.

Es scheint offensichtlich, was daraus zu lernen ist: Ein potenzieller Nachfolger muss schon durch sein TUN – nicht nur durch seine Worte – zeigen, dass er sowohl willens als auch geeignet ist, ein Erbe anzutreten. Ein alter Spruch aus Goethes Faust (Teil I, Nacht) bringt es auf den Punkt: „Was du ererbt von deinen Vätern hast, erwirb es, um es zu besitzen."

In vielen Fällen treffen wir auf ähnliche Muster. Die Angst eines Inhabers vor Bedeutungslosigkeit, davor, dass Kinder nicht ins Unternehmen nachfolgen, davor, dass sie es nicht schaffen, dass sie die Firma zu schnell verändern oder Angst vor der eigenen Armut, Angst vor Streit innerhalb der Familie, zum Beispiel aufgrund unangemessen hoher Erwartungen der nicht übernehmenden Kinder und so viele Gründe mehr. Alle haben eines gemeinsam: Ganz selten geht es um Zahlen, Daten und Fakten, sondern fast immer um Gefühle und Emotionen. Und die sind der Grund, warum Menschen, die darauf spezialisiert sind, wie zum Beispiel Steuerberater und Rechtsanwälte, oft nicht die besten oder effektivsten Unterstützer sind, wenn es um die Klärung menschlicher Herausforderungen geht.

Notartermin– der versuchte Trick mit dem Kaufpreis
Wenn ein Unternehmer seinen Betrieb verkaufen möchte, dann stecken die unterschiedlichsten Gründe hinter der Entscheidung. Erbstreitigkeiten sind eine mögliche Variante. Leider gilt Folgendes: Nur zu oft erfolgt der Verkauf eines Unternehmens oder eines Teils der Anteile nicht ganz freiwillig. Die Gründe können vielfältig sein. Oft haben Banken die Finger im Spiel und drängen einen Eigentümer zum Verkauf. „Zufällig" präsentieren sie bereits den passenden Käufer und dazu noch die Argumente, warum ein eher niedriger Kaufpreis zurzeit leider zu akzeptieren sei. Häufig kommt auch bei einem fortgeschrittenen Mergers- und Acquisition-Prozess eine für den Unternehmer überraschende Dynamik ins Spiel. Plötzlich tauchen Umstände auf, die für erhebliche Abschläge des zuvor diskutierten Firmenwertes sorgen. Und Zeitdruck. Nicht selten werden Fristen formuliert, bis zu deren Ablauf man sich an das verminderte Angebot hält. Ob danach überhaupt noch Bereitschaft zu kaufen da ist, das stellen die Akteure infrage. Nennen wir es ruhig Ultimatum oder gar

versuchte Nötigung. Gewiss argumentiert die Käuferseite ganz anders. Der verringerte Preis sei noch sehr „wohlwollend" gegenüber dem Verkäufer angeboten. Eigentlich sei er – unter Berücksichtigung dieser und jener Umstände – viel zu hoch ...

Auf solche Spielzüge und Varianten kann sich ein Verkäufer bis zu einem gewissen Grad einstellen. Die Taktik besteht in der Regel darin, den Verkaufswilligen Angst einzuflößen. Wenn sie das Angebot nicht annehmen, dann sei der potenzielle Käufer weg. Und da keine Alternative parat ist (parallele Verhandlungen werden von geschickten und erfahrenen Interessenten bereits mit dem Non-Disclosure Agreement, kurz NDA, der Vertraulichkeitsvereinbarung, ausgeschlossen oder mit einer späteren Exklusivitätsvereinbarung), entsteht die Sorge, erneut mit der Suche beginnen zu müssen. Die Interessenten setzen darauf, dass der oder die Verkäufer letztlich lieber den Spatz in der Hand akzeptieren als nochmals für eine Taube auf dem Dach zu arbeiten.

Wir begeben uns wieder auf die Beispielebene und blicken in die Welt der Eigentümer beziehungsweise Gesellschafter: Eine besonders perfide Methode, den Kaufpreis zu drücken, versuchte ein schweizerisches Unternehmen bei der Übernahme des Minderheitsanteils eines Mitgesellschafters bei einem deutschen Tochterunternehmen. Dieser durfte auf eine Put-Option (Andienungsrecht) im Gesellschaftsvertrag vertrauen, einschließlich einer zweifelsfrei umsetzbaren Bewertungsmethode. Der auch im Zuge der jährlichen Feststellung des Jahresabschlusses schriftlich vom Mehrheitsgesellschafter bestätigte Wert der verbleibenden Anteile lag bei etwas mehr als 62.000 Euro, bezogen auf den Nominalwert, also das Stammkapital der GmbH-Anteile von je eintausend Euro.

Über den Kauf oder Verkauf der Anteile mussten also keine Verhandlungen mehr geführt werden; alles war klar in der GmbH-Satzung geregelt. Der Kaufvertrag wurde im Auftrag der Käuferin, einer Aktiengesellschaft, von einem sehr bekannten Notariat in Essen vorbereitet, das über viele Jahre auch alle beurkundungspflichtigen Geschäfte des Karstadt-Konzerns verhandelte und abschloss. Im Entwurf waren die Prozentanteile an der GmbH sowie der Kaufpreis nicht beziffert. Auf Nachfrage wurde mitgeteilt, die Werte lägen ja in der schriftlichen Bestätigung des Firmenwertes im Zuge des Jahres-abschlusses vor. So weit, so gut.

Als der Verkäufer am vereinbarten Beurkundungstermin erschien, war nicht etwa der amtierende, sehr renommierte Notar anwesend, sondern sein auffallend junger Notarvertreter, der den Termin kurz-fristig wegen anderer unaufschiebbarer Verpflichtungen des Notars wahrnehmen musste. Überraschenderweise war auch der Vorstands-vorsitzende des Mehrheitsgesellschafters und kaufenden Unterneh-mens nicht anwesend, trotz der Vereinbarung, nach der Beurkundung gemeinsam zu Mittag zu essen. Stattdessen wies sich ein Anwalt aus Düsseldorf per Vollmacht als berechtigter Vertreter aus, mit dem Auf-trag, den Kaufvertrag für das Unternehmen abzuschließen.

Der Notarvertreter begann direkt mit dem Verlesen der Urkunde. Nach dem Vorspann des nicht beratend tätigen Notars folgten die Vertragsparteien und der Auftrag zur Beurkundung des Verkaufs von Unternehmensanteilen. Als der Notarvertreter sinngemäß vorlas: „... verkauft der Erschienene X Prozent der Anteile zum Preis von ein-tausend Euro ...", hob der Verkäufer die Hand und wies darauf hin, dass hier wohl ein Missverständnis vorliege und der Kaufpreis 62.000 Euro betrage. Daraufhin erklärte der Anwalt und Käuferin-nen-Vertreter ruhig, dass das schon seine Richtigkeit habe; es han-dele sich ja hier um den Nominalwert der GmbH-Anteile.

Der Verkäufer insistierte, dass es in dem hier verhandelten Kauf-vertrag um den Kaufpreis ginge und daher die 62.000 Euro einzutra-gen seien statt der eintausend Euro Nominalwert. Der Anwalt wie-derholte jedoch seinen Standpunkt erneut ganz ruhig. Nachdem sich der Verkäufer nicht darauf einließ, bot der Anwalt an, den Chef der Käuferin anzurufen und die Sache zu klären. Er verließ den Bespre-chungsraum, kehrte nach einigen Minuten zurück und erklärte, dass das Vorgelesene absolut korrekt sei – das habe ihm der Geschäftsfüh-rer telefonisch bestätigt.

Einen Moment lang zweifelte der Verkäufer an seinem eigenen Standpunkt. Sollte das tatsächlich korrekt sein, den Nominalwert statt des bestätigten Verkaufspreises in den Kaufvertrag aufzunehmen? Wie sollte das gehen? Wie sollte der tatsächliche Preis dann rechtssi-cher vereinbart werden? Er ließ sich nicht auf die Argumentation ein, sondern bestand darauf, dass der bestätigte Anteilswert in Höhe von 62.000 Euro in den Kaufvertrag aufgenommen wird.

Nun insistierte der Notar, es handele sich bei der Käuferin ja um ein bekanntes und äußerst renommiertes Unternehmen, und der Verkäufer brauche keine Sorge zu haben, dass der vereinbarte Kaufpreis nicht gezahlt würde. Schließlich sei der Firmenwert ja auch mehrmals zusammen mit dem jeweiligen Jahresabschluss schriftlich bestätigt worden. Zum Glück ließ sich der Verkäufer auch auf dieses Scheinargument nicht ein, sondern bestand darauf, den bestätigten Verkaufspreis in voller Höhe in den Kaufvertrag aufzunehmen, sonst würde er nicht unterschreiben.

Abermals bot der Anwalt und Käuferinnen-Vertreter an, die Sache mit dem Vorstand zu besprechen. Und verließ für das Telefonat wiederum den Besprechungsraum, was den Verkäufer eher misstrauischer werden ließ. Warum konnte er das nicht im Beisein des Notars und des Verkäufers besprechen? Als er nach einigen Minuten wieder den Verhandlungsraum betrat, setzte er sich an den wuchtigen Verhandlungstisch und erklärte mit bedeutungsvoller Miene fast „väterlich", der Vorstandsvorsitzende hätte volles Verständnis für die Zweifel, würde aber versichern, dass die Sache ihre Richtigkeit hätte und dieser Kaufpreis in voller Höhe – und wie im Vertrag vorgesehen – innerhalb von zehn Werktagen an den Verkäufer überwiesen würde.

Die Sache „stank mittlerweile zum Himmel". Welche Dreistigkeit! Die vom Notarvertreter vorgetragene Äußerung war formal nicht einmal zu beanstanden, jedoch im konkreten Kontext irrelevant. Obendrein versuchte der vertretende Anwalt, durch die uralte, jedoch oft wirksame Methode des Wiederholens seiner Aussage deren Glaubwürdigkeit zu erhöhen.

Nun stand der Verkäufer auf und erklärte, dass es dabei bleiben würde und er den Vertrag nicht unterzeichne, solange nicht der vereinbarte Kaufpreis in voller Höhe in dem Vertrag aufgenommen wäre. Wer glaubt, damit sei das Spiel zu Ende gewesen, darf sich „die Augen reiben": Dazu sei er nicht befugt, erklärte nun der Düsseldorfer Anwalt. Dann würde der Vertrag nicht geschlossen, erwiderte der Verkäufer. Der Notarvertreter wurde zunehmend nervös und fühlte sich sichtlich unwohl in seiner Rolle. Es herrschte Stillstand. *Rien ne va plus*, heißt es beim Roulette. Nichts geht mehr.

Das Ende des „Spiels" bei unseren Verhandlungspartnern: „Teilen Sie Herrn V. bitte mit, dass der Vertrag so nicht zustande kommt, und fragen ihn, wie er weiter vorgehen möchte", forderte der Verkäufer schließlich den Anwalt der Kaufpartei auf. Der verließ zum dritten Mal den Verhandlungstisch, um sein Telefonat im Nebenraum zu führen. Bei seiner Rückkehr wies er den jungen Notarvertreter an: „Setzen Sie den Betrag in den Vertrag ein." Das wars. Der junge Mann schrieb von Hand den vollen Kaufpreis in den Vertrag. *Game over*.

Zur Ehrenrettung der schweizerischen AG sei gesagt, dass diese den Kaufpreis tatsächlich pünktlich und in voller Höhe zahlte. Würden wir jetzt versuchen, zu ergründen, was hier Zufall war und was Absicht, dann wären wir auf dem Feld der Spekulation. Klar ist: Der Verkäufer hätte versuchen müssen, der ihm zustehenden Differenz zwischen Nominalwert seiner Anteile und dem vorurkundlich vereinbarten Kaufpreis beizukommen – wahrscheinlich über langwierige Gerichtsverfahren und mit offenem Ausgang. Berücksichtigen wir, dass es sehr schwer sein dürfte, einen formal korrekten Kaufvertrag anzufechten, können wir uns leicht ausmalen, wie dieser Fall letztlich ausgegangen wäre ...

3.5   Ein Albtraum – Schrottimmobilie mit Gastgewerbe

Ein böses Erwachen erfuhr eine Unternehmerin, die in gutem Glauben auf eine Reihe von glaubhaften Darstellungen und wiederholten Zusagen einen Gastronomiebetrieb in einem attraktiven Urlaubsgebiet mitten in Deutschland übernahm. Dabei stimmten die rein technischen Daten des Kaufgegenstandes, nämlich die Flurstückbezeichnung der Immobilie im Gesellschaftsvertrag der Immobiliengesellschaft, durchaus mit der Realität überein. Viel mehr aber auch nicht. So wurde nicht im Kaufvertrag vermerkt, dass die bestehenden Gebäude nicht der vorliegenden Baugenehmigung entsprachen.

Der Verkäufer erklärte auch nicht, dass eine Abnahme seitens der Baubehörde wegen erheblicher Sicherheitsmängel des Brandschutzes weder stattgefunden hatte noch in Aussicht stand. Auch wurde weder eine Erwähnung noch eine Garantie für die zwar vorhandene, jedoch auf drei Wintermonate begrenzte Ausschanklizenz in dem Kaufvertrag übernommen. Alle vorgelegten Geschäftszahlen der Vergangenheit stellten sich als gefälscht heraus. Die Kosten waren deutlich höher und die erzielten Umsätze deutlich niedriger als angegeben.

Nach und nach verwandelte sich der Traum vom eigenen Event-Unternehmen in einen Albtraum. Der Steuerberater, die Mitarbeiter, der Sohn des Verkäufers und noch einige mehr kamen mit Forderungen aus der Vergangenheit daher, die die neue Inhaberin zunächst in der Hoffnung bediente, dass die Leute dadurch bei der Stange blieben und sie das ausgelegte Geld vom Verkäufer zurückbekommen würde. Sie ahnen es schon. Daraus wurde nichts. Im Gegenteil: Es türmten sich Aufwendungen in sechsstelliger Höhe auf, bevor das Lokal so lief, dass es Gewinne erwirtschaftete. Sie wird wahrscheinlich mehr als zehn Jahre brauchen, um den unvorhergesehenen Schuldenberg abzutragen.

Bei sorgfältiger Betrachtung der Umstände, unter denen das Engagement hier zustande kam, ist dem vorherigen Mehrheitsgesellschafter zweifellos ein gewisser Vorsatz, gepaart mit Arglist und Dreistheit zuzuschreiben, so wie der Käuferin eine gewisse Gutgläubigkeit und den Optimismus, ohne die es wahrscheinlich kein Unternehmertum gäbe.

Die Situation erinnerte mich an das Büro eines Geschäftsführers, in dem vor Jahren zwei große Schilder, für jeden Besucher gut sichtbar, hinter seinem Schreibtisch hingen, mit den Sprüchen: „Gutheit ist Dummheit" und „Undank ist der Welt Lohn." Ich habe mich bis heute nicht wirklich mit beiden Sprüchen identifizieren können, aber sie zeigen doch eine gewisse Quintessenz, die zu Wachsamkeit und Bewusstheit aufrufen.

Prüfung auf Herz und Nieren schützt vor Überraschungen

Im Neudeutschen nennt man die sorgfältige Prüfung eines Unternehmens durch den Käufer oder von ihm beauftragte Fachleute vor einer Übernahme *Due Diligence*. Eine solche Due-Diligence-Prüfung ist nach meiner Erfahrung in jedem Fall einer Unternehmensübernahme, ja selbst innerhalb von Familienunternehmen vor der Übergabe an eines oder mehrere Kinder sinnvoll, sogar wenn das Unternehmen im Zuge einer Schenkung übergeben wird.

Das alte Sprichwort „Einem geschenkten Gaul schaut man nicht ins Maul" ist hier völlig unangebracht, können doch in einem Unternehmen sehr wohl hohe versteckte Risiken stecken, deren Wert ein Vielfaches der positiven Vermögensgegenstände betragen kann. Dabei kann es sich zum Beispiel um Garantieerklärungen oder gesetzliche Gewährleitungsverpflichtungen, Versorgungszusagen, Bürgschaften oder auch Altlasten in Gebäuden oder auf Grundstücken handeln.

Letztlich kann man auch jedem Inhaber, der sein Geschäft übergeben möchte, nur raten, mit offenen Karten zu spielen und wirklich alle relevanten Sachverhalte zu deklarieren. Denn alle Mängel treten irgendwann zutage, werden sichtbar, lösen Diskussionen aus und führen oft zu Streitigkeiten, bis hin zur Rückabwicklung von Kauf-, Übergabe- oder Pachtverträgen und zu Zerwürfnissen innerhalb von Familien, die oft über Generationen nachwirken. Und kein Interessent, Käufer oder Nachfolger sollte Skrupel zulassen, die Dinge gründlich unter die Lupe zu nehmen, zu prüfen, zu analysieren und nach den eigenen Maßstäben zu bewerten.

Eine gelungene Nachfolge nennt man zu Recht die Königsdisziplin für Unternehmer. Jeder Nachfolger oder Käufer darf sich jedoch bewusst sein, dass er anstrebt, der neue König zu sein und es mit der geleisteten Unterschrift beim Notar auch tatsächlich ist. Also darf er sich auch bereits vor der Übernahme eines Königs angemessen, und nicht wie ein Bittsteller, verhalten. Auch hier gilt letztlich: „Der Kunde ist König."

3.6   Gibt es falsche Mitarbeitende?

Vielleicht haben Sie das auch schon gehört: „Ein falscher Mitarbeitender kann ein Unternehmen zerstören." Ja, das ist wahr.

Auch wenn wir jetzt über die Definition von „zerstören" philosophieren können. Das Wort ist klar genug. Es bedeutet: „kaputt machen", „vernichten", „auslöschen".

Die These gilt unabhängig von der Unternehmensgröße. Bei einer kleinen Firma mit zehn Mitarbeitenden ist die Gefahr nicht größer oder kleiner als bei einer Kapitalgesellschaft mit zehntausend Angestellten. Die Gefahr ist sogar unabhängig von der Position – ein Auszubildender hat ebenso das Potenzial wie eine Vorstandsvorsitzende.

Ein Unternehmer suchte einen aktiven und agilen Vertriebsspezialisten für sein Unternehmen. Aus den rund dreißig eingegangenen Bewerbungen stachen nur wenige vielversprechende Köpfe hervor. Dabei wurde sein Augenmerk besonders auf Lebenslauf und Zeugnisse eines Mannes gelenkt, der als Jahrgangsbester an einer Universität abgeschlossen hatte. Nennen wir ihn Max.

Wenn man bedenkt, dass sowohl die Studienfächer als auch die betreffende Uni als äußerst anspruchsvoll gelten, wird die Bedeutung dieser Leistung noch verstärkt. Bei so viel mehr Wissensstoff und Prüfungen als Spitzenreiter abzuschließen, das war eindeutig überdurchschnittlich. Zudem hatte Max bereits Erfahrung im internationalen Vertrieb erklärungsbedürftiger technischer Investitionsgüter – passte also auch fachlich hervorragend.

Selbst das Alter des Kandidaten stimmte; mit Ende dreißig passte die Formel „Halbes Alter des Chefs plus sieben", und damit hatte Max sogar das ideale Alter für seine Nachfolge.

Nachdem er als Vertriebsleiter eingestellt war, begann er sofort damit, den laufenden Projekten und auch seinen Kollegen seinen Stempel aufzudrücken. Er trieb seine Mitarbeitenden zu Höchstleistungen an, setzte klare Ziele und erwartete von ihnen, dass sie alles gäben, um diese Ziele zu erreichen. Max war davon überzeugt, dass diese harte Arbeitsweise notwendig war, um das Unternehmen erfolgreich zu machen.

Im ersten Jahr war seine Strategie erfolgreich. Das Unternehmen machte deutlich mehr Gewinn als in den Vorjahren und alle waren beeindruckt von Max' Leistungen. Zwar hatte er seine Kompetenzen in einigen Projekten deutlich überschritten, aber seine Erfolge schienen ihm recht zu geben. Das führte dazu, dass ihm trotz erheblicher Diskussionen mit dem Inhaber die Position eines Geschäftsführers anvertraut wurde, auch in der Hoffnung, dass die gestiegene Verantwortung ihn künftig besonnener handeln lassen würde.

Doch je länger Max als zweiter Geschäftsführer mit an der Spitze des Unternehmens stand, desto mehr Probleme traten auf. Zum Beispiel hatte er zunehmende Schwierigkeiten, mit seinen Mitarbeitenden umzugehen. Er wollte immer im Rampenlicht stehen und erwartete, dass alle um ihn herum genauso arbeiteten wie er selbst. Wenn jemand nicht mit seiner Arbeitsweise zufrieden war oder Kritik äußerte, wurde Max schnell wütend und reagierte oft aggressiv.

Im dritten Jahr seiner Amtszeit begannen die ersten Mitarbeitenden das Unternehmen zu verlassen. Sie waren erschöpft von Max' harter Arbeitsweise und von seinem mangelnden Verständnis für ihre Bedürfnisse. Doch Max interessierte sich nicht für ihre Abwanderung. Er war der Meinung, dass es immer Mitarbeitende geben würde, die bereit waren, hart zu arbeiten und seine Vision zu teilen.

Dadurch wurde die Situation im Unternehmen immer angespannter. Die Mitarbeitenden hatten Angst, Fehler zu machen oder den Erwartungen von Max nicht gerecht zu werden. Viele fühlten sich überfordert und ausgebrannt, aber Max ignorierte ihre Bedenken und trieb sie weiter an.

Im vierten Jahr eskalierte die Situation. Max wurde zunehmend paranoid und begann, seinen Mitarbeitenden zu misstrauen. Er kontrollierte immer detaillierter, was sie taten und wie sie arbeiteten. Die Belegschaft fühlte sich eingeschränkt und unter Druck gesetzt, aber niemand wagte es, gegen Max aufzubegehren.

In dieser Phase begannen auch die ersten Kunden das Unternehmen zu verlassen. Sie bemerkten, dass ihre Ansprechpartner gestresst und überfordert waren, was sich auch auf die Qualität der Produkte und Dienstleistungen auswirkte. Die Beschwerden häuften sich, und die Kunden wandten sich an andere Anbieter. Max erkannte diese Abwanderung, doch er wusste nicht, wie er das Vertrauen der Kunden zurückgewinnen konnte. Er versuchte, seine Mitarbeitenden noch härter anzutreiben, um die Fehler zu minimieren, aber das führte nur zu noch mehr Fehlern und einer höheren Fluktuation.

Der Umsatz des Unternehmens begann zu sinken, was Max in eine noch größere Panik versetzte. Er versuchte, die Verluste durch Kosteneinsparungen auszugleichen und setzte die Mitarbeitenden noch stärker unter Druck. Doch es war zu spät. Die Kunden hatten das Vertrauen in das Unternehmen verloren und das Image des Unternehmens war stark beschädigt.

Schließlich kam es zur Eskalation, und der Hauptgesellschafter zog die Notbremse. Die verbliebenen Mitarbeiter bemühten sich, die Kunden zu halten oder zurückzugewinnen – eine große Herausforderung. Für das Unternehmen war der Zeitpunkt der Bereinigung „fünf vor zwölf" und es wird wahrscheinlich Jahre dauern, bis es wieder auf Kurs ist.

Unternehmensgröße ist kein Schutz gegen toxische Mitarbeitende

Prominente Beispiele für die Auswirkung von toxischen Menschen in Unternehmen, die tatsächlich an menschlichen Schwächen und Fehlverhalten zugrunde gegangen sind, sind ENRON in den USA, Wirecard und Air Berlin in Deutschland, die eidgenössische Credit Suisse und das zuvor gefeierte australische Fintech-Unternehmen Greensill, um nur einige zu nennen.

Leider bestehen keine umfassenden und aussagefähigen Statistiken darüber, welche beziehungsweise wie viele Firmen toxischen Mitarbeitenden zum Opfer gefallen sind. Die Zahlen dürften jedoch beeindruckend sein, und jedes leidende Unternehmen ist eines zu viel.

Was also ist zu tun?

In der amerikanischen Wirtschaft existiert ein Leitspruch für die Auswahl neuer Mitarbeitender, der es auf den Punkt bringt: *Hire for attitude, train for skills* oder sinngemäß übersetzt: „Wähle Mitarbeitende aufgrund ihrer Einstellung (Charaktereigenschaften) und bringe ihnen bei, was sie für ihre erfolgreiche Arbeit wissen und beherrschen müssen". Fähigkeiten lassen sich trainieren, Charaktereigenschaften nur selten verändern. Daher ist es von essenzieller Bedeutung, die „richtigen" Menschen ins Unternehmen zu holen. Und das sind nicht unbedingt die mit den besten Zeugnissen. Und umgekehrt, für alle, die dies als Mitarbeitende lesen und keine oder (noch) keine Unternehmer sind: Wie wirkt das Vorstehende auf Sie? Was können Sie daraus mitnehmen? Was können Sie tun, um sich Ihr künftiges Wirkungsfeld aussuchen zu können? Was können Sie daraus für sich gewinnen?

3.7 Echte Leistungsträger und Spezialisten sind rar!

„Der Mensch ist von Natur aus faul", sagt eine alte Weisheit mit unbekanntem Verfasser, und es ist zu beobachten, dass dies tatsächlich auf viele, aber eben zum Glück längst nicht auf alle Menschen zutrifft.

So gehören ausgewiesene Spezialisten meistens nicht nur zu den Fleißigen, sondern auch zu den Fähigen in ihrem Fach, sonst hätten sie es nicht zum Spezialisten gebracht. Allein durch diese beiden Attribute heben sie sich von der Masse ab und kommen eher selten vor. Weil sie bereit sind, mehr zu tun als die meisten anderen.

Ein Unternehmen suchte nach der Kündigung des kaufmännischen Leiters einen neuen Finanzchef und schrieb die Stelle auf diversen Jobbörsen (die es seinerzeit noch gab) aus. Es bewarben sich etwa dreißig Kandidaten, wovon sich einer auffallend positiv darstellte. Nach dem ersten Gespräch entschied er sich jedoch für einen namhaften Konzern in Hamburg, der ihm neben der Arbeit die Finanzierung eines dualen Studiums zu aus seiner Sicht nicht ablehnbaren Konditionen anbot.

Wie ging es nun weiter? Normalerweise hätte man sich mit der „Nummer zwei" und „Nummer drei" aus der Bewerberliste befasst und versucht, einen der Kandidaten einzustellen. Doch in diesem Fall waren die Unterschiede zwischen der „Nummer eins" und allen weiteren Bewerbern so groß, dass die Geschäftsführung es vorzog, die Stelle erneut auszuschreiben. Die Verantwortlichen wussten, dass es klüger ist, niemanden einzustellen als die falsche Person.

Auf die zweite Ausschreibung bewarben sich wieder mehr als dreißig Personen, einige davon durchaus qualifiziert. Der beste Kandidat aus diesem Feld konnte gewonnen werden (die besten Leute in einem Markt können sich ihre Arbeitgeber immer aussuchen) und bestätigte in den Jahren darauf immer wieder durch besondere Leistungen, dass sich die Entscheidung, den nicht nur fachlich besten, sondern auch höchst integren Mitarbeitenden an Bord zu holen, gelohnt hat. Auf das Thema Mitarbeitergewinnung, Fachkräftemangel und die Frage, warum erstklassige Chefs erstklassige Mitarbeitende und zweitklassige Chefs drittklassige Mitarbeitende einstellen, kommen wir später noch detailliert zu sprechen.

3.8 Fachkräftemangel – echte Lücke oder liegt der Mangel woanders?

Springen wir vom Stichwort Leistungsträger und Spezialisten direkt in eines der akuten „Aufregerthemen" der Wirtschaftsnachrichten, das viel mit der Illusion fehlender Kontrolle zu tun hat: der Fachkräftemangel.

Wenn wir den Statistiken glauben mögen, fehlen allein in Deutschland Hunderttausende qualifizierte Mitarbeitende in verschiedenen Branchen. Was dazu führt, dass landauf, landab darüber geklagt wird, keine guten Leute zu bekommen. Aber stimmt das wirklich?

Gemessen an der Zahl existierender Fachleute und Spezialisten dieser Branchen ist die Anzahl der offenen Stellen relativ gering, und es soll hier gar nicht um Statistik oder die Frage gehen, wie viele Fachkräfte denn nun im gesamten Markt fehlen.

Warum nicht? Weil dieses Buch kein Ratgeber für die Politik, Berufs- oder Arbeitgeberverbände sein soll und ein anderer Aspekt für Sie als Leserin oder Leser viel wichtiger ist. Die relevante Frage lautet doch eher: „Wie kann ein Unternehmen Fachleute anziehen und halten?" Oder: „Wie finde ich als Fachkraft das für mich ideale Unternehmen, in dem ich gerne arbeite und bleibe?"

Mit diesen Fragen wird klar: Das hat nur insofern mit Statistik zu tun, als dass sich der Arbeitsmarkt in den letzten Jahren signifikant verändert hat. Während sich die Firmen vor einiger Zeit noch das Personal aus langen Listen von Bewerbenden aussuchen konnten, entscheiden heute eher die Bewerbenden, zu welchem Unternehmen sie gehen.

Mit gravierenden Folgen: Nicht nur wird der Wert der Arbeit in Euro und Cent neu austariert, es spielen jetzt Faktoren eine Rolle, die vorher von vielen Arbeitgebern als „Luxus" oder „nicht erforderlich" abgetan wurden. Interessenten, Bewerbende und Mitarbeitende fragen sich: „Wie ist das Arbeitsklima, die persönliche Wertschätzung, der Teamspirit in der Firma?" Und sie stellen auch diese Frage: „Welchen ‚Sinn' hat meine Arbeit und wie passt sie zu meinen persönlichen Werten und Zielen?" Es geht außerdem um die Möglichkeiten, persönliche Bedürfnisse mit den beruflichen Chancen zu verbinden und beides in Einklang zu bringen (beispielsweise Kinderbetreuung, Sport, Weiterbildung, Hobbys).

Statt als Arbeitgeber die Augen im Kopf zu verdrehen und sich über das Stichwort *Work-Life-Balance* zu echauffieren, ist es klüger, die Bedürfnisse der Mitarbeitenden zu ermitteln und sie in den Bezug zu den Zielen und Möglichkeiten des Unternehmens zu stellen.

Alle Welt redet von Mitarbeitenden als „Humankapital" und dem Menschen als der wichtigsten „Ressource", aber zu wenige Unternehmen verstehen bisher, was es wirklich bedeutet, Bedingungen zu erschaffen, die es ermöglichen, die richtigen Personen anzuziehen und deren Potenzial wirklich zu entfalten.

Wenn das Stichwort Fachkräftemangel fällt, stelle ich mir folgende Frage: Wie kommt es, dass es Unternehmen gibt, die auch ohne Stellenausschreibungen Bewerbungen erhalten und immer genügend Kandidaten *standby* halten, die kurzfristig anfangen können? Und andere Firmen bekommen auf ihre Ausschreibungen kaum Bewerbungen. Und wenn, dann in einer kaum akzeptablen Qualität. Worin liegt der entscheidende Unterschied?

Die Chefs, die Inhaber oder die Geschäftsführer der weniger attraktiven und weniger erfolgreichen Firmen ticken meist völlig unterschiedlich. Meine These: Jedes Unternehmen wird im Laufe der Zeit zu einem Spiegel des Inhabers. Dadurch zieht es die Kunden, Lieferanten, Partner und auch die Mitarbeitenden an, die zu ihm passen beziehungsweise zu der von ihm entwickelten und verantworteten Kultur.

Dazu passt eine Erkenntnis, die mir vor circa dreißig Jahren zuteilwurde und die ich immer noch für sehr treffend halte: „Erstklassige Chefs haben erstklassige Mitarbeitende; zweitklassige Chefs haben drittklassige Mitarbeitende." Warum das so ist? Im ersten Fall werden Menschen „nach oben" eingestellt, also Bewerbende, die in ihrem Fach jeweils besser sind als der Chef selbst. Im zweiten Fall stellen die schlechten Chefs „nach unten" ein, also Leute, die im jeweiligen Aufgabengebiet nicht so gut sind wie sie selbst. Die besseren könnten ja bildlich gesprochen „am Stuhl des Chefs sägen" oder seine Kompetenz in Frage stellen.

Im Gegensatz zu der letzteren, durch Angst geprägten Vorgehensweise gehört zu der ersten Mut. Am Ende ist der Chef – konsequent umgesetzt – der am geringsten qualifizierte Mitarbeitende, jedenfalls für die jeweilige Aufgabe. Gut so! Dann hat er keine Fachaufgaben mehr zu erledigen und Zeit, sich um die wichtigen Dinge zu kümmern, die er nicht delegieren kann oder sollte. Blick auf den anderen Typus Chef: Er muss stattdessen immer auf der Hut sein, dass seine Leute auch keine Fehler machen und alles nach seinen Vorstellungen läuft. Dazu braucht es viel Vorbereitung, Anleitung und Kontrolle, die den Mitarbeitenden (zu Recht) das Gefühl geben, nicht gut (genug) zu sein. Und der Chef wird damit die meiste Zeit so sehr beschäftigt sein, dass er sich regelmäßig nicht um die Dinge kümmern kann, die für den langfristigen Erfolg von Bedeutung sind.

Die beiden in den beschriebenen Alternativen enthaltenen Perspektiven werden schnell deutlich. In dem einen Fall bewegt sich die Entwicklung nach oben (so wie auch eingestellt wird), in dem anderen Fall eher nach unten. Die Frage „Wer will ich sein für wen?" kann auch hier extrem hilfreich sein und für Klarheit sorgen. „Wie soll mein Team aussehen?", „Wie soll es arbeiten?", „Wie kommunizieren?", „Welches Maß an Verantwortung übernehmen?", „Welche Entscheidungsbefugnisse dazu erhalten?", „Wie weit kann ich vertrauen?", „Welche Regeln können helfen, Fehler zu vermeiden und Sicherheit zu erzeugen?" Die Liste der hilfreichen Fragen kann hier beliebig erweitert werden.

Und es gehört noch ein Faktor dazu, der zu oft noch als vermeintliches „Geheimrezept" im Verborgenen bleibt: die Einstellung der Mitarbeitenden, mit der ich nicht den Recruitingprozess meine, sondern die Geisteshaltung, also die Intuition und die persönlichen Werte, die mindestens ebenso entscheidend sind wie die fachlichen Qualifikationen. Im Amerikanischen heißt es schon lange: *Hire for attitude, train for skills!* Diesen Spruch greife ich gern zum zweiten Mal in diesem Buch auf.

Übersetzt könnten wir sagen: „Stelle Menschen aufgrund ihrer Gesinnung (Haltung, Werte, Prinzipien, Intuition) ein und bringe ihnen die Fertigkeiten und Kompetenzen bei, die sie brauchen." Warum? Weil es nur so und nicht umgekehrt geht! Jemand mit exzellenten Fähigkeiten und einem fragwürdigen Charakter wird keinem Unternehmen Freude bereiten. Dabei spielt die fachliche Qualifikation keine

Rolle. Im Gegenteil: Auch hier wiederhole ich gern meine Erkenntnis aus dem Kapitel *Gibt es falsche Mitarbeitende?* – solch ein „falscher" Mitarbeitender kann im Zweifel das gesamte Unternehmen ruinieren; auch das habe ich persönlich erlebt. Ganz gleich, wie qualifiziert oder erfolgreich er oder sie ist – entweder der Mensch ist integer oder er muss das Unternehmen schnellstens verlassen! Weil eine „toxische" Einstellung ansteckend ist und die Gefahr besteht, dass die kritische Person weitere Mitarbeitende „infiziert", so wie ein fauler Apfel einen ganzen Korb zum Verderben bringen kann. Und: Weil letztlich Zuverlässigkeit und Loyalität durch nichts zu ersetzen sind.

Jetzt reden wir nicht mehr über einen Mangel, den wir nicht beeinflussen können, dem wir ausgeliefert sind, sondern über Führung, über Leadership, über das Erschaffen von Bedingungen für ein „Siegerteam". Fachkräftemangel muss nicht existieren – bei Ihnen und in Ihrem Unternehmen. Oder was sagen Sie?

3.9 Bezahlte *Fakes*: Das Geschäft mit Siegel-Auszeichnungen

Wenn wir an seriöse Nachrichtenmagazine denken, dann kommt uns wahrscheinlich schnell *DER SPIEGEL* in den Sinn. Dahinter folgen die Magazine *FOCUS* und *stern*, die als direkte Konkurrenten gelten – Letzteres mit deutlich höherem Reportage- und Boulevardanteil. Wie die beiden Wettbewerber hat sich der *FOCUS* als Journal etabliert, das auf Basis von soliden Recherchen Fakten präsentiert, auf die sich die Leserschaft verlassen kann. Dementsprechend genießt *FOCUS* einen Ruf, solide und verlässliche, also vertrauenswürdige Informationen zu bieten. Doch ist das wirklich so?

 Irreführendes Siegel-Geschäft – Einblick dank Reportagematerial

Seit 1993 vergibt der *FOCUS* Empfehlungen für Ärzte in der Region. Eine Auszeichnung, auf die so manch ein Mediziner verzichtet – und die auch Wettbewerbshüter kritisch sehen.

Dr. Elvira Germes ist Homöopathin aus Köln. Die Ärztin wunderte sich, als sie 2017 eine Urkunde bekam, in der sie von der Zeitschrift *FOCUS* als „empfohlene Radiologin" in der Region ausgewiesen wurde. Womit hatte sie das „verdient"? Sie lässt uns Zuschauende an ihren Gedanken teilhaben: „Einen Sinn erkenne ich nicht, da ich seit 1998 nicht mehr als Radiologin tätig bin." Ähnliches erlebte Dr. Stephan Nolte: Auch er erhielt 2017 Post. Er sei ausgewählt als „empfohlener Arzt für die Region", Kategorie Psychotherapeut. „Komisch", erzählt er, „eigentlich bin ich hier als Jugend- und Kinderarzt niedergelassen." Das war noch nicht alles: 2018 folgte die nächste Urkunde – diesmal mit der Auszeichnung als Hausarzt. 2019 dann wieder ein Umschlag mit gleich vier Auszeichnungen: Tropenmediziner, Palliativmediziner, Kinder- und Jugendarzt und wieder als Hausarzt.

Auf Nachfrage von *frontal* (früherer Name bis 2021: *Frontal 21*) beim *FOCUS* heißt es, Frau Dr. Germes „führte den Facharzt für Radiologie und wurde somit unter dieser Spezialisierung gelistet". Im Fall Nolte antwortet die *FOCUS*-Redaktion, der Mediziner sei auf Grundlage offizieller Informationen und eigener Angaben so zugeordnet worden.

Es sei aber möglich, dass die auf dieser Grundlage entstandene Zuordnung der Spezialisierung nicht zu hundert Prozent mit der persönlichen Auffassung der [...] Ärzte hinsichtlich ihrer Schwerpunktsetzung übereinstimme.

Wenn es doch mal passt und Ärztin oder Arzt möchte mit dem *FOCUS*-Siegel werben, muss sie oder er bezahlen: 1.900 Euro kostet die Lizenzgebühr. Bei Nolte hätte sich die Summe allein 2019 auf 7.600 Euro summiert. Ein Angebot, das beide ablehnten.

Wettbewerbsaufsicht: Wettbewerbsaufsicht sagt grob irreführend und Klinikbetriebsrat nennt die Auszeichnung Hohn

Verantwortlich für das Siegel-Geschäft ist Burkhard Graßmann, Geschäftsführer beim Burda-Verlag. Im Fachblatt *Kress News* spricht er 2017 davon, dass man den Ärzten in Deutschland die Möglichkeit geben wolle, sich darzustellen – und von „zweistelligem Millionenumsatz mit wunderbaren Renditen".

Christiane Köber von der Zentrale zur Bekämpfung unlauteren Wettbewerbs sieht dieses Geschäft mit Sorge. Es dürfe nicht irreführend sein. Und in den geschilderten Fällen sei der Sachverhalt relativ simpel. Köber ist überrascht: „Das sind ja wirklich sehr grob irreführende Fälle." Ihre Einschätzung: Die Ärzte hätten bei der Verwendung der Siegel in Teufels Küche kommen können.

FOCUS weist damals die Vorwürfe zurück, Zitat: „Wir sind mit unseren auf Qualitätsdaten aus verlässlichen und auch amtlichen Quellen [...] basierenden Erhebungen einzigartig in Deutschland, weswegen man nicht von Irreführung sprechen kann." Auch Kliniken werben mit *FOCUS*-Gütesiegeln, zum Beispiel die Universitätsklinik Gießen und Marburg: 2019 ausgezeichnet als Top-Regionales- und Top-Nationales-Krankenhaus, dazu als Top-Alzheimer-, Top-Parkinson- und Top-Nationales-Krankenhaus für Unfall-Chirurgie. *frontal* fragt bei der Klinik nach und erhält als Reaktion folgende Antwort: „Wir haben uns entschieden, an ihrer Befragung nicht teilzunehmen."

Aber der Betriebsrat gibt Auskunft. Dort liegen Überlastungsanzeigen aus ausgezeichneten Stationen vor – im Klinikalltag sei einiges problematisch, wie etwa Vitalkontrollen oder verzögerte Medikamenteneinnahmen. Der Betriebsrat empfinde die *FOCUS*-Auszeichnungen deshalb als Hohn.

Auch andere Verlage sind ins Siegel-Geschäft eingestiegen, sogar internationale Angebote gibt es. Chefarzt Dr. Friedemann Schad von der Klinik Havelhöhe erhielt eine Offerte aus Saudi-Arabien. Sein Haus könne zur „besten Klinik der Welt gewählt" werden, allerdings nicht kostenfrei: Da würden Größenordnungen von bis zu 15.000 Euro aufgerufen.

Geld bezahle Schad keines für eine Auszeichnung. Er sagt: „Es gibt genügend Qualitätskriterien in der Medizin. Es gibt Transparenzdaten, an denen beteiligen wir uns – selbstverständlich. Aber daran nicht."

Seit Jahren beschäftigt die *FOCUS*-Liste auch die Justiz. Die Bayrische Landesärztekammer hatte gegen *FOCUS* geklagt, mit dem Ziel, eine weitere Veröffentlichung der Listen zu unterbinden, geht aus einem damaligen Bericht des Ärzteblatts hervor. Der damalige und 2018 verstorbene Ärztekammerpräsident Dr. Hans Hege kritisierte vor allem die Methodik. Die Aussagekraft der Krankenhaus-Liste sei begrenzt, da die Auswahl der Kliniken willkürlich getroffen scheine. Manche Kriterien ließen keinerlei Rückschlüsse auf ein objektives Qualitätsurteil zu. Die Liste gebe dem Patienten überhaupt keine sachgerechten Informationen, war Hege überzeugt.

Klage gegen Auszeichnung zurückgewiesen
Auch gegen die Ärzte-Topliste hatte der Ärztekammerpräsident Bedenken. Das Oberlandesgericht München aber wies in zweiter Instanz die Klage gegen die Liste ab, weil es an einer übermäßig werbenden Darstellung fehle, die den Rahmen einer sachlichen Information über die Ärzte verlasse.

„In ihrem abschließenden Urteil bestätigten die Richter die Zuverlässigkeit des Vorgehens", heißt es auf der Internetseite des Instituts. Allerdings vertrat die Kammer damals laut Ärzteblatt auch die Ansicht, die Kriterien seien nicht geeignet, tatsächlich die besten Ärzte zu ermitteln. Angesichts jüngster Auszeichnungen für das Klinikum Hanau hatte sich auch ein Leser in der Redaktion gemeldet und Bezug auf die vergangene Kritik genommen. „Insgesamt beurteile ich das Klinikum Hanau als sehr gut. Deshalb bin ich verwundert (auch leicht verärgert), dass sich die dortigen Verantwortlichen immer wieder mit dem fragwürdigen und gekauften *FOCUS*-Siegel schmücken. Eigentlich schadet es eher dem Ansehen", schrieb der Leser.

Anlass, genauer beim Klinikum nachzufragen. Das Klinikum Hanau hat keine Zweifel an der Qualität der Siegel. „Mit der Erhebung der Daten für die *FOCUS*-Auszeichnung ist ein unabhängiges Institut beauftragt. In den Datenpool fließen unter anderem die gesetzlich vorgeschriebenen Qualitätsberichte der Kliniken, Zertifikate von Fachgesellschaften, Publikationen in Fachzeitschriften, Interviews mit Ärzten und Patientenverbänden sowie die Angaben aus umfangreichen Fragebögen an die Kliniken selbst ein. Die unterschiedlichen Quellen, die das Institut für die Recherche heranzieht, deuten auf eine sachliche Recherche hin", teilt Klinikumssprecherin Janina Sauer mit. Dass die Werbung mit dem Siegel ordentlich Geld kostet, spielt für das Stadtkrankenhaus keine Rolle. „Eine Aufnahme in die Liste, und damit die Auszeichnung mit dem Siegel, ist kostenlos und unabhängig davon, ob sich eine Klinik die Siegelnutzung für Kommunikationszwecke lizenzieren lässt oder nicht", betont Sauer.

Insbesondere die „umfangreichen Fragebögen, die wir als Klinik für die Befragung jährlich ausfüllen, deuten darauf hin, dass sich das Recherche-Institut um eine sachliche Beurteilung aller Kliniken bemüht". Warum legt das Klinikum überhaupt Wert darauf, mit dem Siegel zu werben? Dazu sagt Sauer: „Patienten informieren sich vor einem Klinikaufenthalt über Auszeichnungen, Zertifikate und Expertenwissen der unterschiedlichen Kliniken, um dann eine bewusste Entscheidung zu treffen."

Experten sagen: Wer einen Arzt sucht, braucht unabhängige Empfehlungen. Wettbewerbshüterin Köber stellt fest: „Offenbar dienen Siegel der Kaufentscheidung – umso wichtiger ist es, gegen Auswüchse vorzugehen." Uns Verbrauchern rät sie: „Nicht von Siegeln blenden lassen, sondern kritisch hinterfragen."

Im Februar 2023, während der Korrekturphase dieses Buches, berichtet der Deutschlandfunk über eine weitere Klage gegen das Magazin *FOCUS*. Die Wettbewerbszentrale habe erfolgreich auf Unterlassung geklagt. Das heißt konkret: Ein Münchener Gericht hat das Werben mit den problematischen Siegeln nun untersagt. Das Urteil ist noch nicht rechtskräftig. Der Burda-Verlag geht dagegen in Berufung und Kritiker erhoffen sich ein Grundsatzurteil. Hier käme der Bundesgerichtshof ins Spiel.

Sie haben es längst gemerkt: Die aufgezeigten exemplarischen Schilderungen können nur einen kleinen Einblick in die vielfältigen Möglichkeiten von Lug und Trug im Umfeld von Firmen und Unternehmen vermitteln. Wegen des Hebels, den die Bedeutung oft nicht nur für die Eigentümer, sondern jeden einzelnen Mitarbeitenden, darüber hinaus für eine Vielzahl von Kollegen und deren Familien sowie Kunden und weitere Partnern mit sich bringt, ist hier die Sensibilität für Täuschungen besonders wichtig.

TEIL 2

Kunst, Kultur, menschliches Verhalten

Mitten aus dem Leben: *Fakes* und ihre Schattierungen, Grenzen, Übergänge, Grauzonen, Auswirkungen

4 Kultur und Werte – Prinzipien und Moral

Nach einigen persönlichen und allgemeinen Einblicken in die Unternehmenswelten sowie den geschichtlichen Beispielhintergründen für *Fakes* wenden wir uns einer übergeordneten Ebene zu. Wie im Vorwort bereits erwähnt: Eine absolute Wahrheit als Gegenteil von *Fake* kann es nicht geben. An ihre Stelle treten Werte, Prinzipien und Überzeugungen, die sehr unterschiedlich ausfallen können. Worauf kommt es an? Dass sie im Einzelfall echt und authentisch sind. Im zweiten Teil des Buches greifen wir den Annäherungsversuch wieder auf: Wo hört die Wahrheit auf (meine, Ihre, die Wahrheit eines anderen) und wo beginnt die Lüge? Die Fragestellung ist komplex, fast schon philosophisch. Voller Psychologie ist sie sowieso. Kein absolutes Licht ins verwirrende Dunkel, aber eine hellere Übersicht verschaffen uns die Grauzonen. Wir differenzieren – zwischen Kopie, Referenz und Anregung, zwischen Traditions- und Alltagsprägung, schauen auf unterschiedliche Kulturen und ihren Umgang mit (Vor-)Täuschung. Wir betreten Interpretationsspielräume. Erlesen Sie sich die Basis, bevor wir dann die Auswirkungen von *Fakes* ergründen und all die persönlichen Geschichten des Autors, meine Erfahrungsperspektive zum Thema.

4.1 Plagiate – Anregung, Referenz, Zitat oder Kopie?

In Gesprächen über Plagiate besteht die Gefahr, dass damit ganz unterschiedliche Vorstellungen verbunden werden. Der Begriff ist leider nicht eindeutig definiert, sodass er erheblichen Interpretationsspielraum bietet. Wikipedia bezeichnet ein Plagiat als „nach allgemeiner Ansicht eine Urheberrechtsverletzung, bei der sich jemand fremde Urheberschaft bewusst anmaßt". Gleichzeitig wird dort jedoch klargestellt, dass Plagiate gegen Gesetze verstoßen können, aber nicht müssen: „Die nicht als Zitat gekennzeichnete Übernahme fremder Texte ist in der Regel eine Verletzung von Urheberrechten. Die Übernahme fremder Ideen kann eine Verletzung von Patentrechten oder Geschmacksmustern sein. In der Wissenschaft kann ein Plagiat gegen

Prüfungsordnungen, Arbeitsverträge oder Universitätsrecht verstoßen. Zwischen rechtswidrigen Übernahmen fremder geistiger Leistungen und der legitimen Übernahme freier oder frei gewordener Ideen gibt es eine Grauzone, wo ein Plagiat zwar als legal, nicht aber als legitim gilt."

Es stellt sich also die Frage, wo die Nutzung eines Originals als Anregung oder Inspiration endet und das Kopieren beginnt.

Starten wir mit einigen Prominenten, denen vorgeworfen wurde, in ihren Dissertationen zur Erlangung des Doktorgrades plagiiert, also „abgeschrieben" zu haben, ohne dies entsprechend zu kennzeichnen. Einer der bekanntesten Fälle betrifft sicherlich Karl-Theodor zu Guttenberg, dem 2011 die Doktorwürde aberkannt wurde und der als Konsequenz auf die begründeten Vorwürfe das Amt des Bundesverteidigungsministers aufgab.

Wie Sie sehen werden, geht es hier nicht um billiges Bashing der genannten Beispiele und Personen; auch die ehemalige Bundesbildungsministerin Annette Schavan verlor ihren Doktorgrad zwei Jahre später, weil ihre Dissertation aus dem Jahre 1980 Passagen enthielt, die sie ohne Quellenangabe übernommen hatte. Auffällig ist, dass ab etwa 2010 die Fälle der „Entlarvung" von Plagiaten in wissenschaftlichen Arbeiten sprunghaft anstieg. Das ist leicht nachvollziehbar, hatte einerseits die Digitalisierung auch älterer Werke zu diesem Zeitpunkt einen Höchststand erreicht. Andererseits standen erst jetzt geeignete Suchprogramme zur Verfügung, die praktisch automatisiert die riesigen Textmengen durchsuchen und Ähnlichkeiten aufspüren können. Vorher war es praktisch ausschließlich den Doktorvätern bzw. -müttern sowie anderen Fachleuten möglich, die Übernahme bereits bestehender Inhalte zu entdecken.

Der zweite Fall ist außerdem wegen der Zeitspanne interessant: Zwischen dem Verfassen der Arbeit von Frau Schavan 1980 und der Aberkennung ihres Titels liegen über dreißig Jahre. Mord und Plagiate verjähren nicht. Wäre nach so einem langen Zeitraum die Unrechtmäßigkeit des „Abschreibens" nicht längst verjährt? Im Gegensatz zum Urheberrecht und gewerblichen Rechtsschutz, in denen eine Verjährungsfrist von drei Jahren besteht, existiert keine Verjährung für wissenschaftliche Arbeiten an Universitäten. Deshalb können auch

Dissertationen und andere wissenschaftliche Arbeiten mit nicht korrekt ausgewiesenen Quellenangaben zeitlich unbegrenzt zur Aberkennung des wissenschaftlichen Titels führen.

Glimpflicher gingen die Recherchen und Vorwürfe gegen Fehler in den Dissertationen von Ursula von der Leyen und Franziska Giffey aus. In beiden Fällen, 2016 und 2019, wurde der Doktortitel nicht aberkannt, weil „das Gesamtbild der festgestellten Mängel die Entziehung nicht rechtfertigt" beziehungsweise „keine Täuschungsabsicht" festgestellt werden konnte.

Vielleicht hat die EU-Parlamentsabgeordnete Silvana Koch-Mehrin mit 125 Plagiaten in ihrer achtzigseitigen Dissertation über *die Lateinische Münzunion 1865–1927* versucht, diesbezüglich „den Vogel abzuschießen"? Dazu erklärte das Verwaltungsgericht Karlsruhe, dass die Rechtmäßigkeit des entzogenen Doktortitels bestätige, eine „grundsätzlich denkbare Bagatellschwelle sei bei weitem überschritten".

Karl-Theodor zu Guttenberg hat zwar jüngst eine erneute Dissertation eingereicht, um seinen verlorenen Doktortitel und „zweiten Vornamen" erneut zu erhalten, politisch ist er aber „verbrannt" und wird es nach aktueller Einschätzung schwer haben, eine zweite politische Karriere erfolgreich zu gestalten.

„Wer einmal lügt, dem glaubt man nicht", lautet ein bekanntes Sprichwort, das hier seine Wirkung zeigt. Annette Schavan wurde zwar im Herbst 1993 wieder in den Bundestag gewählt, verzichtete jedoch zum 30.6.2014 auf ihr Mandat. Die Entscheidung zu ihrer Klage gegen die Aberkennung ihres Doktortitels stand noch aus, während der gesamten Wahlkampfzeit. Zwar arbeitete sie von 2014 bis 2018 noch als Botschafterin am Heiligen Stuhl in Rom, ihre politische Karriere wurde jedoch durch die Absprechung des Doktortitels faktisch beendet. Ein ähnliches Schicksal ereilte auch Silvana Koch-Mehrin, die zur Europawahl 2014 nicht wieder antrat.

Anders bei Frau Giffey und Frau von der Leyen: Zwar führt Franziska Giffey freiwillig ihren Doktortitel nicht mehr, ihr Amt als Bundesministerin für Familie, Senioren, Frauen und Jugend bekleidete sie aber weiterhin, und die Bewertung ihrer unvollständigen oder, sagen wir, nicht korrekten Quellenangaben haben ihrer politischen Laufbahn keinen Schaden zugefügt. Von Dezember 2021 bis April 2023 war sie Regierende Bürgermeisterin von Berlin.

Diese „Schadensfreiheit" gilt zweifellos auch für Ursula von der Leyen, die als Kommissionsvorsitzende der EU inzwischen ein herausragendes Amt bekleidet. Kurz zusammengefasst lässt sich feststellen, dass die offenbarten Plagiate – proportional zu den festgestellten Verfehlungen – für die Betroffenen meist wie ein „Bumerang" gewirkt und dementsprechend die Karrieren der des Abkupferns überführten Politiker zerstört haben. Sicher: Das alles ist weder neu noch besonders „originell". Die prominenten Beispiele zeigen aber sehr deutlich, dass die Wahrheit letztlich „unerbittlich" ist.

Auch wenn weniger prominente Doktoranden oder andere Verfasser „getürkter" wissenschaftlicher Arbeiten nicht in allen Fällen auffliegen, weil sich vielleicht niemand die Mühe einer Kontrolle macht, so leben sie doch praktisch lebenslang unter dem Damoklesschwert, entlarvt und des Plagiats überführt zu werden. Ist es das wert? Die Frage wirkt eher rhetorisch als ernst gemeint, weil die Antwort klar erscheint: bestimmt nicht. Und niemand kann sagen, wie oft das Faktum – obwohl es im Verborgenen liegt und nicht offensichtlich ist – zumindest im Unterbewusstsein der betreffenden Person eine Rolle spielt und bei der beruflichen Entwicklung wie ein „unsichtbarer Hemmschuh" wirkt.

Bei aller berechtigten Kritik stellt sich jedoch in jeder Gesellschaft die Frage, wie man mit Menschen umgeht, die solche oder ähnliche Fehlleistungen erbracht haben? Ist es gerechtfertigt, sie ein für alle Mal zu „teeren und zu federn", ihnen also für den Rest des Lebens den Stempel „Lügner" aufzudrücken und sie quasi in die Bedeutungslosigkeit zu verbannen? Oder sollte jeder das Recht auf eine „Sühne der Schuld" und damit seinen tatsächlichen Fähigkeiten entsprechend das Recht auf eine zweite Chance erhalten?

Manchmal ist Güte besser als recht haben, Menschlichkeit wichtiger als Gerechtigkeit, und mir gefällt nicht nur musikalisch die Aufforderung von Phil Collins: *Always hear both sides of the story!* – höre immer beide Seiten der Geschichte. Wie würde jeder von uns in einer vergleichbaren Situation behandelt werden wollen?

In Kunst und Kultur – Inspiration, Referenz oder Kopie?

Soweit zu Plagiaten in wissenschaftlichen Arbeiten. Kommen wir zur Kunst, in der „Abkupfern" seit Menschengedenken praktiziert und in verschiedenen Kulturkreisen sehr unterschiedlich bewertet wird. Anders als bei – nicht referenzierten – Zitaten ist hier meist kein eindeutiges „Schwarz oder Weiß", mit Quelle zitiert oder ohne Quelle kopiert, zu erkennen. Weshalb sich die Frage stellt, ob sich der Künstler vom Original anregen beziehungsweise inspirieren ließ, ob er das Original als Referenz für seine eigene Schöpfung benutzte oder schlicht kopiert hat? Dabei sind die Grenzen ebenso oft „wachsweich" und interpretationsfähig, dass sich selbst Fachleute anstelle klarer Urteile lieber auf die detaillierte Beschreibung der offensichtlichen Unterschiede beschränken.

Hat ein Kunstwerk, zum Beispiel ein Musikstück, ein Bild oder ein Film, in irgendeiner Weise ein vorher bestehendes Äquivalent, können wir es meist in eine von drei Kategorien einteilen: Inspiration, Referenz oder Kopie. Die Unterschiede zwischen diesen drei Kategorien können wir anschaulich darstellen:

Die Inspiration – Quelle eigener Schöpfung

Ähnlichkeiten zur Vorlage? Die sind vorhanden, beschränken sich aber auf die Idee, das Konzept. Hier kopiert „der Kreative" nicht von anderen, sondern lässt sich von dem bestehenden Konzept inspirieren und seine Arbeit in die bereits bestehende Richtung lenken. Er entwirft auf Basis der Anregung einer bestehenden Arbeit eine eigene Version, die im Ergebnis einen erheblichen Anteil an eigener Kreativität aufweist. Dieses Vorgehen ist insofern unvermeidbar, als dass generell viele Ideen und Konzepte bei der Betrachtung bestehender Werke entstehen und schon deshalb einen „eigenen Schöpfungscharakter" aufweisen. Das Ergebnis mag zwar noch einen Rückschluss oder eine Ähnlichkeit zum Original zulassen, ist aber meilenweit von einer Kopie entfernt.

Die Referenz – Hommage an den Schöpfer

Anders sieht es bei einer Referenzierung aus. Hier orientiert sich der (sehr viel weniger) „Kreative" detailgetreu am Original und versucht es in allen Einzelheiten abzubilden. Da er die (offensichtliche) Quelle benennt, kann dies auch als Wertschätzung oder Ehrung des Künstlers verstanden werden, der das Original erschaffen hat. Während die meisten Elemente der Vorlage detailgetreu übernommen werden, betreffen die veränderten Komponenten lediglich einen neuen Titel, Slogan, ein neues Produkt oder eine veränderte Aussage. Dabei können wir dennoch nicht von einer Kopie sprechen, sondern von der Anlehnung an das die Darstellung prägende Original. Die neue Kreation „ehrt" den Meister des Originals. Dazu braucht es allerdings, wie gesagt, die Referenzierung zum bekannten Werk.

Die Kopie – Vortäuschung eigener Kreativität

Widmen wir uns nun der Kopie, die zumeist mit der Intention geschaffen wurde, selbst die Wertschätzung für die kreative Leistung zu erheischen. Dies geschieht oft anhand von Werken mit geringem Bekanntheitsgrad, sonst liefe der vermeintliche Künstler Gefahr, aufzufliegen. Hier scheint eine bewusste Risikokalkulation vorzuliegen, verbunden mit der Einschätzung einer relativ geringen Wahrscheinlichkeit des Auffallens. Wir gehen also von bewusstem Handeln aus und vermuten damit den Tatbestand des Vorsatzes. Aufgrund der Detailtreue entspricht die Kopie hier einem Imitat, selbst wenn sie hinsichtlich ihrer Ausführung der Referenz ähnelt. Warum? Die Quellenbenennung fehlt, sodass der Fall vergleichbar ist mit dem Plagiat einer wissenschaftlichen Arbeit.

Der feine Unterschied zwischen Referenz und Kopie oder zwischen Imitat und Original ist folglich die Nennung der Quelle – und damit die ehrliche Nennung der Person, die das Original geschaffen hat und der die Ehre beziehungsweise Würdigung der schöpferischen Leistung zusteht. Womit wir wieder einmal bei „Authentizität" angelangt sind, nicht nur des Werkes, sondern vielmehr der Person, die das Werk erschaffen hat. Weil aber, wie bereits erwähnt, die Grenzen zwischen den Kategorien eher „schwammig" als klar umrissen sind, lässt sich oft nicht klar und eindeutig urteilen, ob ein Werk als legitim angesehen werden kann oder dem Erschaffenden zu Recht der Vorwurf des geistigen Diebstahls entgegenzuhalten ist.

„Schlechte Künstler kopieren, herausragende stehlen", soll Picasso einst gesagt haben. Plagiate in der Kunst sind keine Neuerscheinung.

Viele Künstler haben Picasso nicht in ihr Atelier geladen, weil dieser bekannt für gutes Adaptieren von unveröffentlichten und unbekannten Kunstwerken war.

Plagiate können aber auch legal, also Teil eines Konzepts, sein. Künstlerinnen wie Elaine Sturtevant und Sherrie Levine haben Werke von Roy Lichtenstein, Jasper Johns oder Andy Warhol bewusst eins zu eins kopiert. Ihre Arbeiten zählen zur *Appropriation Art*, die dafür steht, dass bestehende Kunstwerke vervielfältigt werden. Der Akt des Kopierens ist demnach das Konzept. Fälschen ohne Quellenangabe ist hingegen strafbar, wie der relativ aktuelle Fall Wolfgang Beltracchi zeigte.

Auf diese Strömungen der *Appropriation Art* bezugnehmend, hat Cornelia Sollfranck Netzwerk-Generatoren entworfen. Über die Eingabe eines Suchbegriffs erstellt dieses Programm eine Collage aus verschiedenen Bildern zum gleichen Thema. Damit hinterfragt Sollfranck nicht nur die Wiederverwendung von Themen in der Kunst, sondern auch die Flut der Bilder.

Wir leben in einer Zeit, in der Bilder wie Eintagsfliegen auf dem Bildschirm erscheinen und wieder vergehen. Anders als Eintagsfliegen scheint jedoch die eine oder andere Idee in leicht veränderter Form wiederaufzuerstehen.

Apropos Andy Warhol:

 Reproduzierbare Kunst – Konsum und Massenmarke schlägt Originalität?

Big Business statt elitäre, einzigartige Kunst – bei Pop Art denken wir an populäre Motive, massenproduziert, voller Alltagsgegenstände, Stars und Sternchen. Und kein anderer steht so sehr für diesen Kunststil wie Andy Warhol. In seinem Siebdruck greift er Fotos oder Gemälde auf, die schon da sind. Er baut auf existierender Kunst auf, verändert sie farblich, in der Anordnung oder baut sie mit anderen Motiven in Collagen zusammen. Warhols Kunstwerke erlangten den Status der technischen Reproduzierbarkeit, die er selbst als Stilmittel einsetzte.

Alles ist zwischen Kunst und Kommerz angesiedelt. Die Grenzen verwischen. Damit spielte er. Bis heute wird die künstlerische Intention von Warhols Werk noch stark diskutiert. Ist es nur sture Reproduktion der Kulturindustrie oder stellen seine Bilder einen vielleicht sogar kritischen Kommentar dieser Kultur dar?

Pop Art kann als ein Beispiel für den postmodernen Wandel in Kunst und Kultur angesehen werden, der traditionelle Vorstellungen und Praktiken infrage stellt und neue Wege der Gestaltung und Rezeption von Kunst einführt. Weg vom elitären Stigma. Quantität ist Qualität – soll Warhol auch gesagt haben. Pop-Art-Werke wurden in großen Auflagen produziert, den sogenannten Multiples. Durch die häufige Reproduktion und die ständige Wiederholung eines Bildes verwandelte Warhol massenproduzierte Objekte in Kunst. Ein voller kommerzieller Erfolg, und das zu Lebzeiten des Künstlers. Insofern hängt hier die leichte Abkehr vom Originalitäts- und Einzigartigkeitsanspruch mit Wirtschaftlichkeit zusammen. Ein damals neues Narrativ: Was sich gut verkauft, ist gute Kunst?

Doch worin liegt der Kern einer guten, eigenen Idee? Grundsätzlich ist es schlau, wenn man sich Inspiration holt, denn tatsächlich ist das Bestandteil eines Entwicklungsprozesses. Menschen lernen von anderen, indem sie imitieren. Ohne Nachahmung gäbe es keinen Fortschritt. So beginnen Amateurfotografen meist damit, Motive, die ihnen gefallen, zu kopieren. In den wenigsten Fällen wird eine Referenz oder „Inspirationsquelle" kenntlich gemacht. Dies führt dann dazu, dass wir im Internet die Kopie einer Kopie einer Kopie wiederfinden.

Worin liegt der Unterschied zwischen Inspiration und Plagiat?
Die Grenze zwischen Inspiration und Plagiat ist nicht klar, sondern die Übergänge zwischen beiden Polen sind fließend (siehe auch der Artikel von Laura Zalenga). Das sieht man in vielen Fotoportalen, die an vielen Stellen vor inspirierten Plagiaten blühen. Solche Fotoportale sind die Schublade des Fotografen, einerseits mit dem Vorteil,

andere an der eigenen Entwicklung teilhaben zu lassen, andererseits verführt sie aber auch zum Adaptieren.

Worin der Unterschied zwischen Inspiration und Plagiat liegt, zeigen verschiedene Plagiatsfälle innerhalb der Kunst. So zum Beispiel der Fall Rehberger. Rehberger hatte ein Kunstwerk für die Berliner Staatsbibliothek geschaffen, das so stark an ein Pop-Art-Gemälde von Bridget Riley erinnert, dass das Werk nach wenigen Tagen verhüllt wurde. In solchen Fällen greift das Urheberrechtsgesetz. Dazu Robert Walter, Gründer und Geschäftsführer der Panthermedia GmbH in der *Profifoto*: „Eine Fotografie ist dann ein Plagiat, wenn das fotografierte Objekt nachgestellt und erneut fotografiert wurde." Wird bei dem Nachstellen einer bereits vorhandenen Fotografie die in der Vorlage verkörperte schöpferische Leistung übernommen, handelt es sich um eine Vervielfältigung in Form der Bearbeitung, die der Einwilligung des Urhebers des bearbeiteten Werkes bedarf.

Ein ähnlicher Fall wie der von Rehberger wurde vor einiger Zeit in der Presse diskutiert. David Burdney wurde vorgeworfen, dass er das Konzept und die Art der Präsentation seiner Arbeiten von Sze Tsung Leong geklaut hat. Die Ähnlichkeit ist so deutlich, dass man hier nicht von einer eigenen schöpferischen Leistung ausgehen kann.

Aber was versteht man unter schöpferischer Leistung? Laut Urheberrechtsgesetz muss ein Werk zum Ersten eine wahrnehmbare Formgestalt aufweisen. Zum Zweiten muss es sich um eine persönliche geistige Schöpfung handeln, das heißt, Werke von Tieren zählen nicht als Kunstwerk. Und zum Dritten muss ein Werk individuelle Züge tragen, das heißt, es darf keine Kopie eines anderen Werkes sein. In unklaren Fällen kommt häufig die Frage auf, wer von wem kopiert hat. Das Datum dient häufig als Beleg, wer das jeweilige Kunstwerk erschaffen hat. Ob und wie viel Eigenheit das Werk aufweist, entscheidet ein Gericht.

Welche Konsequenzen das haben kann, zeigt der Fall von Vanessa Beecroft. Sie hat Buchstaben aus nackten Frauenkörpern für Louis Vuitton entworfen. Diese Idee stammte ursprünglich von Anthon Beeke, von dem sie sich, wie die Künstlerin auch zugab, aus einer Zeitschrift aus den 70er-Jahren „inspirieren" ließ.

Vuitton musste nicht nur eine hohe Entschädigung zahlen, sondern das 2007 erschienene Buch der Künstlerin einstampfen lassen. Interessanterweise beschuldigte Vanessa Beecroft erst kürzlich ihren ehemaligen Partner, den italienischen Künstler Maurizio Cattelan, ihre Ideen gestohlen zu haben. Vor dem Hintergrund der Vuitton-Affäre regt dieser Protest zum Schmunzeln an, aber tatsächlich ist es nicht das erste Mal, dass Cattelan Plagiarismus vorgeworfen wird.

Gibt es überhaupt universelle Ideen? Können zwei Menschen nicht doch die gleiche Idee zu unterschiedlichen Zeitpunkten haben?

Hierzu greift das bekannte Beispiel des Berliner Künstlers Michael Luther, der eine Fotografie aus einer Tageszeitung mit malerischen Mitteln umgesetzt hat. Auf seiner Ausstellung wurde er darauf hingewiesen, dass Damien Hirst an einem exakt gleichen Bild mit exakt der gleichen Idee arbeitet. Motive, Lichtführung, Kontraste und Farbsetzung waren fast identisch. Solche Fälle sind zwar unwahrscheinlich, aber nicht unmöglich.

In letzter Zeit wird daher verstärkt die Notwendigkeit geäußert, dass beim Umgang mit Plagiaten in der Kunst die gleichen Regeln gelten sollten wie in der Wissenschaft. Als guter Wissenschaftler muss man Notizen über das Gelesene machen und einen Überblick haben. Vergleichbar zeichnet sich ein guter Künstler dadurch aus, dass er oder sie über die historische Entwicklung der Fotografie und verschiedene Vor- oder Zeitgleichdenker informiert ist. Ob man sich eine Textpassage merkt oder ein visuelles Bild: Kopie bleibt Kopie. Plagiat bleibt Plagiat.

Als problematisch kann auch ein stetiges mangelndes Unrechtsbewusstsein unserer Generation *Copy & Paste* gesehen werden. In der Episode *The Chicken Thief* der Fernsehserie *Die Waltons* kopiert Ben das „Sommergedicht" von John-Boy und gewinnt einen Poesiepreis beim *Liberty Magazine*. Der anfängliche Neid über die Kreativität von John-Boy und der Wunsch nach Anerkennung kippen relativ schnell in Schuldgefühle, die dazu führen, dass er sich John-Boy offenbart. John-Boy verzeiht und weist darauf hin, dass bei Ben ein kreativer Prozess stattfand, denn er hat ein Wintergedicht (*A Winter Mountain*) und kein Sommergedicht geschrieben.

Fazit: Es ist zumeist einfacher, eine vorhandene gute Idee zu verbessern, als eine völlig neue zu entwickeln. Das ist jedoch keine Kunst. Vielleicht ist das gutes Handwerk. Vor allem bringt es die Kunst beziehungsweise die Fotografie nur kleinschrittig voran.

Am Ende steht immer die Frage im Raum, wozu man ein Bild macht. Wer primär Anerkennung sucht, sollte vielleicht kurz innehalten und den Finger leise vom Auslöser heben. Wenn man weiß, was man mit seinen Fotografien aussagen möchte, hat man hingegen schon einen großen Schritt in Richtung Kunst gemacht.

4.2   *Fake* als Kulturelement? China, Land des Plagiarismus

China gehört zu den ältesten Zivilisationen und Hochkulturen der Menschheit. Schriftliche Aufzeichnungen sind über 3.500 Jahre alt. Allerdings schließen sich Hochkultur und Negativimage nicht aus. Wir Europäer kennen China oft als Land der Produktpiraterie, Land der Billigprodukte, der Fälschungen, als Land, in dem es kulturell zum guten Ton gehört, gute Miene zum bösen Spiel zu machen, echte Emotionen bloß nie zu zeigen, sogar Lächeln als Täuschungsmanöver einzusetzen.

Wer sich zur chinesischen Mentalität beliest, stößt auf unzählige Klischees. Und eines besagt eben, dass Chinesen alles dreist kopierten. Da steckt ein kulturelles Element dahinter: Während im mitteleuropäischen Kulturkreis jemand, der andere kopiert, eher Ablehnung erfährt, erhält in China jemand höchste Anerkennung, wenn er Gutes durch Kopieren möglichst nah erreicht. Zurück zur europäischen Außensicht: Wer bei Produkten *Made in China* liest, hat meist direkt das Bild von Billigprodukten und Firmen mit menschenunwürdigen Arbeitsbedingungen im Kopf. China steht seit vielen Jahren im Fokus, was die Nachahmung bekannter deutscher Marken und Produkte betrifft. *Fakes.*

Copy & Paste – made in China. Wie gewichtig ist der wahre Kern im Klischee heute noch, im Jahr 2023? Können wir mit Fug und Recht behaupten, dass China sogar durch eine Kultur der Täuschung geprägt ist?

Ich bin kein Chinaexperte. Ich kenne weder Land noch Leute und beziehe mich deshalb zu einhundert Prozent auf Erfahrungen und Berichte Dritter. Dabei sticht ein vor Jahren gehaltener Vortrag der Niederlassungsleiterin eines DAX-Konzerns beim VDMA in Frankfurt aus den vielen Eindrücken hervor, die seit der Öffnung Chinas für westliche Unternehmen auf mich gewirkt haben und dafür sorgten, dass ich bisher kein Bedürfnis verspüre, das Land zu bereisen oder dort sogar geschäftlich tätig zu werden.

Die Dame sprach in ihrem Vortrag sehr deutlich über die kulturellen Unterschiede im Geschäftsleben, bei chinesischen Unternehmen und deren Mitarbeitenden im Vergleich zu unseren westlichen Verhältnissen. Als Fazit erfuhren ihre Zuhörer: „Wenn Sie in China jemandem vertrauen, sind Sie selbst schuld!"

Im Einzelnen führte sie aus, warum die Vereinbarungen oder Zusagen chinesischer Verhandlungspartner oft nichts wert seien. Mitarbeitende, sogar ganze Delegationen werden unangekündigt ausgetauscht, erreichte Verhandlungsergebnisse infrage gestellt oder negiert, Bedingungen oder Konditionen einseitig verändert – all das aus Prinzip! Mit einem klaren Ziel: die eigenen Bedingungen durchzusetzen.

Ist mir egal? Gefällt mir? Geht gar nicht? Das kann jeder selbst entscheiden. Für mich ist eine solche „Geschäftskultur" problematisch. Eine Person, die ich sehr schätze, hat mir vor vielen Jahren diese Erkenntnis vermittelt: Die fünf wichtigsten Dinge im Geschäftsleben lauten: Erstens Vertrauen, zweitens Vertrauen, drittens Vertrauen – dann kommt als viertes noch ein bisschen Technik und dann, fünftens, am Ende noch der Preis.

Dem *Fake*-Klischee von China können wir einen gewaltigen Unterbau an Fakten aus den letzten zwanzig Jahren verschaffen: Die Deutsche Vereinigung zur Bekämpfung von Produktpiraterie (VBP) schätzte 2006, dass Hersteller in China bis zu zwanzig Prozent der Markenprodukte fälschen.

Automobilproduzenten beklagten die Kopien ganzer Modelle: Nissan Maxima vs. Cherry 500 aus China – mit 2006 startendem Rechtsstreit. Es gab Raubkopien von DVDs und Software, Textilien mit Logos von Nike, Louis Vuitton, Adidas und Burberry, Maschinen und

Motoren aus dem Maschinenbau ... nichts schien vor Plagiaten aus China sicher zu sein.

Kurioser Beispielfall aus Handan in der Provinz Hebei: gefälschte Hühnereier mit Hauptbestandteil Kalk und Gelatinefüllung.

Dornbracht, ein Luxusarmaturenhersteller aus Iserlohn, wird immer häufiger kopiert und gibt an, dass die Firma ohne Fälschungen einhundert Mitarbeitende mehr einstellen könnte. Spielzeughersteller und Familienunternehmen Bruder Spielwaren aus Fürth baut Miniaturversionen von Baggern und Lastern. Die Firma ist immer wieder Opfer von Plagiaten aus China, zum Beispiel durch die Heng Sheng Toys Factory, die bereits 2019 mit dem Schmähpreis *Plagiarius* ausgezeichnet wurde. Ein Preis mit Tradition: Seit 1977 vergibt Aktion Plagiarius e. V. jährlich diese Negativauszeichnung an Hersteller und Händler besonders dreister Plagiate und Fälschungen. 2023 ging der Sonderpreis *Identitätsklau* übrigens an den Inhaber einer Domain aus Shanghai. Mit „www.wika-wika.cn", einer angeblichen chinesischen Präsenz des deutschen Messgeräteherstellers Wika, hat dieser die Identität des Unternehmens gestohlen. Eine klassische Marken- und Urheberrechtsverletzung sowie Täuschung aller Websitenutzer.

Produktfälschungen beherrschen nach wie vor einen Teil der Wirtschaftsnachrichten. Zwischen 2014 und 2019 war laut Magazin *t3n* jedes zehnte Unternehmen in Deutschland mindestens einmal Opfer von Produktfälschern. In diesem Zeitraum sei der deutschen Volkswirtschaft ein Schaden in Höhe von 54,5 Milliarden Euro entstanden. Der Verlust von rund 500.000 Arbeitsplätzen wird genannt. Das Handelsblatt schrieb 2018: „Tatsache ist: Die meisten in der EU konfiszierten Fälschungen stammen aus China."

Den EU-Staaten entgehen zusammengenommen jährlich mehr als 16 Milliarden Euro an Steuern und Sozialabgaben. Durch Fälschungen gingen beispielsweise 2019 circa 467.800 Arbeitsplätze in der EU verloren, da die Originalhersteller rückläufige Einnahmen zu verzeichnen hatten und daher weniger Mitarbeitende beschäftigen konnten. Besonders betroffen sind die Branchen Bekleidung, Kosmetika, Arzneimittel, Smartphones und Spiele. Ein Blick auf die Kosmetik- und Körperpflegebranche: Nach Schätzungen der EU-Behörde für den Schutz geistigen Eigentums (EUIPO) gehen ihr in der EU im Jahr 9,6 Milliarden Euro durch Markenfälschungen verloren. Darüber schreibt das Handelsblatt im Sommer 2020. Und auch hier steht China im Fokus. Gefälschte Luxusparfums und Kosmetika stammen vor allem aus China, so Rechtsanwalt Martin Fiebig von der Berliner Kanzlei Lubberger Lehment, der auf gewerblichen Rechtsschutz spezialisiert ist. Der Einzelhandel in Deutschland sei so gut wie sauber. Hauptumschlagplatz: das Internet. Es bietet den chinesischen Händlern einen anonymen Wirkungsplatz. Auf der Shoppingplattform Wish findet man Fälschungen von Nomos, einer deutschen Uhrenmarke, im Wert von mehr als eintausend Euro. Der „falsche" Preis? Zwei Euro. Das Geschäft sei insgesamt lukrativer als Drogenhandel – was für eine Schlagzeile!

Zurück zum Stichwort Internet: China versucht scheinbar, mit *Social Media Fake Accounts* Stimmungsbilder massiv zu beeinflussen. Beispiel: Corona. Twitter sperrte bereits 23.000 Accounts, die Kampagnen des chinesischen Staats zugeordnet wurden. Diese Accounts und ihre Tweets hat Twitter dem *Internet Observatory* der Universität Stanford und der Denkfabrik *Australian Strategic Policy Institute* (*ASPI*), gegründet von der australischen Regierung, zur Verfügung gestellt. Laut Analyse der *ASPI*-Forscher haben die Accounts wenig Follower, wenig Infos und die Tweets sind offenbar durch Programme ins Englische übersetzt worden und stecken voller Fehler. Die Beiträge gehen zu Pekinger Bürozeiten raus. Die Themen der Accounts? Verharmlosen der Situation, Dramatisierungen durch Kritiker und das Loben des entschlossenen Handelns Chinas, während der EU Versagen vorgeworfen wurde.

Schauen wir auf eine aktuelle und besonders brisante *Fake*-Problematik bei wissenschaftlichen Studien: Anfang 2020 überholte China die USA mit der Anzahl wissenschaftlicher Fachartikel und erlangte damit die Vormachtstellung in der Forschung. Generell wird die Anzahl der Veröffentlichungen mit der Anzahl der neuen wissenschaftlichen Errungenschaften gleichgesetzt. In China beeinflusst die Publikationsliste sehr stark die Karrierechancen – mehr Publikationen ermöglichen eine bessere Position. Nun sind Studien chinesischer Mediziner aufgetaucht, die scheinbar nicht auf echter Forschungsarbeit basieren, sondern von Agenturen erstellt wurden – im Auftrag der Wissenschaftler.

Das größte Problem: Gefälschte Studien, die in anerkannten Fachzeitschriften veröffentlicht wurden, können als Basis für die Arbeit anderer Wissenschaftler dienen und als Beleg für unwirksame Therapien herangezogen werden. Forscher haben einer Fälschungsagentur scheinbar dreihundert *Fake*-Studien zuordnen können, die in Fachzeitschriften seriöser Verlage wie Wiley, Elsevier und Springer Nature erschienen sind. Abbildungen wurden angeblich mit Bildbearbeitungsprogrammen zusammengestellt. Mailadressen enden auf Gmail-Accounts (gmail.com), und Forscher gehen davon aus, dass sie zu den Fälschungsagenturen führen.

Zurück zur problematischen Geschäftskultur mit fehlendem Vertrauen: Ist nicht Vertrauen die Basis jeder menschlichen Gemeinschaft? Ja, sogar jeder menschlichen Existenz? Wenn wir einander nicht vertrauen können, wie sollen wir zusammenarbeiten, zusammen wirtschaften, entwickeln, uns helfen und unterstützen?

Vertrauen setzt Wahrheit und Glaubwürdigkeit voraus. Nur wenn jemand ehrlich ist, kann er Glaubwürdigkeit erzeugen – und Vertrauen. Nun ist das mit der Behauptung, ehrlich zu sein, nicht getan. Das behaupten viele. Wirklich starkes Vertrauen aufzubauen, braucht Zeit und letztlich belastbare Ergebnisse und Beweise dahingehend, dass das Vertrauen gerechtfertigt ist. Ob dies angesichts des kulturellen Hintergrundes sowie der bestehenden politischen Machtverhältnisse und Doktrinen in absehbarer Zeit von China erwartet werden kann, ist mehr als ungewiss.

Angesichts der durch den Ukrainekrieg deutlich gewordenen globalen Herausforderungen, vor denen über die beiden unmittelbaren Kriegsparteien hinaus zuallererst China, die weiteren asiatischen Länder, Europa und die USA stehen, wird es interessant sein, zu beobachten, wie sich China künftig sowohl wirtschaftlich als auch machtpolitisch positioniert und agiert. Schon allein der Umgang mit Taiwan wird zeigen, welcher Geist die Politik Chinas bestimmt.

Danach ist die wirklich spannende Frage nicht „ob", sondern „wann" die politische Führung eine offene Konfrontation mit der westlichen Welt durch den Angriff und den Versuch der Einnahme von Taiwan und damit einen massiven militärischen Konflikt riskieren wird. Wahrscheinlich hängt die Antwort auf diese Frage weniger von moralischen Fragen und Einstellungen als eher von der militärischen Stärke Taiwans und dessen Verbündeten einerseits und der Chinas andererseits ab. Im Gegensatz zur westlichen Welt ist die langfristige Verfolgung strategischer Ziele in China sehr ausgeprägt, wie das Beispiel Hongkong eindrucksvoll gezeigt hat. China kann im Sinne von Ausdauer warten, ohne einen Deut vom Ziel abzuweichen, Taiwan unter die Staatsherrschaft zu zwingen.

4.3 Niemand will die „ungeschminkte" Wahrheit sehen

Die Überschrift dieses Kapitels ist nicht metaphorisch gemeint. Das Thema „*Fake* am menschlichen Körper" hatten wir schon im gleichnamigen Kapitel (Rückspulen gefällig? Dann springen Sie zurück zu Kapitel 2.6) angerissen.

Nutzen Sie Make-up? Meine Frau tut es. Sie lässt sich auch Strähnchen in die Haare färben, benutzt Mascara und Eyeliner, also Wimperntusche und Augenkonturenstift sowie verschiedene Cremes. Damit sieht sie toll aus und freilich auch noch besser als ungeschminkt. Selbstverständlich stehen wir Männer den Frauen bei diesem Phänomen längst nicht mehr nach. Sie erinnern sich an die Diskussionen um die gefärbten – und als solches auffallenden – Haare von Altkanzler Gerhard Schröder? Graue Haare zu färben und damit jünger auszusehen ist bei der männlichen Schöpfung längst kein Tabu mehr. Und zweifellos wollen wir ebenso gut aussehen und als attraktiv wahrgenommen werden, wie sich Frauen das wünschen. Selbst in Nagelstudios sind Männer keine Seltenheit mehr, zeigen doch auch gepflegte Hände – ergänzend zu Gesicht und Haarpracht – was „Mann auf sich hält" ...
Nun frage ich mich: Ist das *Fake*?
Bevor wir versuchen, darauf eine Antwort zu finden, lassen Sie uns mal schauen, in welchen Fällen wir eine ähnliche Situation vorfinden? Nehmen wir doch des Deutschen liebstes Kind, das Auto. Vielerorts

wird samstags gewaschen, gesaugt und poliert, was das Zeug hält. Sogar die Reifen streichen die Besitzer mit einer Speziallösung ein, sodass sie tiefschwarz und wie neu aussehen. Ganz gleich, ob das alles für die Nachbarn oder das eigene Wohlbefinden geschieht – dem Auto tuts gut und dem Besitzer oder der Besitzerin offensichtlich auch, sonst würde er oder sie sich die Mühe kaum machen.

Waren Sie schon mal auf einer Tierschau oder Auktion? Da lohnt es sich, einmal hinter die Kulissen zu schauen. Ganz gleich, ob Pferde, Hunde, Kaninchen oder Federvieh, ja selbst bei Schweinen und Kühen wird gewaschen, gebürstet, getrimmt, coloriert, gestylt – bis wenige Sekunden vor dem großen Auftritt. Mit Shampoo wird Glanz und mit Haarspray Volumen erzeugt, mit Schuhcreme werden die Farben verstärkt, bis das Erscheinungsbild optimal aussieht.

Man könnte meinen, bei *Germany's Next Top Model* zu sein. Immerhin erhält der interessierte Zuschauer dort ein wenig Einblick in die „Maske" und ist nicht selten erstaunt, wie der Ausdruck der zweifellos schönen Frauen durch professionelles Make-up noch verstärkt werden kann.

Warum sind gute Fotos so wichtig? Weil wir alle in Bruchteilen von Sekunden urteilen, ob etwas gut oder schlecht, langweilig oder attraktiv, uninteressant oder wünschenswert ist. Bevor unser Bewusstsein beginnt, die Sache zu analysieren, hat unser Unterbewusstsein längst ein Urteil gefällt. So wie es auch heute noch überlebenswichtig sein kann, in Nullkommanix zu entscheiden, ob Freund oder Feind, Gefahr oder Sicherheit, Bleiben oder Flüchten angesagt ist.

Doch zurück zur Frage, ob es sich bei all dem um *Fake* handelt? Gewiss nicht. Solange alles „echt" ist. Falsche Wimpern fallen also raus – hier jetzt im übertragenen Sinne und in Fällen minderwertiger Qualität vielleicht auch wortwörtlich gemeint. Aber sich selbst oder etwas anderes „herauszuputzen" bedeutet doch, es von seiner schönsten Seite zu zeigen und einen bestmöglichen Eindruck zu vermitteln. Wir sind also bei Verbessern oder Verstärken, Unterstreichen.

Was wäre die Alternative? Wenn es egal wäre, wie wir aussehen, auftreten und uns geben, würden wir dann nicht alle in „Sack und Asche" rumlaufen? Fänden Sie das toll? Wohl kaum. Ist es nicht schön, dass alle Menschen, überall auf der Welt, das Bestreben haben,

„schön" auszusehen? Auch wenn die Geschmäcker, die kulturellen Normen, die Traditionen und Gepflogenheiten noch so unterschiedlich sein mögen, die überaus größte Zahl der Menschen möchte anderen gefallen und sich ebenso an schönen Menschen und Dingen erfreuen. Ich finde das großartig und kann nichts Abwertendes darin sehen.

4.4   Notlügen – gibt es die wirklich?

Jeder kennt den Begriff der Notlüge. Er suggeriert, in einer ausweglosen Situation als „letztes Mittel" zur Lüge gegriffen zu haben. Das Hintergrund-Worst-Case-Szenario: Aus der Not wäre ein Desaster geworden. Deshalb die bewusste Lügenwahl als zu rechtfertigendes Mittel.

Glauben Sie dieser Darstellung? Wenden Sie sie vielleicht selbst an? Mit ihr befinden sich nicht wenige Menschen permanent in fatalen Situationen, aus denen sie nur entkommen können, indem sie mit Unwahrheiten operieren. Kann das sein – und daher gern so bleiben? Ich sage nein.

Lassen Sie uns stattdessen diesen Gedankengang wagen: Ist es nicht vielmehr so, dass die Wahrheit „unbequem" ist – oder zu ungeliebten Konsequenzen führen würde, die der oder die Betreffende nicht bereit ist zu tragen? Würde der Ehemann, der seine Frau betrogen hat, ihr die Wahrheit sagen, müsste er mit Reaktionen rechnen, die er nicht in Kauf nehmen möchte. Würde der Dieb seine Tat gestehen, müsste er mit einer entsprechenden Strafe rechnen. Würde der Betrüger seine Tricks offenbaren, wäre er damit nicht mehr erfolgreich. Würde jemand, der Plagiate anfertigt, seine Ware als Kopie deklarieren, wären die Kunden nicht bereit, dafür den Preis des Originals zu zahlen. Wir können die Beispiele hier endlos fortsetzen.

Konstruieren wir ein Extrembeispiel, das die Situation verdeutlicht: Ihnen wird von einem Kriminellen eine Waffe an die Schläfe gehalten, mit der Forderung, etwas gegen Ihren Willen zu tun. Wenn Sie nachgeben würden, wäre das gegen Ihre Überzeugungen, also Ihre Werte und damit Ihre Wahrheiten. Würden Sie dem Erpresser nicht nachgeben, würde er Sie eventuell erschießen. Dabei verlören Sie ihr Leben – ein zweifellos hoher Preis. Eine schwierige Ausgangslage und ganz klar eine Notsituation.

Was könnte in dieser Lage eine Notlüge sein, die sich rechtfertigen ließe? Keine? Ich bitte Sie! Wir alle haben schon für viel weniger als das eigene Leben gelogen, oder? Was halten Sie von folgender Antwort: „Sie wollen mich erschießen? Nur zu! Meine Frau wird sich über die Auszahlung meiner Lebensversicherung freuen, und meine Kinder über das Erbe, auf das sie viel früher Zugriff bekommen als angenommen. Und mich braucht meine Firma, die gerade in einer Krise steckt, nicht mehr zu kündigen." Wie würde der Aggressor wohl reagieren? Egal, ob Sie gelogen haben oder nicht – Sie haben gerade Realität und Wahrheit des Angreifers verändert. Seine Forderung wäre gerade zerschellt. Er könnte sie nicht mehr durchsetzen. Sie hätten ihr Leben gewonnen – durch eine Lüge, die nicht darüber hinwegtäuschen kann, dass Sie – wenn die gewünschte Wirkung ausbliebe – bereit gewesen wären, zu sterben. Nur zu gut, dass solche Extremfälle selten vorkommen.

Das Beispiel zeigt: Die meisten typischen Notlügesituationen lassen uns eben nicht die Konsequenz erwarten, dass wir unser Leben verlieren.

Bei der Frage nach der Existenz wahrer Notlügen geht es also eher um den Wortbestandteil „Not" als um die „Lüge". Notsituationen gibt es. Vielleicht sprechen wir lieber von rettender Kommunikation, von Rettungsaussagen. Haben die den hundertprozentigen Wahrheitsanspruch? Was sagen Sie?

4.5   Lügen, die Wahrheit fördern oder erträglicher machen

Schauen wir nach der Notlüge noch auf zwei andere Lügenphänomene, die wir durchaus als salonfähig und anerkannt, als „normal" beitteln können: der Bluff und die Ausrede der Rücksichtnahme.

Mit der Lüge nach der Wahrheit fragen – heiligt der Zweck die Mittel?

Sie kennen die Situation aus vielen Krimis: Die Kommissare haben den Täter in der Mangel, können ihm aber nichts beweisen. Nun kommt der Bluff: Der Täter wird mit einem fiktiven Beweis konfrontiert, also mit einer Annahme, die keinesfalls der Wahrheit entspricht, sondern höchstens einer Möglichkeit der Wahrheit. Etwa eine Zeugenaussage oder eine DNS am Tatort, die den Täter als überführt erscheinen lässt. In vielen Fällen „kippt der Täter um", hält sein Schweigen oder seine Lügen nicht mehr aufrecht. Meistens freuen wir uns als Zuschauende innerlich, dass die Gerechtigkeit gesiegt hat. Klar, das gewählte Mittel der Kriminologen mag „nicht ganz sauber" gewesen sein. Aber der Erfolg gibt ihnen recht, oder?

Ist Lügen aus Rücksichtnahme in Ordnung?

„Ich wollte dem anderen nicht wehtun." So lautet eine beliebte Rechtfertigung dafür, einen Menschen nicht mit der Wahrheit konfrontiert zu haben. Auch das kennen wir alle. Mir hat mal ein Kollege einen Pfefferminz angeboten, mit der Bemerkung, der helfe gegen Mundgeruch. Mundgeruch? Ich? Darauf wäre ich nie gekommen ... Ich bin ihm heute noch dankbar dafür – weil ich es selbst nicht gemerkt hätte. Wie viele Menschen hätten sich noch abgestoßen gefühlt, wären wörtlich zu mir auf Distanz gegangen? Ohne, dass ich eine Ahnung für den Grund gehabt hätte. Besagter Kollege hat eine sehr elegante Art gewählt, mich mit der Wahrheit zu konfrontieren. Aber auch, wenn er es direkter benannt hätte und mich das im ersten Moment verletzt hätte, so wäre dieses Wahrheit-Sagen gut und zu meinem Vorteil gewesen.

Wie oft wäre es für alle Beteiligten besser, wenn jemand mit der Wahrheit konfrontiert und (erst) dadurch in die Lage versetzt wird, sich oder die Ursache für ein Fehlverhalten zu ändern? Ich sage: oft. Und Sie? Dabei kann eine kleine „Versüßung", so wie mein Kollege das mit dem Pfefferminz sehr elegant gemeistert hat, durchaus „beziehungsschonend" sein. Zitat aus Arabien: „Wenn du den Pfeil der Wahrheit abschießt, tauche zuvor seine Spitze in Honig".

5   Jetzt wirds persönlich: ein ehrlicher Blick auf meine *Fakes*

Ich gestehe: Ich habe selbst gelogen und betrogen. Damit gar nicht erst Zweifel aufkommen, aus welchem Hintergrund, mit welchem Selbstverständnis, mit welcher Selbstwahrnehmung und mit welcher Absicht dieses Buch geschrieben wurde: von einem, der keinen Deut besser oder anders ist als jede/r, die oder der dieses Buch liest!

Im Gegenteil: Ich habe mich erschrocken, wie viele „dicke Hunde", also Geschichten, über die ich bei anderen die Stirn runzeln würde, sich im Zuge meiner „Gewissenserforschung" hier angesammelt haben. Dabei ist mir klar geworden, dass das mit dem Lügen schon im Kindesalter losging. Kaum konnte ich denken, habe ich schon geflunkert. Nein, „Flunkern", wie wir es nannten, ist etwas anderes als Lügen. Und darum geht es ja hier.

Sicher haben wir alle diese vergleichsweise harmlosen Situationen aus der Kindheit im Gedächtnis, als wir „erwischt" wurden und dann ganz spontan als Erstreaktion logen, ohne überhaupt darüber nachdenken zu können. Wir haben abgestritten, verdreht, uns unwissend gestellt, das glatte Gegenteil behauptet, andere beschuldigt, selbst die Hände in Unschuld gewaschen …

Einige meiner „dicken Hunde" teile ich hier mit Ihnen. Warum? Weil ich Fan einer gelebten Fehlerkultur bin, die nur funktionieren kann, wenn Menschen ehrlich über ihre Fehler sprechen. Dazu können *Fake*-Momente zählen, auch waschechte Lügen, mit denen wir uns einen Vorteil verschafften oder es zumindest vorhatten. Und ich glaube auch, dass wir immer etwas lernen, wenn wir persönliche Geschichten erfahren. Geschichten eröffnen uns Perspektiven auf unser eigenes Leben. Und: Manch einen Fehler, über den wir lesen, machen wir vielleicht nicht nach.

Nennen Sie es ruhig zu hoch gegriffen oder überzogen, aber es ist mir ein Anliegen, für jede Leserin und jeden Leser Wege und Möglichkeiten anzubieten, eigene Standpunkte zu entwickeln, bei sich selbst genauer hinzuschauen, letztlich eigene (vielleicht bessere) Wege zu gehen. Eine Entwicklung hin zu mehr Ehrlichkeit, Integrität und

Dankbarkeit, eine Welt, in der viele von uns ihre Werte leben und nach außen tragen, diese Entwicklung beginnt auch mit einem Rückblick auf das, was war. Ein Buch, das auf Erfahrungen fußt, darf die persönlichen Schattenseiten des Autors nicht ausklammern. Ich nehme Sie also ein Stückchen mit auf meine Gewissensforschungsreise.

5.1 Die Sache mit den Hausaufgaben

„Er könnte es wohl – wenn er nur wollte." Diesen Satz hörten meine Eltern von meinem Klassenlehrer in der Hauptschule mehr als einmal. Er beschrieb ein Problem recht treffend: meine Faulheit. Die Zeit in der Schule war aus meiner Sicht schon „schlimm genug". Warum sollte ich dann auch noch nachmittags Hausaufgaben erledigen? Es gab so viele spannendere Dinge als Matheaufgaben, Vokabeln oder Aufsätze. Ich wollte mit den Nachbarjungs bolzen (Fußball spielen), Räuber und Gendarm oder Verstecken spielen, Bogenschießen, aus Ästen und Zweigen einen versteckten Unterschlupf im Wald bauen ...

Doch wie sollte das gehen? Na, ganz einfach – in meiner Kommunikation hatten wir eben keine Hausaufgaben auf, oder „nur ganz wenig". Wenn ich mich recht erinnere, fing diese Phase ungefähr in der fünften, sechsten Klasse an. Erst waren es Ausnahmen, in denen ich „flunkerte". Aber es wurde mehr, und aus den Ausnahmen wurde die Regel. Natürlich flog das auf. Was folgte, ist klar: Einträge ins Klassenbuch, ins Aufgabenbuch, Kontrolle durch meine Mutter, Gegenzeichnen durch die Lehrer, telefonische Abstimmungen. Ein scheinbar perfektes System, aus dem es kein Entrinnen gab ...

Das Lügen hatte nicht geholfen. Ich war nicht nur aufgefallen, sondern hatte sowohl bei meinen Eltern als auch den Lehrern „einen Stempel" auf der Stirn: „faul und verlogen" stand da. Was dann noch folgte, waren – in meinen jugendlichen Augen – drakonische Maßnahmen wie Taschengeldkürzung, Spielverbot mit den Nachbarskindern oder Hausarrest. Meine Reaktion? Trotz. Ich weigerte mich so hartnäckig, Hausaufgaben zu erledigen, dass die Lehrer in jeder Versetzungskonferenz über meine Leistungen diskutierten. Obwohl ich jedes Mal versetzt wurde und keine Ehrenrunde drehen musste, bin ich heute nicht mehr stolz auf dieses Theater. Am Ende „kostete" es mich die Qualifikation für die zehnte Klasse und den direkten Weg zur Fachoberschulreife. Auch wenn dies aufgrund des kurz zuvor geschlossenen Ausbildungsvertrages nicht dem angestrebten Weg entsprach, erst Jahre später sollte ich verstehen und spüren, wie hoch der Preis wirklich war.

5.2 Die Sockentäuschung in der Hose

Mit Beginn der Pubertät, die bei mir so etwa mit 14 einsetzte, war ich Teil einer Clique von Jungs, die sich mehrmals wöchentlich im örtlichen Jugendheim *Alte Dame* trafen, einem ehemaligen Krankenhaus. Dort gab es Gruppenräume, Kicker, Flipper, Tischtennisplatten und sogar eine Disco, in der für uns „Koten" (Synonym für Hosenscheißer) – Jugendliche unter 18 – sonntagnachmittags Platten aufgelegt wurden. Die Mädels waren freilich interessant. Aber über die Fantasie hinaus, wie es wohl wäre, zu knutschen – an mehr war ehrlich nicht zu denken – gingen unsere Vorstellungen anfangs nicht.

Das änderte sich im Laufe der Zeit. Jeder versuchte beim weiblichen Geschlecht Eindruck zu schinden. Die Haare wuchsen schulterlang, wir trugen lässige Jacken und Bluejeans, in deren hinterer Tasche immer eine Bürste (kein Kamm!) steckte. Und vorne? Keine Ahnung, woher das Gefühl kommt oder wie es entstand, dass wir Jungs „mehr in der Hose" haben müssten. Was sich übrigens bei vielen Männern ein Leben lang hält, verbunden mit der Angst, im Bett nicht zu „genügen", also „gut genug" zu sein. Nun, da war ja auch nicht viel, jedenfalls nicht bei mir. Ganz anders – vermeintlich – bei den anderen. Da sah man durch die Jeans, dass sie viel besser „ausgestattet" waren. Da konnte man schon neidisch werden.

Die Erkenntnis, oder besser Offenbarung, ereilte mich dann zufällig auf der Toilette, als einer der Freunde am Urinal plötzlich eine Socke aus seiner Hose zog. Ich muss sehr ungläubig dreingeschaut haben, denn er sagte: „Wieso, machen doch alle!" Ich tat es dann auch. Wie lange ich „einen dritten Socken" trug, weiß ich nicht mehr. Dass ich es tat, löst allerdings mehr das Gefühl von Scham aus als das von Schuld.

5.3 Lügen haben Langzeitwirkung

Zurück zu meinen verleugneten Hausaufgaben. Die hatten nämlich, wie bereits angedeutet, ein längeres „Nachspiel". Die versagte Qualifikation für die zehnte Klasse und damit die Fachoberschulreife spielte für mich damals keine Rolle – dachte ich, hatte ich doch schon einen unterschriebenen Ausbildungsvertrag in der Tasche. Das böse Erwachen kam erst während meiner Wehrdienstzeit bei der Bundeswehr. Die selbst gestellte Frage, was ich in den nächsten 45 Jahren so tun oder „werden" möchte, mündete in der Antwort, dass ich Chef, also Geschäftsführer sein wollte, und zwar einer Raiffeisen-Genossenschaft. Tja, ohne Studium ein langer Weg, und ich war nicht sicher, ob das klappen konnte mit „nur" einer Ausbildung als Basis. Ich hatte einige, aus meiner damaligen Sicht, gute Leute kennengelernt, die wie ich eine Ausbildung als Groß- und Außenhandelskaufmann absolviert hatten, aber nie Chef wurden, sondern immer Angestellte blieben. Das wollte ich auf keinen Fall. So viel war klar.

Um sicher auf das erforderliche Niveau für eine Berufung zum Geschäftsführer zu kommen, war ein Studium wohl Pflicht.

Jetzt – sechs Jahre nach dem Schulabschluss – bekam ich die Quittung für meine Lügen und meine Weigerung, die Hausaufgaben zu erledigen. Ohne die Qualifikation für den Besuch des Gymnasiums gab es nur noch eine Möglichkeit, das Abitur als Studienvoraussetzung zu erreichen – das Abendgymnasium. Natürlich konnte ich noch nicht absehen, was das im richtigen Leben bedeutet. Als ich vier Jahre später, nach zwanzig Schulstunden an fünf Abenden pro Woche plus unzähligen Stunden Hausaufgaben und Pauken mit Leidensgenossen am Wochenende, das Abiturzeugnis am Abendgymnasium in Lippstadt überreicht bekam, hatte ich eines gelernt: Es gibt keine Abkürzung. Und so wie unser Bildungssystem aufgestellt ist, scheinen Hausaufgaben doch sinnvoll zu sein. Ob das wirklich so ist, möchte ich hier nicht diskutieren. Fest steht, dass ich mir durch das Verleugnen beziehungsweise die Weigerung bezüglich der Hausaufgaben den „normalen" schulischen Weg zum Abitur verbaut hatte. Was blieb, war ein härterer Weg. Zwei Jahre Abendrealschule plus zwei Jahre Abendgymnasium. Vier Jahre, in denen praktisch meine gesamte Freizeit aus Lernen bestand. Angemessen? Die Bewertung überlasse ich Ihnen.

5.4   Kreatives Mogeln mit internationalen Pressestimmen

Wir verweilen noch kurz bei der Station Abendschule meiner „Fake-Reise". Auch während meiner acht Semester dort sowie der parallel-laufenden zweiten Ausbildung und Fachschule erlebte und fabrizierte ich Täuschungen, also *Fakes*, die mich bis heute begleiten. Sie erinnern sich bestimmt noch genauso gut wie ich an diese typische Situation während einer Klassenarbeit: Der lange Hals wird länger, im Versuch, beim Tischnachbarn die vermeintlich richtige Lösung für die Aufgabe zu erhaschen. Ich behaupte: Das kennen wir alle. Und ich gestehe: Diesen langen Hals machte ich auch. So lernte ich bei der Zwischenprüfung meiner ersten Ausbildung zum Groß- und Außenhandelskaufmann Bernd kennen, den späteren Mann der Cousine meiner ersten Frau.

Ich meine mich zu erinnern, es wäre im Fachrechnen gewesen, als ich mit kaltem Schweiß auf der Stirn bei einer Aufgabe nicht mehr weiterwusste. Voll Dankbarkeit nahm ich wahr, dass er seinen Antwortbogen so in der Hand hielt, dass ich den Rechengang der Aufgabe – samt Lösungen – lesen und nachvollziehen konnte. Leider hat sich unsere Verbindung im Zuge der vielen *Fake News* meiner Ex-Frau nach der Trennung aufgelöst. Zu diesem Thema erfahren Sie mehr in Kapitel 5.7 – *Väter als Übeltäter und verlorene Vorbilder*.

Spickzettel schreiben und benutzen ist die andere typische Schummelmethode der Schulzeit. Weit mehr „kriminelle Energie" hatte in meinem Fall ein Hemd, das ich gerne und bevorzugt zu Klassenarbeiten und schriftlichen Prüfungen trug. Warum? Es hatte das Design von Zeitungsausschnitten der internationalen Presse. Ja – hier begannen Lug und Trug, und zwar nicht etwa, weil Zeitungsenten abgebildet waren. Sie mögen in der Rückschau darüber schmunzeln: Mit einem Bleistift ließen sich Formeln, Vokabeln, ganze Sätze und Zitate zwischen den gedruckten Zeilen eintragen. Das fiel nicht auf. So spickte ich während den meisten Prüfungen, was das Zeug hielt.

Schande! Natürlich war das nicht in Ordnung, auch, wenn im Nachhinein klar ist, dass ich den Lernstoff bereits durch das Spicken nahezu perfekt aufgearbeitet hatte. Sie kennen das vielleicht: Nachdem Sie das Wissen verschriftlicht haben, ist dann weitgehend alles im Kopf verankert. Ich brauchte während der Klassenarbeiten und Prüfungen oft gar nicht mehr zwischen den Zeilen der Artikel von *New York Times* oder *Guardian* suchen und ablesen ...

5.5 Die verstorbene „Erbtante"

Sie erblickten vor 1965 das Licht der Welt? Dann erinnern Sie sich vielleicht noch an die sogenannte Schneekatastrophe im Winter 1978/79, die weite Teile Norddeutschlands für rund vier Monate unter einer dicken Decke aus Schnee und Eis gefangen hielt –mit Temperaturen bis minus zwanzig Grad. Ein eisiger Sturm hatte zwischen Weihnachten und Neujahr innerhalb weniger Stunden für einen Temperatursturz von circa dreißig Grad gesorgt. Gleich zu Beginn, am zweiten Januar 1979, hatte ich meinen Wehrdienst mit dem Beginn der Grundausbildung bei der Bundeswehr anzutreten.

Durch die Unterstützung des damaligen Jugendamtleiters meiner Heimat- und Garnisonsstadt, der sich wegen meines Engagements in der Jugendarbeit für eine „heimatnahe Verwendung" eingesetzt hatte, betrug mein Weg zur Kaserne keine zehn Kilometer. Das war purer Luxus, nicht nur in Anbetracht der den Straßenverkehr behindernden Schneemassen. Viele Kameraden waren Hunderte von Kilometern entfernt der Heimat stationiert, sodass sie oft nur ein- bis zweimal im Monat nach Hause fahren konnten.

Doch damit nicht genug: Mein Vater wurde plötzlich krank und konnte auf dem elterlichen Hof die durch den vielen Schnee erschwerte Fütterung der Tiere nicht mehr leisten – kommunizierte ich. Meinem Antrag auf „Heimschläfer" wurde deshalb ausnahmsweise schon während der Grundausbildung stattgegeben. Die Nächte, die ich wegen besonderer Übungen in der Kaserne schlafen musste, lassen sich an einer Hand abzählen.

Was für eine dreiste Lüge! Meinem Vater ging es ausgezeichnet.

Selbstverständlich habe ich auf dem Hof geholfen, wie auch meine Geschwister – von einem Notstand, der die Aktion gerechtfertigt hätte, konnte aber keine Rede sein. Ich hatte schlicht keinen Bock auf den Wehrdienst, empfand es als das absolute Maximum, die fünfzehn Monate „Friedensdienst" abzuleisten (zur Erinnerung: Es war noch die Zeit des Kalten Krieges, in der sich in Deutschland NATO und Warschauer Pakt gegenüberstanden). Deshalb war ich nach meinem Selbstverständnis Wehrdienstleistender, kein Kriegsdienstleistender – was viele junge Männer, die damals den Wehrdienst verweigerten, als Argument anführten.

Auch wenn es heute praktisch keine Rolle mehr spielt – schon damals habe ich es als Manipulation empfunden, wenn junge Männer sich als Kriegsdienstverweigerer bezeichneten und damit die Ablehnung des sogenannten Wehrdienstes begründeten. Klar, die verwendeten Begriffe mögen in sich schon manipulativ sein – ich teile aber bis heute die politische Einschätzung, dass eine gewisse „Verteidigungsbereitschaft" erforderlich ist, um Frieden zu wahren. Wie heißt es doch so treffend: „In jedem Land gibt es eine Armee – entweder eine eigene oder eine fremde". Seit dem Einmarsch der russischen Armee in die Ukraine am 24.2.2022 ist wohl jede weitere Begründung dafür hinfällig.

Ich bezeichne mich selbst nach wie vor als Pazifisten, also absolut als „Kriegsgegner", und das ist eben etwas anderes als einen Wehrdienst zu verweigern ...

Was hat das jetzt mit der Erbtante zu tun, die Ihnen die Überschrift verspricht? Die Grundausbildung bildet die Grundlage für die Geschichte.

Zwei Jahre zuvor war mein Vater wegen einer Rückenverletzung für vier Wochen in einer Rehabilitationskur in Bad Neuenahr. Bei diesen Kuren bilden sich bekanntermaßen kleine Gruppen, manchmal auch Beziehungen, die gerne als „Kurschatten" bezeichnet werden. Aber das ist ein gesondertes Thema.

Nun, eine Dame aus der Gruppe, in der mein Vater landete, war die Schwester eines Winzers. Sie organisierte an einem Wochenende auf dem Weingut des Bruders eine Weinprobe, die wohl ziemlich gut ankam. Meinem Vater fielen dabei in dem Probierstübchen des

Weingutes einige Rehgehörne auf. Der darauf angesprochene Winzer zeigte sich prompt als passionierter Jäger und bat meinen Vater vor dem Abschied um seine Adresse, damit er ihn im Herbst zur Treibjagd einladen könne.

Monate später erhielt mein Vater plötzlich und unerwartet eine Einladungskarte zur Jagd, die er zunächst gar nicht zuordnen konnte. Im örtlichen Umfeld lädt man sich üblicherweise mündlich ein, etwa: „Josef, du weißt ja, nächsten Samstag ist bei uns Treibjagd. Zehn Uhr, Treffen bei Sundermann." Eine Einladungskarte war schon etwas Außergewöhnliches, noch dazu aus der Nähe von Bad Kreuznach an der Nahe ...

Es dämmerte: Der Winzer Fritz – ja, der hatte doch eine Einladung angekündigt. Mein Vater fuhr hin und erlebte eine fulminante Jagdgesellschaft. Nicht nur, dass es dort in den Weinbergen scheinbar unendlich viele Hasen und Fasane gab, der Jagdherr und die Gesellschaft präsentierten sich in ausgezeichneter Stimmung, alle waren freundlich und mein Vater fühlte sich sehr wohl, obwohl er zu Tagesbeginn praktisch noch niemanden gekannt hatte. Die Krönung soll jedoch der Abend, das sogenannte Schüsseltreiben, also das gemeinsame Abendessen gewesen sein. Vaters Berichten zufolge wurde kein Bier angeboten, sondern ausschließlich der gute Wein des Winzers. Die leeren Flaschen blieben nach der Mahlzeit auf den Tischen, bis kaum noch Platz für Gläser und volle Flaschen blieb. Jagd- und Volkslieder wurden in Begleitung eines Schifferklaviers viel und laut gesungen, Witze und Geschichten erzählt sowie ein Jagdgericht abgehalten, wie es mein Vater nicht für möglich gehalten hatte. Alles hörte sich für mich so stimmig und reizvoll an, dass ich es gern selbst erlebt hätte.

Nun war der Fritz – der leider viel zu früh das Zeitliche segnete – ein echter Gesellschafter. Einmal in Kontakt, verstand er es, die Verbindungen übers Jahr zu pflegen und zwanglos „so ganz nebenbei" seine köstlichen Tropfen zu vermarkten. So erfuhr er bei einem gelegentlichen Telefonat mit meinem Vater, dass dessen Ältester gerade die Jägerprüfung bestanden hat. Seiner Einstellung und Logik folgend lud Fritz für das erste Januarwochenende des kommenden Jahres Vater und Sohn zur Jagd nach Hüffelsheim ein.

So ein Mist! So eine tolle Jagdeinladung, aber ich war gerade zur Grundausbildung eingezogen worden. Dabei ist man – zumindest kann ich das für mich sagen – als „Jungjäger" schon auch darauf erpicht, Gelegenheiten zu erhalten und zu nutzen, sprich: zu jagen. Ich war heiß. Ich wollte meinen Vater unbedingt begleiten. Nur wie? Welche Gründe mochte es geben, das erste Wochenende bei der Bundeswehr – oder zumindest den Samstag – vom Dienst befreit zu werden?

Sie haben eine Idee? Gut. Ich hatte auch eine. Die Beerdigung einer nahestehenden, verwandten Person. Das konnte die Lösung sein. Aber Vorsicht – zu nah und zu prominent durfte sie auch nicht sein, sonst stünde ja die Annonce in der Zeitung. Also etwas entfernt und nicht ganz so nah verwandt?

Im Jahr zuvor hatte ich als Vorsitzender einer Jugendorganisation anlässlich eines Jubiläums eine Festschrift zu organisieren, die in einer Druckerei der Garnisonsstadt gedruckt wurde – damals noch mit Bleisatz. Dabei lernte ich den Sohn und Nachfolger des Inhabers näher kennen. Ihm konnte ich vertrauen und so fragte ich ihn, ob er für mich eine Trauerkarte drucken könne. Wer gestorben sei, wollte er wissen. Nach kurzer Schilderung der Situation schlug er ein und hatte ebenso viel Spaß an der Aktion wie ich. Wir entwarfen eine Trauerkarte, wie sie „echter" nicht hätte sein können. Für Elisabeth Imming, geborene Soundso (so hieß meine Großmutter väterlicherseits), Beerdigung am kommenden Samstag, zehn Uhr morgens.

Frohen Mutes verließ ich die Druckerei mittwochs abends – als Heimschläfer hatte ich die Kaserne um 17 Uhr verlassen – und fuhr mit fünf Exemplaren der Karte nach Hause.

Am nächsten Morgen meldete ich mich mit todtrauriger Miene (gehört Schauspielerei eigentlich auch zu „Täuschen"?) bei meinem Zugführer und fragte ihn anlässlich des traurigen Ereignisses, ob es wohl möglich sei, an der Beerdigung teilzunehmen. Nach einigen Sekunden Bedenken entschied er, dass ich von Freitagabend bis Montagmorgen frei hätte. Es hatte geklappt! Als ich mich freitagabends abmeldete, befahl er: „Und am Montag legen Sie mir unaufgefordert eine Kopie der Sterbeurkunde ihrer Tante vor!" Meine spontane Antwort: „Jawoll, Herr Oberleutnant." – mit einem mulmigen Gefühl in der Magengrube.

Die Jagd war sensationell. Genau wie mein Vater beschrieben hatte. Obendrein war mir die Jagdgöttin Diana hold und bescherte mir ein sprichwörtliches Jungjägerglück, in dessen Folge ich zusammen mit einem 88-jährigen pensionierten Kriminalrat die Ehre des Jagdkönigs teilen durfte. Zugegeben – trotz der vielen neuen und beeindruckenden Erfahrungen erlebte ich das Wochenende nicht wirklich unbeschwert. Zwischendurch meldete sich immer mal mein schlechtes Gewissen – war ich doch nur hier, weil ich gelogen und Urkundenfälschung betrieben hatte.

Auch wenn am Ende alles „glatt lief", so hält sich das „mulmige Gefühl" in meinem Bauch bis heute. Donnerstags sprach mich der Zugführer an: „Schütze Deitermann, ich bekomme noch etwas von Ihnen", woraufhin ich ihn fragend anblickte, obwohl ich genau wusste, um was es ging. „Na, wegen Ihrer Tante." „Ach so, habe ich am Montag schon im Geschäftszimmer abgegeben." Da war sie, die nächste Lüge. Seine Reaktion? „Na, dann ist ja gut."

Mit Fritz, dem Winzer und Jagdgastgeber, entwickelte sich eine innige, väterliche Freundschaft, die bis zu seinem Tode anhielt und für die ich ehrlich dankbar bin. Dennoch – das wäre auch ein Jahr später mit höchster Wahrscheinlichkeit so gewesen, und vielleicht hätte ich dann alles unbeschwert genießen können – ohne eine gefälschte Trauerkarte „im Nacken".

5.6   Versicherungsbetrug – von Hase und Steinschlag

Es gibt da noch einen Sachverhalt, der juristisch längst verjährt ist, aber bei mir im Kopf noch äußerst präsent: Meine Mutter hatte vor vielen Jahren großes Glück, als sie mit ihrem PKW von der Straße abkam und durch einen Graben und den angrenzenden Weidezaun „flog". Sie konnte sich unverletzt aus dem Auto befreien, das damals zwar schon mit Sicherheitsgurten, nicht aber mit Airbags oder anderen Schutzsystemen ausgestattet war. Sie war völlig aufgelöst, als sie anrief und erklärte, sie wisse nicht, warum ihr „schwarz vor Augen" geworden sei, wodurch sie den Unfall verursacht habe. Der Bauer hatte die Polizei nicht angerufen, da das Auto auf seiner Wiese, direkt neben dem Bauernhof lag und weder Verkehr noch öffentliche Gegenstände beeinträchtigt waren.

Bei eigenem Verschulden kam auch keine Versicherung für den Schaden auf. Folgender Gedanke schoss mir in den Kopf: Was, wenn es ein Wildunfall war? Das Ereignis liegt rund vierzig Jahre zurück und geschah im Frühjahr, also etwa im April, zu einer Zeit, in der die Felder auf den Bauernhöfen für die Aussaat von Mais bestellt werden. Mir fiel ein: Auf einem unserer Felder lag doch ein verendeter Hase, oder besser gesagt das, was Fuchs und Krähen von ihm übriggelassen hatten. Die Stelle war leicht zu finden und der „Balg" wurde auf dem schnellsten Wege zur Unfallstelle gebracht. Einige Haare an die Stoßstange, einige an das Lenkgestänge – jetzt konnte der Versicherungsvertreter kommen. Selbst auch Jäger, erkannte er die Haare des Mümmelmanns sofort und fotografierte sie als Beleg und Indiz für einen Wildunfall, den die Versicherung diskussionslos übernahm ...

Soweit die Angelegenheit, die zweifellos nicht okay ist, auch wenn sie im juristischen Kontext nach zehn oder zwanzig Jahren als verjährt gilt. Warum bleiben solche Ereignisse auf ewig, also praktisch bis zu unserem Sterbetag, in unserem Gedächtnis, während andere, oft viel schönere Erlebnisse, verblassen oder ganz vergessen werden? Sicher kann ich hier keine allgemeingültige Erklärung liefern, sondern nur eine individuelle: Bei mir ist es so, dass ich mich sogar noch an eine Situation als etwa 10-Jähriger erinnere, in der ich beim Räuber-und-Gendarm-Spiel das Messer eines Freundes (das ich toll fand und am liebsten behalten hätte) versteckte und erst Stunden später „rein zufällig" wieder entdeckte, weil mich mein schlechtes Gewissen quälte und der hundertfach gehörte Spruch meiner Großmutter nachwirkte: „Unrecht Gut gedeihet nicht."

Der verschwiegene Steinschlag

Bei meiner „Gewissenserforschung" erinnere ich mich an eine Situation, die noch gar nicht so lange her ist. Wir bleiben beim PKW. Jetzt geht es um den Verkauf. Bei der Probefahrt fiel einem Interessenten auf, dass die Windschutzscheibe einen zwar winzigen, aber dennoch existierenden Steinschlag hatte. Nach seiner mündlichen Kaufzusage hatte er sich nicht wieder gemeldet, sodass kurze Zeit später eine interessierte Familie das Auto ebenfalls zur Probe fuhr. Dabei soll es nicht als Entschuldigung angeführt sein, dass ich wegen einer auswärtigen Verpflichtung nicht anwesend war und meine Frau mit den Interessenten sprach. Sie bemerkten den Steinschlag nicht, und ich offenbarte ihn im Laufe der weiteren Kommunikation nicht. Das ist die Wahrheit. Selbst unter der Annahme, dass die Kaskoversicherung des Käufers, der übrigens heute mit dem Auto sehr, sehr glücklich ist, die Behebung des Schadens übernahm, bleibt bei mir das „flaue Gefühl", nicht korrekt gehandelt zu haben.

Das machen doch alle ...

Dieser Gedanke kommt bei Ihnen vielleicht auf?

Jeder, der schon einmal ein gebrauchtes Auto gekauft oder verkauft hat, kann hier seine eigenen Erfahrungen spiegeln: Ja, praktisch immer gibt es kleine (wenn man Glück hat) oder größere Mängel (wenn man Pech hat oder keine Ahnung), die bei der Wertermittlung zu berücksichtigen sind. Und die passenden Sprüche, zum Beispiel „Augen auf oder Portemonnaie auf", die kennt auch fast jeder. Aber ist es nicht so, dass die meisten Menschen zunächst einmal davon ausgehen, oder sich zumindest aus ihrem Selbstverständnis wünschen, dass ehrlich gehandelt wird? Wäre das Leben nicht um ein gutes Stück leichter, müsste man nicht an jeder Ecke und in vielen Situationen das Schlechte, das Unechte, die Lüge und Täuschung vermuten?

5.7 Väter als Übeltäter und verlorene Vorbilder

Meine Tochter war etwa drei Jahre alt, als wir im Sommer ein Wochenende ohne Mama auf dem Bauernhof eines Freundes verbrachten. Rita war ein aufgewecktes Mädchen und schon sehr früh „sauber", brauchte also zu der Zeit schon keine Windeln mehr. Umso überraschter war ich, als sie sich so doll „in die Hose gemacht" hatte, dass die Exkremente aus ihrer kurzen Hose hervorquollen und an den Beinen bis zu den Gummistiefeln herunterliefen.

Kurzerhand benutzte ich einen Gartenschlauch, um nicht nur Hose und Stiefel, sondern auch ihren Po vom Gröbsten zu reinigen. Natürlich fand sie das kalte Wasser an ihrem Po nicht toll. Und ja, sie hat geheult und protestiert! Das Ganze dauerte keine fünf Minuten; anschließend hatte sie eine trockene „Buxe" an. Ich hätte mich kaum an die Geschichte erinnert – wenn sie nicht nach meiner Trennung von Ritas Mutter als Beleg für meine Grausamkeit die Runde gemacht hätte. Freunde berichteten mir davon, und tatsächlich ist es der einzige mir bekannte Vorwurf, der mir bezüglich meiner Tochter entgegenbracht wurde – und das, obwohl sie sich selbst nicht daran erinnern kann.

Die Mutter von Rita erfuhr am Sonntag bei der Rückkehr aus dem Wochenende von der Aktion; wahrscheinlich erzählten Rita und ich das Erlebnis sogar gemeinsam, da wir – und der gereinigte Hosenschiss zählte nun mal dazu – ein tolles Wochenende zusammen erlebt hatten. Doch wo ist nun der Punkt, der die wahre Begebenheit als *Fake* interessant macht? Es ist der Kontext, in dem sie erzählt wurde. So wie manchmal nur ein Teil oder Ausschnitt eines Sachverhaltes erzählt wird und dadurch ein falscher Eindruck erzeugt wird, kann auch eine unzutreffende Wirkung erzeugt werden, indem die gleiche Story in einem völlig anderen Zusammenhang geschildert wird.

Vielen Vätern wird übel mitgespielt, wenn sie sich von den Müttern ihrer Kinder trennen. Eine der beliebtesten Reaktionen ist der Kindesentzug. In der Konsequenz sehen die Väter ihre Kinder nicht mehr, obwohl beide – Väter und Kinder – das wollen. Um das im Freundes- und Bekanntenkreis sowie bei den lieben Verwandten zu rechtfertigen, müssen passende „Begründungen" her, im besten Fall welche, die „ganz objektiv" belegen, dass die Kinder besser ohne den Vater aufwachsen.

Bei mir war es also diese „Kindesmisshandlung", dazu kamen nach der Trennung Erzählungen über angebliche Freundinnen, sexuelle Eskapaden und Seitensprünge sowie das Synonym „Herr Nie-da", die alle zusammengenommen die weit verbreitete und oft wiederholte These „Lieber keinen Vater als einen schlechten Vater" belegen sollten.

„Opa non grata"
Das wäre alles nicht so tragisch, würden solche Situationen sich nur auf das betroffene Elternteil, also in dem Fall *mich*, auswirken und

hätten diese „Erzählungen" nicht ebenfalls eine fast unglaubliche Langzeitwirkung auf die Kinder. Seit meiner Trennung von Ritas Mutter im März 2004 sind fast 20 Jahre vergangen. In diesen 20 Jahren habe ich Rita keine zwanzig Stunden gesehen. Über die Mechanismen des sogenannten Loyalitätskonfliktes wurde bereits viel geforscht und geschrieben – sie sind bekannt und klar nachvollziehbar. Meistens sind es die Mütter, die die Kinder subversiv gegen die Väter einstellen und so als Waffe gegen den ehemaligen Partner oder Ehemann „missbrauchen".

Dabei stellen sie sich selbst meist konsequent als Opfer dar, sodass die Kinder das Gefühl haben, sie dürfen oder können einerseits „Mama nicht im Stich lassen" und andererseits nicht dadurch verraten, dass sie Kontakt mit dem Erzfeind der Mutter haben. Dieser *Fake* geht so weit, dass die Kinder neue, tolle Handys bekommen, zufällig mit neuen SIM-Karten, auf denen die Nummer des Vaters nicht gespeichert ist und deren Nummer der Vater nicht kennt. Den Kindern wird erzählt, dass Papa wahrscheinlich viel zu tun habe und sich deshalb nicht melden könne ...

Ich beziehe mich hier auf den gut gemachten, eindringlichen Film *Weil du mir gehörst*, der 2019 erstmalig im ARD-Fernsehen ausgestrahlt wurde. Zu den Zeitpunkten, an denen der Vater im Film sein Kind zu den gemeinsamen Wochenenden (bei uns war das freitags, 15 Uhr) abholen will, ist niemand zuhause. Zwar wackelt die Gardine der Nachbarin, die geht aber nicht an die Tür – obwohl doch bis vor Kurzem ein gutes Verhältnis bestand. Nun kann der Vater dort stehen, bis er Wurzeln schlägt. Später wird es beim Familiengericht heißen, der Vater hätte die Besuchszeiten nicht eingehalten und sein Kind – wahrscheinlich aus Desinteresse – nicht abgeholt ... So werden gefakte Storys – mit Langzeitwirkung – inszeniert. Sie denken jetzt vielleicht: Naja, so schlimm wird das schon nicht sein ... Dann empfehle ich Ihnen, sich die Zeit für den erwähnten Film zu nehmen, den Sie in den Mediatheken von ARD und ZDF sehen können.

„Das Phänomen ist bittere Realität und hat einen Namen, nämlich *PAS*, *Parental Alienation Syndrome*, ein Thema von höchster Relevanz und Aktualität". So lautet eine Filmkritik der Biberacher Filmfestspiele.

Rein „zufällig" kann ich einige eigene Erfahrungen beitragen. Stellen Sie sich vor, ihre Tochter heiratet – und Sie sind als Vater (oder Mutter) nicht eingeladen. Wie fühlt sich das für Sie an? Ein Jahr später werden Sie von ihrer Tochter zum Opa (oder zur Oma) gemacht (je nachdem, ob es ein Junge oder Mädchen ist – nein, Spaß beiseite) und erfahren davon über Dritte. Und Sie dürfen weder ihre Tochter noch ihre Enkelin sehen. Sie sind „Opa (oder Oma) non grata". Fühlt sich nicht gut an, oder?

Aus meiner Sicht und Erfahrung ist es „seelische Grausamkeit" – sowohl gegen den Vater (kann natürlich auch umgekehrt für die Mutter so sein) als auch gegen die Kinder, die noch dazu in höchstem Maße „psychisch missbraucht" werden. Dass diese durch niedrigste Motive, nämlich oft Egoismus in ausgeprägtester Form, gesteuert werden, macht es nicht besser. Lügen und Täuschungen (meine) wurden mit noch stärkeren Lügen und Täuschungen (der Mutter) beantwortet – ohne Rücksicht auf das Wohl der Kinder oder gar das eigene (des die Kinder „entziehenden" Elternteils, hier der Mutter).

Oft geht es in einer solchen Entwicklung dann nur noch um Rache und Zerstörung. Selbst die Zerstörung, die Täterin oder Täter sich hier selbst zufügen, wird nicht mehr wahrgenommen. Und wenn, dann passt sie perfekt in das Schema der Opferrolle. „Er hat mein Leben zerstört." Das trifft es übrigens, was meine Tochter laut den wenigen Informationen, die ich über Dritte erhalten habe, denkt. Ich hätte das Leben ihrer Mutter zerstört ...

Nur, um hier Missverständnisse zu vermeiden: Es geht ihr offensichtlich und auch nach objektiven Kriterien gut. Zweifellos habe ich in meiner ersten Ehe viele Fehler gemacht (in der zweiten auch, aber andere) und trage einen großen Teil der Verantwortung für das Scheitern. Da beißt die Maus keinen Faden ab. Aber kann das, was zwischen der Mutter unserer Kinder und mir schiefgelaufen ist, jemals als Rechtfertigung dafür gelten, den Kindern den Vater zu entziehen?

Wenn auch der Eindruck entstehen mag, ich würde hier versuchen, Ihre Tränendrüse zu strapazieren, es geht bei dieser Schilderung weniger um meine eigenen Erlebnisse als vielmehr um das Schicksal zigtausender Kinder und meist einem leidenden Elternteil, die oft den Rest ihres Lebens unter dem Schmerz von Trennungen leiden – und deren Entstehung im Grunde in Motiven wie Missgunst, Eifersucht, Neid und manchmal sogar Hass begründet liegt.

All diese Schmerzen und Leiden wären oder sind nicht erforderlich, wenn sich die Eltern auf ihre Verantwortung gegenüber den Kindern, und auch den Ex-Partnern und sich selbst im Sinne der Liebe und Selbstliebe besinnen würden.

Gibt es dazu Alternativen? Ganz klar: JA! In den Niederlanden sind Eltern, die sich trennen, per Gesetz verpflichtet, ihren Wohnsitz in der Nähe der Kinder zu behalten und im wöchentlichen Rhythmus für die Kinder präsent zu sein. Ein Kindesentzug ist dort seitens des Gesetzgebers praktisch ausgeschlossen. In unserem Nachbarland können Jugendämter, Familiengerichte und Familienministerien gute und bewährte Lösungen schnell und wirksam umsetzen. Und für die Betroffenen hierzulande? Leider sehr wenig.

Naturgemäß habe ich keine Ahnung, wie es meiner Tochter inzwischen damit geht. Was ich wahrnehme, und das ist verständlich, ist: Ausblenden und Verdrängen. Mir hat die in Kapitel 9.5 beschriebene Vergebungsarbeit sehr geholfen. Indem ich der Mutter meiner Kinder, und auch mir selbst, alle Missetaten vergeben habe (was sich hier vielleicht einfach liest, war ein langer, intensiver und auch emotional herausfordernder Prozess), spüre ich seit langem weder Groll noch Schmerz, wenn ich an die Situation und an die Vergangenheit denke. Vorher tat das Schreiben jeder Nachricht weh; heute ist es auch deshalb nicht mehr schmerzhaft, weil keine Hoffnung mehr enttäuscht werden kann. Meine Tochter weiß, dass ich sie liebe und dass ich gerne mit ihr und ihrer Familie Kontakt hätte. Es gibt kein „Muss" mehr, nur noch ein „Kann".

5.8 Manipulation als gerechte Strafe?

Was die eigenen Vorstellungen anging, so habe ich es leider in einigen Fällen mit der Wahrheit nicht ganz so genau genommen – und mich damit teilweise sogar noch im Recht gefühlt. Springen wir zurück in die Zeit meiner beruflichen Wurzeln. Diese liegen im Landhandel, in dem ich sowohl die Ausbildung zum Kaufmann im Groß- und Außenhandel als auch eine fachliche Zusatzausbildung als Agrarökonom absolvierte.

Jeder, der mit Kundinnen und Kunden zu tun hat, kennt das wohl: Es gibt Menschen, mit denen man gerne zusammenarbeitet. Andere wiederum haben immer etwas zu meckern, sind weniger kommunikativ oder kooperativ, wissen immer alles besser oder noch schlimmer, versuchen zu betrügen. Weil sie uns also „auf den Zacken gehen", also nervig erscheinen, stehen wir diesen Menschen auch nicht besonders wohlwollend gegenüber. Das ist wohl bei allen Bevölkerungsgruppen ähnlich ausgeprägt, so auch bei meinen Kunden im Landhandel, bei dem viel „lose Ware", vor allem Getreide, Futter- und Düngemittel, gehandelt, angeliefert und abtransportiert wurde. Zur Feststellung der geladenen Mengen diente eine Brückenwaage, auf der die LKW sowie Zugmaschinen und Anhänger voll und leer gewogen wurden.

Sie müssen weder Hellseher noch Rechengenie sein, um zu erkennen, dass versucht wird, gezielt zu manipulieren, wenn der Fahrer mit seinen, sagen wir mal, neunzig Kilogramm Körpergewicht bei der Leerwiegung auf der Zugmaschine sitzen bleibt und bei der Vollwiegung absteigt und ins Büro kommt. Nein, das war und ist keine „Bauernschläue", kein Kavaliersdelikt, sondern der bewusste, also vorsätzliche Versuch der Manipulation, der Täuschung und des Betruges. Und ich wette, das kommt auch heute noch an fast allen Waagestellen täglich vor.

Aber war ich „besser"? Nein. Damals funktionierten die Waagen noch mechanisch, das heißt, die Gewichte an dem Wiegebalken wurden so lange von Hand verschoben, bis sich das Messgewicht des Wiegebalkens mit dem gewogenen Zug „die Waage hielt", also exakt ausgeglichen war. Wir prüften das mit Daumen und Zeigefinger, die die beiden sprichwörtlichen „Zünglein an der Waage" in Ruhe hielten. Wenn sie sich beim Loslassen nicht bewegten, war die Wägung perfekt.

Nun bedurfte es jedoch nicht viel Geschick, dem Zünglein des Wiegebalkens beim Loslassen noch einen kleinen Impuls nach unten oder oben zu geben. Dann sah es so aus, als bewege sich der Wiegebalken nur minimal vor dem Arretieren, als befände er sich also quasi in ausgeglichener Ruhestellung.

Dieser kleine Impuls entsprach circa zehn Kilogramm Gewicht auf der Waage, und ich wandte ihn fast immer an, wenn ich den Fahrer zuvor bitten musste, doch die Waage zu verlassen, um nur das leere oder beladene Fahrzeug zu wiegen. Obwohl das zweifelsohne auch Manipulation war, empfand ich es als „gerecht", die kleine Strafe von zehn – und manchmal auch zwanzig Kilogramm – zu verhängen, die, je nachdem, was geladen wurde, einen Wert etwa zwischen fünf und zehn Euro ausmachte.

Und noch schlimmer – die gleiche Methode wandte ich auch bei notorischen „Stinkstiefeln" an. Es war meine Art, mich für ihre Unfreundlichkeit zu „bedanken". Inzwischen ist das über vierzig Jahre her und juristisch betrachtet mehrfach verjährt. Trotzdem hält mein Gedächtnis daran fest, und ich empfinde die Scham, die ich mir bei einem Pharisäer vorstelle, der Wasser predigt und Wein trinkt.

5.9 Falsches Zeugnis geben

Ja, Sie lesen richtig – ich habe auch falsche Zeugnisse ausgestellt. Und zwar so: Wenn sich Unternehmen und Mitarbeitende trennen – was ganz normal ist, weshalb ich das schon in der Bewerbungsphase anspreche – ist damit in der Regel ein Arbeitszeugnis verbunden. Sehr oft hätte ich gerne „Klartext" in diese Zeugnisse geschrieben, sowohl positive als auch negative Leistungen betreffend. In der Praxis ist das aber schwer umsetzbar, hat sich doch über Jahrzehnte eine Standardisierung von Formulierungen ausgebildet, die heute bereits viele Schülerinnen, Schüler oder Studierende kennen, bevor sie ins Berufsleben eintreten. Das an sich wäre nicht tragisch. Fatal ist die Rechtsprechung der allermeisten Arbeitsgerichte, die besagt, dass in einem Arbeitszeugnis keine „negativen" Aussagen stehen dürfen, die für den Arbeitnehmer oder die Arbeitnehmerin zu Nachteilen führen könnten.

Es ist also völlig egal, ob der Mitarbeitende sich beispielsweise unpünktlich, ungenau, unehrlich, unzuverlässig, unordentlich oder in einer sonstigen Form unakzeptabel verhalten hat oder seine Ergebnisse entsprechend waren.

Geschrieben werden darf so etwas nicht. Alles muss positiv formuliert sein, selbst wenn es nicht wahr ist. Das führt dann zu witzigen Beschreibungen wie „Er/Sie war im Kollegenkreis sehr kommunikativ", was „übersetzt" bedeutet: „Er/Sie ist eine Quatschtante, der/die andere von der Arbeit abhält." Oder auch „Er/Sie war stets um Leistung bemüht." Dass die Person damit nicht erfolgreich war, bleibt zwar unbeschrieben, wird jedoch dem Eingeweihten durchaus bewusst. Fragt sich also, warum Arbeitsgerichte, also jene Institutionen, die wie keine anderen der Wahrheitsfindung verpflichtet sein sollten, diese nicht auch entsprechend fördern. Zu ihrer Entlastung sei gesagt, dass sich hier die Wahrheit nicht so leicht und schon gar nicht objektiv darstellen lässt, stehen doch in der Regel zwei Aussagen gegeneinander und lassen sich selbst mit Unterstützung einer Vielzahl von Zeugen nicht ausreichend objektivieren. Dennoch ist es für Arbeitgeber frustrierend, die Unterschrift unter Formulierungen setzen zu müssen, deren Inhalte eben nicht dem entsprechen, was sie vermitteln.

Was noch in die Kategorie Urkundenfälschung fällt, ist das „Rückdatieren" von Protokollen, Beschlüssen, Steuererklärungen und ähnlichen Dokumenten, die – aus welchen Gründen auch immer – nicht fristgerecht erstellt, jedoch durch das bereits zurückliegende Datum auf wundersame Weise dennoch „pünktlich" fertig wurden. Sie sehen, auch hier bin ich kein Unschuldslamm.

6   Vertrauen gewinnt: prägende Startphase ins Unternehmertum

6.1   Brennendes Verlangen, Initiative, Vertrauen

Neun Monate in den USA haben mein Leben verändert. Als ich 1984 zurück in meine Heimat kam, war der Kirchturm nicht mehr so hoch. Aus den drei geplanten Monaten, die ich als Belohnung für mich selbst zum Abitur organisiert hatte, nach vier Jahren Abendgymnasium und parallel dazu Abschluss einer zweiten Ausbildung sowie einer zweijährigen Fachschule, wurde ein Dreivierteljahr – durch die Initiative meines Chefs und Gastvaters.

Zugegeben, mein Amerikabild war geprägt von den Fernsehserien der 1960er und 70er Jahre. *Lassie, Fury, Flipper, Bonanza, Rauchende Colts* in den Kindertagen und *Die Leute von der Shiloh Ranch*. Dazu kamen dann unter anderem *Hawaii Five-0, Detektiv Rockford, Die Straßen von San Francisco, Starsky & Hutch, Drei Engel für Charlie, Cannon, Magnum, Baywatch, Dallas* und *Raumschiff Enterprise, Colombo* und *Kojak*, die seinerzeit berühmteste Glatze der Welt.

Es waren weniger bestimmte Filme, Darsteller oder Serien, die mich faszinierten, sondern mehr der Eindruck, der Amerika als das Land der Freiheit und unbegrenzten Möglichkeiten darstellt. Dieses Land und die Menschen dort wollte ich sehen, kennen und verstehen lernen. Als „Landei" auf einem Bauernhof aufgewachsen und beruflich im Landhandel engagiert, lag es nahe, über diese fachliche Brücke einen Weg in die USA zu finden. Voller Vorfreude erfuhr ich 1981 von der Ausschreibung eines Stipendiums der Carl Duisberg Gesellschaft für ein volles Jahr in den USA, für das meine Qualifikationen wie die Faust aufs Auge passten.

Zusätzlich zu schulischen und fachlichen Voraussetzungen war ehrenamtliches Engagement erwünscht, das ich ebenfalls mitbrachte. Die Auswahl des Stipendiaten erfolgte durch die Landwirtschaftskammer in Münster, an die auch die Bewerbung zu richten war, die ich voller Hoffnung einreichte. Kurze Zeit nach Ablauf der Bewerbungsfrist erhielt ich die Nachricht, dass es zwei Bewerber für den Auslandsaufenthalt gab. Der zuständige Mitarbeiter lud zu einem persönlichen Gespräch ein und spielte mit offenen Karten: Der andere Bewerber war Christoph aus Telgte im Kreis Warendorf. Wir kannten uns gut, waren jeweils Kreisvorsitzende der gleichen Jugendorganisation, hatten vergleichbare Ausbildungen bzw. Werdegänge. Er hatte Zivildienst geleistet, ich war für 15 Monate Wehrdienstleistender. Am Ende traf der Kammerbeamte eine salomonische Entscheidung. Da es nur ein Stipendium gab und beide Bewerber vergleichbare Voraussetzungen mitbrachten, erhielten beide eine Absage.

Klar war das zunächst enttäuschend, hatte ich mir doch schon ausgemalt, wie dieses Jahr verlaufen und was ich alles sehen und lernen würde. Die Bewerbung, die Gespräche und das Hoffen auf die Zusage haben meine Vorfreude und den Wunsch, in das amerikanische Leben einzutauchen, natürlich befeuert und entsprechend gesteigert. Auch dass durch die CDG nicht nur die Kosten übernommen, sondern sogar ein Taschengeld zur Verfügung gestellt wurde, war zweifelsfrei ein sehr attraktiver Aspekt, hätte ich doch die rund zehntausend Euro, die der Spaß wohl gekostet hätte, zu der Zeit nicht selbst aufbringen können. Aber es sollte nicht sein. Frei nach dem Motto „aufgeschoben ist nicht aufgehoben" wurde der Traum vorläufig „auf Eis gelegt".

Manchmal ist eben die Zeit noch nicht reif für die Dinge, die man sich wünscht. Andererseits glaube ich nicht an Zufälle, sondern vielmehr an die Definition, dass einem „die Dinge zufallen, wenn sie fällig sind".

Der Weg über die USA ins Unternehmertum

Zwei Jahre später kam meine Chance. Eine Lehrerin an der Fachschule, die ich in Soest besuchte, erzählte im Unterricht von ihren Erfahrungen, die sie im Rahmen eines Praktikums in den USA gesammelt hatte. Schnell bemerkte sie mein Interesse an ihren Erlebnissen. Ich wollte möglichst viel von ihr erfahren, über die Familie und die Farm, auf der sie dort gelebt hatte. Von den Menschen wollte ich mehr wissen, den Umgangsformen, den sprachlichen Herausforderungen, dem Leben dort in den Staaten, den Arbeitsbedingungen, der Technik, die sie vorfand, den Unterschieden zu Deutschland. Und: ob sie sich vorstellen könne, für mich eine Verbindung herzustellen.

Zu meiner Überraschung sprach sie eine Einladung in ihre Wohnung aus, die ich zu gerne annahm und wir verbrachten viel Zeit miteinander, die sich nicht nur auf das Anschauen von Fotos und Dias beschränkte und an die ich gerne und mit pulserhöhenden Erinnerungen zurückdenke. Und sie tat es tatsächlich. Margret schrieb einen Brief an ihre Gastfamilie in Illinois, in dem sie fragte, ob die Familie bereit wäre, einen Schüler von ihr für einen dreimonatigen Aufenthalt zu vermitteln.

Vermitteln in eine andere Familie, warum? Die Erfahrungen, die sie in ihrer Gastfamilie sammeln durfte, waren doch ausgezeichnet? Stimmt. Die Sache hatte nur einen Haken. Die Tantons hatten Milchkühe auf ihrer Farm, und Kühe waren so gar nicht meine Sache. Sie müssen keine Agrarexperten sein, um zu wissen: „Eine Kuh macht Muh, viele Kühe machen Mühe"; aber das war es nicht. Ich liebe Tiere aller Art und habe großen Respekt vor der Vielfalt der Schöpfung, in der jede Spezies ihren Platz, ihre Funktion und ihre Daseinsberechtigung hat – auch wenn wir Menschen sie nur schwer erkennen oder verstehen können, was uns vom Thema entführt.

Für mich sind Kühe einfach langweilig. Ich rieche sie nicht gern und konnte mich aus verschiedenen Gründen nie richtig mit ihnen anfreunden. Drei Monate auf einer Milchviehfarm – das war nicht mein Traum von Amerika. Schweine dagegen ... ja, eine Farm mit einer Sauenherde, die würde mich schon eher interessieren. Vielleicht liegt es daran, dass Schweine dem Menschen so ähnlich sind. Sie wundern sich oder lachen gar? Gut so! Nehmen wir uns in einem kleinen Exkurs zu dieser liebenswerten Spezies zunächst nur den Körperbau und die Organe vor: Praktisch alles im Schwein ist identisch mit dem Menschen.

Das Skelett, mal abgesehen von vier Klauen beim Schwein im Vergleich zu fünf Zehen oder Fingern beim Menschen, ist praktisch identisch. Kniescheibe, Schulterblatt, Elle und Speiche, Brustkorb, Rippen – alles vergleichbar. Wie auch die inneren Organe. Herz, Lunge, Leber – einschließlich Gallenblase – Nieren und Bauchspeicheldrüse; sogar der Zwölffingerdarm ist zu einhundert Prozent vergleichbar, und Herzklappen von Schweinen werden schon heute im Zuge sogenannter Xenotransplantationen als mögliche Alternative zu mechanischen verwendet. Dabei bearbeiten Mediziner jedoch die Herzklappen so, dass sie kein Antigen an der Oberfläche tragen, das als fremd erkannt werden könnte.

Es gäbe noch viel über diese faszinierenden Tiere zu berichten, vor allem im Vergleich zu Kühen, die dagegen auf mich so langweilig wirken. Wenn also schon eine Farm mit Tieren, dann doch bitteschön mit Borstentieren – falls möglich. Im Rückblick ist es kaum noch vorstellbar, dass es vor der Verbreitung des Internets mit E-Mails Wochen dauerte, bis die Antwort per Luftpost auf einen ebenso verschickten Brief eintraf. Aber sie kam. Family Tanton hatte Kontakt mit Family Johnson aufgenommen und die wiederum hatte Interesse, den interessierten jungen Mann für einige Wochen als *Exchange Student* aufzunehmen.

In Windeseile war die „Bewerbung" auf „Luftpostpapier" geschrieben und nach Illinois verschickt, frankiert mit für mich damals horrendem Porto – ich bin gar nicht sicher, ob das heute noch angeboten wird. Wieder vergingen einige Wochen, bevor die Antwort eintraf – diesmal mit der konkreten Einladung. Randy, mein Gastvater, lud mich ein, in seinem Haus mit Frau und zwei Kindern zu wohnen und auf der Farm die Sauenherde zu betreuen, während er und sein Schwiegervater mit der Errichtung einer neuen Maschinenhalle zu tun hätten. Ich solle noch schreiben, an welchem Tag und mit welchem Flug ich am O'Hare International Airport in Chicago ankäme. Ein Brief hin, und einer zurück. So einfach es klingt, so aufregend war es.

Der Flug von Brüssel verlief reibungslos. Wir trafen uns am Ausgang, an dem uns die ganze Familie erwartete, gekennzeichnet durch ein mit dem Namen der Familie beschriftetes Pappschild. Die etwa drei Stunden dauernde Fahrt offenbarte eine völlig neue Welt: achtspurige Highways mit zusätzlich noch teils parallel verlaufenden *Feeder Roads*, also Zufahrtstraßen, riesige Masten mit beleuchteten Werbetafeln von Firmen, die ich bis auf das große „M" von McDonald's nicht kannte, und an jeder Zufahrt Tankstellen und Schnellrestaurants in einer zuvor nie gesehenen Dimension waren nur einige Dinge, die mir bis heute im Gedächtnis geblieben sind.

6.2   Schöne neue Welt und die erste Begegnung mit *Data Science*

Eine der größten Überraschungen, die für meinen Werdegang und insbesondere beruflich eine Rolle spielen sollte, stellte sich erst am Tag nach meiner Ankunft heraus – ein *Apple-II-Plus*-Rechner im *Office*

Room der Familie. Klar, bei uns in Deutschland wurden auch bereits Computer angeboten. Der Commodore C-64 war damals der bekannteste. Die meisten wurden aber wohl in Firmen oder für Spiele eingesetzt, jedenfalls kannte ich keine Genossenschaft, keinen Landhandel oder gar Bauernhof, der über eine vergleichbare Technik verfügte.

Ich staunte nicht schlecht, dass man für die Bedienung der Tabellenkalkulation oder die Textverarbeitung *Apple Writer* keine Programmiersprachen oder andere besondere Kenntnisse brauchte, und so fing ich an, meine ersten beiden Briefe an meine Familie sowie an Margret zu schreiben. Das einzig Gewöhnungsbedürftige war das Erfordernis von ASC-II-Zeichen, einer bestimmten Kombination von Zeichen und Zahlen für die Darstellung und den Druck von deutschen Umlauten, die ja bekanntlich in der englischen Sprache und den entsprechenden Tastaturen nicht vorkommen. Apropos Englisch: Trotz der vier Jahre Abendgymnasium und dementsprechend intensivem Englischunterricht kam ich mir in den ersten Tagen vor wie ein Fünftklässler. Die einfachsten Dinge wie *Spoon* für Löffel musste ich aus dem kleinen Langenscheidt-Lexikon suchen. Und umgekehrt viele Worte wie zum Beispiel *probably*, die ich nie zuvor an der „Penne" gehört hatte ...

Beeindruckend fand ich auch, dass Randy das Gerät außerdem für ein eigenes Buchhaltungsprogramm nutzte und was er alles mit der Tabellenkalkulation anstellte. Für jedes seiner Felder hatte er eine elektronische „Karteikarte" angelegt, auf der alle Aufwendungen eingetippt wurden, von der Menge Diesel für die Bodenbearbeitung über Saatgut, Dünger, Agrarchemikalien bis hin zur Erfassung der Stunden für die Erntemaschinen und die Erntemengen sowie den Transport der Früchte.

Auf Knopfdruck erschienen für jedes Feld Aufwand, Ertrag und Überschuss, die nach unterschiedlichen Kriterien von der Software sortiert werden konnten – zum Beispiel nach den angebauten Früchten, deren Sorten, den Summenwerten, auf- oder absteigend, oder nach der Größe der Felder. Als Kaufmann ging mein Herz auf. Hier herrschte wirklich das Motto „ZDF statt ARD" – Zahlen, Daten, Fakten statt allgemeines Rumdiskutieren!

Doch damit nicht genug. Randy hatte vor einigen Jahren als erster Farmer in der ganzen Gegend begonnen, auf das Pflügen seiner Felder zu verzichten und seine Früchte Mais, Sojabohnen und Weizen stattdessen *no till*, also ohne jede Bodenbearbeitung anzubauen, was die bis zu drei Meter tiefe Schicht „Schwarzerde" erlaubt, ganz im Gegensatz zu anderen Bodenarten, wie etwa Lehm oder Ton. Schwarzerde kommt in Europa nur in der Ukraine, Teilen Russlands und Weißrusslands vor sowie im Mittleren Westen der USA.

Das Spannende für mich: Der Vergleich mit Daten aus den Vorjahren, in denen der Boden noch konventionell bearbeitet worden war, zeigte deutliche Einsparungen bei den Maschinenkosten und beim Dieselverbrauch, jedoch fast identische, teilweise sogar höhere, jedoch witterungsbedingt gesteigerte Erträge. Unter dem Strich zahlte sich die Umstellung auf *no till* sehr deutlich aus, auch wenn für die Ausrüstung der Sätechnik in Form von Schneidwerkzeugen erhebliche Investitionen erforderlich waren. Diese Schneidwerkzeuge ermöglichten einfach und zuverlässig das Einbringen des Saatgutes durch das nicht in den Boden eingearbeitete Stroh der Vorjahre.

Mit den Jahren wuchs die etwa fünf Zentimeter starke Schicht jedoch nicht an, da Feuchtigkeit und Bodenlebewesen das auf dem Boden liegende Stroh nach und nach zu Humus zersetzten. Ein weiterer Vorteil zeigte sich in den Folgejahren dadurch, dass erheblich weniger „Unkraut" – oder auch „Ackerbegleitflora" – wuchs und Randy so im Laufe der Zeit fast vollständig auf den Einsatz von Herbiziden verzichtete. Für mich besteht heute kein Zweifel daran, dass seine Suche nach Verbesserungen zur Reduzierung des Aufwandes ganz erheblich durch den Einsatz seines Computers unterstützt und verstärkt wurde, der ihm eine Analyse von Daten ermöglichte, die schon aufgrund der Menge von Hand kaum zu bewältigen sind.

6.3   Durch *Fake* zum Studienplatz

Eines Morgens eröffnete Randy mir, wir würden nach der Morgenarbeit, dem Versorgen der Sauen, Ferkel und Mastschweine, einen Ausflug machen und einige alte Freunde an der Uni besuchen, an der er studiert hatte. Überhaupt verging keine Woche, in der die Familie nicht ein besonderes Event geplant hätte, um mir möglichst viele Eindrücke von Land und Leuten zu bieten. So besuchten wir Ausstellungen und Feldversuche für Landmaschinen und Technik für die Tierzucht, Versteigerungen, *Garage-Sales* für Farmequipment, Tierauktionen, Schlachthöfe, befreundete Farmen und Ranches, Landhandels- und Technikunternehmen, zwei Rotary Clubs, Restaurants, Jahrmärkte, Golfplätze, Museen und Memorials. Besonders verankert in meiner Erinnerung: dasjenige von Abraham Lincoln, der als Parlamentarier und Anwalt in Springfield, Illinois lebte, bevor er als Präsident nach Washington DC umsiedelte und dort die historische Leistung vollbrachte, die Apartheit zumindest gesetzlich zu beenden. Zu meinen neuen Erfahrungen gehörten Ausflüge mit der Cessna eines Nachbarn ebenso wie der erste Segelflug, für den der Pilot mir zur besseren Sicht eigens den vorderen der beiden Sitze überließ.

Nun zum folgenschwersten dieser „Events" – dem Uni-Besuch, den Randy schlitzohrig als Besuch von alten Kommilitonen angekündigt hatte: Die *U of I, University of Illinois* in Champaign-Urbana, war mit circa 40.000 Studierenden eine „Stadt in der Stadt", und wir trafen insgesamt fünf angebliche ehemalige Mitstudenten von Randy in verschiedenen Fakultäten, mit denen wir uns über aktuelle gesellschaftliche und fachliche Themen unterhielten. Außerdem besuchten wir die *Farmhouse Fraternity*, eine Studenten-Bruderschaft, vergleichbar mit einer Verbindung nach deutschem Muster, in der Randy während seines vierjährigen Studiums gelebt hatte und die insgesamt sechzig junge Männer beherbergte, fünfzehn in jeder der vier Jahrgangsstufen. Allesamt interessante und aufgeschlossene Menschen, die uns begegneten.

Wie ein Hammer traf mich die Nachricht zwei Wochen später, ich hätte einen Studienplatz an der *U of I*! Wie bitte? Ich muss recht „ungläubig" ausgesehen haben, denn Randy und Jeri-Sue „lachten sich schlapp". Die Besuche bei den alten Kumpels waren in Wirklichkeit Interviews, um meine „Studienfähigkeit" zu testen. *What a nice fake ...* Meine Gasteltern hatten das wirklich geschickt und ohne eine einzige Bemerkung eingefädelt. Wenn ich die Tests nicht bestanden hätte, wäre ich nie hinter die eigentliche Absicht gekommen. Ein Studienplatz in den USA.

Real or fake – Computer auf dem Vormarsch?

Nach meinen ersten „Gehversuchen" am Apple-Rechner meiner Gasteltern bot die Universität ungeahnte Möglichkeiten in *Computer Classes* für alle erdenklichen Anwendungen. In *Agribusiness-Management* waren das neben den rein landwirtschaftlichen Softwareangeboten für Ackerbau und Herdenmanagement sowie Futter- und Düngeroptimierung eben unter anderen Warenwirtschaftssystem- und Buchhaltungs-, Textverarbeitungs- und Tabellenkalkulationsprogramme. Auch MS-DOS als Betriebssystem, das sich erst später durch den Siegeszug der PCs als Industriestandard etablieren sollte, gehörte bereits zu den Kursangeboten.

Obwohl die Technik und das damit verbundene Wissen recht jung waren, hatte ich den Eindruck, dass man sich an der Uni schon länger mit der Nutzung von Computern für „grüne Anwendungen" befasste, denn die Auswahl an entsprechenden Kursen war beeindruckend. Nun ist es ja die Aufgabe von Universitäten, an neuen Technologien zu forschen und neue Methoden zu entwickeln, die ihren Weg dann in die Praxis finden – oder eben nicht. Die für mich „neue Welt", die ich hier kennenlernte, war nicht nur beeindruckend, sie war auch insofern „real", als dass die Vorteile klar auf der Hand lagen: Komplexe Anforderungen wurden durch dafür programmierte Software für Laien ohne jede Vorkenntnisse überschaubar und einfach zu lösen.

Mir ist bewusst, dass diese Schilderungen hier und heute, 40 Jahre später, bei jungen Menschen ein gewisses Achselzucken oder auch Unverständnis auslösen können. Damals jedoch war genau das die Zukunft, vielleicht vergleichbar mit der Erfindung des Smartphones, den Kommunikationsmöglichkeiten der sozialen Medien und heute, ganz aktuell, den Perspektiven der Künstlichen Intelligenz und stellvertretend Angeboten wie ChatGPT, Bing, DeepL und weiteren. Ich gewann die Überzeugung, dass sich Computersysteme im Agrarbereich nicht nur im Landhandel, bei Zuchtorganisationen für Tiere und Pflanzen, sondern sogar auf Bauernhöfen etablieren werden. Mit dieser Erkenntnis im Gepäck reiste ich im Mai 1984 nach einem Hilferuf meines Vaters wieder zurück nach Deutschland. Nur einen Monat später fand ich auf einer Messe in Frankfurt tatsächlich zwei Anbieter, die sich auf Agrarcomputersysteme spezialisiert hatten und einen ernstzunehmenden Eindruck vermittelten.

Auf der einen Seite war da die von verschiedenen landwirtschaftlichen Verbänden und der Landwirtschaftskammer getragene Organisation, die bereits als Fachverlag mit bekannten Wochenblättern und Magazinen sehr bekannt und daher wohl als der „etabliertere" Anbieter zu bewerten war. Das andere Unternehmen wurde von drei jungen Männern vertreten, die man eher als *Freaks* oder Überzeugungstäter bezeichnen konnte. Bei einem Vergleich mit Schiffen fällt mir für die einen der Tanker ein, und die anderen waren eher ein Schnellboot.

Die Frage *real or fake* stellte sich nicht mehr beziehungsweise war mit dem Messebesuch beantwortet. Hier entstand zweifellos ein neuer Markt für eine Technologie, die – jedenfalls auf den ersten Blick – so gar nicht zum konservativen Umfeld der Landwirtschaft passte. Wie würde sich dieser neue Markt entwickeln? Eher zögerlich oder mit einer hohen Geschwindigkeit? Wie würde er wohl in einigen Jahren aussehen, wenn ich mein Studium abgeschlossen hatte?

Es folgten Termine und Gespräche mit beiden Softwareschmieden, die jeweils ein hohes Interesse an einer Zusammenarbeit zeigten, war ich doch aufgrund meiner fachlichen Qualifikation, meines Alters und meiner Affinität zum Vertrieb ein nahezu „idealer Kandidat" für den Verkauf solcher Systeme. Bundesweit existierten noch keine Handvoll Vertriebspartner und es entwickelte sich die Möglichkeit, ein Vertretungsgebiet zu sichern, das einen vertraglich zugesicherten Wettbewerbsschutz beinhaltete, also ein Alleinvertretungsrecht. Selbst wenn ein Kunde direkt beim Hersteller kaufen würde, würde ich davon profitieren.

In gewisser Weise fühlte sich die Situation an wie „Goldgräberstimmung". Es wurden *Claims* abgesteckt, indem über Postleitzahlengebiete verhandelt wurde, und am Ende war klar, dass ich eine „Entweder-oder-Entscheidung" zu treffen hatte: entweder das Studium oder die Agrarsoftwarevertretung. Eins nach dem anderen oder beides parallel war praktisch ausgeschlossen.

Frei nach dem Motto „Wer nicht wagt, der nicht gewinnt" – die Amerikaner sagen *Risk Taker – Money Maker* – entschied ich mich für die Handelsvertretung und im Alter von 25 Jahren für die Selbstständigkeit. Der Vertrag war kurz und heftig: Zusammen mit einigen anderen „Vertriebswilligen" hatten wir eine wirklich attraktive Provision für Hard- und Software ausgehandelt. Hingegen gab es weder ein Fixum, also ein garantiertes Einkommen, noch irgendeinen Kostenersatz. Die Provisionen waren zu einhundert Prozent erfolgsabhängig und mussten zunächst alle Kosten für Werbung, Telefon, Auto, Büroleistungen etc. abdecken, bevor wirklich „unter dem Strich" ein Einkommen entstand.

Fraglos enthielt das vereinbarte Vertriebsgebiet, das sich im Nordwesten Deutschlands, entlang der Grenze zu den Niederlanden, von Ostfriesland über Oldenburg, dem Münsterland und Niederrhein bis zur Soester und Köln-Aachener Börde erstreckte, ein hohes und attraktives Potenzial an Kunden. Und es dauerte nicht lange, bis dieses Gebiet das erfolgreichste und damit bedeutendste für den Hersteller wurde.

Allerdings nicht durch mich allein, sondern etwa eine Handvoll ebenso junger und engagierter Spezialisten, die ich für die Idee, das Konzept, den Anbieter und die Arbeit im Vertrieb gewinnen und entwickeln konnte. Einige von ihnen sind heute noch immer erfolgreich und begeistert in diesem Metier tätig. Um den Erfordernissen der gewachsenen Struktur gerecht zu werden, hatte ich eine Vertriebs-GmbH gegründet, die die vertraglichen Rechte und Pflichten der Handelsvertretung übernahm und nun als eigenständige juristische Person an meiner Stelle die offizielle Vertretung und Kundenbetreuung sicherstellte. Es sollte übrigens acht Jahre später das erste von drei Unternehmen sein, das an einen Nachfolger übergeben und von ihm erfolgreich weitergeführt wurde.

6.4   Initiation – gefakte Geburtstagspartys

An meinem 25. Geburtstag war ich noch in den USA. Er fiel auf einen Sonntag. Da meine Personalien bekannt waren, konnte ich diesen

Tag auch nicht geheim halten. Auf dem Wochenplan des Hauses stand nach dem gemeinsamen Abendessen zu meiner Überraschung *Birthday Party Alex*, und da ich bisher nicht wahrgenommen hatte, dass für einen Geburtstag eine Party veranstaltet wurde, war ich gespannt, was sich die Jungs einfallen ließen. Naturgemäß gab es ein paar Anmerkungen und Getuschel, da Überraschungen an sich durchaus an der Tagesordnung waren.

So gab es beispielsweise häufiger ein nächtliches *Rack-out*, bei dem die Studentinnen einer befreundeten *Sorority* den männlichen Schlafsaal von *Fraternities* stürmten, nicht ohne mit alkoholischen Getränken, Süßigkeiten oder Knabbereien bewaffnet zu sein und für gute Stimmung zu sorgen. Das entsprach einem über viele Jahre entwickelten „Hin und Her", sodass es nicht überrascht, dass dabei auch manch tiefergehende Freundschaft entstand, die nicht selten über die Studentenzeit hinaus hielt und in einer Ehe mündete. Keine Ahnung, wie hoch sich der Prozentanteil von während des Studiums gefundenen oder vermittelten Paaren darstellte – er war aber durchaus beachtlich.

An dem besagten Sonntagabend musste ich im Speisesaal warten und wurde von zwei Kommilitonen „bewacht", bevor sie mich mit verbundenen Augen in den Partyraum führten. Ich hatte tatsächlich keinen blassen Schimmer einer Ahnung von dem, was mich erwartete. Man setzte mich auf einen Stuhl und die Gespräche verstummten, als mir die Augenbinde abgenommen wurde. Ich saß in der Mitte des Raumes. Vor mir war ein Tisch aufgebaut, hinter dem das Präsidium des Hauses Platz genommen hatte wie die Richter bei einer Gerichtsverhandlung. Rechts und links in drei Reihen ausnahmslos die Männer des Hauses. Alle trugen Anzug und Krawatte, waren rausgeputzt, als gingen sie zu einer Hochzeit oder zum Abschlussball einer Tanzschule.

Das passte überhaupt nicht zu einer Party, und es waren auch keine Frauen anwesend. Nun, die mochten noch dazustoßen, aber nach „Party" sah das Ganze nicht aus. Weil ich noch keine Initiation, also Aufnahmezeremonie miterlebt hatte, kannte ich das Ritual noch nicht und ahnte erst nach und nach, was hier gerade ablief. Nach der Beantwortung einiger formaler Fragen zu meiner Person und den ersten Wochen im Haus wurde die Frage gestellt, ob jemand etwas gegen meine Aufnahme in die Bruderschaft einzuwenden hätte. Als niemand antwortete, folgte das eigentliche Ritual der symbolischen Aufnahme auf Lebenszeit.

Für mich war es eine große Ehre, bereits nach etwa vier Wochen dieses Zeichen der Anerkennung und Verbundenheit zu erhalten, sicherlich auch durch den Umstand gefördert, dass ich von Beginn an alle *Chores*, also „Stallarbeiten", die vorwiegend aus dem täglichen Reinigen und Putzen der Sozial- und Gemeinschaftsräume oder Küchendienst bestanden, zuverlässig und ebenso gewissenhaft verrichtet habe wie alle anderen im Haus und nicht versuchte, meinen Status als *Foreign Exchange Student* für Ausnahmen oder andere Extrawürste zu nutzen. Die Verbindung zu etwa der Hälfte meiner Altersgenossen des Seniorjahrgangs, dem ich zugeordnet wurde, hält bis heute an, und ich freue mich, mit diesen Brüdern weiterhin in Kontakt zu bleiben.

Die andere gefakte Geburtstagsparty – ein erstes Date

Gleich zu Beginn des Semesters wurden mir zwei *Little Sisters* – Dena und Tina – aus befreundeten *Sororities* zugeordnet, die sich wirklich um mich „kümmerten", indem sie mich zu allen erdenklichen Aktionen einluden, bei denen es mehr um „weibliche" Themen ging, zum Beispiel zu einem Kochkurs, an dem auch Männer teilnehmen sollten. Der Sinn dieser *Litte-Sister-/Little-Brother*-Paarungen geht über das Kennenlernen von Dingen, die Jungs üblicherweise nicht auf dem Plan haben, hinaus, nämlich dass sie ohne amouröse, erotische oder gar sexuelle Ambitionen Zeit und Aktivitäten miteinander verbringen und so einen „zivilisierten" Umgang miteinander lernen.

Dass das in gewisser Weise auch sinnvoll und erforderlich ist, liegt an der meines Erachtens gespaltenen Moral, die ich in meiner Zeit in den USA wahrgenommen habe. Einerseits ist das Thema „Erotik und Sex" praktisch immer präsent und spürbar – angesprochen oder gar offen thematisiert wird es jedoch weder in persönlichen Gesprächen noch öffentlichen Darstellungen oder Diskussionen. Während nackte Haut bis auf wenige Ausnahmen noch heute in Kino- und Fernsehfilmen die Ausnahme darstellt, ist das Zeigen „nackter Gewalt" die

Regel und selbst im Nachmittagsprogramm häufiger Bestandteil. Die damit verbundenen Diskrepanzen und Auswirkungen würden hier allerdings den Rahmen sprengen.

Die *Sororities* und *Fraternities* waren – jedenfalls nach meiner Wahrnehmung – so angelegt, dass intime Kontakte mit dem anderen Geschlecht zumindest nicht gefördert wurden. Da es keine Einzelzimmer gab, bestand auch kaum ein Rückzugsort, an dem eine ungestörte Zweisamkeit möglich gewesen wäre. Wohl aus diesem Grund zogen manchmal Männer im dritten oder letzten Jahr ihres Studiums in eine Wohnung, behielten jedoch gleichzeitig offiziell ihren Wohnsitz im Haus.

Zweifellos lernte ich in den ausgewählten Vorlesungen sowie den vielen anderen Gelegenheiten eine Reihe attraktiver Frauen kennen, ohne jedoch die Ambitionen für ein Anbandeln zu entwickeln, weil ich wusste, wie schnell das Semester vorbei sein würde. Das wussten die Girls natürlich auch, und so blieb es bei vielen tollen, aber unverbindlichen Kontakten. Einer dieser Kontakte war Paula, die die gleiche Vorlesung in *Agribusiness Management* besuchte. Paula hatte rotblonde Haare, Licht hinter der Brille (nein, sie trug keine ;-)), Witz und Charme.

Wir hatten in den Vorlesungen oft Blickkontakt; sie war interessant, aber aus besagten Gründen auch irgendwie unerreichbar. Umso überraschter war ich, als sie mir eines Tages eine handgeschriebene Einladung zu ihrer Geburtstagsparty zusteckte. Am nächsten Samstag, 7:00 p.m., in einem noblen Restaurant. Nun hatte sich just zum kommenden Wochenende mein Freund Andreas zu einem Besuch aus dem Nachbarstaat Iowa angekündigt. Also fragte ich Paula bei nächster Gelegenheit, ob er mitkommen könne. *No problem*, war die Antwort und ich war erleichtert, nicht zwischen zwei Stühlen zu sitzen und absagen zu müssen. Als wir an dem besagten Abend in – nach unserer Meinung – passender Kleidung, Jeans und Hemd, in dem Restaurant erschienen, fanden wir statt einer feiernden Gesellschaft einen Tisch für vier Personen vor. Paula hatte kurzfristig nach meiner Frage für Andreas ihre beste Freundin eingeladen. Sch... – es war ein Date! Und ich hatte nichts bemerkt. Ich, Dussel! Sie hatte echt Mut bewiesen, und ich war ehrlich beeindruckt von ihrer Initiative.

Die „zwei Stühle" zeigten sich dann nach dem Essen in der Wohnung von Paula. Andreas fühlte sich leider nicht wohl im Gespräch mit der Freundin – während Paula mich unter dem Vorwand, mir ihre Wohnung zeigen zu wollen, entführt hatte – und statt irgendetwas gemeinsam mit Pauls Freundin zu unternehmen, klopfte er bald an die Tür und wollte „nach Hause" ins Farmhaus. Auch würde er den Weg allein nicht finden ...

Es war beschämend. Ich war zu einem Date von einer Frau eingeladen, für die ich alles hätte stehen und liegen lassen, und mein Freund brauchte mich als Kindermädchen. Statt ihm viel Glück für den Weg und eine gute Nacht zu wünschen, traf ich die falsche Entscheidung und fuhr mit ihm. Idiot!

Kann sein, dass es sich zu dramatisch liest, aber ich bin ziemlich sicher, dass dieser Abend, hätte ich ihn ungestört, wie von Paula geplant, mit ihr verbracht, ihr *Fake* mein Leben verändert und höchstwahrscheinlich in eine völlig andere Bahn gelenkt hätte ...

6.5   Zurück in Deutschland: Verkauf „getürkter" Software

Bis heute schätze ich mich sehr glücklich, diese Zeit in den USA erlebt zu haben. Es war einerseits ein Traum, der 1983/84 in Erfüllung ging, und andererseits eine im wahrsten Sinn lebensverändernde Erfahrung.

Als ich im Mai 1984 nach einem Semester Studium an der *University of Illinois* nach Deutschland zurückkehrte, begab ich mich direkt auf die Suche und fand tatsächlich zwei Firmen, die sogenannte Agrarcomputersysteme anboten. Heimgekommen mit der festen Überzeugung, dass sich Computersysteme im Agrarbereich auch in Deutschland durchsetzen werden, begann ich am 1. Januar 1985, wie schon erwähnt, mit dem Vertrieb solcher Lösungen für den sympathischeren und nach meinem Eindruck schnelleren und leistungsfähigeren der beiden Anbieter.

Auf einer Messe – es mag 1986 gewesen sein – stellte der Wettbewerber ein völlig neu entwickeltes Programm vor, das schon die sogenannte Fenstertechnik (funktional Vorläufer des späteren MS-Windows) bot. Dadurch war es möglich, die Auswahl und Eingabe von Stammdaten in einem separaten Fenster einzublenden, aus denen man dann mit dem Cursor (die „Maus" wurde erst später erfunden) die betreffende Angabe auswählen konnte. Die Software des Wettbewerbers war sensationell, und zusätzlich hatte man den Preis von 1.500 auf 990 Euro gesenkt, mit dem offensichtlichen Ziel, den Wettbewerb dadurch auszuschalten.

Auf unserem Messestand herrschte helle Aufregung, die sich in Richtung Panik entwickelte. Der Chefprogrammierer, der selbst auch noch im Vertrieb tätig war, wollte unseren Preis unter den des Wettbewerbers senken. Sonst würde niemand mehr unser Programm kaufen. Eine „engagierte" Diskussion entwickelte sich zwischen Geschäftsleitung und Vertriebspartnern bis zur Androhung verschiedener Beteiligte, das Unternehmen zu verlassen, wenn nicht die eine oder andere Richtung eingeschlagen würde.

Am Ende wurden binnen kürzester Zeit neue Poster und Banner gedruckt, auf denen großflächig eine „absolute Messeneuheit", die „Fenstertechnik" in allen Programmen (die es noch nicht gab), beworben wurde. Gleichzeitig wurde als „sensationeller Messepreis" 1.500 statt 1.750 Euro ausgelobt. Was zunächst keiner glauben mochte – wir verkauften! Und zwar deutlich mehr als wir erwartet hatten oder gar erhoffen durften. Der Programmierer (im Ernst, damals gab es wirklich nur einen, der die Software schrieb, hatte in kürzester Zeit eine kleine Demo programmiert, in der man bei einem Eingabefeld ein Fenster mit Stammdaten öffnen und einen Wert auswählen konnte, der dann übernommen wurde.

Das wars. Das war die gesamte Demo. Um mehr zu zeigen, hatten wir natürlicherweise (und meist „wirklich") keine Zeit auf der Messe. Das musste genügen. Und das tat es auch. Die meisten Interessenten pilgerten von einem Messestand zum anderen, um zu vergleichen, bevor sie sich ansprechen ließen oder gezielt auf den Stand zukamen. Der Effekt war offensichtlich: Eine Software, die fünfzig Prozent teurer ist als eine andere, MUSS einfach besser sein, oder? Noch dazu mit einer völlig neuen Bedienertechnik. Nehmen wir nicht alle ein Produkt mit einem vergleichsweise höheren Preis als das „wertvollere" und „attraktivere" wahr? Selbst wenn wir uns am Ende nicht für den Mercedes, sondern für den Golf entscheiden?

Damals gab es das Wort *Fake* in unserem Sprachgebrauch noch nicht. Aber genau das hatten wir gemacht. Wir hatten „getürkt" beziehungsweise einen „Türken" gezeigt, die Interessenten getäuscht – ob einer Funktion, die es in Wirklichkeit nicht gab.

 Warum stolpern wir über die Bezeichnung „getürkt", wenn es um Betrug und Fälschungen geht?

Wir alle kennen den Ausdruck. Aber wie sieht es mit der Wortherkunft aus? Wenn uns etwas „getürkt" erscheint, dann meinen wir Fälschungen oder Vorgänge und Prozesse, die nicht den Regeln entsprechen, zum Beispiel Wahlen.

Der Ausdruck geht zurück auf die Redewendung „einen Türken bauen" (älter auch: „einen Türken stellen") und bedeutet tatsächlich „fälschen" oder „fingieren". Im Herkunftswörterbuch aus dem Dudenverlag erfahren wir, dass die Etymologie des Wortes trotz aller Deutungsversuche ungeklärt sein soll. Aber es gibt zwei Geschichten, sagen wir überlieferte Deutungsversuche aus den Jahren 1769 und 1895.

1769 baute der österreichisch-ungarische Hofrat und Baron Wolfgang von Kempelen den sogenannten Schachtürken. Diese Apparatur wurde als Roboter angepriesen, der in der Lage ist, seine menschlichen Kontrahenten im Schachspiel zu bezwingen. Der Roboter war eine Art Kommode, an die eine orientalisch gekleidete Puppe montiert war.

Durch einen Trick gewann dieser „Türke" tatsächlich fast sämtliche Partien. Im Apparat versteckte sich ein Schachmeister, der die Figuren mittels eines Magneten bewegte. Der Schwindel flog auf, als ein Zuschauer während einer Vorführung „Feuer, Feuer" rief und der Spieler aus dem „Schachtürken" heraussprang.

Die andere Erklärung hängt mit der Einweihung des Nord-Ostsee-Kanals zusammen, damals noch „Kaiser-Wilhelm-Kanal" genannt. Alle durchfahrenden Schiffe wurden mit der National-hymne des jeweiligen Herkunftslandes begrüßt. Der Dirigent war angeblich ratlos, als sich ein Schiff mit der Fahne des Osmanischen Reiches zeigte. Niemand hatte die Noten der türkischen Hymne. Inspiriert vom Halbmond auf der Flagge spielte das Orchester ersatzweise „Guter Mond, du stehst so stille". Daraus soll sich diese Redensart „einen Türken bauen" entwickelt haben.

Eines ist sicher: Der umgangssprachliche Begriff „türken" hat rein gar nichts mit einem Völkerklischee zu tun.

Doch nun zu unserer „Ehrenrettung": Einige Zeit später war die Fenstertechnik in allen Programmen integriert; die Kunden bekamen im Zuge der schon damals üblichen Softwarepflegeverträge – wenn auch mit etwas Verzögerung – ausnahmslos das, was ihnen versprochen wurde. Heute bin ich rückblickend sicher, dass der alternative Weg, die Preissenkung für eine veraltete Software, das baldige Ende für das Unternehmen bedeutet hätte. Und den Verlust der bis dato getätigten Investition für die Kunden. So hatte das Unternehmen die Einnahmen, nicht nur den Entwicklungsaufwand zu leisten, sondern auch weitere Funktionen zu bieten, die die Software zur echten „Nummer eins" in der Branche machten.

6.6 Die Alternative zur Täuschung – Ehrlichkeit und Transparenz

Was bedeuten im Unternehmensumfeld Attribute wie Aufrichtigkeit, Freimut und Glasnost (Transparenz, davon ist übrigens der vom geistigen Vater der Innovation initiierte Firmenname abgeleitet, um den es hier geht)? Klar, theoretisch nicken wir schnell und denken: Klar, sehr sinnvoll, oder? Und in der Praxis? Wie groß sind die Herausforderungen, diese Werte echt zu leben und ihnen wirklich gerecht zu werden?

Dazu kommt mir eine mehr als peinliche Situation in den Sinn, die jetzt etwa zwanzig Jahre zurückliegen mag. Seinerzeit war ich als Gesellschafter-Geschäftsführer bei der Prognost Systems GmbH, inzwischen Technologie- und Marktführer für die automatisierte Überwachung von großen Kolbenmaschinen, engagiert, und wir waren mächtig stolz, in Brasilien eine der weltweit größten Verdichteranlagen für die Herstellung von LDPE (*Low Density Polyethylene*, daraus werden zum Beispiel Frischhaltefolien hergestellt) zu überwachen, die mit einem Druck von bis zu 3.200 bar arbeitet. Dieser Kompressortyp zeichnet sich durch eine maschinenbauliche Präzision aus, die man mit einem Schweizer Uhrwerk vergleichen kann.

Gleichzeitig sind die Ausmaße mit der Grundfläche eines Einfamilienhauses vergleichbar groß, und die Antriebsleistungen der Elektromotoren mit bis zu 25 Megawatt, etwa 35.000 PS, erfordern oft ein eigenes Kraftwerk für die Stromerzeugung. Wir sprechen also über höchst anspruchsvollen Maschinenbau im XXXL-Format und Ausfallkosten von mehreren hunderttausend Euro bzw. Dollar je Stunde, in der diese Maschinen nicht produzieren.

Durch die bereitgestellten Daten und Informationen verschiedener Sensoren wird jede Umdrehung dieser Maschine vierundzwanzig Stunden am Tag online überwacht und sich anbahnende Fehler, zum Beispiel durch den Verschleiß von Bauteilen wie Ventilen, werden meist schon mehrere Wochen vor einem erforderlichen Austausch zuverlässig erkannt. Dadurch können die erforderlichen Wartungen langfristig geplant und die Abschaltzeiten minimiert werden. Sollte sich dennoch eine Havarie, also ein größerer mechanischer Schaden an der Maschine ereignen, zum Beispiel durch das Versagen oder den Bruch eines Bauteils, wird die Maschine innerhalb weniger Umdrehungen automatisch abgeschaltet.

Etwa ein Jahr nach der Installation und Inbetriebnahme des Monitoringsystems trat genau diese Situation ein: Die Maschine wurde „getrippt" und ohne jede Vorwarnung abgeschaltet. Normalerweise sind schon Tage oder Wochen vor einem solchen „Tripp" Auffälligkeiten erkennbar, die sich in Form von Grenzwertverletzungen zeigen und die einschließlich einer Ursachenanalyse automatisch vom System an die Betreiber gemeldet werden. In diesem Fall gab es keine Vorwarnung, allerdings schlug die Meldung über die Abschaltung zeitgleich und online beim Serviceteam von Prognost wie eine Bombe ein. Noch bevor der Betreiber aus Brasilien am Telefon war, hatte elftausend Kilometer entfernt von der Maschine die Ursachen-analyse für die Abschaltung begonnen.

Schnell war klar, dass der Hyperverdichter vor der Abschaltung keinerlei Auffälligkeiten gezeigt hatte, sondern die Ursache in einem defekten Sensor lag. Das hätte jedoch nie und nimmer zu einer Abschaltung der Maschine führen dürfen. Stattdessen sind für jeden Sensor sowie die davon gelieferten Daten Plausibilitätsprüfungen erforderlich, damit eine Fehlinterpretation sowie eine ungerechtfertigte Abschaltung zuverlässig ausgeschlossen werden.

Damit war den verantwortlichen Spezialisten im Münsterland schnell klar, dass die Ursache für den Stopp des Aggregates in der eigenen Software lag, und nicht in einem Defekt an oder in der Arbeitsmaschine. Binnen einer Stunde wurde der Betreiber über alle Details und Hintergründe für den Fehler in dem Monitoringsystem informiert. Allein den Produktionsverantwortlichen in Brasilien fehlte zunächst der Glaube an die Offenbarung, denn es war klar, dass Prognost mit diesem Schuldeingeständnis die Kosten für den Produktionsausfall zu tragen hätte. Um es hier kurz zu machen: Der Höchstdruckkompressor wurde nach kurzer Diskussion wieder in Betrieb genommen und arbeitete einwandfrei.

Ein Jahr später trat der Instandhaltungsleiter des brasilianischen Kunden bei einer internationalen Konferenz auf die Bühne und schilderte den Fall als ein exzellentes Beispiel für die Qualität des Systems sowie der Vertrauenswürdigkeit der Mannschaft, die dahintersteht. Eine Regressforderung für den Produktionsausfall wurde übrigens nie gestellt. So entstand aus einer Situation, die zunächst große Verunsicherung und Zweifel verursachte, durch die Rechtfertigung von Vertrauen eine Stärkung der Kundenbeziehung, die darüber hinaus zu einer erstklassigen Referenz führte, frei nach dem Motto: Ein Kunde ist erst Kunde, wenn er Kunde tut.

Kennen wir nicht alle berufliche oder private Beispiele, in denen sich Offenheit und Ehrlichkeit nicht nur bewährt oder sogar monetär ausgezahlt haben, sondern zu langfristigen und vertrauensvollen Beziehungen geführt haben? Denken Sie an das tolle Gefühl, das entsteht, wenn Sie einen gefundenen Gegenstand an den Verlierer zurückgeben können, oder wenn Sie selbst etwas zurückerhalten, das Ihnen zuvor abhandengekommen ist. Oder wenn ein Fehler nicht nur kulant behandelt, sondern mit einer kleinen Aufmerksamkeit kompensiert wird.

Viel mehr als der materielle Wert führen die Freude, die Dankbarkeit und das Vertrauen zu dem Wohlbefinden, an das Sie sich oft noch jahrzehntelang erinnern. Denken Sie immer daran: Es ist nicht der Sachverhalt, an den wir uns erinnern, sondern das Gefühl, wie wir behandelt wurden.

TEIL 3

Philosophie, Psychologie, spirituelle Pfade

Zukunft braucht Originale: Perspektiven aus Theorie und Praxis zur Ehrlichkeit und der Wert des Echten

7 Auswirkungen von *Fakes* – jede Lüge verändert die Realität

Was wird durch eine Lüge verursacht? Heruntergebrochen auf das, was wir alle jeden Tag, jede Minute, praktisch permanent tun, ist es „Kommunikation". Wir kommunizieren immerzu – mit uns selbst und mit unserer Umwelt. Durch Sprache, Schrift, Mimik, Gestik – und vor allem durch unsere Taten. Es heißt bekanntlich, dass man nicht *nicht* kommunizieren kann. Ich glaube, es war dieser Satz, der Paul Watzlawick einst so berühmt machte. Selbst ein „nichtssagender Blick" sagt etwas aus. Zum Beispiel signalisiert er Desinteresse oder Langeweile oder er vermittelt geistige Abwesenheit, unabsichtlich oder bewusst.

Wenn wir also davon ausgehen, dass wir permanent „auf Sendung sind", bedeutet das, dass unser Umfeld, sofern wir mit anderen zusammen sind oder auch über Distanz kommunizieren, immer etwas von uns erfährt. Es ist demnach so, dass andere Menschen, ja, auch Tiere, durch uns Informationen von uns erhalten – direkt oder indirekt, gezielt oder „zufällig". Ganz gleich, ob mehr oder weniger konkrete Informationen, und auch ob es konkrete Zahlen, Daten, Fakten sind oder nur „Eindrücke", also Wahrnehmungen, die eigenen Interpretationen und Bewertungen unterliegen.

In jedem Fall können wir also feststellen, dass wir durch unser Verhalten auf das einwirken, was andere von uns wahrnehmen. Das bedeutet, dass wir die Welt des anderen – wie auch immer – verändern. Das ist etwas, das mir lange nicht bewusst war: Alles, was ich tue, sage oder schreibe, ja sogar denke, hat definitiv Auswirkungen auf meine Umwelt, also auf jeden Menschen, mit dem ich – in welcher Form auch immer – kommuniziere.

Das kann dramatische Folgen haben: Wenn ich also einem anderen Menschen wahrheitsgemäß einen bestimmten Sachverhalt schildere, entsteht in ihm ein neues Bild, das von meiner Schilderung abhängt und für ihn zur Wahrheit wird. Dabei kann er sich zunächst gar nicht dagegen wehren. Das, was er von mir erfährt, ist für ihn zunächst wahr. Auf eventuelles Hinterfragen, Anzweifeln etc. gehen wir später noch ein, aber zunächst kann festgestellt werden, dass Sie und ich, dass wir alle die Realität, also das, was als Wahrheit von anderen Menschen empfunden wird, direkt beeinflussen.

Nun ist das Fatale, dass genau dies auch für jede Form von Unwahrheit gilt! In jedem Fall beeinflussen auch Lügen, Täuschungen, sämtliche Unwahrheiten – und dazu gehören auch verschwiegene Details oder unvollständige Schilderungen – die wahrgenommene Realität des oder der betroffenen Menschen. Im Klartext bedeutet dies: Mit jeder Unwahrheit, Lüge oder unvollständigen Information beeinflusse ich die Realität anderer. Ich erzeuge eine neue Realität, die nicht auf der Wahrheit beruht und deshalb auch nicht wahr sein kann. Ich erzeuge durch Lügen – egal ob bewusst oder unbewusst, klein oder groß, absichtlich oder aus Fahrlässigkeit – neue und größere Unwahrheiten.

Größer deshalb, weil die Lüge ein Teil von mir ist und jetzt auch ein Teil des anderen. Wie der Schall sich durch Schallwellen ausbreitet, so ist auch jede andere Form der Information letztlich eine Form von Energie, die sich durch Schwingungen ausdrückt und ausbreitet. Einmal ausgelöst, lassen sie sich nicht wieder einfangen. Sie kennen das geflügelte Wort: „Ein gesprochenes Wort kann man ebenso wenig zurückholen wie eine abgeschossene Kugel." Es ist immer wieder interessant, welch hoher Wahrheitsgehalt in solchen Sprichwörtern steckt, weil die Menschen über lange Zeiträume ein sicheres Gespür dafür entwickelt haben, was wirklich ist.

Bleiben wir noch einen Augenblick bei dem physikalischen Phänomen der Energie, also den Schwingungen, die sich permanent und unaufhörlich ausbreiten. Sie überlagern sich mit anderen Schwingungen, aus anderen Informationen, nehmen also neue Formen an. So entstehen neue Realitäten und Wirklichkeiten für die Betroffenen. Unabhängig davon, ob die Informationen in Form der Schwingungen wahr sind oder nicht. Da hilft dann auch keine spätere Korrektur, etwa in Form eines Geständnisses oder der Klarstellung in Medien, die die Unwahrheit eliminieren soll. Es ist schlicht nicht möglich.

Die Folgen sind drastisch: Eine Lüge verändert die Realität desjenigen, der sie aufnimmt, weil sie zunächst ungefiltert als wahr aufgenommen wird – so wie Schallwellen auf ein entferntes Objekt treffen.

Wird die Information weitergegeben, trifft sie auf weitere Empfänger und multipliziert sich. Bevor der Buchdruck erfunden wurde, konnten Informationen nur als Wort oder Brief übermittelt werden. Die Folgen waren dennoch nicht harmlos. Gezielte Lügen und Intrigen haben schon vielen Menschen Unheil gebracht oder sogar das Leben gekostet.

Druckerpresse und Internet – Revolutionen durch Multiplikation und Geschwindigkeit

Seit der Erfindung der Druckerpresse ist die Verbreitung von Informationen sehr viel einfacher geworden, mit einem unvergleichlich hohen Wirkungsgrad. Bücher, Zeitschriften, Magazine, Tageszeitungen, Werbeblätter, sogenannte Flyer, Postwurfsendungen, Werbesendungen und viele Drucksachen mehr ermöglichen die Verbreitung von Wahrheit und Lüge ungemein. Und sie beeinflussen eine Vielzahl von Empfängern, deren Realität aktiv beeinflusst wird. Wen wundert es also, dass in der westlichen Welt Gesetze gegen den unlauteren Wettbewerb bestehen, um der unseriösen Verbreitung von falschen, unvollständigen oder irreführenden Informationen Einhalt zu gebieten?

Heute leben wir im Informationszeitalter, das durch Internet und soziale Medien wie Facebook, Instagram und Co. geprägt wird. Nie war es so einfach, jede nur denkbare Information an praktisch jeden Menschen auf diesem Globus zu senden. Machen wir uns die Auswirkungen deutlich: Durch gezielte oder nachlässige Desinformation wird die Realität praktisch der gesamten Weltbevölkerung beeinflusst. Grenzenlos, über Sprachen und Kulturen hinweg. Wer kann noch die Quellen und deren Wahrheitsgehalt recherchieren? Wer kann noch beurteilen, was Tatsache ist – und was *Fake*? Und das galt schon vor Berücksichtigung der fehlenden Quellentransparenz im Umgang mit KI-Tools.

Die Flut der Nachrichten, die uns erreichen, steigt permanent an. Eine gezielte Auswahl dessen, was ich aufnehmen will und was nicht, wird allein zeitlich immer schwieriger. Dazu kommen eigens dafür entwickelte Funktionen in den Portalen, die uns dazu „erziehen", ihnen mehr Aufmerksamkeit zu widmen. Wir sollen praktisch permanent online sein, um alles möglichst in Echtzeit zu erfahren. Die

Plattform LinkedIn hatte 2020 eine neue Story-Funktion eingeführt, durch die den Nutzern ein neuer Beitrag nur für 24 Stunden angezeigt wird. Hatte man ihn in der Zeit nicht gesehen – Pech gehabt. Dieses Feature ist im Herbst 2021 wieder eingestellt worden. Scheinbar war diese für andere Plattformen übliche Schnelllebigkeit (Instagram oder Snapchat zum Beispiel) nicht so gut von der Zielgruppe aufgenommen worden wie erhofft. Angeblich arbeitet LinkedIn seither an einer neuen Video-Funktion.

Auf vielen anderen Plattformen gilt weiterhin: Bitte mindestens einmal täglich reinschauen, um nichts zu verpassen. So erzieht das Digitalunternehmen von heute seine Nutzer, bindet sie an das System und sorgt für eine Abhängigkeit, die bis zur Sucht gesteigert wird. Tatsächlich kann die Nutzung sozialer Medien eine Dopaminreaktion in unserem Gehirn auslösen, die derjenigen bei Alkoholkonsum oder der Einnahme anderer Rauschmittel ähnelt.

 Mediensucht

Laut statista verbringen Internetnutzer 2022 weltweit durchschnittlich zwei Stunden und 27 Minuten auf sozialen Netzwerken. Blicken wir auf die ganz junge Generation: Für die Studie *WhatsApp, Instagram und Co. – so süchtig macht Social Media* untersuchte die DAK erstmals in einer für Deutschland repräsentativen Stichprobe die Häufigkeit einer Social-Media-Abhängigkeit bei Kindern und Jugendlichen. Das war 2017. Das Kernergebnis der DAK-Studie: 2,6 Prozent der Befragten sind bereits süchtig nach Social Media – Mädchen mit 3,4 Prozent etwas häufiger als Jungen (1,9 Prozent). Hochgerechnet auf alle 12- bis 17-Jährigen in Deutschland entspricht dieser Prozentsatz etwa 100.000 Betroffenen. Im März 2023 schreiben die ZEIT und die ZDF-Redaktion, der Anteil der Minderjährigen, die Suchtverhalten bei Social Media aufweisen, sei seit dem Jahr 2019 von 3,2 auf 6,7 Prozent gestiegen. Der alarmierende Trend ist klar. Großer Treiber für den Anstieg: die Coronapandemie.

Facebook hat inzwischen die 5- bis 10-Jährigen ins Visier genommen und versucht, diese „Zielgruppe" im Wettbewerb mit Instagram und TikTok zu erreichen, um seine Marktanteile zu halten. Alles zum Wohle des Nutzers? Fraglich.

Lüge ist nicht gleich Lüge. Zwischen Wahrheit und Lüge liegt keine eindeutige Trennschärfe, sondern es öffnet sich Raum für Interpretationen. Das wurde schon in den vorhergehenden Kapiteln deutlich. Schauen wir uns eine simple Differenzierung an: Wenn etwas rückblickend betrachtet „nicht in Ordnung" war, kann es zwei Ursachen geben (siehe **Bonusmaterial**).

1. Es war ein Fehler – keine Absicht. Kann passieren, bedeutet aber auch, dass es in meiner Verantwortung steht und bleibt.
2. Es war Absicht, also Vorsatz. Aus meiner Sicht ist das nicht ok. Jetzt kommt zur Verantwortung auch die „Schuld" dazu. Etwas mit Absicht zu *faken*, also zu lügen, zu vertuschen, zu betrügen, hat eine andere Qualität, als nachlässig zu sein oder Fehler zu machen.

Zweifelsfrei sind Nachlässigkeit und daraus entstehende Fehler nicht automatisch tolerierbar, sondern sehr wohl kritikwürdig, und wir alle sollten danach streben, Fehler durch zuverlässiges Planen und Handeln zu verhindern.

Der Vorsatz offenbart jedoch die kriminelle Energie einer Tat, ganz gleich, wie schwer sie im juristischen Sinne und im Lichte des durch den Gesetzgeber vorgesehenen Strafmaßes wiegen mag. Ich habe mir vorgenommen, nie mehr absichtlich – also im Bewusstsein des Unrechts oder mit der Absicht, etwas zu Unrecht zu erreichen – zu lügen oder von der Wahrheit abzuweichen.

7.1   Jede Lüge und Unwahrheit führt zu Leid und Schmerz

Warum Sie das zu lesen bekommen? Weil ich selbst nicht zu einhundert Prozent sicher bin, wo nun die Grenze zwischen „okay" und „nicht in Ordnung" verläuft. Auch ich muss mich das immer wieder fragen. Das Geheimnis, wo genau die rote Linie liegt, vermag ich hier nicht zu lüften. Was ich aber weiß und als sicher beschreiben kann, ist, dass jede Lüge die (von ihm wahrgenommene) Realität eines anderen Menschen verändert. Und das ist fatal, weil jeder, der lügt, damit aktiv in die Welt des anderen eingreift und diese manipuliert. Dieses Recht sollte niemand haben.

Darüber hinaus ist es ja praktisch nie so, dass durch eine Lüge die Realität eines anderen „verschlechtert" wird. Im Gegenteil: Die Täuschung dient ja meist dazu, dass der andere etwas als „besser" wahrnimmt, als es in Wahrheit ist. Das wiederum bedeutet, dass sich dann, wenn es auffällt – und selbst wenn die Täuschung an sich nie ans Tageslicht kommen sollte –, die Realität des Getäuschten merklich verschlechtert, was zu „Ent-Täuschung" und damit zu Leid, Trauer, Wehmut und Schmerzen führt. Dabei ist es ganz egal, ob ich den betreffenden Menschen gar nicht kenne oder ob er mir sehr nahesteht – ich will niemandem mehr ein solches Leid zufügen.

7.2 Vorurteile und fremde Gedanken

Wie oft ist es schon vorgekommen, dass ich bei einem bestimmten Impuls, ganz gleich wie er zu mir kam, zum Beispiel in einem Gespräch oder einem Schreiben, spontan einen Gedanken mit einer Bewertung hatte? Oft! Und oft sind diese Beurteilungen eher negativ als positiv und bilden eine Sicht auf die jeweilige Sache ab, die einem Urteil gleichkommt. Wohl deshalb trifft der Begriff „Vor-Urteil" sehr gut auf solche schnellen, spontanen, jedoch sachlich kaum begründeten Einschätzungen zu.

Sie kennen das sicher auch. Dieses „Das ... ist soundso. Punkt." Wir Menschen sind seit Jahrtausenden darauf konditioniert, uns extrem schnell eine Meinung zu bilden. Freund oder Feind? Sicherheit oder Gefahr? Angreifen, totstellen oder abhauen? Beim Anblick eines Säbelzahntigers hatten unsere Vorfahren wahrlich nicht lange Zeit zu überlegen. Eine unmittelbare Reaktion entschied manchmal über Leben und Tod.

Unsere gedanklichen Abläufe funktionieren nach wie vor exakt so. Auf den Impuls hin (sehen, hören, riechen, schmecken, tasten, spüren) reagiert unser Gehirn mit einer sofortigen Bewertung. Ob wir wollen oder nicht. Vorurteile werden meist unbewusst und in Windeseile gefällt. Das ist die Wahrheit. Punkt.

Leider kommt es bei dieser Geschwindigkeit und ohne die Möglichkeit des Prüfens und Abwägens unterschiedlicher Aspekte häufig zu falschen Schlüssen und Bewertungen. Das, was wir aufgrund des Impulses annehmen, stimmt gar nicht, ist schlicht nicht wahr. Der Spaziergänger war nicht gefährlich, sondern harmlos. Die grüne Flüssigkeit war nicht giftig, sondern sehr nahrhaft. Der Knall war kein Schuss, sondern ein Aufprall. Die Verdächtige war nicht die Täterin. Mein Gesprächspartner hatte keine böse Absicht, sondern Wohlwollen für mich ...

Als wenn diese „Fehlerquote" bei unseren Vorurteilen nicht schon Herausforderung genug wäre – es kommt noch „schlimmer" ...

Nach neuesten wissenschaftlichen Erkenntnissen denkt ein Mensch jeden Tag circa dreißigtausend Gedanken. Dabei können wir generell zwei Arten von Gedanken unterscheiden. Einerseits die, die wir bewusst denken und denken wollen. Dazu gehören zum Beispiel Antworten, die wir (uns) auf bestimmte Fragen geben.

Andererseits Gedanken, die „zufällig" entstehen, ohne unser eigenes Bestreben danach. Jeder, der einmal oder auch öfter versucht hat, zu meditieren, kennt das. Schnell stellt man fest, dass man praktisch nicht „nicht denken" kann. Dabei ist es für mich immer wieder überraschend, welche Gedanken so „durch meinen Kopf wandern". Total verrückte Dinge, von denen ich oft nicht einmal sagen kann, woher sie kommen und warum sie gerade jetzt in meinem Kopf sind. Ich nenne das „Es denkt in mir".

Und doch haben beide Arten von Gedanken, die „gezielten" und die „zufälligen", Auswirkungen auf mein Handeln. In der ersten Stufe ist es die Bewertung, die mit dem Gedanken einhergeht. Stimmt mich der Gedanke positiv oder negativ? Ist er kraftzehrend oder mehrend?

Um das beantworten oder wieder „loslassen" zu können, muss ich den Gedanken erst einmal richtig wahrnehmen. Das ist oft schwieriger als vermutet. Das Bewusstsein für die eigenen Gedanken zu entwickeln, sie wie ein stiller Beobachter wahrzunehmen, verlangt den meisten Menschen vielerlei Anstrengungen und Training ab.

 Was sind Glaubenssätze?

Wenn wir unsere Gedanken „richtig" wahrnehmen können, dann können wir diese Erkenntnis umsetzen: Wir können unsere Gedanken selbst wählen. Eine Bewertung können wir uns auch zunutze machen. Zum Beispiel dann, wenn es darum geht, Glaubenssätze zu identifizieren, die wir nicht länger in unseren Gedanken haben wollen, weil sie uns blockieren. Stellen wir uns doch die Grundfrage, ob uns unsere Gedankenrealität beflügelt oder nicht.

Unter Glaubenssätzen verstehen wir Überzeugungen, die wir häufig unbewusst in uns tragen. Sie wurden in unserer Kindheit geprägt und sie fassen zusammen, wie wir uns in unserem Umfeld erlebt haben. Klassische Beispiele: „Ich bin nicht gut genug" oder „Das Leben ist hart", „Geld verdirbt den Charakter". Es zählt zu den entscheidenden Bausteinen in der Persönlichkeitsentwicklung, negative Denkmuster, also Glaubenssätze, aufzudecken und sie durch eine neue Grundhaltung in unseren Gedanken zu ersetzen.

Das ging übrigens auch mir selbst so. Erst vor etwa sieben oder acht Jahren, also mit fast 60 Jahren auf der Uhr, habe ich mit dem Meditieren begonnen. Die Herausforderung war viel größer als angenommen, zehn, fünfzehn oder gar zwanzig Minuten still mit mir selbst zu verbringen, mich auf meine Atmung zu konzentrieren und dabei die Gedanken wahrzunehmen, die mir in den Kopf kamen, sie wieder ziehen zu lassen und mich ihnen nicht hinzugeben, also ihnen mit eigenen Gedanken nachzugehen. Allein die Erkenntnis, beziehungsweise die Bestätigung der These, dass es in mir denkt, im Gegensatz zu den von mir bewusst erzeugten Gedanken, war mir vorher nicht so klar.

Und auch nicht, welch große Herausforderung in der Beobachtung der eigenen Gedanken steckt, die die Fachleute Metakognition nennen. Also quasi in die Beobachterrolle des eigenen Geistes zu wechseln und dabei die entstehenden Gedanken und damit verbundenen Gefühle bewusst als solche wahrzunehmen. Auch wenn es mir inzwischen für kurze Phasen gelingt, bin ich zugegeben weit davon entfernt, dies über längere Zeiträume durchzuhalten.

Ebenfalls kann ich problemlos eingestehen, dass der beliebte Coachingspruch „Glaube nicht alles, was du denkst" vorher für mich eher eine bedeutungslose Phrase darstellte, als dass ich ihm hätte zustimmen können. Warum und wie sich das verändert hat, lesen Sie ab Kapitel 10.

 Meditation – Ruhe in unseren Gedanken

Meditation – vom lateinischen Wort für „nachsinnen, nachdenken" – umfasst eine ganze Reihe unterschiedlicher Methoden. Immer geht es darum, eine Haltung zu entwickeln, sich freizumachen von Gedanken, Zwängen, Ängsten, eine Verbindung aufzunehmen – ob zu sich selbst oder zu Gott – und es geht um Körperwahrnehmung, um Atmung, wieder wahrhaftig Herr der eigenen Sinne zu werden. So unterschiedlich die Formen auch sind, sie haben eines gemeinsam: Beim Meditieren konzentrieren wir unsere Aufmerksamkeit auf eine einzige Sache, zum Beispiel auf ein Bild, ein Wort, auf unseren Atem oder auf eine Empfindung. Wir verankern quasi unsere Wahrnehmung an dieser einen Sache. Wenn andere Gedanken auftauchen, lassen wir sie aktiv ziehen. Wir stellen uns vor, dass sie weiterwandern wie Wolken am Himmel oder wie Blätter im Wind. Eine geführte Meditation hilft uns, ein ganz spezifisches Bild des Weiterziehens zu kreieren, an dem wir uns orientieren können. So gewinnen wir Distanz zu unseren Gedanken.

Gute Nachricht für alle Anfängerinnen und Anfänger: Zu Beginn sind schon fünf bis zehn Minuten vollkommen ausreichend. Wichtig ist die regelmäßige Übung.

7.3 Die Vergangenheit bestimmt nicht die Zukunft

Eine der größten Täuschungen, die wir selbst oft in unseren Gedanken erzeugen, entstammt unseren eigenen Erfahrungen. Nehmen wir an, Sie haben in der Vergangenheit redlich versucht, etwas Bestimmtes zu erreichen, zum Beispiel Ihr Gewicht zu reduzieren. Sie haben sich bewegt, Ihre Ernährung umgestellt, verschiedene Diäten ausprobiert oder auch diverse Fastenmethoden. Doch immer trat nach begrenzten Erfolgen der so genannte Jo-Jo-Effekt ein, und nach einiger Zeit waren Sie wieder bei Ihrem ursprünglichen Gewicht oder sogar darüber. Irgendwann haben Sie sich gesagt: „Es hat keinen Zweck, ich werde nie abnehmen, also bleibe ich lieber bei meinem gewohnten Lebensstil und Gewicht." Oder Sie haben vergeblich versucht, mit dem Rauchen aufzuhören. Oder berufliche Anstrengungen haben nicht den gewünschten Erfolg gebracht. Vielleicht hat die Umsetzung einer Idee, einer Initiative, eines Konzeptes nicht gefruchtet? Vielleicht hatten Sie tatsächlich eine schwierige Kindheit, den falschen Partner, ungünstige Umstände oder einfach Pech.

Vergessen Sie all diese Erfahrungen! Lassen Sie sich davon nicht ins Bockshorn jagen und entmutigen. Für Ihre Zukunft bedeuten all diese Dinge nichts! Stellen Sie sich besser die Frage, ob Sie das angestrebte Ziel wirklich erreichen wollen. Hören Sie dabei nicht auf andere, die Ihnen vielleicht bestätigen oder weismachen wollen, es wäre sowieso nicht möglich, es zu erreichen. Wenn Sie es wirklich wollen und ehrlich glauben, es erreichen zu können, geben Sie nicht auf, weil Sie es zuvor einmal oder mehrmals nicht geschafft haben. Henry Ford hat seinen V8-Motor bekommen, nachdem seine besten Ingenieure ihm länger als ein Jahr lang erklärt haben, einen solchen Motor könne man unmöglich aus einem Block bauen. Thomas Edison hat mehr als eintausend Versuche gebraucht, bevor die Glühbirne brannte, und Steve Jobs hat darauf bestanden, ein Gerät mit einer Glasscheibe zu bekommen, die gleichzeitig als Anzeige und zur Eingabe von Daten nutzbar ist, und damit die berühmte „Delle" ins Universum geschlagen.

Es sind unsere Gedanken, die sowohl für die Fantasie, Kreativität, Initiative und Ausdauer sorgen, die zum Erfolg führen, als auch zu

Ängsten, Bedenken, Sorgen und Zweifel sowie der häufig aus unseren Erfahrungen resultierenden Schlussfolgerung, dass etwas unmöglich ist. Bedenken Sie, dass Sie erst mit oder an etwas gescheitert sind, wenn Sie es als endgültige Niederlage akzeptieren. Stattdessen überarbeiten Sie Ihren Plan und finden heraus, was Sie verbessern können, damit er aufgeht und Sie Ihr Ziel erreichen.

Sie fragen sich jetzt, woran Sie erkennen können, ob Sie vielleicht einer Illusion nachjagen oder das berühmte tote Pferd reiten? Diese Frage ist sehr gut und ebenso sinnvoll. Um eine verlässliche Antwort darauf zu bekommen, fragen Sie sich: Fühlt sich das angestrebte Ergebnis „natürlich" an? Nehmen Sie sich in Ruhe die Zeit, spüren Sie in sich hinein und fühlen, was Ihr Bauchgefühl sagt. Wenn Sie heute 28 Jahre alt sind und in einer Alte-Herren-Mannschaft Fußball in der Kreisklasse spielen, wird sich die Vorstellung nicht „natürlich" anfühlen, Profifußballer in der Bundesliga zu sein.

So wie die Idee, das Konzept, die Vorstellung oder das Ziel aus Ihrem Inneren kommt, können Sie sich auch auf das Urteilsvermögen Ihres Unterbewusstseins, sprich auf Ihr Bauchgefühl verlassen. Unzählige Menschen, die von ihrem Umfeld zuvor als Spinner abgestempelt wurden, haben ihren Glauben nicht aufgegeben und stattdessen ihre Ziele realisiert. Weil sie nicht nur auf das Resultat gehofft haben, sondern wussten, dass es geht, dass sie es bekommen würden. Verstehen Sie, was ich meine? Diese Kombination aus einem brennenden Verlangen, zusammen mit der Überzeugung, dass es möglich, also machbar ist, und obendrein dem dankbaren Gefühl, dass es bereits Realität, oder zumindest auf dem Weg dorthin ist.

Richtig und ebenso wichtig ist, dass neben dem Überwinden von Zweifeln noch einige weitere Zutaten für den Erfolg erforderlich sind. Dazu mehr ab Kapitel 11.3, jedoch an dieser Stelle der Aufruf, sich nicht von den Erfahrungen der Vergangenheit daran hindern zu lassen, die Zukunft nach den eigenen Vorstellungen zu gestalten.

7.4 (Nicht) Aktives Handeln versus Verantwortung

Wir blicken noch einmal auf den Dieselskandal, zu dem Sie – als vielleicht DAS bekannteste *Fake*-Beispiel in der deutschen Industriegeschichte schlechthin – in Teil eins schon einiges lesen konnten. Im Mittelpunkt und doch juristisch eine „Randfigur": Martin Winterkorn, der ehemalige VW-Vorstandsvorsitzende. Er bemühte bereits fünf Anwälte, um der Welt zu beweisen, dass er von den Manipulationen (Stichwort *Clean Diesel*) der Abgaswerte nichts gewusst habe. Abgesehen von vielleicht einigen „Eingeweihten", die diese Frage im Falle des Zutreffens gegenteilig beantworten könnten, weiß die Öffentlichkeit heute nichts darüber. *In dubio pro reo*, sagt das Gesetz – „Im Zweifel für den Angeklagten" – und damit versucht Winterkorn, sich aus der Affäre zu ziehen, seit Jahren. Übrigens dauert der Strafprozess zur Aufarbeitung der VW-Dieselaffäre vor dem Landgericht Braunschweig noch immer an. Bis 2024 sind Termine angesetzt. Winterkorn konnte es bisher aufgrund ärztlicher Atteste vermeiden, persönlich erscheinen zu müssen. Sein Verfahren wurde von der zuständigen Gerichtskammer abgetrennt.

Wie sieht es hier mit der Verantwortung aus? Wer trägt sie denn? Neben Winterkorn sind vier weitere Ex-Führungskräfte angeklagt. Zu Winterkorns Zeit als CEO von VW – und damit als einem der bestbezahlten Manager in Deutschland – hat er gerne seine Millionenbezüge kassiert, mit dem Argument der entsprechend hohen Verantwortung. Jetzt, da sie ihm im Skandalfall zugeschrieben wird beziehungsweise von ihm einverlangt, streitet er sie ab. Wie schön das doch die deutsche Sprache auszudrücken vermag ...

Zu den Fakten: Winterkorn ist kein „klassischer" Kaufmann oder Betriebswirt, sondern ein ausgewiesener technischer Spezialist. Aufbauend auf sein Studium der Metallkunde, in dem er auch promovierte, war er zunächst bei Audi für Qualitätssicherung zuständig, dann für technische Entwicklung, bevor er bei VW das Ressort Produktmanagement und später auch die Technische Entwicklung übernahm. Selbst als Vorstandsvorsitzender behielt er noch die Verantwortung für Vertrieb sowie Forschung und Entwicklung bei VW, muss also so tief in die Herausforderungen von Markt und Technik involviert gewesen sein, dass ihm die Mittel, mit denen die Herausforderungen gelöst wurden, kaum verborgen bleiben konnten.

Und falls doch? Ist das nicht genau das, wofür sechs- oder siebenstellige Vorstandsbezüge gezahlt werden? Verantwortung? Ja, genau. Da ist er wieder, der Begriff. Es gibt nur zwei Möglichkeiten: Entweder hat er von der Manipulationssoftware gewusst. Dann ist er dafür verantwortlich. Oder er hat davon nichts gewusst. Dann ist er dafür ebenfalls verantwortlich. Sie ahnen es schon – auch hierfür haben wir ein passendes Sprichwort: „Dummheit schützt vor Strafe nicht." Zugegeben, „Dummheit" passt hier nicht ganz, damit würde man Dr. Winterkorn gewiss nicht gerecht. Unwissenheit – als Folge von Oberflächlichkeit oder Desinteresse – träfe es besser. Beide Ursachen – ohne Anspruch auf Vollständigkeit – sind wenig geeignet, die Existenz der Verantwortung und damit auch die Konsequenzen des Handelns zu bestreiten.

Sagen wir mal so: Wenn Herr Winterkorn „Eier hätte", übernähme er die Verantwortung. „Reinen Tisch machen" wäre angesagt. Egal, wie es wirklich war; alles wäre dann klar und verständlich und sogar – selbst im Unrecht – nachvollziehbar. Ich bin recht sicher, er selbst, so wie viele andere in seinem Umfeld, die sich – so oder so – im Konflikt zwischen Wahrheit und Loyalität befinden, ginge es mit der Wahrheit deutlich besser. Letztlich greift auch das Argument, den VW-Konzern durch Schweigen oder Aussitzen vor noch größeren finanziellen Belastungen zu schützen, nicht. Das mag zwar für die Verhinderung von Schadenersatzzahlungen an Kunden gelten, die das Unternehmen vielleicht durch die Hinhaltetaktik nicht zu entrichten hat. In keiner Bilanz werden jedoch die Reputationsschäden sichtbar, die nicht nur VW, sondern viele weitere Unternehmen, die vormals mit dem Siegel *Made in Germany* punkten konnten, erleiden. Alles hat seinen Preis, auch die Ablehnung von Verantwortung.

7.5   Vorsicht Falle – oft lügen die eigenen Gedanken

Ja, Menschen können sich selbst belügen, und es ist eine recht häufige menschliche Verhaltensweise. Die Wahrscheinlichkeit, dass jemand sich selbst belügt, variiert von Person zu Person, aber es ist eine weit verbreitete Tendenz. Die Gründe dafür liegen in den psychologischen Mechanismen, die dazu dienen, das eigene Selbstbild oder die Wahrnehmung der Realität zu schützen.

Ein Grund für selbstbetrügerisches Verhalten ist der Wunsch nach Selbstbestätigung. Wir haben oft ein starkes Bedürfnis, uns selbst in einem positiven Licht zu sehen, und können uns selbst belügen, um dieses positive Selbstbild aufrechtzuerhalten. Das kann dazu führen, dass wir Informationen ignorieren oder verzerren, die unserem Selbstbild widersprechen.

Ein weiterer Grund ist die Vermeidung von unangenehmen Emotionen. Manchmal ist es einfacher, sich selbst zu belügen, als sich mit der Wahrheit auseinanderzusetzen, die negative Emotionen wie Scham, Schuldgefühle oder Angst hervorrufen könnten. Indem man die Realität verzerrt, versucht man, diese unangenehmen Gefühle zu umgehen.

Ein weiterer Faktor ist die kognitive Dissonanz. Wenn Menschen mit Informationen oder Überzeugungen konfrontiert werden, die im Widerspruch zu ihren bestehenden Überzeugungen stehen, können sie versuchen, diese Diskrepanz zu reduzieren, indem sie sich selbst belügen. Nehmen wir ein praktisches Beispiel: Wenn es eine Diskrepanz zwischen dem eigenen Verhalten, angenommen Rauchen oder Alkoholkonsum, und der Überzeugung gibt, den eigenen Körper zu lieben, entsteht kognitive Dissonanz. Obwohl neutral und objektiv betrachtet Rauchen und Alkohol im Widerspruch zur Liebe des eigenen Körpers stehen, hilft ihnen, durch das Behaupten des Gegenteils eine innere Kohärenz aufrechtzuerhalten und den psychischen Stress zu reduzieren, der durch die Diskrepanz entsteht.

Manchmal sind Menschen sich auch einfach nicht der negativen Auswirkungen ihres Verhaltes auf ihren Körper bewusst oder verdrängen diese. Sie können die langfristigen Risiken von Rauchen und Alkoholkonsum unterschätzen oder nicht ausreichend über die Auswirkungen informiert sein.

Wir nutzen verschiedene psychologische Verteidigungsmechanismen, die uns helfen, unangenehme Wahrheiten oder Widersprüche zu vermeiden. Zum Beispiel können Rationalisierung oder Verleugnung dazu führen, dass Betroffene ihre eigenen schädlichen Verhaltensweisen rechtfertigen oder ignorieren. Diese Mechanismen dienen dem Schutz des Selbstwertgefühls und der Aufrechterhaltung eines positiven Selbstbildes. In extremen Fällen weicht es so stark vom Fremdbild, also dem Eindruck anderer Menschen ab, dass den Betroffenen jegliche Glaubwürdigkeit verloren geht und sie sich der Lächerlichkeit preisgeben, eine im Grunde tragische bedauernswerte Folge.

Es ist wichtig zu verstehen, dass selbstbetrügerisches Verhalten nicht immer bewusst geschieht. Oft können Menschen sich selbst belügen, ohne es zu merken, da es ein automatischer Schutzmechanismus ist. Die menschliche Psyche ist komplex, und es gibt viele individuelle und situative Faktoren, die dazu beitragen können, warum Menschen sich selbst belügen.

Deshalb wäre auch jeder Ratschlag – man bedenke, auch Ratschläge sind Schläge – an dieser Stelle unangemessen. Wie jeder von uns dennoch mit dieser Falle umgehen kann? Die Antwort ist indirekt schon genannt: durch die Entwicklung und Schärfung des eigenen Bewusstseins. Diese kann zum Beispiel durch ein Tagebuch gefördert werden, in dem ich täglich Notizen über positive, jedoch ebenso negative Beobachtungen über mich selbst festhalte. Nur wenn ich meine unerwünschten Eigenschaften selbst kenne, benenne und gezielt zu verändern anstrebe, ist die Chance groß, das auch zu schaffen. Beiläufig und ganz nebenbei wird das wahrscheinlich nicht gelingen.

7.6   Wegsehen, Ignorieren, Ausblenden – (Selbst-)Betrug?

Das Lied *Another Day in Paradise* von Phil Collins ist eines der schönsten Lieder für mich – nicht nur wegen der Melodie, sondern noch mehr wegen des Textes. Einen Link zum Video auf YouTube bekommen Sie im **Bonusmaterial**.

 **BONUS zum Herunterladen**
Scannen Sie den QR-Code.

Another Day in Paradise – Ausschnitt in der deutschen Fassung

Sie ruft nach dem Mann auf der Straße „Mein Herr, können Sie mir helfen? Es ist kalt und ich habe keinen Schlafplatz. Kennen Sie einen Ort, wo ich hingehen kann?"

Er läuft weiter, schaut nicht zurück. Er tut so, als ob er sie nicht hören kann ... Fängt an zu pfeifen, als er die Straße überquert. Es scheint ihm peinlich, dort zu sein.

Refrain: Oh, denk zweimal: Denn dies ist ein weiterer Tag für dich und mich im Paradies; oh, denk mal nach: Denn dies ist ein weiterer Tag für dich, dich und mich im Paradies.

Sie ruft nach dem Mann auf der Straße; er kann sehen, dass sie geweint hat. Sie hat Blasen an ihren Fußsohlen. Sie kann nicht laufen, aber sie versucht es.

Oh Herr, gibt es nichts mehr, was irgendjemand tun kann? Oh Herr, es muss etwas geben, das du sagen kannst.

An den Falten auf ihrem Gesicht kannst du ablesen, kannst du sehen, dass sie dort war. Vermutlich ist sie von jedem Ort aus weitergezogen, weil sie dort nicht reinpasste.

Refrain: Oh, denk zweimal: Denn dies ist ein weiterer Tag für dich und mich im Paradies; oh, denk mal nach: Denn dies ist ein weiterer Tag für dich, dich und mich im Paradies.

Der Mann, um den es in dem Lied geht, tut so, als würde er die Bettlerin nicht wahrnehmen. Er wechselt die Straßenseite und fängt an zu pfeifen, es scheint ihm peinlich zu sein, ihr zu begegnen ...

Ich wette, Sie kennen das auch: Sie sehen einen Bettler oder eine offensichtlich arme Person und erkennen, dass er oder sie das nicht „spielt", sondern, dass es der Person wirklich nicht gut geht ... Sie wollen spontan helfen und greifen zur Geldbörse. Doch bevor Sie sie öffnen können, hören Sie die Stimme in Ihrem Kopf: „Bist du sicher? Könnte es nicht doch ein unechter Bettler sein? Zehn Euro – das ist viel zu viel! Ein oder zwei Euro müssen reichen." So oder so ähnlich?

Im Gehen fummeln Sie an Ihrem Portemonnaie herum, finden kein passendes Kleingeld, und schon sind Sie an der Person vorbeigegangen.

Umdrehen geht jetzt auch nicht mehr, das wäre Ihnen peinlich. Dieser Mensch hat nichts bekommen – und Sie auch nicht. Das fühlt sich nicht gut an, richtig?

Was das mit *Fakes* zu tun hat? Nun, wir kennen alle die Berichte von gewerbsmäßigem Betteln. Morgens werden ganze Kleinbusse voll „passend gekleideter Gestalten" in die Fußgängerzonen großer Städte gefahren, abends kassieren die „Organisatoren" ab. Alle fahren sie in speziell dafür angemietete Billigunterkünfte zurück. Den Menschen, die häufig aus Staaten des ehemaligen sogenannten Ostblocks stammen, wird von solchen kriminellen Köpfen der Bandenstruktur häufig der Ausweis abgenommen. Die Folge: Sie können sich nicht frei bewegen. Ihnen ist außerdem klar, dass es kein „Entrinnen" gibt, weil im Zweifel die Familie in den Heimatländern den Preis zu zahlen hat …

Das alles weiß unser Verstand und unser Gedächtnis hat es abgespeichert und holt es bei passender Gelegenheit als „Warnungswissen" hervor. Sie sind also entsprechend misstrauisch. Dagegen steht unser „Gefühl", der spontane, emotionale Impuls, der entsteht, wenn wir Hilfsbedürftigkeit erkennen und helfen wollen.

Die beiden Seiten können gegensätzlicher nicht sein: Hier der „emotionale Trigger" für Vertrauen, Offenheit, Unterstützung, Hilfe – und dort die „logische Warnung" für Vorsicht, Misstrauen, Distanz, Rückzug, Selbstschutz. Doch was ist „richtig" in einer solchen Situation?

Ich habe eine klare Richtung gefunden: Vertrauen Sie auf Ihren spontanen Impuls! Ihr „Bauch" hat immer recht! Ihr Geist glaubt wahrscheinlich, „schlauer" zu sein und wird versuchen, Ihren Bauch zu überstimmen. Deshalb ist die Geschwindigkeit Ihrer Reaktion sehr wichtig: Wenn Sie Ihrem spontanen Impuls folgen und schnell reagieren – in unserem Beispiel, dem Bettler die zehn Euro geben – kann der Verstand nicht mehr eingreifen. Hat der aber ausreichend Zeit, wird er Zweifel streuen und Ihre spontane Entscheidung revidieren.

Das Fatale ist am Ende, dass der Bettler nichts bekommt – Sie aber auch nicht! Wieso Sie? Was Sie bekommen hätten? Das glückliche Gefühl, jemandem geholfen zu haben. Wissenschaftler haben längst bewiesen – und Ikea, die weltgrößte Haushaltsmöbelmarke, wirbt sogar damit –, dass es die gleichen Glückshormone sind, die sowohl beim Schenken als auch beim Beschenktwerden ausgeschüttet werden. Ist das nicht interessant? Wenn wir durch Schenken das gleiche Glücksgefühl bekommen wie beim Beschenktwerden, könnten und sollten wir uns das nicht öfter zunutze machen? Und nicht nur das. Ist es nicht so, dass wir uns durch Wegsehen, Ignorieren und Ausblenden selbst schaden?

Zeit für den nächsten passenden Spruch: „Es gibt nichts Gutes, außer man tut es!" Ja, dies ist ein Beispiel, warum Geiz eben nicht „geil" ist. Das hatte wohl auch die Elektronikhandelskette Mediamarkt-Saturn erkannt, die von 2002 bis 2011 mit dem Slogan „Geiz ist geil" warb. Der neue lautet „Soo! muss Technik!" Nein, es ist längst erwiesen, dass Geiz nicht glücklich macht – im Gegenteil. Je mehr Geld die Menschen horten, desto stärker wird ihre Angst, es wieder zu verlieren.

Ich finde, das macht das Leben wirklich leichter: „Geben ist seliger als nehmen" wird von vielen Menschen kopfschüttelnd in Frage gestellt. Rechnerisch habe ich doch anschließend weniger, wenn ich zuvor etwas abgegeben habe, oder? Das stimmt allerdings nur, solange wir davon ausgehen, dass „Geben" und „Nehmen" isolierte, eindimensionale Vorgänge sind, die in keinem weiteren Zusammenhang stehen. Nehmen wir jedoch an, dass jede Aktion eine Reaktion auslöst (was nicht nur esoterisch zu sehen ist, sondern auch energetisch stimmt), wird deutlich, dass Geben praktisch immer zu einem „Rückfluss" führt. Insbesondere dann, wenn der Gebende diesen Rückfluss gar nicht beabsichtigt hat, also ohne die Absicht, etwas zu bekommen, gegeben hat, ist die Wirkung schon deshalb so stark, weil der Gebende sie eben nicht erwartet oder gar „damit rechnet".

Was können Sie als Erkenntnis mitnehmen? *Faken* und manipulieren muss nicht unbedingt negativ sein. Erfahrungsgesteuerte Gedanken zu „überlisten", hier also gezielt im eigenen Kopf zu manipulieren, kann Gutes bewirken. Sie drehen im Grunde damit ein weiteres Sprichwort – „Erst denken, dann handeln" – um 180 Grad ins Gegenteil. Ihrem Mitgefühlsimpuls nachgebend kommen Sie erst ins Tun, bevor das Denken einsetzt. Mit etwas Übung könnte aus Ihnen ein Mensch werden, der gerne – vielleicht ganz selbstverständlich – gibt und regelmäßig Fülle verteilt und selbst erfährt. Sie verändern durch Ihre Taten Ihre Gedanken. Anderen Menschen etwas geben, spenden, sie unterstützen und ihnen helfen – das erzeugt in gleicher Weise Glücksgefühle beim Beschenkten und beim Schenkenden.

Wir waren zu Beginn des Buches schon bei einem Spruch, der sich auf so viele Lebensbereiche anwenden lässt: *Fake it until you make it!* Sie erinnern sich? Bevor wir etwas beherrschen, müssen wir üben. Ganz gleich, ob im Sport, im Beruf, bei einem Hobby oder im „richtigen Leben": Nur durch den Versuch, etwas so auszuführen, wie es perfekt sein müsste, entsteht am Ende genau das. Durch Wiederholungen entsteht die Sicherheit der Routine und auch die Perfektion, die den Profi vom Laien unterscheidet. Ohne einen zwangsläufigen Perfektionsanspruch entsteht auch eine neue Art zu denken. Für all das ist es erforderlich, mit der Wahrheit zu leben und sich zur Ehrlichkeit zu verpflichten. So leicht sich das liest (und auch schreibt), so herausfordernd ist das doch täglich.

Schließlich steckt in der These noch der Teil *„until" you make it.* Also sinngemäß übersetzt: „bis' du es kannst".

Dann allerdings ist die Zeit gekommen, mit dem Nachmachen aufzuhören und seinen eigenen Stil, seine eigenen Methoden, seine eigenen Verbesserungen, seine eigene Position und sein eigenes „Sein" zu entwickeln. Erst dann sprechen wir von Meisterschaft, von Originalität, von der Qualität, die wiederum anderen als Vorbild dienen kann. Den Zustand, den ich in allen Lebensbereichen für erstrebenswert halte. Warum? Weil er am Ende Freiheit bedeutet. Unabhängigkeit im besten Wortsinn. Das, wonach sich unser Wesenskern, unsere Seele sehnt. Nicht abhängig zu sein von irgendetwas Irdischem, nicht von anderen Menschen, einer oder mehreren Rollen, von Geld und Gütern oder auch einem Unternehmen.

8 Glaubenssätze, Illusionen, Behauptungen und unsere Handlungsspielräume

8.1 Vom „Fliegertraum" zum „Albtraum" – Fehlerquote in der Medizin

Wahrscheinlich haben Menschen zeitlebens und mit Faszination, wahrscheinlich auch mit einer gesunden Portion Neid, auf Kreaturen geschaut, die sich in der Luft bewegen konnten. Hoch oben kreisende Adler, die minuten-, manchmal gar stundenlang ohne einen einzigen Flügelschlag die Thermik aufsteigender Luftmassen für ihren Segelflug nutzen können. Sie mögen ebenso beeindruckend gewirkt haben, wie die pfeilschnellen Falken, Habichte und Eisvögel oder die Formationsflüge von Gänsen oder Kranichen, denen die Luftströmungen in schwindelerregender Höhe kraft- und energiesparend für ihre Langstreckenflüge dienen. Kein Wunder also, dass die Menschheit über Tausende von Jahren vom Fliegen träumte ...

Moment mal, warum lesen Sie jetzt vom Fliegen? Ein paar wenige Zeilen Geduld trennen Sie vom *Fake*-Zusammenhang. Gemessen an der Menschheitsgeschichte von Abertausenden Jahren, ist der Zeitraum, in dem dieser Traum Wirklichkeit wurde, winzig klein: Im Wesentlichen vollzog sich die Entwicklung der Luftfahrt in den letzten einhundertzwanzig Jahren, also eins zu eins vergleichbar mit den zeitgleichen und parallelen Entwicklungen, zum Beispiel der Elektrizität, des Maschinenbaus, der Industrialisierung, des Automobils, der Eisenbahn und auch der Medizin.

Die jüngere Vergangenheit des Flugzeugbaus und der Luftfahrt ist sicher ebenso interessant wie der soeben geschilderte Beginn, würde jedoch den hier zur Verfügung stehenden Rahmen sprengen. Heute ist das Reisen mit Flugzeugen die schnellste und gleichzeitig sicherste Möglichkeit der Fortbewegung. Vielleicht fragen auch Sie sich jetzt: „Wie kann es sein, dass Fliegen sicherer ist als Eisenbahnfahren beispielsweise?" Interessante Frage, nicht wahr?

Einerseits haben die Erfinder, wie die Erfahrungen der Flugzeugentwicklung zeigen, zu allen Zeiten versucht, ihre Neuheiten durch

Patente oder andere Schutzrechte gegen unberechtigtes Kopieren zu sichern. Andererseits – und diese Tradition ist entscheidend, ist die Luftfahrt seit ihren Ursprüngen die sicherste aller Industrien weltweit, weil kein Fehler „geheim gehalten" wird.

Im empfehlenswerten Buch *Das Blackbox-Prinzip* schildert der Autor Matthew Syed auf beeindruckende Weise, wie jedes Ereignis (*Incident*), das die Sicherheit des Betriebs des Fluggerätes beeinflussen könnte oder tatsächlich beeinflusst, im Nachgang akribisch untersucht wird. Ganz gleich, ob es sich um eine defekte Zündkerze, eine klemmende Tür, einen geplatzten Reifen oder nur um den folgenlosen Ausfall einer Kontrollleuchte handelt. Das primäre Ziel ist es dabei, die genaue Ursache, die zu dem *Incident*, also Ereignis, geführt hat, zu finden, festzustellen und zu dokumentieren. Jeder Fehler, jedes Problem, ganz gleich an welchem Flugzeug und in welcher Situation, wird analysiert und unter die Lupe genommen, um exakt zu verstehen, „warum" und „wie" es dazu gekommen ist.

Zur Klarheit und zur Vermeidung von Missverständnissen: ein *Incident* ist nicht zu verwechseln mit *Accident*, also einem Unfall oder einer Havarie im Zusammenhang mit dem Betrieb eines Luftfahrzeuges, das zu Personen- oder Sachschäden führt.

Frei nach dem Motto „Wer die Ursache kennt, wird der Wirkung Herr" ist das Finden des Grundes für eine Störung das erste Ziel. Doch damit nicht genug. In der Luftfahrt herrscht geradezu eine Besessenheit, genau zu verstehen, wie sich der Fehler, das Ereignis, das Problem entwickeln konnte. Erst wenn alle diesbezüglichen Fragen beantwortet sind, verfolgen die Spezialisten ein zweites, noch wichtigeres Ziel, nämlich diesen Fehler und seine möglichen Folgen künftig mit höchster Sicherheit zu VERHINDERN. Dazu können konstruktive Verbesserungen von Bauteilen, veränderte Wartungsintervalle oder Redundanzen dienen, also doppelt vorhandene Systeme, die die Betriebssicherheit von Luftfahrzeugen drastisch erhöhen.

Übrigens finden Sie solche redundanten Systeme auch in Autos. Jeder moderne PKW verfügt beispielsweise über ein sogenanntes Zwei-Kreis-Bremssystem. Sie würden im Normalfall bei einem Ausfall eines Bremskreises nur das Aufleuchten einer Kontrollleuchte bemerken, während Ihr Fahrzeug aufgrund des zweiten eigenständigen Bremskreises noch immer über voll funktionsfähige Bremsen verfügt.

Auch die Entwicklung von Strukturen, Prozessen und Routinen sowie besseren Kontrollen oder Prüfverfahren gehören zu den Maßnahmen zur künftigen Fehlervermeidung. So führen zum Beispiel Erkenntnisse über die steigende Fehleranfälligkeit im Verhältnis zur Nutzungsdauer zu Vorschriften, die den Austausch von Bauteilen vorschreiben, die „eigentlich" noch voll funktionsfähig sind.

Die dritte Zielebene soll gewährleisten, dass das Ereignis (*Incident*) nicht nur an dem betreffenden Fluggerät, sondern künftig auch an keinem anderen Flugzeug wieder auftritt. Das darf getrost eine vorbildliche Fehlerkultur genannt werden. Genau die ist nämlich entscheidend für die in keiner anderen Branche erreichte Sicherheit, die statistisch zu nur zwei Ereignissen pro jeder Million Starts und Landungen (zwei ppm = *parts per million*, also Millionstel) führt. Ein unvorstellbar niedriger Wert, der nur erreicht wird, weil JEDES noch so unbedeutend erscheinende Ereignis gemeldet und analysiert wird – mit dem Ziel, es für alle Zukunft zu vermeiden. Anders ausgedrückt sind Offenheit und Ehrlichkeit, also das Gegenteil von Vertuschen und Verschleiern, der Grund und die Ursache für die vorbildliche Sicherheit der Luftfahrtindustrie. Extrem kurz zusammengefasst: Transparente Analyse statt Vertuschen.

 Flugsicherheit mit Unfallstatistik im Vergleich

Die Fakten und Statistiken sprechen eine deutliche Sprache: In den 70 Jahren zwischen 1945 und 2015 verzeichnete die zivile Luftfahrt weltweit 3.018 Flugzeugabstürze – weltweit.

Demgegenüber stehen 2.397.080 Verkehrsunfälle, allein in Deutschland im Kalenderjahr 2014. Bei 302.039 dieser Unfälle kamen Personen zu Schaden. Während weltweit im Jahr 2012 nur 106 Passagierschiffe verunglückten, geschahen 45.500 Unfälle 2014 in Deutschland allein mit dem Motorrad. Um es in der Sprache der Wahrscheinlichkeitsrechnung auszudrücken: Die Chance, bei einem Verkehrsunfall zu verunglücken, beträgt

1 : 15.000, die Wahrscheinlichkeit eines Flugzeugabsturzes jedoch nur 1 : 30 Millionen. Zum Vergleich: Die Chance auf einen Sechser im Lotto beträgt 1 : 140 Millionen.

Wenn wir die verschiedenen Verkehrsmittel bezüglich „Todesfälle pro Reisekilometer" vergleichen, wird ebenfalls deutlich, wie sicher das Flugzeug im Vergleich zu anderen Reisemethoden ist: Auf eine Milliarde Reisekilometer kommen dabei nur 0,003 Todesfälle. Beim Auto sind es 2,9, also etwa 1.000-mal mehr, beim Fahrrad bereits dreißig und beim Motorrad ganze 53 Tote pro Milliarde Reisekilometer. Sogar das vermeintlich sicherste Fortbewegungsmittel, der Zug, ist mit 0,03 Todesfällen etwa zehnmal gefährlicher als das Flugzeug – dennoch gibt es wohl so gut wie niemanden, der Angst vorm Zugfahren hat. Noch sicherer als das Flugzeug ist übrigens nur das Schiff – dieses Verkehrsmittel bringt es auf nur 0,00001 Todesfälle pro Milliarde Kilometer.

Und wie sieht es in anderen Bereichen aus? Springen wir doch kurz zurück in die „Gesundheitsindustrie": Was glauben Sie? Wie hoch schätzen Sie die Quote der *Incidents*, also der „Ereignisse", ein, die – übersetzt auf den menschlichen Körper – die Gesundheit des Körpers und damit das Leben des Menschen beeinflussen könnten oder tatsächlich beeinflussen?

Fünf ppm? Leider nicht. Zehn ppm? Auch falsch. Einhundert ppm? Schön wärs. Ein Promille? Wäre immer noch hervorragend. Ein Prozent? Leider noch immer zu niedrig. Zehn Prozent? Noch schlimmer! Es sind laut einer Recherche des Spiegel zwischen zwei und fünfzehn Prozent! Dabei ist nicht ausgeschlossen, dass die Rate unter Berücksichtigung der so genannten Dunkelziffer noch höher ausfällt. Ein Bekannter, der als Mediziner in verschiedenen Fachbereichen namhafter Kliniken Verantwortung trug, schätzt die Fehlerrate auf etwa dreißig Prozent ein, wenn man jede Form unzulänglicher Untersuchungen, fehlerbehafteter oder unvollständiger Diagnosen, Verwechselungen, falsche Verschreibungen, unzutreffende Prognosen, falsche Nachsorgen und tausend weiterer Fehlerquellen mit in die leider nicht vorhandenen Statistiken einbeziehen würde.

Wie bitte? Ja, leider ist es wahr: Etwa jede sechste bis dritte medizinische Maßnahme ist fehlerbehaftet. Ganz gleich, ob es sich um eine falsche Analyse handelt, eine fehlerhafte Behandlung, eine unzulängliche Medikamentierung, Nebenwirkungen, eine misslungene Operation oder das klischeehafte, zum Glück sehr selten vorkommende „falsche Bein" bei einer Amputation. Fakt ist: Auch im 21. Jahrhundert ist weltweit noch eine von drei, fünf oder sechs Aktionen – je nachdem welcher Statistik man trauen möchte – fehlerbehaftet. Dies ist die angekündigte Schattenseite der Medizin.

Verständlicherweise sind wir schnell geneigt, nach geeigneten Gründen für diesen katastrophalen und völlig inakzeptablen Zustand zu suchen. Etwa: „Na ja, der Mensch ist halt keine Maschine" oder „Jeder Körper ist ja ein Individuum und braucht spezielle Behandlung" bis hin zu „Oft sind die Dinge von Mensch zu Menschen nicht vergleichbar".

Leider treffen diese und ähnliche Vermutungen nicht zu. Selbstredend ist jeder Mensch ein Individuum. So wie auch jedes Fluggerät ein technisches Individuum darstellt. Wahrscheinlich existieren viel mehr unterschiedliche „Modelle" von Flugaggregaten als von Menschen. Bitte verstehen Sie das richtig – hier geht es nicht um Rassismus oder die Analyse genetischer Differenzen innerhalb der Menschheit. Natürlich kann jeder mit offenen Augen bereits auf den ersten Blick Unterschiede zwischen Menschen in Afrika, Asien, Südamerika und zum Beispiel indigenen Völkern im Polargebiet, wie die Inuit, erkennen, um hier ohne jede Wertung nur einige zu nennen.

Dabei ähneln sich der Körperbau sowie alle Organe und Funktionen aller Menschen viel mehr als die Eigenschaften einer kleinen Propellermaschine im Vergleich zum Düsenjet. Und erfahrene Piloten berichten, dass jedes Flugzeug, auch baugleiche Typen einer Serie, seine individuellen Eigenarten aufweist – auch wenn sie klein und praktisch bedeutungslos sein mögen. So kann man manchmal am Himmel mit bloßem Auge beobachten, dass bei einem vierstrahligen Flugzeug nicht alle Triebwerke ihre Kondensstreifen in die gleiche Richtung schicken. Manchmal steht ein Triebwerk nicht im gleichen Winkel zu den anderen und man sieht, dass der durch die

Abkühlung der heißen Abgase gebildete Wasserdampf in einem leicht abweichenden Winkel zur Flugrichtung kondensiert.

Vergleichbar sind zwar bei allen Menschen die Gelenke des Skeletts identisch aufgebaut, individuell führen jedoch kleinste Unterschiede, zum Beispiel im Knöchel, Knie oder Hüftgelenk, zu einem unterschiedlichen Gang der betreffenden Personen. Und auch das haben Sie sicher schon beobachtet: Oft können wir eine Person von Weitem an ihrem Gang erkennen, lange bevor wir ihr Gesicht sehen. Wir dürfen also getrost annehmen, dass die Vergleichbarkeit von menschlichen Körpern und Funktionen ebenso hoch ist, wie die von Fluggeräten, sodass die Ursache für die etwa 75.000-mal höhere (!) Fehlerquote der Medizin gegenüber der Fliegerei damit nicht erklärt werden kann.

Sie vermuten es schon ganz richtig: Es ist ein vollkommen anderer Umgang mit den *Incidents*, also den gesundheitlichen Problemen der Patienten, der den großen Unterschied macht. Freilich soll hier keine Ärztin, kein Arzt an den Pranger gestellt werden, und auch die Verunglimpfung eines ganzen Berufsstandes – einschließlich der Pharmaindustrie und den Apotheken als absichernde und fehlervermeidende „Schnittstelle" zu Patienten, so die Argumentation in Deutschland – ist hier kein Ziel. Dennoch muss doch die Frage erlaubt sein, warum wir gesellschaftlich eine so extrem hohe Rate an Behandlungsfehlern hinnehmen und akzeptieren? Wie kann es sein, dass eine so miserable Quote an guter Arbeit akzeptiert wird?

Würden Sie ein zweites Mal in einem Restaurant essen, in dem jeder dritte Gast anschließend unzufrieden ist oder gar körperliche Beschwerden hat? Oder würden Sie Ihr Auto in eine Werkstatt geben, die dafür bekannt ist, dass sich ein Drittel aller Wartungen und Reparaturen als fehlerhaft herausstellt? Sicher nicht. Was uns zu einem neuen Komplex führt, der zunehmend an Bedeutung gewinnt – Bewertungen im Internet, von Experten auch als die „wichtigste digitale Währung" bezeichnet. Doch dazu später.

Behandlungsfehler – Definition nach Wikipedia

Die Ursachen von Behandlungsfehlern sind vielschichtig und zahlreich. Neben allgemein menschlichen Unzulänglichkeiten rücken zunehmend die äußeren Bedingungen in den Blickpunkt, die das Risiko von Behandlungsfehlern erhöhen. Als Faktoren werden zum Beispiel angegeben:

1. Mangelnde „Fehlerkultur". Behandlungsfehler wurden tabuisiert und als individuelles Versagen gebrandmarkt, statt sie zu analysieren und über Ursachen und Vermeidungsstrategien zu sprechen.
2. Verwechslungsmöglichkeiten, zum Beispiel bei Medikamenten mit ähnlichem Namen und/oder ähnlicher Verpackung, Rechts-links-Verwechslungen, Verwechseln von Patienten
3. Kommunikationsfehler zwischen den Behandelnden
4. Arbeitsbelastung
5. Unklarheit über die Verantwortlichkeiten

Das Problem „mangelhafter Qualität in Medizin und Gesundheitswesen" beginnt also mit einer mangelnden Fehlerkultur, also exakt mit dem Gegenteil dessen, was in der Luftfahrt als unverzichtbarer Standard angesehen wird. Und – um das ergänzend zu erwähnen – das heißt nicht, dass nicht auch Fluggesellschaften schlecht kommunizieren, mal nur die halbe Wahrheit nach außen tragen, intransparent agieren. Im Kern beobachten wir hier jedoch ein Gegensatzpaar. Die Konsequenz ist Intransparenz. Die Probleme von Patienten werden nur in Ausnahmefällen systematisch erfasst, dokumentiert, ausgewertet und evaluiert. Dies ist beispielsweise häufig nur vor aufwändigen Tumorbehandlungen der Fall, wenn eine Gruppe von Spezialisten, die in einem sogenannten Tumorboard jeden Patienten beziehungsweise dessen Erkrankung haarklein analysieren, um dann die erfolgversprechendste Therapie festzulegen oder die beschlossenen Maßnahmen vorzubereiten und durchzuführen. Was wir so gut wie nirgendwo finden, sind Erkenntnisse aus Analysen und Auswertungen über die Ergebnisse von Behandlungen. Es wäre doch sehr interessant zu erfahren, welcher Anteil der Patienten eines Arztes oder einer Klinik nach bestimmten Behandlungen beschwerdefrei ist oder nicht, zum Beispiel bei einer Standardbehandlung gegen Grippe, einem Routineeingriff wie „Blinddarm" oder aufwändigeren Operationen wie Hüft- oder Knieimplantaten.

Meine gesundheitliche „Baustelle" sind meine Zähne. Als Kinder haben wir das konsequente Zähneputzen leider nicht erlernt. Die Konsequenz war ein verbreiteter Karies bereits im jungen Erwachsenenalter. Da kam die Möglichkeit gerade recht, die „Sanierung" mittels einer Vielzahl von Kronen während der Wehrdienstzeit vorzunehmen. Danach war ich für die tägliche Zahnhygiene sensibilisiert und freute mich über viele Jahre schon vor dem jährlich zweimal stattfindenden Kontrollbesuch bei meiner Zahnärztin auf ihre lobenden Worte. Kein neuer Karies, nur wenig Plaque, das mittels der professionellen Zahnreinigung einer Mitarbeiterin schnell entfernt werden konnte. Alles super. Bis ich auf einer Dienstreise in Houston Zahnschmerzen bekam und mir der örtliche Dentist erklärte:

„Sie erhalten ein Medikament, das die Schmerzen für etwa 48 Stunden unterdrückt, sodass Sie schmerzfrei zurück nach Deutschland kommen. Aber wissen Sie eigentlich, dass Sie keinen Zahn im Mund haben, der nicht behandlungsbedürftig ist?" Ich war so geschockt als hätte mich ein Blitz getroffen! Nach der Ursache seiner Meinung gefragt, erklärte er, dass praktisch alle Füllungen und Kronen „undicht" seien und sich Bakterien in die offenen Spalten eingenistet hätten, die nun die Zähne praktisch von innen angriffen. Bei meinem schmerzenden Zahn sei dieser Vorgang so weit fortgeschritten, dass die Faulstelle bis an die Nervenbahn in der Zahnwurzel reiche und deshalb spürbar sei ...

Es folgte der Zahnarztwechsel und eine mehrjährige Tortur, in der mein neuer Arzt des Vertrauens – zu der „besseren" Frau Doktor hatte ich es verloren – etwa ein Dutzend Zähne nicht mehr retten konnte, weil die Schädigungen bereits zu weit fortgeschritten waren und für eine Sanierung oder den Aufbau einer Krone oder Brücke nicht mehr die nötige Substanz bestand. Nach Abschluss aller Maßnahmen, die sich insgesamt über zwölf Jahre erstreckten, befinden sich elf Implantate in meinen vier Kieferästen.

Allerdings verliefen die Implantationen nicht unproblematisch. Zwei der ersten sechs sogenannten Stiftzähne eiterten kurz nach dem Setzen aus der Bohrung im Kiefer und waren verloren. Doch nicht nur das. In beiden Fällen war ein Auffüllen mit eigenem und künstlichem Knochenmaterial erforderlich, um neun beziehungsweise elf Monate später den Ersatz implantieren zu können.

Der betreffende Zahnarzt, zu dem ich auf Empfehlung eines Bekannten gewechselt war, wirkte sympathisch und vertrauenswürdig. Und er hatte eine Zusatzausbildung als Implantologe vorzuweisen. Deshalb zweifelte ich auch nicht an seiner Darstellung, das wäre vorher noch nie vorgekommen, und ich sei der erste Patient, der ein Implantat – und in der Folge ein zweites – verloren habe. Zu gerne wüsste ich, ob diese Darstellung zutreffend ist.

Warum existiert keine öffentlich einsehbare Statistik über den Anteil erfolgreicher und nicht erfolgreicher Zahnimplantationen für jeden Spezialisten, der solche Operationen durchführt? Auch wenn sich die Ursache für solche Probleme im Einzelfall und im Nachhinein nicht mehr feststellen lässt: Zahlen lügen nicht. In meinem Fall waren 33 Prozent der Implantationen nicht erfolgreich. Willkommen im Club? Fürwahr ein schwacher Trost.

Vor einigen Jahren habe ich mich dann – der Grund war ein Wohnortwechsel – einem anderen Zahnarzt anvertraut, der ebenfalls als Zahnimplantologe qualifiziert ist. Obwohl die ersten Implantate keinerlei Probleme oder Beschwerden verursachten und auch die darauf aufgebauten Prothesen perfekt funktionieren, sträubte er sich gegen das Setzen der letzten drei Ersatzzähne. Der betreffende Unterkieferast hatte im Laufe der Zeit, durch das Fehlen von drei Zähnen, stark an Substanz verloren, sodass nur noch wenig Knochenvolumen für die Stiftzähne zur Verfügung stand. Zu meiner Überraschung schlug er vor, einen Spezialisten hinzuzuziehen, der sich ausschließlich auf das Setzen von Zahnimplantaten spezialisiert hat und angeblich pro Jahr über dreitausend Stiftzähne setzt.

In dessen Praxis befand sich ein 3-D-Röntgengerät, mit dem der Kiefer zunächst genau vermessen, exzellent visualisiert und dann die Lage der Nervenbahnen bestimmt wurde. Darauf aufbauend berechnete der Spezialist die maximale Tiefe und Breite der Bohrungen für den Zahnersatz und wählte anschließend aus dem Sortiment verschiedener Hersteller exakt die Modelle aus, die nach seiner Überzeugung für das künftige Tragen der geplanten Brücke das optimale Fundament bieten. Die eigentliche OP fand einige Wochen später statt und war einschließlich der Wundversorgung innerhalb weniger Minuten erledigt.

Der Vergleich mag etwas übertrieben klingen, aber ich kam mir vor wie bei einem Formel-1-Boxenstopp: Nach der Vorbereitung des sterilen Operationsumfeldes durch Folien und Tücher sowie Sprays und Flüssigkeiten in einem Behandlungszimmer erwartete mich ein ganzes Team im eigentlichen Operationsraum. Freilegen des Knochens, Festlegen und Markieren der Positionen, Anlegen der vorbereiteten Winkelschablone, Bohren, Spülen, Medikamentieren, das Einschrauben der drei Stiftzähne und Vernähen der Wunde – all das ging so nahtlos ineinander über, dass ich gefühlt nach nicht einmal zehn Minuten wieder draußen war. Wow, was für ein Unterschied zu dem vorher Erlebten!

Hier spürte ich bei jeder Aktion die Professionalität des Spezialisten, der nur eine Sache beherrscht, die aber perfekt, und den Unterschied zu einem „Generalisten", der viele Dinge tut und wahrscheinlich auch „gut", aber eben nicht perfekt.

Das später durch Röntgenaufnahme dokumentierte Ergebnis bestätigte die Erwartung und Vorbereitung: perfekter Sitz, gute Wundheilung, keine Probleme. Sollte ich – was ich nicht hoffe – jemals ein weiteres Implantat benötigen, ich würde es mir von keinem anderen Arzt setzen lassen wollen!

Was war noch der Unterschied zwischen einem Generalisten und einem Spezialisten? Richtig: „Der Generalist weiß von allem nichts, und der Spezialist weiß von nichts alles." Das ist zweifellos übertrieben, zeigt jedoch tendenziell die Tiefe der Kenntnisse und Fertigkeiten beider Extreme.

Ein guter Freund bekam vor einiger Zeit die Diagnose über die Insuffizienz einer Herzklappe. Er recherchierte wochenlang und sprach mit einem Dutzend Kliniken, bevor er zu einem Chirurgen fand, der sich genau auf die Reparatur oder, falls erforderlich, auf den Ersatz genau dieser einen Herzklappe spezialisiert hat.

Spüren Sie eine leichte Veränderung in Ihrem Bauch? Eine Operation am Herzen hat doch eine andere Bedeutung und Qualität als das Setzen eines Zahnimplantates. Da kann die Luft sehr dünn werden. Es ist schon etwa zwanzig Jahre her, da starb ein Bekannter aus meiner Nachbarschaft plötzlich und unerwartet bei einer Routineuntersuchung. Vor einem MRT – einer Magnet-Resonanz-Tomographie-Aufnahme – hatte man vergessen, ihn zu fragen, ob er einen Herzschrittmacher trage. Der hat das Magnetfeld ebenso wenig vertragen wie der Patient den Ausfall …

Auch das mag wie ein übertriebenes Beispiel wirken, ist es aber nicht. Leider kommen solche Fälle täglich vor. Nun ist es ja nicht so, als wären diese Verhältnisse – zumindest in den betreffenden Fachkreisen, also vom Pflegepersonal bis zum Bundesgesundheitsminister – unbekannt. Auch die Krankenkassen (Warum heißen die eigentlich nicht „Gesundheitskassen"?), über die ja schließlich ein Großteil der Behandlungskosten abgerechnet werden, kennen die erschütternden Statistiken. Und warum ändert sich nichts?

Der Meineid des Hippokrates
Die Antwort ist kurz: Es würde das System der „Herrgötter in Weiß" gefährden. Bereits 1992 setzte sich der seinerzeit bekannteste Kritiker der Ärzteschaft, Julius Hackethal, in seinem Buch „Der Meineid des Hippokrates" mit dem System auseinander, das er eine „Verschwörung" nannte. Ein interessantes Detail ist dabei die „Verschwiegenheitspflicht", auf die die Ärzte Bezug nehmen. Nach dem gesunden Menschenverstand sollte klar sein, dass dabei das unseriöse und gegebenenfalls patientenschädigende Weitergeben von Informationen gemeint ist, nicht jedoch die Verwendung (anonymisierter) Daten und Erkenntnisse zum Wohle von Patienten, oder? So können auch vordergründig logisch und sinnvoll erscheinende Umstände in der Praxis ganz anders, nämlich zum eigenen Vorteil statt zum Vorteil der Menschen, zu deren Wohl der Berufsstand sich formal verpflichtet hat, genutzt werden.

Es ist der überwiegende Teil des Berufsstandes, vertreten durch Organisationen wie den Marburger Bund, der sich bisher erfolgreich gegen Offenheit und Transparenz wehrt, also eine Fehlerkultur zum

Wohle der Patienten. Sicher ist es menschlich verständlich, bei nicht erfolgreichen Behandlungen nicht „öffentlich am Pranger" stehen zu wollen – wer wollte das schon gern? Also stehen exakt zwei Möglichkeiten zur Verfügung: Entweder, man versucht weiterhin, durch „Tarnen und Täuschen" Fehler zu vertuschen, so, als existierten sie nicht. Oder man arbeitet ernsthaft und mit einem geeigneten System daran, Fehler weitestgehend zu vermeiden.

Dabei ist die rechtliche Situation für die Ärzteschaft keinesfalls problematisch und bietet daher keinen Grund zu der Sorge, dass ein Arzt ungerechtfertigt zur Verantwortung gezogen werden kann, denn nach Paragraf 630 a ff. ist im BGB geregelt: „Der Behandelnde schuldet dem Patienten eine Behandlung nach Dienstvertragsrecht, jedoch nicht die Heilung." Was auch logisch und nachvollziehbar ist. Der Patient muss an seiner Heilung mitwirken, wenn er – wie mein Großvater nach einer Prostata-OP zur Unterstützung der Blutgerinnung – seine Medikamente nicht nach Vorschrift einnimmt, kann das keinem Arzt angelastet werden. Anders als beispielsweise ein falsch verschriebenes Medikament oder eine fehlerhafte Dosierungsanleitung.

Die verhinderte Revolution – gesund und preiswert
Nehmen wir mal an, wir wären zwanzig Jahre weiter und das Gesundheitswesen hätte eine ähnliche Kultur etabliert wie die Flugindustrie. Wie würde sich das auswirken? Untersuchungen liefen präziser, mit dem Ziel einer klaren Ursachenfindung. In Routinefällen würde eine Laboranalyse oder eine bildhafte Darstellung die Ursache der Erkrankung oder der Beschwerden dokumentieren. In komplexeren Fällen griffe das Vier-Augen-Prinzip. Eine Behandlung „auf Verdacht" wäre durch das Erfordernis einer zuverlässigen Ursachdokumentation praktisch ausgeschlossen. Vergleichbar auch die Entwicklung des Therapieplans: Für „Standardursachen" existieren Checklisten, die alle jemals aufgetretenen Fragen nach Vor- und Nebenerkrankungen, Allergien oder anderen Einflüssen auf die Medikamentierung oder Anwendungen beinhalten, und dafür sorgen, dass nichts vergessen wird. Basierend auf den Antworten des Patienten oder den Fakten aus der elektronischen Krankenakte – deren Einführung unter dem Aspekt, oder sollte man meinen, unter dem Vorwand des Datenschutzes

seit Jahren kontrovers diskutiert wird – wird der Therapieplan erstellt, bei komplexen Anforderungen wieder nach dem Vier-Augen-Prinzip oder gar durch ein Expertenteam.

Ein nicht zu unterschätzender Faktor wäre auch die Dokumentationspflicht des Patienten, vergleichbar mit derjenigen eines jedes Piloten, der auch das Logbuch des Flugzeugs nach jedem Flug aktualisiert. Hat er oder sie die verschriebenen Anwendungen, zum Beispiel die Mobilisierung eines Gelenkes durch einen Physiotherapeuten, wirklich durchgeführt? Oder hat der Patient „gekniffen", weil er den Schmerz nicht ertragen wollte? Das rechtlich bewährte Prinzip *In dubio pro reo*, also „Im Zweifel für den Angeklagten" bedeutet schon heute, dass ein durch Kunstfehler geschädigter Patient dem behandelnden Arzt dessen angebliche Fehler nachweisen muss. Dafür muss kein Gesetz geändert werden. Es wäre also in der Konsequenz relativ einfach, eine massive Verbesserung der Ergebnisse in der Medizin zu bewirken, oder? „Besser analysieren, diagnostizieren, dokumentieren, therapieren und besser kommunizieren" – so könnte die Antwort lauten.

Was, glauben Sie, würde sich in den Wartezimmern von Allgemeinmedizinern verändern? Kein „Ärztehopping" mehr durch „Berufskranke", die versuchen, einen „gelben Schein" zu erschwindeln; Termine nach Vereinbarung, wie in der Autowerkstatt und ohne stundenlanges Warten. Dokumentation der Analysen und Diagnosen wie bei Geldgeschäften mit Banken, Versicherungen und Finanzberatungen. Einschließlich Ernährungs- und Bewegungsberatung. Um auch dem Letzten klarzumachen, dass er selbst – und nicht der Arzt oder das Gesundheitswesen – für seine Gesundheit verantwortlich ist.

Allen, die jetzt aufgeregt einwenden, es gebe aber viele Patienten, denen diese Eigenverantwortung nicht zugemutet werden kann, haben ja recht. Daran würde sich nichts ändern. In all diesen Fällen existieren ja zum Glück bereits Personen, die sich um die Gesundheit und Pflege von betreuungsbedürftigen Menschen kümmern. Auch für sie würde eine Qualitätsverbesserung im Gesundheitswesen große Vorteile bringen, würden sie doch alle Informationen, die der Patient braucht, in der bestmöglichen Güte und schriftlich zur Verfügung gestellt bekommen, sodass ein Risiko durch eigenes Ermessen oder Fehler praktisch auf „null" gesenkt wird.

Und noch ein weiterer Aspekt, nämlich „das Gesetz der großen Zahlen", wirkt sich in einem Bereich wie der Medizin extrem positiv aus: Allein die Erkenntnisse aus der statistischen Auswertung von Daten, die auch ohne Bezug auf die betroffenen Patienten für umfangreiche Analysen zur Verfügung stehen, würden aller Wahrscheinlichkeit nach zu signifikanten Verbesserungen führen. Sollten sich in der Folge nach fehlerbehafteten Untersuchungen, Diagnosen, Operationen, dem Einsatz von Materialien wie Medikamenten oder Implantaten Auffälligkeiten, Unverträglichkeiten, Dysfunktionen oder andere unerwünschte Effekte herausstellen, könnten betroffene Patienten gezielt informiert und wirksame Gegenmaßnahmen eingeleitet werden, wie etwa bei der Rückrufaktion für Luft- und auch Kraftfahrzeuge schon lange üblich.

Bei etwa acht Milliarden Menschen ist die Anzahl der „Ereignisse" im Vergleich zur Luftfahrt exorbitant höher. Das bedeutet, dass die Gewinnung von validen Daten nicht von wenigen Einzelfällen abhängt, sondern statistisch sehr gut abgesichert werden kann. Mit anonymisierten Daten lassen sich auch selten vorkommende Effekte, wie zum Beispiel Nebenwirkungen bei Medikamenten, identifizieren, die sonst mit hoher Wahrscheinlichkeit unentdeckt blieben.

Schließlich gäbe es ein „Zentrales Behandlungsregister", in dem alle Behandlungen, selbstverständlich anonymisiert, jedoch mit relevanten Eckdaten versehen, dokumentiert würden. Beispiele: Alter und Geschlecht des Patienten, Größe, Gewicht, Vorerkrankungen, Medikamenteneinnahmen etc.

Beschwerden, Wiederholungsbehandlungen und insbesondere Behandlungsfehler würden nicht mehr „unter den Tisch fallen", sondern auch hinsichtlich der Ursachen klar nachvollziehbar. Plötzlich würden die Zusammenhänge von Ursache und Wirkung auf Basis von Zahlen, Daten und Fakten analysierbar und transparent. Welch ein Unterschied!

Mit einem Piloten verglichen müssten viele Ärztinnen und Ärzte nicht mehr „auf Sicht fliegen", sondern könnten sich auf die Sicherheit der Bordinstrumente, die bereits seit Jahrzehnten das Fliegen mit Autopilot ermöglichen, verlassen. Auch hier keine Sorge: Niemand und kein System will und kann Ärzte oder medizinisches Personal als

Menschen ersetzen. Unbestreitbar ist jedoch, dass mit der Qualität der Entscheidungen auch die dafür erforderliche Zeitspanne steigen muss. Eine der häufigsten aktuellen Beschwerden lautet, dass zu wenig Zeit für die Betreuung der Patienten zur Verfügung stünde. Dieser Punkt würde sich drastisch ändern, Wartezimmer wären sofort davon betroffen und nur noch in Ausnahmefällen erforderlich.

Letztlich könnten sogar nationale „Schranken" fallen, die heute längst nicht mehr angebracht sind, wie das globale Infektionsgeschehen seit Anfang 2020 durch Covid-19 gelehrt hatte. Wir sitzen weltweit alle in einem Boot, und warum soll in Südamerika ein Patient nicht von einer Erfahrung profitieren, die in Europa oder anderswo gesammelt oder statistisch ermittelt wird?

Und die Kosten? Was bedeuten fünfzehn, zwanzig oder dreißig Prozent weniger Behandlungsfehler? Hier stehen sicher keine verlässlichen Zahlen zur Verfügung, darum nehmen wir zur Vereinfachung an, dass ein Behandlungsfehler die doppelten Kosten verursacht wie eine gelungene Behandlung. Dies würde bedeuten, dass bei einem Sechstel, Fünftel oder Drittel Behandlungsfehler die Kosten ebenso hoch wären wie bei den diesen Werten gegenüberstehenden gelungener Behandlungen. Wenn also die anteiligen Kosten bei Eliminierung der Behandlungsfehler halbiert würden, bedeutet dies in Summe eine Einsparung von zwölf bis fünfundzwanzig Prozent aller Gesundheitskosten. Allein in Deutschland betrugen die Gesamtausgaben im Gesundheitswesen im Jahre 2018, also vor Covid-19, 390 Milliarden Euro, umgerechnet circa 4.700 Euro je Einwohner. Das Einsparpotenzial beträgt bei circa zwölf Prozent also etwa fünfundvierzig Milliarden Euro, bei fünfundzwanzig Prozent sogar etwa neunzig Milliarden Euro jährlich oder umgerechnet circa fünfzig bis einhundert Euro pro Monat – für jeden Bundesbürger. Dabei sind noch keinerlei positive Effekte für die Wirtschaft, wie eine sinkende Erkrankungsdauer, berücksichtigt.

Zum Vergleich: Das von Bundeskanzler Olaf Scholz in seiner Rede zur Zeitenwende Ende Februar 2022 ins Spiel gebrachte Sondervermögen (übrigens ein irreführendes Wort für zusätzliche, bis dato ungeplante Schulden) in Höhe von einhundert Milliarden Euro für die Aufrüstung der Bundeswehr würde nicht nur einmalig, sondern jedes Jahr (!) im Gesundheitssektor frei werden.

Krankes System im Griff ungesunder Interessen

Diese Zahlen sind also gewaltig – und so bleibt die Frage: „Warum fasst niemand dieses Potenzial an?" Ein Schelm, wer Böses dabei denkt? Wer hat denn wirklich Interesse an so einer massiven Kostensenkung? Die Ärzte? Wohl kaum. Sonst hätten sie nicht mit den „Kassenärztlichen Verrechnungsstellen" ein System zur Verschleierung der eigenen Leistungen installiert. Es ist nicht etwa so, dass ein Arzt seine erbrachten Leistungen für gesetzliche versicherte Patienten direkt mit der Krankenkasse seines Patienten abrechnet. Nein, die Ärzte rechnen mit den „Kassenärztlichen Verrechnungsstellen" ab, und die wiederum schicken die „Sammelrechnungen" an die betreffenden Krankenkassen.

Nur durch ein solches System, in der der Patient praktisch zur Kostenstelle mutiert, ist es möglich, dass alljährlich immer wieder Fälle von Falschabrechnungen, zum Beispiel für bereits verstorbene Menschen, bekannt werden. Hier besteht dringender Bedarf zur Reform.

Und Krankenhäuser? Kliniken leben von Patienten. Jeder Bettentag ist wichtig. Vergleiche mit Hotels sind durchaus erlaubt. Kliniken stehen meist unter einem starken finanziellen Druck, auch aufgrund von Hierarchien, wie in anderen Unternehmen. Chefärzte kassieren oft hohe sechsstellige Jahresgehälter und lassen sich dank Chefarztbehandlungsverträgen von Privatpatienten noch zusätzlich jeden Händedruck vergolden. Oberärzte sind meist relativ hoch bezahlt, tragen jedoch auch den Großteil der Verantwortung im Tagesgeschäft und vertreten den Chefarzt in vielen Fällen und bei voller Abrechnung der Spitzenbehandlungssätze, während Stationsärzte, Pfleger und nicht selten Praktikanten den verhältnismäßig schlecht bezahlten Löwenanteil der Arbeit verrichten. Wer glaubt denn ernsthaft, dass Chefärzte und Verwaltungsdirektoren ein Interesse an der Absenkung des Behandlungsbedarfs in Krankenhäusern hätten? Im Gegenteil: Es besteht ein starker Wettbewerb zwischen vielen Kliniken, und inzwischen ist erwiesen, dass Ärzte von Krankenhäusern für die Überweisung von Patienten Prämien erhalten. Zu allem Überfluss belegen Studien, dass viele in Krankenhäusern durchgeführte Operationen nicht erforderlich wären und alternative Behandlungsmethoden neben niedrigeren Kosten auch gesundheitliche Vorteile hätten.

Welches Interesse könnte die Krankenkassen zu einem Systemwechsel bewegen? Schließlich tragen sie doch alle Kosten, oder? Leider ist das nur vordergründig der Fall. Bei Licht betrachtet sind die Beiträge der Mitglieder für die Krankenkassen nur „durchlaufende Posten" für die Begleichung der (Sammel-)Rechnungen über die (zumindest angeblich) erbrachten Leistungen. Da die Beitragssätze der Krankenkassen einerseits dem Wettbewerb im Markt unterliegen und andererseits von der BAFIN, dem Bundesamt für das Finanzwesen, geprüft und freigegeben werden müssen, hat die Geschäftsführung einer Krankenkasse nur zwei Steuerungsinstrumente: zum einen die internen Kosten, also Personal, Verwaltung, Mieten, etc. und zum anderen die Kosten für die abgedeckten Leistungen, die sich jedoch nur selten von denen des Wettbewerbs unterscheiden.

Würden nun plötzlich zwölf bis fünfundzwanzig Prozent „Leistungen" durch den Wegfall von Behandlungsfehlern nicht mehr abgerufen, so würde sich das sofort eins zu eins auf die eigenen Kosten auswirken, die bei gleicher Quote (Prozentzahl) absolut um ebenfalls zwölf bis fünfundzwanzig Prozent gesenkt werden müssten. Welcher Vorstand oder Geschäftsführer hat ernsthaft Interesse daran, sein Geschäft – und damit auch sein eigenes Gehalt – ohne Not um bis zu einem Viertel zu senken?

Und die Pharmaindustrie? Welches Interesse sollten Medikamentenhersteller an signifikant geringeren Umsätzen zeigen? Richtig: kein Interesse.

Bleiben die „zahlenden Parteien", also die Mitglieder der Krankenkassen und – sofern sie nicht privat versichert sind – deren Arbeitgeber, die sich den Beitrag nach gesetzlicher Vorgabe teilen. Garantiert hat jeder Beitragszahler ein Interesse daran, dass seine Abgaben, also die Kosten für das Gesundheitssystem, möglichst niedrig sind. Doch wo sollten sie einen „Hebel" ansetzen? Die Beiträge zur Krankenversicherung sind gesetzlich als Pflichtbeiträge definiert und werden in einem aufwändigen Verfahren jährlich neu festgelegt. Als einziges Instrument bleibt die Wahl einer Krankenkasse mit vergleichsweise niedrigen Beiträgen. Doch das müsste nicht sein!

Viele Beitragszahler haben überhaupt keine Vorstellung von den Kosten, die für den Erhalt oder die Wiederherstellung ihrer persönlichen Gesundheit aufgewandt werden. Wie viel kostet ein Arztbesuch, die Überweisung zu einem Spezialisten, eine Röntgenaufnahme, eine MRT, eine Operation, eine Zahnfüllung, eine Prothese, das Medikament, der Klinikaufenthalt oder die „Reha"? Könnten Sie das beantworten? Und was würde es bringen, wenn Sie die Zahlen kennen würden?

Darf angenommen werden, dass Sie sensibler würden? Dass Sie möglicherweise auch bewusster agierten? Dass Sie beginnen würden, mehr Verantwortung für Ihre Gesundheit zu übernehmen? In vielen Fällen wäre dies sicher der Fall. Der Name des Problems ist nicht neu. Es ist die Intransparenz, die nicht nur dem Gesundheitswesen generell innewohnt, sondern bei allen gesetzlich Krankenversicherten auch individuell den Bezug zwischen eigenem Verhalten und den Kosten unterbindet. Helfen würde bereits ein vierteljährlicher „Kontoauszug" für alle Pflichtversicherten, der alle Aufwendungen des abgelaufenen Quartals auflistet. Simpel mit Datum, Arzt oder Leistungsstelle, Leistungsbeschreibung und Kosten. Diese Daten sind ja zweifellos vorhanden, da sie zwischen Ärzten und Krankenhäusern sowie allen anderen Leistungserbringern und den betreffenden Abrechnungsstellen ausgetauscht werden. Auch die Zuordnung zum individuellen Patienten darf bei Ärzten, Kliniken und anderen Behandelnden wohl vorausgesetzt werden.

Also wäre es doch ein Leichtes, alle Aufwendungen patientenbezogen zuzuordnen, automatisiert und kostenneutral (abgesehen vom – falls überhaupt erforderlich – Programmieraufwand dieser Funktion) an die E-Mail-Adresse der Versicherten zu senden, zum Beispiel in Form einer Auflistung als PDF-Datei. Das wäre so einfach wie sensationell und würde wahrscheinlich keine Gesundheitsreform, sondern eine Gesundheitsrevolte auslösen.

Was glauben Sie, wie viele Patienten sich ob der nun sichtbaren Kosten die Augen reiben würden? Erstaunen und Verständnislosigkeit wären erste zu erwartende Reaktionen. Wahrscheinlich würde eine Flut von Nachfragen ausgelöst, durch Abrechnungspositionen die – gelinde ausgedrückt – zunächst einmal Fragen hervorrufen.

So wie bei einer mir bekannten Mutter, die als privat Versicherte nach einem Fahrradunfall ihres Sohnes Rechnungen der behandelnden Klinik für Untersuchungen und Behandlungen erhielt, die während der Schulunterrichtszeiten ihres Sohnes stattgefunden haben sollen. Als sie die Sekretärin des behandelnden Arztes mit den gegenstandslosen Positionen der Rechnung konfrontierte, bekam sie als Antwort: „Wieso, das übernimmt doch Ihre Krankenversicherung?" Zwar wurden die Rechnungen korrigiert, schockiert über eine solch dreiste Reaktion dachte sie jedoch nicht an weitere Schritte, zum Beispiel eine Mitteilung an die Ärztekammer oder Krankenkasse. Und die Frage bleibt, ob eine solche Information irgendetwas bewirkt hätte.

Drastisch auch das Beispiel einer Bekannten, deren Antrag auf den Abschluss einer Lebensversicherung mit der Begründung von Vorerkrankungen abgelehnt wurde, die sie weder kannte noch erlitten hatte. Nur dadurch flogen Abrechnungen für Diagnosen und Behandlungen auf, die nie stattgefunden hatten. Dies mögen nur zwei Beispiele aus meinem unmittelbaren Umfeld sein. Wäre es möglich, dass sie in Ansätzen Missstände eines größeren Systems aufzeigen?

Vollkaskomentalität versus Eigenverantwortung
Es gibt Menschen, die glauben, Menschen könne man durch „Appelle", also Aufrufe, zu anderem, gewünscht „besseren" Handeln bewegen, also in gewisser Weise „erziehen". Das versuchen Kirchen und andere Glaubensgemeinschaften seit Jahrtausenden. Andere sind der Ansicht, man müsse das gewünschte Verhalten durch Gesetze und Verordnungen regeln und Zuwiderhandlungen mit entsprechenden Bußgeldern oder gar Strafen belegen. Wenn das funktionieren würde, wären die Gefängnisse leer. Schließlich wird noch der Standpunkt vertreten, die „Erziehung" von Menschen funktioniere am besten über das Portemonnaie – wofür es gute Beispiele gibt.

Zu Beginn meiner Selbstständigkeit, also im Alter von 25 Jahren, solo und ohne Kinder, wurde mir eine private Krankenversicherung mit verschiedenen Beitragsmodellen sowie Selbstbeteiligungen angeboten. Da ich mich kerngesund fühlte und auch anstrebte, dass das so bliebe, wählte ich die maximale Selbstbeteiligung (SB) in Höhe von eintausendzweihundert Euro jährlich, verbunden mit einem um neunhundert Euro niedrigeren Jahresbeitrag gegenüber der Variante ohne SB. Für mich ist die Krankenversicherung eine mit der KFZ- oder Gebäudeversicherung vergleichbare Risikoabdeckung. Im Falle eines Unfalls muss die Versicherung greifen und die damit verbundenen hohen Risiken abdecken. Der Ersatz von Scheibenwischblättern oder Reifen gehört nicht dazu; genau wie bei einem Gebäude ein Feuer-, Sturm- oder Wasserschaden abgedeckt sein sollte, während Reparatur-, Instandsetzungs- oder Malerarbeiten nicht zum Versicherungsumfang gehören.

Auf die Krankenversicherung übertragen bedeutete das für mich, dass ich die Kosten für Arztbesuche wegen Grippe, Erkältung oder ähnlichen Beschwerden sowie die damit verbundenen Medikamente im Rahmen der Selbstbeteiligung selbst trage, während im Falle eines Unfalls oder einer schwerwiegenden Erkrankung die Behandlungskosten durch die Versicherung gedeckt sind. Für mich persönlich hat das ganz wesentlich mit Eigenverantwortung zu tun. Nicht nur die Auswahl des Tarifs, sondern noch viel stärker mein individueller Lebensstil.

Wenn ich direkt an den Gesundheitskosten beteiligt bin (Stichwort „Selbstbeteiligung"), entsteht eine gewisse „Betroffenheit". Ich kann nicht mehr so tun, als gingen mich die Konsequenzen meines Handelns nichts an. Viele Menschen glauben scheinbar, dass Gesundheit so etwas ist wie „Schicksal" oder „Zufall". Man kann sich das selbst oder auch gegenseitig wünschen. Aber das wars dann auch. Ob man gesund ist oder nicht, das bestimmt dann eher der „liebe Gott". Was für ein Blödsinn.

Zweifellos ist jeder erwachsene und mündige Mensch nicht nur für seine eigene Gesundheit verantwortlich (wer denn sonst?), sondern auch in der Lage, sie jeden Tag aktiv zu fördern – oder zu schädigen. Wo und was kaufen Sie an Nahrungsmitteln ein? Fertiggerichte oder Frisches? Wärmen Sie „Dosenfutter" auf oder nehmen Sie sich die Zeit für die Zubereitung Ihrer Mahlzeiten? Ist die Ernährung für Sie ein „notwendiges Übel", oder freuen Sie sich über die Vielfalt der Lebensmittel und deren Zubereitungsmöglichkeiten? Ist die Zeit für Ihre Mahlzeiten eher eine Last oder eher eine Lust, die Sie genießen?

Wie steht es um Ihren Körper? Halten Sie ihn aktiv fit? Oder muten Sie ihm einiges zu? Übergewicht? Bewegungsmangel? Rauchen? Alkohol? Drogen? Ja – Sie! Es ist Ihr Körper! Um hier etwas deutlich zu machen, dass vielen Menschen nicht bewusst ist: Sie sind nicht Ihr Körper. Ihr Körper sind nicht Sie. Ohne hier einen langen Exkurs durch die Dreifaltigkeit von Körper, Geist und Seele abzuhandeln: Sie sind mit hoher Wahrscheinlichkeit mit einem hellen Geist ausgestattet (sonst würden Sie dieses Buch nicht lesen), der seinen Platz in Ihrem Körper hat. Sie, also Ihr „Geist", oder vielleicht besser, Ihre „geistige Kapazität", Ihr Verstand oder einfach Ihr Denken sind nicht nur in der Lage, sondern auch verantwortlich für den Erhalt und die Pflege Ihres Körpers.

Ihr Körper kann nicht selbst bestimmen, was er zu essen bekommt, ob und wie er sich bewegen soll, ob Rauch in seine Lunge gezogen wird oder seine Leber Alkohol abbauen muss, damit er wieder ungestört funktionieren kann. Das sind nur einige Beispiele, die deutlich machen, warum Sie Ihren Verstand nicht nur „haben", sondern auch gebrauchen sollten.

Haben Sie sich schon einmal gefragt, wie Sie wirklich gerne aussehen wollen? Okay, wenn Sie 165 cm groß sind, können Sie sich 180 cm wünschen, das wird definitiv nichts werden. Aber ob Sie neunzig oder sechzig Kilogramm wiegen, können Sie in den meisten Fällen (Fettleibigkeit ist statistisch zu unter zwei Prozent genetisch oder durch Krankheiten bedingt) selbst entscheiden und auch realisieren.

Wie steht es um Ihre Kraft? Und um Ihre Ausdauer? Schaffen Sie ein paar Liegestütze und einen Klimmzug? Wie viele Kniebeugen kriegen Sie nacheinander hin? Wussten Sie, dass ein eindeutiger Zusammenhang zwischen Kraft und Lebensalter besteht? Wer wenig Kraft hat, stirbt früher, wer mehr Kraft hat, lebt länger. Warum? Unser Körper braucht für jede Bewegung, selbst einen Herzschlag oder Atemzug, die Kraft mindestens eines Muskels. Je fitter der Körper sein soll, desto mehr Muskeln beziehungsweise Kraft braucht er also. (Wir sprechen hier nicht über „Bodybuilding", also Muskelaufbau für das „Aussehen".) Es besteht ein Zusammenhang zwischen Kraft und Muskulatur. Ohne Muskeln keine Kraft, ohne Kraft keine Muskeln. Und wie bekommen wir beides? Genau – durch Training. Wir müssen

Kraft investieren, also „arbeiten", um Kraft zu bekommen. Muskeln wachsen, wenn sie belastet werden, und zwar an der Grenze ihrer Leistungsfähigkeit. Dafür „bedanken" sie sich zunächst mit Schmerzen, dem berühmten Muskelkater. Danach wachsen sie und verändern die Figur des Körpers. Fast unmerklich werden Menschen schlanker und kräftiger, wenn sie bereit sind, regelmäßig und dauerhaft ein wenig Arbeit in ihren Körper zu investieren.

Hier sind wir übrigens gerade in der reinen Physik. Es heißt nicht umsonst: „An dem Körper wird ‚Arbeit' verrichtet." Das geschieht, indem eine „Kraft" längs eines Weges auf ihn einwirkt. Die geleistete „Arbeit" berechnet sich in diesem einfachsten Fall als Produkt aus der in Wegrichtung wirkenden „Kraft" mit der Wegstrecke.

Doch hier liegt das Problem für viele Menschen: die mangelnde Bereitschaft, die für eine kraftvolle und gesunde Muskulatur erforderliche Arbeit in den eigenen Körper zu investieren. Ja – Arbeit, Schweiß und Schmerz. Dabei braucht dafür niemand ein Fitnessstudio aufzusuchen. Nehmen Sie bei jeder Gelegenheit die Treppe anstelle des Fahrstuhls oder der Rolltreppe. Gehen Sie kurze Stecken zu Fuß oder fahren Sie Fahrrad statt Auto. Nehmen Sie sich jeden Tag zehn Minuten für einige Übungen, die Sie im Laufe der Zeit langsam steigern können.

Zugegeben, auch ich war viele Jahre ein „Sport- und Bewegungsmuffel". Bis mir im Alter von dreiundfünfzig Jahren in einem Buch die Vorzüge des Laufens so dermaßen positiv angepriesen wurden, dass ich diese Erfahrung wirklich selbst machen wollte. Zuvor war ich noch nie dreitausend Meter am Stück gelaufen, also gerannt. Nicht einmal bei der Bundeswehr, als ich mich erfolgreich um viele Übungen drücken konnte. Also begann ich mit leichtem „Traben" über ein paar hundert Meter, ging ein Stückchen, bis sich mein Puls beruhigt hatte und lief dann wieder ein Stück. Die drei Kilometer am Stück schaffte ich nach ungefähr sechs Wochen, und ich war schon ein wenig stolz darauf. Seitdem gehört das Laufen zu meinen festen Routinen im Wochenplan. Mit achtundfünfzig setzte ich mir zum Ziel, bei einem örtlichen Wettbewerb die zehn Kilometer in einer Stunde zu laufen. Obwohl es dann fünfunddreißig Sekunden mehr waren, die ich für die Strecke brauchte, fühlte es sich doch gut an, als „alter Knacker" jeden Tag etwas fitter zu werden und die zehn Kilometer (fast ;-)) in einer Stunde zu schaffen.

Bitte lesen Sie den folgenden Satz zweimal. Weil er so wichtig ist: Menschen können ihre Fitness, ihre Kraft und Ausdauer bis ins hohe Alter steigern. Das ist wahr. Landläufig wird aber das Gegenteil angenommen, etwa, dass man ab vierzig zu den „Alten" gehört, dass ab fünfundzwanzig der Testosteronspiegel bei Männern und der Östrogenspiegel bei Frauen abnimmt, was man auch als Indiz für die Alterung annehmen könne. Korrekt ist, dass das eine nichts mit dem anderen zu tun hat.

Lieber Dauerlauf und Schonung statt so spät noch Gewichte stemmen?

Krafttraining im Alter

Bis vor kurzem erachteten die Trainingswissenschaftler fast ausschließlich Ausdauerbelastungen für ältere Menschen als sinnvoll. Das hat sich grundlegend geändert: Krafttraining ist auch im Alter zunehmend in den Fokus gerückt. Laut Studien gibt es Kraftzuwachs von bis zu einhundert Prozent und mehr durch regelmäßiges Training. Auch die Zurückhaltung bei der Intensität ist längst passé: Belastungen von achtzig bis neunzig Prozent der Maximalkraft sind durchaus erwünscht.

In einem Artikel der *Badischen Zeitung* erläutert Prof. Albert Gollhofer, Leiter des Instituts für Sport und Sportwissenschaft an der Albert-Ludwigs-Universität Freiburg: „Insgesamt gibt es in der Sportmedizin und der Trainingswissenschaft eine klare Trendwende. Früher hat man bei älteren Men-schen die Organe eher geschont. Heute weiß man, dass alle biologischen Systeme bis ins hohe Alter trainierbar sind. Das muskuläre System von Älteren ist gut trainierbar, auch die Knochen und sogar die Sehnen.

Da wirkt schon eine Trainingseinheit."

Krafttraining ist ein Schlüssel für Lebensqualität. Selbstständigkeit sei laut Gollhofer gekoppelt an ein „Mindestmaß an körperlicher Leistungsfähigkeit". Außerdem helfe eine aktive Muskelmasse, die motorische Leistungsfähigkeit im Alltag umzusetzen: bei Betätigungen wie zum Beispiel einen Kasten Wasser zwei Stockwerke hochzutragen oder sich die Zehennägel zu schneiden. Und es gibt noch einen Grund: Aktive Muskelmasse bedeute auch einen erhöhten Grundumsatz. Damit kann man aktiv der Altersadipositas entgegenwirken. Stichwort Prophylaxe: Krafttraining beugt effektiv Osteoporose vor. Gerade bei Frauen lässt im Alter die Stabilität der Knochen und die Elastizität von Bändern und Sehnen nach.

Und Achtung: Ohne körperliches Training nimmt die Muskulatur bei den über 60-Jährigen pro Jahrzehnt um zehn Prozent ab. Auch, was die Sturzanfälligkeit angeht, kann Krafttraining wahre Wunder wirken. Die Sturzneigung lässt sich durch Krafttraining ganz massiv verringern", sagt der Spezialist. Sehr bewährt habe sich Schnellkrafttraining auf einem Wackelbrett: Dreimal am Tag fünfundvierzig Sekunden oder viermal dreißig Sekunden lang auf einem Bein das Gleichgewicht zu halten, wirke der Sturzneigung deutlich entgegen.

Ein erster Schritt für Wieder- oder Neueinsteiger ist das gerätgestützte Training an Kraftmaschinen – in der Regel im Fitnessstudio. Das bietet vor allem den motorisch wenig Geübten die Sicherheit, sich unter Aufsicht nicht zu verletzen. Billigangebote sind wenig hilfreich; wichtig sind Studios mit gut ausgebildetem Fachpersonal, das die Bewegungen der Übenden kontrolliert und einen Trainingsplan erstellt. Ein Nachteil des Trainings im Studio: Die an den Kraftmaschinen erzielten Effekte können nur schwer auf Alltags-situationen übertragen werden.

Alternative freies Training: Deswegen plädiert Gollhofer für eine Ergänzung durch das freie, funktionelle Krafttraining: „Im Studio kann man ein halbes Jahr lang ein Aufbautraining vorantreiben. Dann sollte man sukzessive von den Maschinen weg zu einem freien Training kommen." Was ist damit gemeint? Übungen mit dem eigenen Körpergewicht, zum Beispiel Liegestütze oder Kniebeugen. Auch Hanteln, Medizinbälle oder

Gewichtswesten sind gefragt. Gollhofer erläutert: „Bei Kniebeugen sollte man Bandagen für das Gelenk verwenden und eine tiefe Winkelstellung vermeiden."

Zwei- oder dreimal pro Woche trainieren – so lautet die Empfehlung des Professors. Zu beachten ist die ausreichende Regeneration. Denn ein älterer Organismus braucht längere Pausen, um den Muskeln Zeit zum Wachsen zu geben.

Laut Gollhofer reagieren die weißen, schnellen Muskelfasern erst bei Belastungen von sechzig bis fünfundsiebzig Prozent der Maximalkraft. Auch ein geübter 75-Jähriger könne mit einhundert Prozent seiner Maximalkraft trainieren. Beim freien Training solle man sich an mittlerer Intensität ausrichten.

Eine schwedische Studie hat gezeigt, dass sportlich aktive Menschen im Schnitt dreieinhalb Jahre älter werden als Nichtsportler.

Und wie war das mit dem Rauchen? Dazu braucht es nicht viel Worte. Nikotin ist ein Nervengift genau wie Alkohol. Beide täuschen unsere Sinne durch Effekte, die sich zunächst gut anfühlen. Obwohl wir wissen, dass beide Substanzen unseren Körper schädigen, wollen wir die Effekte immerwieder spüren. Sie wissen, wie schädlich Qualm und Sprit sich auf Ihren Körper auswirken. Wenn Sie glauben, nicht vollständig aufhören zu können, ist das ein erstklassiger Wegweiser für eine ernstzunehmende Herausforderung. Hier erhalten Sie einen wertvollen Impuls, der Ihnen helfen könnte.

Einen Link zum Video „Nichtrauchen" auf YouTube bekommen Sie im **Bonusmaterial.**

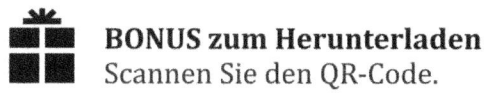 **BONUS zum Herunterladen**
Scannen Sie den QR-Code.

Drogen und Medikamentenmissbrauch sind ein „No-Go". Sie wissen das. Wenn Sie davon betroffen sind, organisieren Sie professionelle Hilfe. Allein werden Sie kaum davon loskommen. Und hier schließt sich der Kreis: Ganz gleich, ob Ernährung, Gewicht, Kraft, Ausdauer oder Beweglichkeit den Zustand Ihres Körpers und damit Ihre Gesundheit fördern, oder ob Sie ihn durch schlechte Nahrung, Bewegungsmangel, Rauchen, Alkohol, Drogen oder Missbrauch von Medikamenten schädigen – es liegt in Ihrer Verantwortung.

Sie können das meiste nicht „delegieren". Vielleicht das Zubereiten Ihrer Ernährung – die Zeit und die Muße für das Einnehmen Ihrer Mahlzeiten müssen Sie sich schon selbst zugestehen. Und die erforderliche Arbeit. Bleiben wir bei dem Beispiel, als Alternative zum Fahrstuhl konsequent die Treppe zu nehmen, können nur Sie selbst verrichten. Sie sind das Individuum, das „Original", um das es hier geht. Nur Sie zählen, nur Sie sind relevant! Nur Sie können etwas für und an sich verändern, niemand sonst!

Was passiert, wenn Sie den Satz etwas anders lesen? Ja, Sie können etwas (für und an sich) verändern! Fühlen Sie das Unbehagen in der Magengegend? Glückwunsch! Ein untrügliches Zeichen dafür, dass Sie wissen, was erforderlich ist. Sie spüren den Widerstand. Ihr Körper weigert sich. „Der Geist ist willig, aber das Fleisch ist schwach." Alles bekannt, nichts ist neu. Dennoch: Sie können es! Wenn Sie dieses Unbehagen im Bauch, diese gefühlte rote Linie als Wegweiser für Ihre Aufmerksamkeit und das erforderliche Handeln annehmen, sind Sie schon auf dem richtigen Weg.

Sie können entscheiden, ob Sie deutlich unter der statistischen Lebenserwartung sterben oder bis ins hohe Alter gesund und fit sein wollen. Selbstredend gibt es dafür keine Garantie. Wenn ein LKW heute stärker ist als Ihr Auto, kann Ihr Leben von einem Moment auf den anderen enden. Wie war noch die statistische Wahrscheinlichkeit, bei einem Verkehrsunfall ums Leben zu kommen? 1 : 15.000. Diese Möglichkeit spielt also statistisch gesehen keine Rolle. Sie können getrost davon ausgehen, nicht vom Blitz erschlagen zu werden, bei keiner anderen Naturkatastrophe ums Leben zu kommen, keinem Terroranschlag zum Opfer zu fallen und auch nicht an den Folgen eines Krieges zu sterben. Allgemein werden die Risiken, an einem eher „spektakulären Ereignis" zu sterben, um ein Vielfaches überschätzt.

Auch wenn sich Menschen nicht sehr gerne mit dem Thema „Alter und Sterben" beschäftigen – gehen Sie also einfach davon aus, dass

Sie nicht durch ein ungewöhnliches Ereignis vorzeitig aus dem Leben gerissen werden, sondern „ganz normal" altern und sterben werden. Was bedeutet das? Wenn Sie nicht „vorzeitig abberufen" werden, bestimmen Sie selbst weitgehend, wie fit Sie im Alter sein und in welchem Körper Sie leben werden.

Ein simples Beispiel mag die verschiedenen Optionen verdeutlichen: Mit einem gut trainierten Körper fallen Ihnen beispielsweise Kniebeugen nicht schwer. Die Bewegung der Kniebeuge entspricht ziemlich genau dem Hinsetzen und Aufstehen auf der Toilette. Ein ganz normaler Vorgang, sollte man meinen. Nicht mehr, wenn Ihr Körper das nicht schafft. Dann sind Sie auf fremde Hilfe angewiesen, müssen sich Ihren Po von jemand anderem abwischen lassen. Wollen Sie das? Gleiches gilt für Aufstehen, Bewegen, An- und Ausziehen, Duschen, Kochen, Staubsaugen, Einkaufen und die meisten Dinge des täglichen Lebens. Können Sie das alles noch selbst oder brauchen Sie dazu die Unterstützung einer Pflegekraft?

Ich will kein Pflegefall sein oder werden. Mein Wunsch ist es, bis ins hohe Alter fit zu bleiben und mir selbst meine täglichen Aufgaben erfüllen zu können. Über das Beispiel der Kniebeuge hinaus lassen sich viele vergleichbare Situationen darstellen. Von Socken anziehen bis Golf spielen. Von voller Mobilität bis zur Bettlägerigkeit. Alle diese Varianten sind sehr stark abhängig von der Beweglichkeit und Kraft Ihres Körpers. Und hier kommt die gute Nachricht: Sie haben es zu fast einhundert Prozent (wegen der bereits betrachteten statistischen Ausnahmen) selbst in der Hand!

Sie entscheiden darüber, in welchem Zustand Ihr Körper ist, so wie Sie entscheiden, in welchem Zustand Ihr Auto ist, wenn Sie eins haben. Leider behandeln viele Menschen ihr Auto besser als ihren Körper. Das Auto wird alle zwei Jahre beim TÜV vorgestellt und vorher „auf Vordermann gebracht". Beleuchtung, Reifen, selbst Wischblätter sind geprüft und funktionstüchtig. Und Sie? Wann waren Sie das letzte Mal bei einem wirklichen „Check-up"? Kennen Sie Ihren Fettanteil beziehungsweise Ihre Muskelmasse? Wie hat sie sich in den letzten Jahren verändert? Was wäre ein gutes Ziel, und wie kommen Sie da hin?

Nun könnten Sie geneigt sein, die vorstehenden Aspekte der Eigenverantwortung als „Aufruf zum Egoismus" zu verstehen. Warum sollen Sie sich selbst so wichtig nehmen? Hier geht es nicht um Egoismus, durch den Sie einen Vorteil zum Nachteil eines anderen suchen, sondern um Ihre eigene Wertschätzung.

Etwas umfassender können wir auch von Selbstliebe sprechen. Ja, richtig – Selbstliebe. Wenn Sie sich selbst lieben, oder auch „nur" selbst wertschätzen, werden Sie sich selbst gut behandeln, oder? Und: Nur wenn Sie selbst fit sind und sich selbst helfen können, können Sie auch anderen helfen. Nur wenn Sie sich selbst lieben, haben Sie so viel Liebe in sich, dass Sie auch andere lieben können ...

Schließlich kommen wir bei „der Politik" an. Sie müssten doch auch ein hohes Interesse an der massiven Senkung der direkten und indirekten Gesundheitskosten haben, oder? Dass dem so wäre, lässt sich leider an gesetzgeberischen Maßnahmen nicht annähernd feststellen. Es liegt schon eine Weile zurück, als ein Horst Seehofer als junger Bundesgesundheitsminister sich 1992 anschickte, gegen die Kostensteigerungen im Gesundheitswesen zu kämpfen und gegen die Defizite der gesetzlichen Krankenkassen.

Dabei verkündete er lautstark, nicht nur Patientinnen und Patienten zur Kasse zu bitten, sondern vor allem auch die Pharmaindustrie. Die Kosten für Medikamente wollte er ins Visier nehmen. *DER SPIEGEL* schrieb 1992 dazu: „»Sozial ausgewogen« sei sein Sparpaket überdies, verspricht Gesundheitsminister Seehofer. Denn von der Gesamtsumme gingen nur 3,2 Milliarden Mark zu Lasten der Patienten, und das sei – »in einer Ausnahmesituation« und bei großzügig ausgestalteten Härteklauseln – ja wohl zumutbar.

Volle 8,2 Milliarden hingegen habe er den »Haien des Gesundheitssystems«, wie der gescheiterte Gesundheitsreformer Norbert Blüm seine Kontrahenten nannte, aus den Zähnen gerissen: den Krankenhäusern, Ärzten, Zahnärzten sowie der Pharmaindustrie."

Nur wenige Monate nach Verabschiedung der Reform wurde es jedoch eher „ruhig" um dieses Thema, und Korrekturen in Form geänderter „Spielregeln" für Medikamentenpreise lassen bis heute auf sich warten. 2004 trat Horst Seehofer als stellvertretender Fraktionsvorsitzender der CSU-Fraktion im Bundestag als Folge seiner Ablehnung einer „Gesundheitsprämie" in der gesetzlichen Krankenversicherung zurück.

Dabei hätte die Gesundheitsprämie das Thema „Eigenverantwortung" vermutlich stärker gefördert als jede andere Maßnahme. Wie bei einer KFZ-Versicherung, die jährlich den sogenannten Schadensfreiheitsrabatt erhöht, je länger die Versicherung nicht in Anspruch genommen wird.

Auch hier haben sich Selbstbeteiligungen mit relativ niedrigen Beträgen, etwa dreihundert, fünfhundert oder eintausend Euro pro Jahr seit Jahrzehnten bewährt. Für kleine Schäden werden die Versicherungen meist nicht in Anspruch genommen. Doch wenn es richtig „knallt", wirkt sie wie ein Sicherheitsnetz für einen Hochseilartisten und federt Stürze und auch hohe Schäden vollständig ab. Warum also nicht ähnlich in der Krankenversicherung vorgehen?

Hier geht es nicht um Horst Seehofer, sondern exemplarisch um einen „Systemfehler". Vergleichen wir das System nochmals mit Autos, Werkstätten und Versicherungen. Unser Gesundheitssystem ist so organisiert, als könnten Sie jederzeit mit Ihrem Auto in eine Werkstatt fahren, die dann nach Belieben Wartungs- und Reparaturarbeiten an Ihrem Auto durchführt. Die Rechnung würde allerdings nicht in Ihrem Briefkasten landen, sondern als Sammelrechnung für alle im Abrechnungszeitraum durchgeführten Arbeiten zu Ihrer beziehungsweise zu der KFZ-Versicherung des Versicherten geschickt. Und die Versicherungen zahlen den Werkstätten dann die berechneten Kosten.

Sie selbst haben keine Ahnung, welche Arbeiten für welchen Preis durchgeführt und abgerechnet wurden, weil Sie ja keinerlei Information darüber erhalten. Deshalb können Sie weder etwas kontrollieren noch Fragen stellen. Sie bezahlen einfach Ihren jährlich steigenden Monats- oder Jahresbeitrag für die Versicherung. Tolles System, oder? Ein Schelm, wer Böses dabei denkt. Dabei ist der Anteil fehlerhafter oder gar missbräuchlicher Abrechnungen in der Kalkulation von fünfzig bis einhundert Euro monatlich je Bundesbürger noch gar nicht berücksichtigt.

Abschließend stellt sich die Frage, warum wir es als Gesellschaft, jedoch auch individuell zulassen, dass Flugzeuge, Autos und andere technische Geräte tausendfach besser behandelt werden als der menschliche Körper im Gesundheitswesen? Welchen Bezug sehen Sie zwischen sich und dem Thema „Gesundheit"? Was konkret können Sie tun, um sie zu fördern? Und noch wichtiger – was können Sie an dem System oder für sich selbst verbessern?

8.2   Zwischen Vergangenheit und Zukunft – Originalzeit

Viele Philosophen haben sich bereits mit dem Phänomen der Zeit beschäftigt. Deshalb vorweg: Meine Absicht ist es nicht, Bekanntes zu wiederholen und damit Ihre Zeit zu strapazieren. Und auch nicht, wirklich neue Erkenntnisse zum Besten zu geben. Stattdessen geht es im Folgenden um die Sensibilisierung eines Effektes, der trotz seiner Bedeutung im täglichen Leben oft aus dem Blick und damit aus dem Bewusstsein verschwindet. Statt im gegenwärtigen Moment des „Jetzt und Hier" zu verweilen, schweifen unsere Gedanken sehr oft in die Zukunft oder in die Vergangenheit. Wir denken unendlich viel an Erlebtes, das manchmal bereits Jahrzehnte zurückliegt. Oder beschäftigen uns mit tausend und mehr Vorstellungen von Möglichkeiten, die sich in der Zukunft ereignen könnten. Hier die These: Sowohl die Vergangenheit als auch die Zukunft sind reine Fiktion – man könnte also auch sagen *Fake*.

Kaum zu glauben? Betrachten wir es mal so: Das menschliche Gehirn ist mit unglaublich starken Fähigkeiten ausgestattet. Und das über alle automatisch ablaufenden Vitalfunktionen hinaus, die zum Beispiel die Regulierung der Körpertemperatur, der Atmung, des Herzschlags, der Verdauung, des Hormonhaushalts und unzähligen weiteren Funktionen beinhalten. Denken wir an Zeichnen, Empathie, an räumliches Denken, Logik, Kombinatorik, Lesen, Schreiben, Rechnen, Konstruieren, Entwickeln – und mit der Fantasie ebenfalls an schier unendlich viele Fähigkeiten, die unsere „geistige Kapazität" ausmachen.

Dazu noch die Fähigkeit, alles bereits Erlebte, Gedachte, Gefühlte, Gesehene, Gehörte, Empfundene in unserem Gedächtnis „abzuspeichern". Ist es nicht geradezu erstaunlich und faszinierend, an welche zum Teil jahrzehntealten Details wir uns noch erinnern, so als wenn es eben erst geschehen wäre?

Als wenn das alles noch nicht genug wäre, zeichnet den Menschen die Fähigkeit aus, in die Zukunft zu denken, zu planen, zu organisieren, Ziele zu definieren und sich genau vorzustellen, wie etwas in der Zukunft sein wird. Das ist DER Treiber für alle Zukunftsentwicklungen. So entsteht zum Beispiel ein Haus oder Gebäude dreimal: zuerst im Kopf, als Gedanke und in Bildern, als Vorstellung, wie es sein wird. Dann in Form von Plänen, Zeichnungen, Konstruktionen, Berechnungen, Ansichten, Bilder, die es in allen Details beschreiben, so als existiere es bereits. Und dann entsteht es in Schritt drei wirklich. Durch die Hände des Menschen und die Materialien, die sich – verarbeitet von Einzelteilen – zu einem harmonischen Ganzen zusammenfügen. Bei der Schlüsselübergabe wirkt es manchmal wie ein Wunder. Vor Jahren fing alles mit einem Gedanken an, jetzt ist es Realität.

Und doch gibt es nur diesen ewigen Moment des JETZT. Davor und danach ist Illusion.

Be here now! lautet die goldene philosophische Formel, nach der der amerikanische Psychologe Ram Dass sein 1971 geschriebenes Buch benannte. Hier und jetzt findet mein Leben statt. Nirgendwo sonst. Zugegeben, es ist schwer, bewusst im „Hier und Jetzt" zu sein. Anstrengend, herausfordernd, alles andere als einfach. Unsere Gedanken wandern so gern zurück, hängen den Ereignissen des Gedächtnisses nach – den schönen und leider viel häufiger den unangenehmen.

Die Gefahr besteht darin, im „hätte, könnte, wäre ..." zu versinken und entgangenen Chancen nachzutrauern oder auch nur „nachzusinnieren" und dabei zu vergessen, dass sich das Leben in der Gegenwart abspielt und wir es auch nur hier leben können – mehr noch, es nur hier gestalten können.

Nun werden wir alle permanent dazu angehalten, zu planen und Ziele zu definieren, ganz „s.m.a.r.t.", weil es sonst nicht funktioniert. Scheinbar alles dreht sich um die Zukunft.

Ist das denn sinnvoll? Lassen Sie uns gemeinsam herausfinden, was diese „Zielfixierungsproblematik" mit Verantwortung zu tun hat.

8.3   Das Problem mit den Zielen

„Du musst dir im Leben Ziele setzen und fest daran glauben, dann wirst du sie auch erreichen" – so oder ähnlich versuchen viele Coaches, Trainer, Berater und „Gurus", ihre Kunden zu motivieren, die Dinge zu erreichen, die sie anstreben (beziehungsweise ihre Kunden zu motivieren, viel Geld auszugeben, um diese Dinge auf vermeintlich getesteten und „sicheren" Wegen zu erreichen).

Oft kommt dann noch der Rat dazu, die Ziele „s.m.a.r.t." zu gestalten.

SMART. Die Methode kennen Sie sicherlich. Sie steht als Akronym für: spezifisch, messbar, ambitioniert (aber erreichbar, wie das englische *achievable*), relevant oder realistisch und zeitgebunden, also terminiert. Und es ist immer ratsam, die Ziele zu verschriftlichen. Die Sinnhaftigkeit dieser Konkretisierung ist zweifellos gegeben, denn durch das Notieren und durch die Präzisierung können die Ziele so definiert werden, dass sich die Erreichbarkeit erhöht und die Wahrscheinlichkeit der Erreichung steigt.

Natürlich erhalten Sie auch Anleitungen, zum Beispiel für Sieben-Jahres-Ziele, diese „herunterzubrechen" in Jahresziele, Quartalsziele, Monatsziele, Wochenziele und – Sie ahnen es schon – in Tagesziele. Aus den Tageszielen übertragen Sie dann die dafür erforderlichen *To-Dos* in den Tagesplan Ihres Kalenders. Damit ist der Weg klar, und Sie brauchen jetzt nur noch jeden Tag Ihre Teilaufgaben abarbeiten, um in sieben Jahren das gewünschte Ergebnis in Empfang zu nehmen. Falls mein ironischer Unterton nicht deutlich genug spürbar geworden ist – ich halte das für ausgemachten – sorry – *Bullshit*!

Wenn dann noch die Anleitung zur Affirmation dazu kommt, also ins Gefühl zu gehen und sich vorzustellen, wie man sich fühlt, wenn das Ziel erreicht ist, ja, dann wird die „Bestellung ans Universum" dort selbstverständlich so bearbeitet, dass das Ziel oder das gewünschte Ergebnis sich auf wundersame Weise fast von allein und automatisch einstellt. Haben Sie davon auch schon gehört oder es sogar schon selbst ausprobiert?

Wie waren Ihre Ergebnisse? Welche Erfahrungen haben Sie gemacht? Vielleicht bin ich ja weniger begabt als andere Menschen, denn ich gebe zu, dass dieses Konzept bei mir nicht wirklich fruchtete.

Woran das liegen mag? Nun, das ist so, als wenn jemand einem Boxer, der den Kampf selbstverständlich gewinnen will, die Aufgabe gibt, jede Runde sekundengenau zu planen, um am Ende der fünfzehnten Runde den Siegergürtel in Empfang zu nehmen.

Ihnen – und glücklicherweise auch jedem Boxer – ist klar, dass das blanke Theorie ist, die in der Praxis nicht den geringsten Wert hat, weil sie schlicht und einfach nicht funktioniert. Bereits fünf Sekunden nach dem Beginn sieht sich der Boxer in einer völlig anderen Situation als geplant. Vielleicht ist der Gegner nicht – wie angenommen – angriffslustig, sondern defensiv. Statt in der Deckung zu bleiben, ist schon gleich zu Beginn des Kampfes die Offensive gefragt. Vielleicht ist das Selbstbewusstsein des Gegners doch nicht so stark, wie er es auf der Pressekonferenz tags zuvor versucht hat darzustellen? Ihnen ist klar, dass der Boxer nur dann die Chance auf den Sieg hat, wenn er in jedem Moment des Kampfes im „Hier und Jetzt" Ist. Da haben wir es wieder, dieses „Hier und Jetzt". Hellwach muss er sein, mit allen Sinnen, mit Körper, Geist und Seele.

In dem Moment, in dem er sich einen Moment aus dem „Jetzt" in die Vergangenheit begibt, indem er sich vielleicht über einen schlecht gelungenen Schlag oder seine unzureichende Deckung ärgert, kann er nicht mehr konzentriert bleiben. So wird er dem Gegner erneut eine Chance bieten. Zeigt dies nicht sehr deutlich, dass es nur möglich ist, einen Boxkampf zu gewinnen, wenn man praktisch ununterbrochen (was wohl niemand zu einhundert Prozent kann) im „Hier und Jetzt" bleibt? Es ist leicht verständlich, dass dies auch für andere Sportarten gilt, zum Beispiel fürs Skifahren, Downhill-Mountainbiking, Auto- oder Motorradrennen, die sich alle durch maximale Geschwindigkeiten im Grenzbereich der Physik auszeichnen, mit enorm hoher Gefahr von Stürzen beziehungsweise Unfällen.

Aber gilt das auch für weniger gefährliche Sportarten oder „ganz normale" Tätigkeiten? Was meinen Sie? Wie wird die Qualität meiner Arbeit sein, wenn ich sie konzentriert, mit allen Sinnen ausführe oder im Vergleich dazu mit meinen Gedanken bei völlig anderen Themen bin, sei es der Streit mit dem Ehepartner, die letzte Diskussion mit den Kindern oder der „Kater" im Kopf von der letzten durchzechten Nacht?

Gehen wir noch einmal einen Schritt zurück zum Sport: Es ist inzwischen eine Binsenweisheit, dass sehr oft die „mentale Stärke" über den Ausgang eines Matches entscheidet. Ganz gleich, ob im Tennis, im Golf, im Fußball, in Einzel- oder Mannschaftssportarten. Dabei sehen wir immer wieder, dass nicht unbedingt die physisch stärkere Person das Duell oder Match gewinnt, sondern derjenige, der „sich nicht aus der Ruhe bringen lässt". Was bedeutet das denn übersetzt?

Wir kennen alle das Sprichwort „In der Ruhe liegt die Kraft". Nur wird es selten „übersetzt", sodass die wirkliche Bedeutung und Tragweite zu erkennen ist. Hier ist doch (neben anderen Interpretationsmöglichkeiten) genau das gemeint – im „Hier und Jetzt" sein, oder?

Selbst bei einem Waldspaziergang können Sie das intensiv erleben, die unzähligen Eindrücke quasi „spüren und fühlen", wenn Sie sich nicht durch Musik auf den Ohren oder Gedanken über Vergangenes oder Zukünftiges ablenken. Das soll jetzt keineswegs bedeuten, sich grundsätzlich nicht mit der Vergangenheit und Zukunft auseinanderzusetzen. Eine Analyse und Bewertung von Erlebtem ist immer sinnvoll, vor allem, wenn es mit dem Ziel geschieht, zu analysieren, warum Dinge gut oder schlecht gelaufen sind und was es daraus zu lernen gibt. Zweifellos erfordert auch die Gestaltung der Zukunft eine Auseinandersetzung mit den verschiedensten Möglichkeiten, Eventualitäten, mit möglichen Chancen und Risiken, mit Strategien und Taktik – und ja, an der Stelle dann auch mit Zielen! Sie dürfen sehr gern SMART ausformuliert sein. Erkennen Sie, welch großen Unterschied es bewirkt, sich mit Vergangenheit und Zukunft auseinanderzusetzen oder gedanklich permanent in ihnen zu leben?

8.4   Zeit – ebenso unbestechlich wie die Wahrheit

Menschen überwinden längst Raum und Zeit. Sie ahnen es: Wir sprechen erneut über das Internet. Wir beobachten und nutzen in allen Lebensbereichen, also nicht nur in den Bereichen der Luftfahrt-, Auto- und Gesundheitsindustrie, einen atemberaubenden Effekt, der wie ein Turbolader bei einem Motor wirkt: die sekundenschnelle Informationsverbreitung über das World Wide Web. Bis vor gut zwanzig

Jahren lief die Verbreitung, die Dynamik der Diskussion um wissenschaftliche Erkenntnisse etwa wie folgt ab: Die Neuigkeit, ein Forschungsergebnis oder eine These wurde der Fachwelt in einem Vortrag auf einem Kongress vorgetragen sowie in einschlägigen Publikationen veröffentlicht. Ein Jahr später, auf dem Folgekongress, wurde die These entweder zerrissen oder von Fachkollegen bestätigt. Heute passiert das innerhalb weniger Stunden oder gar Minuten!

Welch ein Gewinn! Ganz gleich, ob die These fällt oder hält; der Erkenntnisgewinn steigt und potenziert sich in kürzester Zeit. Gleichzeitig erreichen die Botschaften Heerscharen von Menschen rund um den Globus. Alle haben umgekehrt jederzeit Zugriff auf praktisch jede Information, die jemals digital veröffentlicht wurde. So werden ganz real Raum und Zeit überwunden, sind längst kein Hindernis mehr. Menschen kooperieren weltweit und teilen Informationen im „Schichtdienst". Wenn Europa und Afrika schlafen gehen, arbeiten die Süd- und Nordamerikaner; danach wird Ozeanien und Asien aktiv, und in vierundzwanzig Stunden hat sich täglich die Welt definitiv verändert.

Hier soll nicht über die negativen Folgen überzogener „Bildschirmzeiten" berichtet werden, aber durch eigenes Verhalten wissen wir, dass morgens oft der erste Griff zum Smartphone geht und der letzte darin besteht, es aus der Hand zu legen. Wir sind fast rund um die Uhr online, mit einigen wenigen Unterbrechungen. Das bedeutet auch, dass wir potenziell alle Nachrichten, für die wir uns interessieren, durch entsprechend gewählte Stichworte oder „Filter" individuell und in Echtzeit „serviert" bekommen. Wir lesen sie ohne Zeitverlust und können unmittelbar darauf reagieren.

Ein Ergebnis dieser Möglichkeiten wurde Ende 2020 sichtbar, als mehrere Unternehmen parallel und praktisch binnen weniger Tage die Zulassungen für Covid-19-Impfstoffe erhielten. Ein Entwicklungsprozess, der bis dahin üblicherweise einige Jahre in Anspruch genommen hätte, war auf Monate eingekürzt worden. Selbst unter der Annahme, dass wesentliche Grundlagen für die Impfstoffe bereits vorhanden waren – ohne moderne IT und die Verfügbarkeit entsprechender Informationen wäre die fast synchrone Entwicklung und Zulassung verschiedener Impfstoffe undenkbar gewesen.

Diese Beispiele, in Verbindung mit dem durch das Internet begründete „Informationszeitalter", zeigen, dass die Menschheit, im Gegensatz zu ihrer Geschichte bis zum Ende des 20. Jahrhunderts, nun eine neue und nie zuvor auch nur ansatzweise so verfügbare „Waffe" zur Hand hat. Sie kann für das Schicksal der Menschheit und des Planten Erde von entscheidender Bedeutung sein.

So schöpfe ich persönlich eine große Hoffnung aus der Beobachtung, dass die Anzahl der Publikation von Nachrichten und Meldungen zu erneuerbaren Energien, den Möglichkeiten der Energiespeicherung sowie der CO_2-freien oder zumindest im Vergleich zu fossilen Energien CO_2-armen Nutzung von Sonne, Wind und Wasserkraft ständig weiter steigt.

Die Ergebnisse der weltweiten Forschung und Entwicklung zeigen steigende Wirkungsgrade, Hersteller berichten von neuen Anwendungen, verbesserten Leistungen und zahlreichen Kooperationen, die kontinuierlich zu besseren Ergebnissen führen. Auch wenn über das weltweite Netz ebenso viele Versuche unternommen werden, das Erfordernis für ein radikales Umdenken in Sachen Energie und Klima in Abrede zu stellen oder das sich daraus ergebende Handeln zu verhindern, der Fortschritt wäre vermutlich viel langsamer, und es würde noch mehr wertvolle Zeit ungenutzt verstreichen.

8.5   Trügerische Gedanken

Den ganzen Tag denkt es in unserem Kopf. Wie ein endloser Güterzug rattern die Gedanken durch das Gehirn. Ob wir wollen oder nicht, es „denkt in uns".

Wie sehr die Gedanken ungewollt und ungesteuert, quasi „automatisch" entstehen, erfahre ich bei fast jeder Meditation. Über einen Zeitraum von etwa zwanzig Minuten versuche ich, meine Gedanken wahrzunehmen, aber nicht in sie „einzusteigen" oder sie zu vertiefen. Ich übe mich in der Rolle des Beobachters. Dabei bekommen die Gedanken von mir die „Wertschätzung" in Form einer Bestätigung, dass ich sie wahrgenommen habe. Mehr nicht. Und dann dürfen sie wieder aus meinem Kopf „verschwinden".

Für mich ist das auch nach Jahren täglicher Übung nicht leicht. Im Gegenteil: Ich merke, dass ich nur sehr begrenzt Einfluss auf meine Gedanken habe. Die Gedanken, die ich bewusst denke, sind weit in der Minderheit. Und selbst wenn ich denke: „Ich möchte jetzt an XY denken" – und es dann tue –, dauert es oft nur wenige Sekunden, bis ein neuer Gedanken den bewusst gedachten überlagert oder verdrängt. Im Grunde ist beides eine Illusion, sowohl der Glaube, wir könnten eine Art totale Steuerung unserer Gedanken erlangen als auch die Überzeugung, wir wären den eigenen Gedanken vollkommen machtlos ausgeliefert.

Die meisten Gedanken entstehen praktisch aus dem „Nichts", tauchen einfach so auf, oder sie werden durch andere Gedanken ausgelöst. Und dennoch wirken sie wie der berühmte „Mann im Ohr", der uns ständig etwas zuflüstert. Und in gewisser Weise ist es auch eine „externe Person", die sich ständig beflissen fühlt, Kommentare loszuwerden.

„Aha, das kannst du also auch nicht."

„Ich bin so blöd."

„Ich wusste, dass ich das nicht kann."

„Das passiert immer mir."

„Warum kriege ich das nicht hin?"

„War ja klar, dass das nicht funktioniert"

„Ich kann nicht ..."

„Ich will nicht ..."

Das sind Gedanken, die so – oder in abgewandelter Form – ohne unser Zutun und gerne immer wieder auftauchen.

Sind sie uns dienlich? Sehr oft nicht. Wir nennen sie „inneres Kind" oder „innerer Kritiker". Und was macht ein Kritiker? Richtig, er kritisiert. Und oft in einer Tour, ohne Pause. Ist das sinnvoll und hilfreich?

Was für eine Frage – garantiert nicht! Ich habe auch schon von der „netten" Bezeichnung *Bullshit FM* gehört – der Kritiker in uns als Radiosender mit sehr negativer Frequenz. Das passt. Wenn ich in meinem Kopf ständig eine Stimme habe, die mir sagt, dass ich dies und das nicht will, nicht kann, wieder versemmelt habe – was macht das dann mit mir? Richtig, es macht mich klein. Es erzeugt das Gefühl von

„Schuld und Scham" – den beiden besten Kumpels des „inneren Kritikers". Die drei arbeiten, wenn man es nicht bemerkt und unterbindet, perfekt zusammen.

Häufig ist das Ergebnis schwindendes Selbstvertrauen, Unsicherheit, mangelndes Selbstwertgefühl und viele negative Konsequenzen mehr. Alles Quatsch, totaler Unsinn! Natürlich sind Sie liebenswert, vollständig, richtig, gut ...

Stellen Sie sich mal vor, Sie wüssten genau das – und würden es nicht nur glauben, sondern wären vollkommen davon überzeugt. Was wäre dann, was würde passieren?

8.6 Nichts bleibt wie es ist – alle Zustände sind vorübergehend

Wenn wir über Illusionen und im Grunde „zeitliche *Fakes*" sprechen, dann darf der Blick auf die Gefühle nicht fehlen, die wir alle in extremen Situationen mit der Zeit verbinden. Was meine ich hier? Sie kennen das alle. Es passiert etwas, geschieht Ihnen etwas – ob positiv oder negativ –, und die Zeit dehnt sich scheinbar unendlich aus oder verfliegt schneller als je zuvor. Faktor Zeit nochmal anders betrachtet, „menschlicher": Jeder hat in seinem Leben schon diese sehr extremen Situationen erlebt – ganz unabhängig von Alter, Geschlecht, Herkunft, Bildungsgrad oder Beruf. Situationen, in denen wir uns extrem hilflos gefühlt haben, als wenn die Welt unterginge. Oder auch umgekehrt so schön und beflügelnd, dass wir die ganze Welt umarmen könnten. Dass so ein „Himmelhoch jauchzend" nicht ewig anhält, haben wir meist früh und schnell gelernt. Anders sieht es jedoch aus, wenn wir „zu Tode betrübt" sind, in tiefer Trauer versunken oder in einem Gefühl der Machtlosigkeit stecken und denken, dass wir „es nicht schaffen können", aus dieser Situation wieder herauszukommen. Der Zustand scheint ein „Für immer" zu sein. Wenn die Zeit stillzustehen scheint oder sich das Leben schwer wie Blei anfühlt.

Hier wird es Zeit, wieder etwas persönlicher zu werden: In einer meiner schwierigsten Lebensphasen war ich Mitte vierzig. Nach vielen Jahren in einer unglücklichen Ehe, auf die die Trennung folgte, weil ich keine Chance für eine Verbesserung mehr gesehen hatte, kam es für mich „knüppeldick": Ich sah meine Kinder nicht mehr. Nicht nur, dass ich davon ebenso überrascht war, wie ich mich auch ohnmächtig dagegen fühlte – wie naiv und blauäugig war ich gewesen, nicht einmal die Möglichkeit des Kindesentzuges zu kennen, geschweige, dagegen vorgebeugt zu haben? An den vereinbarten Freitagen zur festgesetzten Uhrzeit (formal hatte das Familiengericht den regelmäßigen Umgang zuerkannt und auch angeordnet) waren weder meine Kinder noch meine Frau zuhause.

Selbstredend hatte die Nachbarin auf Nachfrage keine Ahnung, wann meine damals „Noch-Frau" weggefahren sei, ob die Kinder mit ihr unterwegs seien oder wann sie wohl zurückkämen. So half auch das versteckte Warten in der Seitenstraße nichts – solange ich mich in der Nachbarschaft aufhielt, blieb das Haus verlassen.

Ziemlich genau ein Jahr nach der Trennung geriet dann mein Unternehmen durch einen Liquiditätsengpass in eine Schieflage, die durch einen Insolvenzantrag des Finanzamtes ausgelöst wurde. Ein Großauftrag aus den USA, der etwa ein Viertel des geplanten Jahresumsatzes umfasste, wurde unerwartet vom Kunden um ein Jahr verschoben. In der Folge reichten die Umsätze nicht für die pünktliche Bedienung von Gehältern, Steuern, Sozialversicherungsbeiträgen, Lieferantenrechnungen etc.

In den zwanzig Jahren meiner unternehmerischen Tätigkeit hatte ich eine solche Situation vorher nie erlebt und sah mich plötzlich „doppelt und dreifach untergehen". Eine Insolvenz meiner Firma hätte durch über 950.000 Euro selbstschuldnerische Bürgschaften gegenüber den Banken auch eine private Insolvenz zur Folge gehabt. Und der Rosenkrieg meiner Frau war insofern sehr erfolgreich, als dass ich meine beiden älteren Kinder nicht mehr zu Gesicht bekam. Nur Felix, mein jüngerer Sohn, setzte mit seinen zarten zehn Jahren durch, dass er zu mir ziehen durfte, weil er es vehement ablehnte, keine Zeit mit mir verbringen zu dürfen.

Es gab kaum eine Nacht, in der ich durchschlief. Meist wachte ich irgendwann schweißgebadet auf, hatte Alpträume und schlichtweg Angst, es nicht zu schaffen. Über elf lange Monate zog sich der Prozess einer außergerichtlichen Sanierung des Unternehmens hin.

Dabei hatte ich das große Glück, dass der Vater meines noch sehr jungen kaufmännischen Leiters, ein erfahrener Sanierungsberater, schon sehr früh, unmittelbar nach Klarwerden der Finanzierungslücke, die „Regie" für den Prozess der finanziellen Restrukturierung übernahm. Er zog wie ein Puppenspieler die Fäden im Hintergrund und fast täglich beriet er uns, wie wir die unvermeidlichen Gespräche mit Lieferanten, Kunden, Banken, Investoren, dem Finanzamt und den Sozialversicherungsträgern sowie nicht zuletzt den Mitarbeitenden zu führen hatten, um die Nase über Wasser zu halten.

Die Bandbreite der Gefühle in dieser Zeit reichte von purer Angst, zu versagen, über die gefühlte Not, mit einer Insolvenz nicht nur die eigene Investition, sondern mit dem Unternehmen auch die Vision, die es ausdrückte, zu verlieren über das Gefühl, ein schlechter Unternehmer zu sein, die Lieferanten zu verlieren und nicht mehr produzieren zu können bis hin zur Sorge um damals fünfunddreißig Arbeitsplätze und den Konsequenzen für die davon betroffenen Familien. Und parallel noch die seelische und emotionale Belastung einer gescheiterten Ehe, die im anhaltenden Entzug der beiden älteren Kinder gipfelte und dem damit verbundenen Gefühl der Machtlosigkeit.

Mehr als einmal befürchtete ich, es nicht zu schaffen. Stellte ich mir vor, dass dies nun das Ende meines Lebens sei, jedenfalls der Art, wie ich lebte.

Es war eine Zeit, in der ich definitiv nicht das Gefühl hatte, am Steuer zu sitzen. Wie ich das „drehen" konnte? Lösungsansätze stecken im *Ausblick als Blick auf uns*, ab Kapitel 10.

Noch kurz zur besseren Einordnung: Viele Menschen, insbesondere zahlreiche Selbstständige und Unternehmer, können von ähnlich herausfordernden Situationen und Phasen berichten. Es ist ein ebensolcher Mythos wie Irrglaube, dass eine Unternehmensentwicklung wie ein Strich, also gradlinig und immer nur positiv, verläuft. Fast jeder, der beruflich sein eigenes Schicksal in die Hand genommen hat, kann von Phasen berichten, in denen seine Ausdauer und sein Durchhaltevermögen ausgiebig getestet wurden.

Ebenso wenig sind persönliche, schmerzhafte Phasen, sei es durch Krankheit, Schicksalsschläge, menschliche Differenzen oder anderen Ursachen, von Dauer. Selbst die größten Leiden sind zeitlich begrenzt und nicht dauerhaft. Das zu wissen und besonders in Situationen großer Schmerzen darauf vertrauen zu können, dass diese Situation nur temporär besteht, kann bereits eine deutliche Linderung und Entspannung bewirken.

Ein guter Bekannter pflegt zu sagen: „Wenn die Schei...e durch den Ventilator fliegt, frage ich mich sofort, wofür das gut sein könnte." Meist findet man sofort einen positiven Ansatz, ganz gleich wie schlimm sich die Situation gerade darstellt. Und mit diesem wertvollen Aspekt ist oft die Situation des Leidens unterbrochen, im besten Fall bereits beendet. Probieren Sie es aus! Wenn es Ihnen das nächste Mal echt dreckig geht – fragen Sie sich, was daran gut sein könnte? Finden Sie die Antwort und konzentrieren Sie sich genau darauf. Sie werden überrascht sein ...

9 Wer sind die Originale, die unsere Zukunft braucht?

Es gibt zwei Hauptbedeutungen des Begriffs Original, der eine Ableitung vom lateinischen *origo* ist, also von Ursprung, Quelle, Stamm. Kunst und Mensch: Nummer eins bezieht sich auf ein vom Künstler oder Verfasser selbst geschaffenes, unverändertes Werk. In der zweiten Bedeutung ist ein Mensch gemeint, der auffallende Charaktereigenschaften hat. Ein umgangssprachlich „richtiges Original" ist jemand, der unabhängig von der Meinung anderer durch bestimmte Besonderheiten auffällt, und das meist auf eine liebenswerte Art und Weise.

Ein Original ist zweifellos auch eine Art logischer Gegensatz zum *Fake* und muss in diesem Buch einen Schwerpunkt bekommen. Wir können eine Marke meinen, ein Produkt, eine Fassung von etwas, ein Kunstwerk, eine Erfindung, einen besonderen Menschen – oder im Grunde jeden von uns. Was macht uns zu originellen Menschen? Und welches Verständnis von Originalität hilft uns als Individuen, unser Leben bestmöglich und ehrlich zu gestalten, sodass wir im besten Fall damit auch für andere eine Inspiration sind? Originale als Vorbild und Treiber für eine lebenswerte Zukunft? Retten – provokant gefragt – nur die Originale unsere von *Fakes* gebeutelte Welt?

Der Begriff Original ist eng verknüpft mit Werten wie Ehrlichkeit, Individualität, Unabhängigkeit und Authentizität. Letzteres ist quasi ein Begriff der Stunde. Er spiegelt so etwas wie eine Epochenstimmung wider. Sie kennen das Phänomen von älteren Epochen wie Empfindsamkeit oder Romantik, Aufklärung, Realismus oder neue Sachlichkeit.

Während der Imperativ „Sei du selbst!" vor allem in den sozialen Medien noch überall postuliert wird, Authentizität ein Muss ist, wie eine Art Währung im Marketing, aber oft verwechselt mit Inszenierungen, die mehr *Fake* als Original zeigen, formulieren Geisteswissenschaftler erste Ansätze, dass der Trend Authentizität in absehbarer Zeit wohl ein Ende fände. In unserer Gegenwart, die eine Krisenära ist, habe sich der Begriff als Weltflucht entlarvt. Natürlich ist nichts falsch daran, sich individuell mit der eigenen subjektiven Welt im Einklang zu fühlen.

Die neue These: Hängt dieser individuellen Harmonie angesichts unserer heutigen weltpolitischen Situation nicht stets etwas Unehrliches, Verdrängendes an? Lyriker, Essayist und ehemaliger Dozent Volker Demuth schreibt im Deutschlandfunk: „Die Zeit [...] scheint überreif dafür, sich von postmodernen [...] Ich-Inszenierungen zu verabschieden und Personen an deren Stelle zu wünschen, die, anstatt sich vorrangig mit sich selbst zu beschäftigen, fachlich fähig, menschlich integer und global verantwortlich handeln. Ob diese dann auch noch irgendwie authentisch sind, ist von [...] nachgeordnetem Interesse. Das überbordende Reden von und die Sehnsucht nach Authentizität haben sich überlebt. Dafür sorgen die globalen Entwicklungen. Die Aufgaben für das Subjekt, das seine Eigengestaltung, seine moralische Plastizität ernst nimmt, sind unmissverständlich andere geworden."

Also ein Ja zur bewussten Auseinandersetzung mit sich selbst, aber mehr Mut zu Widerstandskraft, Widerspruch und Unangepasstheit? Erst die Gesellschaft und der Erhalt der gemeinsamen Lebensgrundlage – dann das Individuum?

Dieses Kapitel geht all diesen Fragen nach und macht den Raum auf für meine und Ihre Überlegungen dahingehend, welche Werte und Chancen im ganz persönlichen Wachstum von uns allen liegen. Für uns und für unsere Umgebung. Ich wiederhole mein Statement aus dem Vorwort: Authentizität ist mehr als nur ein Modewort, nämlich neben Mut zu Veränderung und Integrität DIE Voraussetzung, unsere Welt nachhaltig zum Besseren zu verändern.

9.1 Original-Schmiede: Forschung und Entwicklung

Nehmen wir die trübe Brille der Multikrisenrealität kurz ab und blicken wir auf die Glanzlichter atemberaubender Entwicklungen, die menschengemacht sind, deren Originalstrahlkraft bis in die Gegenwart wirkt. Kennen Sie das Buch *Factfulness* von Hans Rosling? In diesem Bestseller zeigt uns der Autor auf, dass unsere Faktenwelt, also die Wahrheit, viel weniger düster aussieht als wir meinen. Wenn wir von Verzerrungen, Illusionen, Unwahrheiten in diesem Buch sprechen, dann gehört auch dazu, dass viele Menschen ein völlig verzerrtes – weil übertrieben düsteres – Bild von der Realität haben, eine dramatisierte Weltsicht. Immer mehr Kriege, mehr Naturkatastrophen, mehr Reiche und noch mehr Arme und ein schneller als schnell wachsender Graben zwischen ihnen – Alarmstufe fünf nach zwölf in allen Nachrichten und sogar in nahezu allen Gesprächen. Die Welt faktenbasiert so zu sehen, wie sie wirklich ist, hat überraschenderweise mit positiven Entwicklungen zu tun. Das sagt die Statistik. Also starten wir hier mit der Würdigung von und der Dankbarkeit für so einige große Errungenschaften:

Über die gesamte Zeitspanne, in der sich der Mensch entwickelt hat, also wahrscheinlich einige Millionen Jahre, hat er unendlich viel probiert, getüftelt, entwickelt, geforscht, gelernt, erschaffen. Was ihn dabei von den meisten anderen Spezies unterscheidet, ist die Fähigkeit der Kooperation, der Zusammenarbeit mit anderen. Gewiss finden wir ein erfolgreiches Miteinander auch in der Tierwelt, wenn zum Beispiel viele Muttertiere Nachkommen gemeinsam im Verbund großziehen oder Wölfe, Löwen oder Wale gemeinsame

„Treibjagden" durchführen, die im Vergleich zur Einzeljagd erfolgreicher und effizienter sind. Auch hier haben sich Spezialisierungen entwickelt, Abhängigkeiten von Stärken und Schwächen einzelner Individuen. Wer schneller ist, „spielt im Angriff", die langsameren eher in der Abwehr ...

Die Fähigkeiten der Menschen haben sich jedoch in Summe deutlich über dieses Niveau hinaus entwickelt. Von der Annahme ausgehend, dass die Menschheit bis vor einigen Tausend Jahren – und das ist gesamtgeschichtlich ein relativ kurzer Zeitraum – überwiegend als Nomaden gelebt hat, also in überschaubaren Regionen als „Jäger und Sammler" ohne festen Wohnsitz umherzogen und ihr Überleben organisierten, sind die Entwicklungen atemberaubend: Im Hausbau haben Wolkenkratzer den Platz einfacher Holz- und Lehmhütten eingenommen. Statt mit Pferden, Eseln oder Kühen reisen wir nach der Erfindung des Rades, der Kutsche, der Dampfmaschine, des Verbrennungsmotors und der Turbine heute mit Elektrofahrzeugen und Flugzeugen, die inzwischen durch Brennstoffzellen oder Photovoltaikmodule nebst Batteriespeicher mit Strom versorgt werden. Wasserstoff und Methanol sind die vielversprechenden Energieformen der Zukunft, weil wir gelernt haben, die Energie aus Wind und Sonne zu speichern und ohne die Emission des erderwärmenden CO_2 wieder zu nutzen, indem wir mit der „natürlich" erzeugten Elektrizität Wasser in Wasserstoff und Sauerstoff „spalten".

Das gern zitierte Beispiel von Thomas Alva Edison, dem es mithilfe seiner Einstellung gelang, sein angestrebtes Ergebnis zu erreichen. Er war der Überzeugung, dass ihn jeder Fehlversuch näher zu seinem Ergebnis bringt, der berühmten Glühbirne. Nach über eintausend Versuchen realisierte er sie tatsächlich, und das zeigt geradezu symbolisch, wozu einige Menschen fähig sind.

Allein das Thema „Elektrizität" löst in mir eine große Faszination aus. Für den Großteil der Menschheit ist ein Leben ohne Strom heute nur noch schwer vorstellbar. Licht, Wasser, Wärme, Kochen, Backen und die Haltbarkeit von Lebensmitteln sind durch elektrischen Strom so einfach und praktisch überall verfügbar geworden. Dabei ist das Leben ohne Strom bei uns – im Gegensatz zu anderen Regionen auf der Erde – noch gar nicht so lange her.

Meine Großmutter erzählte gerne, dass sie sich noch an den An-schluss ans Stromnetz und an die erste Glühbirne auf dem damaligen Bauernhof erinnere. Erst einige Jahre zuvor, anno 1887, wurde in Dorstfeld, einem heutigen Stadtteil von Dortmund, die erste Straßen-beleuchtung im damaligen Deutschen Reich eingeschaltet, gespeist mit Strom aus dem dampfturbinengetriebenen Generator der Zeche Dorstfeld.

In jedem Haus, in jedem Unternehmen, selbst in praktisch jedem Fahrzeug bis zum einfachen Tretroller – und dabei sprechen wir nicht über den Antrieb – ist die Nutzung von Elektrizität für unzählige Funktionen ein Standard, über den wir praktisch nur selten nachden-ken und den wir deshalb als „selbstverständlich" ansehen. Doch selbst über die „analogen Funktionen" wie Licht, Wärme, Kälte, Kraft und Arbeit, Bild und Ton, die der elektrische Strom ermöglicht, können wir nur milde lächeln, wenn wir die Auswirkungen des Siegeszuges und der Errungenschaften der „digitalen Welt", also der Informations-technologie, betrachten. Das Internet hat Ende der 1990er Jahre – mit so innovativen Entwicklern wie IBM, Microsoft, Apple und Google – eine weitere „Revolution" ausgelöst.

Waren es einhundert Jahre vorher Namen wie James Watt, der Er-finder der Dampfmaschine, sowie Krupp, Siemens, Otto, Diesel und Benz, die Industrie- und Automobilgeschichte schrieben, sind es heute Menschen wie Mark Zuckerberg (Facebook), Elon Musk (Tesla und Space X) und Jeff Bezos (Amazon), die die Welt in atemberauben-dem Tempo verändern.

Dabei haben wir viele andere Bereiche noch gar nicht betrachtet. Nehmen wir exemplarisch die Medizin. Ende der 1800er, also zu Zei-ten der ersten Straßenbeleuchtung in Dorstfeld und dem Beginn der Elektrifizierung in Deutschland, betrug die durchschnittliche Lebens-erwartung in Europa circa 35 Jahre für Männer und 38 Jahre für Frauen. Heute liegen die Werte bei circa 78 Jahren für Männer und 83 Jahren für Frauen, also mehr als doppelt so hoch. Zweifellos hat das auch mit einer durch den elektrischen Strom begünstigten und stei-genden Hygiene sowie weiteren Annehmlichkeiten zu tun.

Eine Entdeckung mit drastischer Auswirkung auf die Sterblich-keit, oder besser Gesundheit, war diejenige von Penicillin, dem ersten

Antibiotikum, durch den Engländer Alexander Fläming im Jahre 1928. Durch das neue Medikament konnten erstmals bakterielle Infektionskrankheiten, wie Scharlach oder Cholera, wirksam bekämpft werden. Bereits 1901 erhielt Emil von Behring den Nobelpreis für Medizin und Physiologie für die Entwicklung des Tetanusimpfstoffs. Und wiederum bereits Jahre zuvor hatten die Engländer Edward Jenner und Thomas Dimsdale erste erfolgreiche Impfungen gegen Pocken durchgeführt. 1905 folgte Robert Koch, der Begründer des 2020 durch Corona bekannt gewordenen Instituts RKI, mit dem Medizin-Nobelpreis für die Entdeckung von Tuberkulose-Bazillen.

Doch das waren nicht die ersten Pioniere in der Medizin. Können Sie sich vorstellen, wie sich die Menschen vor 200 Jahren bei Zahnschmerzen und deren Behandlung fühlten? Was damals „half", war die „rohe Gewalt". Der faule Zahn musste raus, Ersatz gab es nicht und auch kaum sanfte Methoden. Betäubung allerdings auch nicht. Welche Wohltat erfahren Milliarden Menschen seit 1846, dank der von William Morton entwickelten Äthernarkose, die schmerzfreie Operationen ermöglicht.

So transplantierte bereits 1883 der Schweizer Chirurg Theodor Kocher einem Mann menschliches Schilddrüsengewebe in die Bauchhöhle – ohne wirksame Narkose unvorstellbar. Im Gegensatz zu den meisten der vorstehenden Namen ist der von Conrad Röntgen auch heute noch fast jedem Kind geläufig. Der Name „Röntgen" wird nach wie vor ebenso als Verb für das 1895 zufällig entdeckte „Durchleuchten des menschlichen Körpers" benutzt wie Galvanisieren, Lynchen, Pasteurisieren oder Googeln.

Erstaunlich, aber wahr – erst 1901 entdeckte der österreichische Bakteriologe und Pathologe Karl Landsteiner die unterschiedlichen Blutgruppen bei Menschen und damit die Erklärung, warum Bluttransfusionen vorher in Teilen schwerwiegende Probleme und Folgen verursachten

Ein ebenso bedeutender Durchbruch gelang Paul Ehrlich und dem Japaner Sahachiro Hata im Jahre 1909 mit der Entwicklung einer medikamentösen Behandlung gegen Syphilis, die als Grundstein und Basis für alle heute üblichen Chemotherapien angesehen werden kann. Kein Wunder also, sondern die Folge einer Vielzahl von Erkenntnissen und Behandlungsmethoden, die Menschenleben retteten und in der Summe die Lebenserwartung verdoppelten.

Doch was sich im Rückspiegel betrachtet fast wie eine logische Erkenntnis liest, war in allen Fällen das Ergebnis herausragender Persönlichkeiten, die sich nicht mit dem *Status quo* zufriedengaben. Ganz gleich, ob sie gezielt nach Ursachen und Wirkungsweisen suchten oder „zufällig" darauf stießen. Sie alle hatten die Fähigkeit entwickelt, genau hinzuschauen, das Augenscheinliche zu hinterfragen, Funktionen genau verstehen und unzureichende Zustände ändern zu wollen.

Welche Sisyphusarbeit mag erforderlich gewesen sein für die Entwicklung der 1953 erstmals veröffentlichten Erkenntnis, dass die DNS eines Lebewesens „doppelt gewunden" verläuft und die geometrische Form einer Doppelhelix aufweist? Dagegen scheint die Entwicklung minimalinvasiver Operationsmethoden seit den 1980er-Jahren fast unspektakulär. Wenn wir jedoch bedenken, dass diese ohne den Einsatz der modernen, bildgebenden Verfahren „Ultraschall", „Röntgen", „Magnetresonanz- und Computertomographie" sowie „Kamera-Endoskopie" schlicht unmöglich wären – schließlich muss der Chirurg für und während seiner Arbeit quasi in den Körper hineinschauen können –, wird auch die Bedeutung dieser in der heutigen Zeit selbstverständlich wirkenden Methoden deutlich.

Auch wenn es für den Laien, also Menschen, die sich nicht als Experten in dem Fachgebiet bezeichnen können, immer wieder überraschend erscheint: Die Entwicklung ist nicht abgeschlossen. Im Gegenteil!

Aktuell, wenn Sie dieses Buch lesen, forschen mehr Menschen auf unserem Globus als in Summe alle Forscher der Vergangenheit zusammen jemals geforscht haben. Allein die Anzahl der forschenden Menschen in unzähligen Instituten, Universitäten, Hochschulen, Laboren und Unternehmen ist phänomenal, und es darf angenommen werden, dass die allermeisten ernsthaft und mit großem Eifer an neuen Erkenntnissen und Methoden arbeiten.

Noch ein Beispiel aus persönlicher Erfahrung: 2010, unmittelbar nach Ausgründung der Tailorlux GmbH aus der Fachhochschule Münster, bekam das junge Unternehmen eine Anfrage zur Entwicklung eines „breitbandig wirkenden Nahinfrarot-Leuchtstoffs" für den

Einsatz in speziellen LEDs als Lichtquelle in der Spektroskopie, also der Analyse von beziehungsweise durch Licht. Der Haken an der Sache: Der Interessent hatte kein Budget. Und das junge Unternehmen brauchte Aufträge. Der Kompromiss: eine Entwicklung mit Risiko und eine eventuell spätere, also erfolgsabhängige Bezahlung.

Heute, zehn Jahre später, entwickelt und vertreibt die von Dr. Axel Kulcke (Ehre, wem Ehre gebührt) gegründete Firma Diaspective Vision, die hier genannt werden darf, mit dem *Hyperspectral Imaging* erfolgreich die fünfte bildgebende Technologie in der Medizintechnik. Dabei werden aus jedem Pixel der eingesetzten Digitalkamerasensoren die auftreffenden Lichtinformationen hinsichtlich der Wellenlängen analysiert, also jeweils eine Spektralanalyse durchgeführt.

Die Ergebnisse, also Spektralbereiche zwischen Ultraviolett über das sichtbare Licht bis zum für das menschliche Auge unsichtbaren Infrarot, werden farbig und so für das menschliche Auge „gut sichtbar übersetzt" dargestellt. Der Effekt ist beeindruckend: Auf den Livebildern der Hyperspektralkameras wird die Durchblutung von Hautgewebe ebenso sichtbar wie der Feuchtigkeits- oder Wassergehalt, sodass Dermatologen zum Beispiel nach Hauttransplantationen sehr früh und millimetergenau erkennen können, ob die Haut anwächst oder vom Körper abgestoßen wird.

Reaktionszeiten können minimiert und Behandlungen optimiert werden, mit dem Ergebnis, dass die Erfolgsrate deutlich ansteigt. Aufgrund der unterschiedlichen Gewebetypen kann die Technik klar unterscheiden, ob es sich bei einem weißen Gewebe um Fett oder eine Sehne handelt. Für einen Chirurgen während der Operation eine essenziell wichtige Information.

Etwas „abstrahiert" ist an diesem Beispiel gut zu erkennen, wie das Zusammenwirken verschiedener Erkenntnisse, Fachbereiche und Technologien zu völlig neuen Anwendungen führt, die letztlich die Welt verändern und meistens verbessern. *Hyperspectral Imaging* wird übrigens auch beim Recycling in der Sortierung von Abfall- und Wertstoffen, wie Kunststoffe, Metall, Gläser und Textilien, eingesetzt und darüber hinaus auch bei der Qualitätskontrolle von Nahrungsmitteln, Pflanzen, Fleisch und technischen Produkten. Ich freue mich, dass Tailorlux die 2014 zum Patent angemeldete Grundlage für die erforderliche Lichtquelle geschaffen und insofern auch einen kleinen Beitrag zu dieser bahnbrechenden Entwicklung geleistet hat und zeigt, dass die menschliche Fantasie unbegrenzt ist und wir wörtlich jeden Tag auf Lösungen stoßen können, die die Welt buchstäblich verändern.

Die in den vergangenen circa 150 Jahren um rundweg einhundert Prozent gestiegene Lebenserwartung von knapp vierzig auf circa achtzig Jahre in Europa ist ein beeindruckender Beweis für die positiven Auswirkungen zahlreicher Forschungs- und Entwicklungsergebnisse in der Medizin auf die menschliche Gesundheit. Dazu kommt, was in Zahlen, Daten und Fakten kaum zu beschreiben ist, eine unvergleichlich höhere Lebensqualität.

Allein die wirksame Behandlung von Beschwerden durch schmerzlindernde Medikamente kann nicht hoch genug eingeschätzt werden. Der Ersatz oder Ausgleich von Fehlfunktionen, wie beispielsweise der Schilddrüse, durch synthetische Hormone oder Botenstoffe, erlaubt Menschen ein beschwerdefreies Leben, die ohne pharmazeutische Fortschritte sterben würden.

Implantate, Prothesen, künstliche Körperteile wie *Stents* versetzen Menschen zurück in ein schmerz- und beschwerdefreies Leben und verringern das Risiko eines vorzeitigen Ablebens über Jahrzehnte. Medizin und Pharmazie bieten also mannigfache Gründe, dankbar zu sein. Über die Schattenseiten konnten Sie im vorigen Teil des Buches ausführlich lesen.

Wenn es auch bei aller Forschungs- und Entwicklungsliebe natürlicherweise keine Garantie auf ausnahmslos positiv angestrebte und wirkende Verwendung gibt, die Erfolge und positiven Auswirkungen sind extrem beeindruckend und aus dem Leben unzähliger Menschen nicht mehr wegzudenken.

9.2 Wert und Original – Markenkern und menschliche Individualität

Schauen wir nach dem Erfindungsoriginal als Basis für Fortschritt auf den Wert einer Marke. Er ist in hohem Maße von Ihrer Glaubwürdigkeit abhängig. Fachleute bezeichnen das auch als Markenkern. Wofür steht die Marke? Was soll sie ausdrücken? Womit sollen sich die Kunden identifizieren? Was unterscheidet sie von anderen? Was macht sie einzigartig? Aaah, hier haben wir sie wieder – die Einzigartigkeit. Das Gegenteil des *Fake* und der Kopie – egal ob „billig" oder „aufwändig". Es gibt eben nur ein Original, oder?

Naja, bei Produkten, Waren und Dienstleistungen gibt es offensichtlich eine Vielzahl von Originalen, zum Beispiel eine Serie oder ein Modell. In vielen Fällen gleicht ein Produkt dem anderen bis ins letzte Detail. Die Qualität ist bei allen Teilen identisch – bis auf minimalste Abweichungen, die jedoch innerhalb der oftmals in aufwändigen Qualitätssicherungsverfahren überwachten Toleranzen liegen müssen und entsprechend streng kontrolliert werden. Also viele Originale, die wie ein Ei dem anderen gleichen.

Und dann gibt es bei Produkten auch die Originale, die noch dazu individuell ausgestaltet sind. Nehmen wir als Beispiel den personalisierten Turnschuh, also Sneaker, oder ein modernes Auto. Durch die immer größer werdende Anzahl der Konfigurationsmöglichkeiten entsteht mit dem Angebot an Außenfarben, Innenraumgestaltung, Zusatzfunktionen und Sonderausstattung eine so hohe Zahl an Kombinationsmöglichkeiten, dass praktisch keine zwei vollständig gleichen Fahrzeuge einer Serie vom Band laufen. Also viele Originale – und noch dazu jeweils einzigartig.

Und bei Menschen? Zweifellos ist jeder Mensch ein Original – individuell und einzigartig. Mal abgesehen von eineiigen Zwillingen oder Mehrlingen, die genetisch exakt identisch sind. Schon wieder eine Ausnahme? Ja und nein. Wir dürfen wohl annehmen, dass selbst bei genetisch identischen Menschen schon bei der Geburt Unterschiede bestehen. Nicht nur die Reihenfolge der Geburt führt zu unterschiedlichen Erfahrungen der Neugeborenen. Bereits im Mutterleib konnten die Ungeborenen verschiedene Reize und Wahrnehmungen verarbeiten, die zu unterschiedlichen Erfahrungen und damit Prägungen führen. So ist ein Zwilling oft eher „lebendiger" oder aktiver und der andere eher „ruhiger" beziehungsweise passiver. Aber darum soll es hier nicht gehen.

Mich bewegt vielmehr die Frage, warum viele Menschen sich ihrer Individualität, ihrer Einzigartigkeit nicht bewusst sind, oder sich damit gar nicht wohlfühlen. Warum sonst versuchen so viele, zu sein wie jemand anderes? Warum versuchen viele junge Mädchen, möglichst auszusehen wie Kunstfigur *Barbie*? Warum tragen Bankangestellte und Versicherungsvertreter oft einen ähnlichen Anzug – ja sogar Haarschnitt? Warum wollen viele Menschen so sein wie jemand anderes? Warum wird Zugehörigkeitsgefühl auf Kosten der Individualität angestrebt oder im Gleichförmigen ein großer Vorteil gesehen?

Wir lernen von Kind an, wie wir sein „sollen", ja oft sogar sein „müssen", um von unseren Mitmenschen akzeptiert zu werden. Man nennt das auch Erziehung, später Ausbildung. Tragen Kinder spätestens in der Schule nicht bestimmte Markenartikel, werden sie ausgegrenzt, gehören nicht dazu. Den finanziellen Status der Eltern können wir sehr oft am „Outfit" der Kinder festmachen. „Haste was, biste was."

9.3   Hast du was, dann bist du was?

Schon früher kam mir dieser Spruch etwas doppeldeutig oder ironisch vor. Na klar, vordergründig beschreibt er, dass Geld und Reichtum zu einem höheren Ansehen führen als Mangel oder gar Armut. Diese Volksweisheit gehört für mich in die gleiche Kategorie wie „Kleider machen Leute".

Bei beiden gehts nicht wirklich um „Sein", sondern vielmehr um „Schein". Leider unterstützen beide aus meiner Sicht irreführenden Redewendungen das Vordergründige, das Oberflächliche, das nicht mit der Realität dahinter übereinstimmen muss. „Haben" bedeutet ebenso wenig für das „Sein", also die persönlichen und charakterlichen Eigenschaften eines Menschen, wie ein Anzug. Klar, der erste Anschein mag beeindruckend wirken. Das Haus, das Auto, das Boot, die Rolex, der teure Anzug oder die Louis-Vuitton-Handtasche – alles lässt seine Besitzer oder Träger auf den ersten Blick in einem beneidenswerten Licht erscheinen.

Doch, wie wir wissen, trügt der Schein eben oft. Wie viele der „Insignien-des-Reichtums-Träger" sind ohne ihre Accessoires fast „unsichtbar"? Welchen dieser Menschen würde man ohne deren äußeren Schein wirklich Respekt und Anerkennung entgegenbringen, weil sie mit ihrer Persönlichkeit, mit ihren Fähigkeiten, deren Gebrauch und erzielten Ergebnissen beeindrucken? Ganze Berufsgruppen versuchen, durch ihre Kleidung Seriosität und Kompetenz zu vermitteln, und manch einer würde sich schwertun, einem Banker, Anlage- und Steuerberater, Rechtsanwalt oder Vertreter der Versicherungsbranche zu vertrauen, käme er in Shorts und T-Shirt daher.

Ohne Abitur und Studium bist du nur zweite Wahl?
Statt tiefer in diese vordergründige Seriosität einzutauchen, lassen Sie uns den Blick auf eine „Verklärung" richten, die ich gesellschaftlich für ebenso falsch wie gefährlich halte. Meine Beobachtungen der letzten Jahre mögen zugegeben sehr subjektiv sein, was ich jedoch erlebe, ist eine krasse Diskrepanz im Umgang mit Abiturienten und Hochschulabsolventen einerseits sowie „geringerwertigen" Schulabschlüssen und abgeschlossenen Berufs- oder Fachschulausbildungen andererseits. Viele frischgebackene Abiturienten werden gefeiert, ja fast „gehypt", so als hätten sie eine ganz außergewöhnliche Leistung erbracht. Es werden Abiturfeiern und -bälle organisiert, die der Festlichkeit von Hochzeiten nicht nachstehen, und dabei regnet es oft hochwertige Geschenke und Briefumschläge mit kleinen und auch größeren Geldscheinen, die nicht selten mehrwöchige oder gar -monatige Reisen rund um den Globus ermöglichen.

Und auf der anderen Seite? Was zählt ein Hauptschulabschluss, der Abschluss einer polytechnischen Oberschule, einer Fachoberschule oder einer Berufsausbildung? Wie wird das Zeugnis der „mittleren", also Fachoberschulreife, eine bestandene Gesellenprüfung (die es heute nicht mehr gibt), also eine abgeschlossene Berufsausbildung, gefeiert? Da wird viel geschrieben und geredet von Chancengleichheit und Toleranz, von der Anerkennung verschiedener Talente und Begabungen, von Fachkräftemangel und von Wertschätzung für das Handwerk. Mal ehrlich – wie fühlen Sie sich als Nicht-Abiturient oder Nicht-Akademiker in einer Gesellschaft, in der Worte und Taten so weit auseinanderklaffen?

Dabei denke ich an Timo. Er war gerade achtzehn, als er spontan von einer Familie aufgenommen wurde, die ihn quasi von der Straße geholt hatte. Früh misshandelt und verstoßen von seinem

Vater, bestohlen und rausgeworfen von seiner kaufsüchtigen Mutter, war keine soziale Einrichtung mehr zuständig oder offen für ihn als Volljährigen. Timo „hatte nur Hauptschule" und erhielt statt einer Ausbildungsstelle in einem Unternehmen immerhin eine in der Lehrwerkstatt der örtlichen Handwerkskammer. In den ersten Tagen in der Familie war Timo fast unsichtbar: Bekleidet mit einer schwarzen Jeans und einem schwarzen Kapuzenpullover, saß er oft im Schneidersitz auf dem Küchenstuhl, die Hände in die Ärmel gezogen und die Kapuze bis tief ins Gesicht. Er war so verschüchtert, dass es fast neun Monate dauerte, bis sein Gastvater ihn das erste Mal in die Arme nehmen durfte. Timo bestand seine Gesellenprüfung, wenn auch knapp, im ersten Anlauf. Er erhielt durch das Vertrauen eines Unternehmers zu seiner Gastfamilie die Chance einer ersten Anstellung in einem KFZ-Zulieferbetrieb als Metallbearbeiter auf der niedrigsten Stufe.

Trotz Mobbing seiner Kollegen, und obwohl er in den ersten Tagen und Wochen täglich hinschmeißen wollte, blieb er viereinhalb Jahre in der Firma, bis er aus eigener Initiative eine zweite Anstellung fand, wie auch die erste eigene Wohnung und eine Eigenständigkeit entwickelte, die sein Umfeld und auch er selbst einige Jahre zuvor nicht für möglich gehalten hätten. Kurzum, dreizehn Jahre später ist Timo als Facharbeiter in einem erstklassigen Unternehmen, einem der begehrtesten Arbeitgeber der Stadt, respektiert, und er erzielt aufgrund seiner zuverlässigen, sorgfältigen, pünktlichen, teamorientierten und qualitätsbewussten Arbeitsweise ein wirklich ansehnliches Einkommen. Vor dieser Entwicklung und der persönlichen Leistung, die dafür erforderlich war, habe ich mindestens den gleichen Respekt wie für den Hochschulabschluss eines begabten Abiturienten aus einem wohlbehüteten und unterstützenden Elternhaus. Wie würde sich unsere Schul-, Ausbildungs- und Arbeitswelt darstellen, wenn jede Form von Leistung und Abschlüssen die angemessene Würdigung und Anerkennung erhielte?

Die Welt besteht nicht nur aus Superstars

Wie wäre es, wenn wir wieder menschlicher, toleranter, wertschätzender und vielleicht sogar unterstützender mit unterschiedlichen Persönlichkeiten, Talenten, Neigungen, Fähigkeiten, Herkünften,

Hautfarben und vielen weiteren Aspekten umgehen würden, die Menschen so individuell und einzigartig machen? Und noch ein Aspekt, der schon angeklungen ist: Wie sollen sich junge Menschen motiviert oder ermutigt fühlen, ein Handwerk zu erlernen oder den Beruf eines Facharbeiters anzustreben, wenn sie das Gefühl haben, damit nur zweitklassig zu sein, weil sie weder Abitur noch Studium vorweisen können? Wie wäre es, wenn wir unterschiedliche Leistungen in dem Bezug und Umfeld sehen, anerkennen und wertschätzen, in dem sie erbracht werden? Gäbe es sonst zum Beispiel die *Paralympics* oder aktuell 2023 in Berlin die *Special Olympics* für Menschen mit geistiger und mehrfacher Behinderung?

Und warum wohl freuen sich Kinder wie auch Erwachsene über eine Urkunde bei den Bundesjugendspielen, über den kleinen oder großen Preis bei einem Wettbewerb, die Medaille bei einem Vereinswettkampf oder die Schleife für das Pferd bei einem Reitturnier, um nur einige Beispiele sportlicher Wertschätzungen zu nennen? Ist es nicht genau die Anerkennung dessen, wofür alle gekämpft, gelitten und sich engagiert haben? Und hat sie nicht jeder, der auch ohne optimale Bedingungen eine für seine Verhältnisse respektable Leistung schafft, verdient? So wie die Achtung, die sich jeder von uns als Mensch wünscht, auch und besonders dann, wenn man selbst nicht dem „normal" entspricht, an dem sich der Teil der Gesellschaft orientiert, dem man sich selbst zugehörig fühlt? Achtung und Respekt sind menschliche Werte, die für jede Gesellschaft essenziell sind, die die Attribute Menschlichkeit, Toleranz und Würde für sich in Anspruch nimmt. Und die haben zunächst nichts mit einem formalen Bildungsgrad oder Bankkonto zu tun, sondern einzig mit einem Prinzip, das Sie auch als „Goldene Regel" kennen: „Behandle andere so, wie du von ihnen behandelt werden willst".

Eigentum verpflichtet, und was gehört uns wirklich?
Die Frage nach dem „Haben" und „Sein" beinhaltet noch einen interessanten Aspekt, der hier Beachtung finden darf, nämlich die Frage nach dem Eigentum. Was steckt hinter diesem interessanten Wort?

Klar, vordergründig betrachtet, bezieht es sich auf das Recht einer Person, eine Sache zu besitzen, zu nutzen und darüber zu verfügen.

Traditionell wird Eigentum als ein individuelles Recht betrachtet, das auf dem Prinzip der Arbeit oder des Besitzes beruht. Danach besitzt jemand etwas, wenn er es erworben hat oder durch seine Arbeit oder Anstrengungen zur Schaffung oder Verbesserung des Besitzes geleistet hat. In einem breiteren Kontext betrachtet, bestehen auch ethische Perspektiven, nach denen Eigentum nicht nur individuellen Rechten unterliegen sollte, sondern auch gemeinschaftliche und soziale Aspekte zu berücksichtigen sind. Nach dieser Philosophie soll Eigentum auch dem Gemeinwohl dienen und nicht zu sozialen Ungerechtigkeiten führen.

Man muss nicht in Länder reisen, die von Diktatoren geplündert werden, um zu sehen, dass in Sachen Gerechtigkeit und Gemeinwohl Theorie und Praxis oft weit auseinanderliegen. Doch gehen wir noch einen Schritt weiter zur Frage, ob es aus ethischer Sicht Grenzen des Eigentums für bestimmte Güter geben sollte oder gibt? So wird oft darüber debattiert, ob natürliche Ressourcen wie Land, Wasser, Luft sowie auch Bodenschätze als gemeinschaftliches Eigentum betrachtet werden sollten, da sie für das Überleben aller Menschen notwendig sind. Hier soll es nicht weiter um philosophische Ansätze gehen, die die Rechte von Besitz und Eigentum betreffen, sondern um die ethische Frage, wie man den zweifellos bestehenden Pflichten des Eigentums gerecht werden oder diese tatsächlich gewährleisten kann?

Was, wenn das jeder täte?

Wie würde es sich auswirken, wenn jeder Besitzer oder Eigentümer das ihm anvertraute Vermögen nur verwalten, also treuhänderisch darüber verfügen könnte? Zur Klarheit, hier geht es nicht um eine juristische Revolution, die massenweise Enteignungen zur Folge hätte, sondern um die ethische Frage, welche Pflichten mit Eigentum verbunden sind und ob es nicht eine Illusion ist, zu glauben, jeder könne mit seinem Besitz dem Prinzip nach machen, was er will, ohne Rücksicht zum Beispiel auf die Gesellschaft oder Umwelt. Nach meiner Beobachtung sehen wir weltweit an vielen Stellen deutliche Auswirkungen solchen verantwortungslosen Handelns. In vielfältigen sozialen und gesellschaftlichen Missständen, verseuchten und misshandelten Böden, in schadstoffbeladenen und überfischten Gewässern, in durch klimaschädliche Stoffe belasteter Luft, in rücksichtslos abgeholzten Wäldern und bei durch Hitze und Trockenheit sterbenden Bäumen. Wenn wir ein „Weiter so" als nicht erstrebenswert erachten, werden wir über kurz oder lang die Frage beantworten müssen, wie wir als Gesellschaft, oder besser als Menschheit, die Pflichten, die aus ethischer Sicht zweifellos mit dem Eigentum verbunden sind, wirkungsvoll durchsetzen können.

Um es hier nicht bei einem frommen Wunsch zu belassen – wie wäre es mit einem kleinen Hilfsmittel, das nicht nur für jeden Menschen, sondern darüber hinaus für jeden Verantwortlichen in „juristischen Personen", also Firmen, Institutionen, Vereine, Verbände, Stiftungen sowie zum Beispiel Städte, Länder und Staaten, anwendbar ist? Hier ist das versprochene Werkzeug: „Was, wenn das jeder täte?"

Sie ist eine der wirksamsten Fragen, die es gibt. Probieren Sie es aus! Wenden Sie diese Frage auf jeden Aspekt an, der Ihnen in den Sinn kommt. Ganz gleich, um welche Verhaltensweise es geht, und sogar unabhängig von Besitz oder Eigentum. Die Antwort zeigt eindeutig, welche Auswirkung sie hätte. Ob sie zum Wohle oder Leidwesen aller Betroffenen führt. So einfach und doch so wirkungsvoll.

9.4   Warum nur Originale die Welt retten

Sie haben es bereits gemerkt – die Überschrift ist mehrdeutig. Weil sie nicht definiert, um welche Originale es sich handelt.

Beginnen wir mit den Dingen. Warum retten Originale die Welt – und warum schaden *Fakes* ihr? Nun, *Fakes* sind ausnahmslos „billiger" als das Original. Um zu kopieren, braucht man weniger zu investieren. Für die Entwicklung eines Produktes wird naturgemäß viel Aufwand betrieben. Forschung und Entwicklung, Design und Funktionalitätsbestimmung, Materialauswahl, Fertigungsplanung, Werkzeugbau, Prototypentests, Prüfungen und Konformitätstests – all das kostet viel Zeit und Geld. Geld, das sich in der Kalkulation spiegelt und nachvollziehbar zu einem höheren Preis führt, als ein Plagiateur erzielen muss. Selbst wenn die Kopie die gleiche Qualität erreichen würde wie das Original, was nur sehr selten der Fall ist (denn selbst am Material wird in der Regel gespart), wird sie unterm Strich für einen Bruchteil hergestellt.

Wie viele Wissenschaftler, Entwickler, Designer, Tester und viele weitere Spezialisten werden so ausgebootet? Unternehmen, die in die Zukunft investieren, um ihren Erfolg betrogen?

Es kommt noch schlimmer: Während vor Jahren *Fakes* – zum Teil ist das auch heute noch so – zu einem deutlich niedrigeren Preis angeboten wurden, wie zum Beispiel die berühmte Rolex für fünfzig Dollar, nutzen die dreisten Raubritter heute den menschlichen Hang zum Sparen. Oft sind deshalb *Fakes* nur wenig günstiger als das Original, quasi ein „Sonderangebot" oder einige Prozent „Rabatt", die glauben machen sollen, es handele sich um einen „Schnäppchenpreis" für das Original.

Hier brauchen wir nicht viel Fantasie, um zu erkennen, dass mit einem Plagiat potenziell viel mehr Gewinn erzielt werden kann als mit dem Original. Was, wenn das nun „alle" versuchen würden?

Genau – es gäbe keine Entwicklung mehr. Jeder würde nur noch „nachmachen". Das hat übrigens Tausende von Jahren gut funktioniert. Wenn ein Jäger einen Pfeil, einen Bogen oder einen Speer entwickelt hat, der besser funktionierte als die, die es vorher gab, haben es andere Jäger übernommen. Oder wenn ein Bauer, der wenig von Ackerbau verstand, einen cleveren Nachbarn hatte, brauchte er nur das zu tun, was der Nachbar tat, um eine ähnliche Ernte einzufahren. Dabei nahm niemand einem anderen etwas weg.

Seit es aber keine Naturalienwirtschaft mehr gibt, in der Dinge getauscht werden, sieht die Welt anders aus. Der Homo sapiens hat die arbeitsteilige Wirtschaft erfunden und Geld als Zahlungsmittel, um für Waren und Dienstleistungen einen Gegenwert bieten zu können. Gleichzeitig hat sich mit Angebot und Nachfrage ein Markt beziehungsweise haben sich unzählig viele Märkte gebildet, die letztlich den jeweiligen Preis bestimmen. Dabei setzen wir zunächst einmal als „selbstverständlich" voraus, dass der Preis einen „fairen" Kompromiss darstellt, als ein ausgewogenes Ergebnis von Angebot und Nachfrage.

Leider ist das oftmals nicht der Fall, weiß doch der Volksmund zu warnen: „Augen auf oder Portemonnaie auf". Was nichts anderes bedeutet, als dass jeder Käufer die Qualität der Ware oder Leistung genau prüfen sollte. Aber geht das überhaupt? Sicher nicht. Wer ist schon Experte für die Frische von Lebensmitteln, für die Qualität selbst einfacher Produkte, und wer, bitteschön, soll denn komplexe Leistungen, Geräte, Apparaturen etc. beurteilen können, wenn er nicht selbst Experte ist?

Natürlich hat sich auch dafür ein Markt entwickelt. Ganze Heerscharen von Prüf- und Zertifizierungsorganisationen haben sich gebildet (einige kennt jeder Autobesitzer, etwa den TÜV oder die DEKRA), rund um den Globus. Sie übernehmen, was der Laie nicht kann, nämlich zu beurteilen, ob bestimmte Produkte tatsächlich den an sie gestellten Anforderungen entsprechen. Wenn das der Fall ist, stellen sie Testate aus, Prüfzeugnisse und sogenannte Zertifikate. Und über allem wachen noch die Kartellbehörden, die versuchen, unlautere Absprachen und Kartelle zu verhindern. Damit soll der Kunde, der Käufer, der Verbraucher die Sicherheit erhalten, dass das von ihm erworbene Produkt auch tatsächlich seinen Preis wert ist.

9.5   Ein Original ist frei

Werfen wir nach den Dingen noch einen genaueren Blick auf das menschliche Original. Ein Original ist „frei" – eigenständig und von nichts anderem abhängig. Damit sind nicht die Grundbedürfnisse nach Maslow gemeint. Selbstverständlich möchten alle Menschen Essen, Trinken, ein sicheres Zuhause, Liebe, Zuneigung etc. Hier soll es eher um das „Sein", also das persönliche Selbstverständnis gehen, das eigene „Sosein", das, um bei dem Modell zu bleiben, in der Spitze der Pyramide angesiedelt ist.

Ein anderes Wort für „eigenständig", das das, was ich meine, gut erklärt, ist „unabhängig". Unabhängigkeit bedeutet, nicht auf etwas angewiesen zu sein, ohne dass die eigene Existenz in Frage gestellt würde. Und es bedeutet, frei entscheiden zu können, ohne auf andere Rücksicht nehmen zu müssen. Auch hier droht wieder mindestens ein Missverständnis, das gleich unterbunden werden soll. Es geht nicht um „Rücksichtslosigkeit" im Sinne von Egoismus. Das wäre

Ignoranz, gepaart mit Überheblichkeit. Nein, es geht um eine Freiheit, die von innen kommt, die mit den eigenen inneren Maßstäben im Einklang steht. „Rücksicht nehmen wollen" kann dann an die Stelle des Zwangs treten.

Das mit den inneren Maßstäben hatten wir schon. Das eigene Gewissen, die persönliche Integrität, die Art, wie sich jemand verhält, wenn er nicht beobachtet wird. Wenn er oder sie nur sich selbst „verpflichtet" ist – nicht dem Staat, dem Partner, Kindern, Eltern, Nachbarn, Freunden, Bekannten, der Gesellschaft etc. Ein „Original" muss sich weder in eine fremde Ordnung pressen (lassen) noch innerlich „verbiegen". Er oder sie kann so sein, wie er oder sie WIRKLICH ist. Punkt. Und ist damit faktisch unangreifbar.

Nicht zufällig heißt es: „Ein Mann, der nichts zu verbergen hat, wird immer der Mächtigste im Raum sein." Das ist eine starke Aussage, oder? Wie geht es Ihnen beim Lesen? Meine Gedanken wandern zu Nelson Mandela, Mahatma Ghandi und Buddha. Oder zu Martin Luther King und Mutter Teresa. Dabei frage ich mich: Wie haben es diese Persönlichkeiten geschafft, so populär zu werden? Vielleicht, weil ihre „einfache" Art zu leben und zu wirken (nicht zu verwechseln mit „leicht") so ungewöhnlich ist, dass sie so viele Menschen fasziniert – und das noch viele Jahre über den irdischen Tod hinaus.

Fühlen Sie das auch? Wenn ich an solche Männer und Frauen denke, verspüre ich eine gewisse Demut in mir. Es ist eine Mischung aus Erstaunen, Ehrfurcht, Anerkennung, Bewunderung, dem Wunsch, auch so zu sein, und einer Portion Zweifel, ob ich das jemals schaffen könnte.

Im Zuge des Schreibens dieses Buches kam der Gedanke, oder sagen wir, die Frage in mir immer wieder auf, und langsam dämmert mir auch die Antwort – oder wenigstens ein Ansatz davon. Dabei hat mich Manuela Ederer, mit der ich seit Mai 2021 wöchentlich den Podcast *Das Beste aus zwei Generationen* veröffentliche und sehr gerne zusammenarbeite, weil sie wissbegierig und klug ist, auf die Spur gebracht: Sie hat für sich ein Rezept entwickelt, das aus nur drei „Zutaten" besteht und das Leben beziehungsweise das eigene „Sein" zu einem Original werden lässt (siehe **Bonusmaterial**):

- Die erste Komponente ist die „Verantwortung" – die volle Verantwortung für alles, was in meinem Leben geschieht. Ohne

Wenn und Aber, ohne jede Ausnahme. Brutale einhundert Prozent.

- Die zweite Komponente ist die „Dankbarkeit" – Dankbarkeit für alles, was ich erlebe und was mir widerfährt. Für alles, was existiert, was „ist". Ausnahmslos alles, sogar für das, was auf dem Weg zu mir ist.
- Die dritte Komponente ist die „Vergebung" – für alle und alles. Für alle Menschen in meinem Umfeld, für alles, was mir durch andere widerfährt. Und auch Vergebung für mich selbst. Für all meine Fehler, Unzulänglichkeiten, für die Verletzungen gegen andere, für unbedachte Worte, Streit, Ungerechtigkeiten und eben alles, was ich mir selbst ankreiden kann.

In diesem Zusammenhang denke ich gerade an *Die drei Siebe des Sokrates*, nach dessen Rat wir Nachrichten „filtern sollten": Wahrheit, Güte, Notwendigkeit. Dieser Filter, der Sokrates zugeschrieben wird, zu dem es aber keine verlässlichen Quellennachweise gibt, lässt sich mithilfe von drei Fragen ganz einfach auf die eigenen Gedanken anwenden. Bevor wir etwas denken (über uns selbst oder andere) oder sagen (zu einem anderen Menschen oder uns selbst), können wir uns fragen:

1. Ist der Gedanke oder die Information wahr?
2. Geht es hier um etwas Gutes oder Hoffnungsvolles?
3. Ist die Information hilfreich oder notwendig?

Das wäre doch ein fantastischer „Spamfilter" in Zeiten der sozialen Medien. Wo ist das Unternehmen, das das realisiert? Stellen wir uns das mal vor: Alle Nachrichten, die wir erhalten – ganz gleich, ob traditionell per Brief, Fax, E-Mail, SMS, WhatsApp, andere Messenger, TV, Radio, Facebook, Twitter, Instagram, TikTok oder, oder – wären *clean*, also garantiert wahr, gültig und notwendig. Okay, den letzten Punkt dürfen wir ersetzen durch „zumindest nützlich" oder „förderlich" ...

Wie still würde es dann im medialen und elektronischen Blätterwald? Wie wenig würde im *Newsfeed* auftauchen? Und wenn es mehr würde oder wäre? Super – genau richtig! Lasst uns die Welt überschwemmen mit wahren Nachrichten, mit gütigen Meldungen und nützlichen Informationen. Was für ein Licht würde aus dem dunklen Sumpf der *Fake News* erstrahlen. Wahrheit, Güte, Nützlichkeit … als Ausdruck unserer Einstellung zu uns selbst und zu allen anderen, allem anderen. Unserem „Sein" und „Sosein", das wir vollkommen selbst definieren und bestimmen können, weil wir Schöpfer sind. Mit der Macht ausgestattet, genau das zu tun.

Doch zurück zum Rezept von Manuela und ihren Zutaten „Verantwortung", „Dankbarkeit", „Vergebung": Könnte es eine Parallele zwischen Sokrates und Manuela geben? Könnte Verantwortung bedeuten, sich selbst zur Wahrheit zu verpflichten? Oder ganz allgemein, dass es in der Verantwortung jedes Menschen stehen sollte, ehrlich zu sein und nach den Prinzipien der Wahrheit zu leben? Auch wenn sich das jetzt lesen mag wie ein Bibeltext, es geht hier nicht um einen „moralischen Zeigefinger", sondern um die schlichte Frage, ob es nicht Sinn ergeben könnte, selbst Verantwortung dafür zu übernehmen, dass das, was wir sagen und schreiben, wahr ist?

Wie viel Leid würden wir damit unserem „Umfeld", sprich allen Menschen, mit denen wir zu tun haben, ersparen. Warum? Weil wir mit jeder Lüge – das klare Wort für Unwahrheit – die Welt des anderen verändern. Wir gaukeln eine falsche Realität vor, eine Welt, die eben nicht „wahr", sondern durch unsere Lüge manipuliert ist. In der Konsequenz wird sich dieser Mensch mit hoher Wahrscheinlichkeit anders verhalten, als wenn er die tatsächlichen Umstände, also die Wahrheit, kennen würde.

Wenn es demnach bedeutet, dass jede Lüge andere Menschen manipuliert und wir einfach mal annehmen, dass ein gewisser Prozentsatz aller Informationen, Nachrichten, Aussagen etc., die zwischen Menschen (und seit Jahrzehnten auch Maschinen, Computern oder rechnergesteuerten Systemen) ausgetauscht werden, auf Lügen beruht, dann wird deutlich, dass die Betroffenen sich in Summe völlig anders verhalten, als sie sich auf der Basis von Wahrheit verhalten würden.

Jetzt sind wir bei der „großen Politik" und verstehen, warum *Tweets* Wahlen gewinnen können oder ein britisches Unternehmen beauftragt wurde, mit sogenannten Bots massenweise *Fake News* zu versenden, damit ein bestimmter Herr ins Weiße Haus einziehen kann. Wieder Donald Trump. Jedoch stehen ihm Männer wie Wladimir Putin, Andrzej Duda, Viktor Orban, Alexander Lukaschenko, Xi Jinping, Kim Jong-un, Baschar al-Assad und weitere nicht nach, wenn es um die systematische Manipulation der Menschen durch staatliche Organisationen geht. Sie alle – und die vorstehende Liste erhebt keinen Anspruch auf Vollständigkeit – sind keinen Deut besser, nur hierzulande nicht so populär.

Wir müssen gar nicht mehr den nächsten Vergleich herstellen und schauen, ob Dankbarkeit und Güte oder Vergebung und Nützlichkeit irgendwie zusammenpassen und einen erweiterten Sinn ergäben – was sie zweifellos tun. Die „Reinheit" des Informationsaustausches wäre vergleichbar mit der von kristallklarem Quellwasser oder der unverfälscht frischen Seeluft vor der Entwicklung von Dampfmaschine, Verbrennungsmotoren, Flugzeugturbinen, Chemieprodukten und Kunststoffen.

Keine Ahnung, wie es Ihnen geht. Einerseits ist der Gedanke faszinierend, andererseits macht er mir Angst, weil ich merke, wie weit ich von dieser „Klarheit und Reinheit" (noch) entfernt bin – nicht nur bei meinen Worten, sondern auch bei Gedanken und Taten. In jedem Fall empfinde ich es als attraktiv, an eine Welt zu denken, die genau davon geprägt ist – vom ehrlichen und verantwortungsvollen Umgang miteinander, von Dankbarkeit und Güte sowie von Nützlichkeit und Vergebung. Ich sehe freundliche Gesichter, wohlwollende und förderliche Gesten und sensationelle Ergebnisse. Träume ich? Wer weiß?

10 Ausblick als Blick auf uns: Was hat das mit Ihnen und mir zu tun?

10.1 Sie sind ein Original!

Jeder Mensch ist individuell, selbst eineiige Zwillinge sind unterschiedlich. Zwar mögen sie äußerlich gleich erscheinen, jeder hat jedoch seine eigenen Wahrnehmungen, Gedanken, Gefühle, die von der Umgebung abhängen, weil sie mit ihr interagieren.

Heute ist wissenschaftlich bekannt, dass sich unsere Wahrnehmungen, Gedanken und Gefühle nicht nur auf unser Handeln auswirken, sondern auch auf unseren Körper. Ständiger Stress sowie Angst, Neid, Missgunst und andere negative Gefühle schädigen den menschlichen Körper und lassen ihn krank werden.

Auch ist erwiesen, dass Gefühle wie Liebe, Dankbarkeit, Geborgenheit, Zärtlichkeit, Freude und Spaß nicht nur vor Krankheiten schützen, sondern sie auch heilen. Und nicht nur das. Nach dem Gesetz der Anziehung gelangen genau die Dinge in unser Leben, an die wir denken und die durch die Gedanken starke Gefühle in uns auslösen. Verspüren wir Angst, Wut oder Ärger, verstärken sich die Dinge, die genau diese Gefühle auslösen. Unsere Gedanken und Gefühle wirken „magnetisch".

Umgekehrt bedeutet das, dass sich auch die positiven Dinge einstellen, an die wir denken und die wir als Gefühle wie Glück, Ausgeglichenheit, Gelassenheit oder Freude wahrnehmen. Im Film *The Secret* wird eindrucksvoll dargestellt, wie mächtig sich Gedanken und Gefühle auf unser Leben auswirken, wie wir es im Grunde selbst erschaffen. In die gleiche Kerbe schlägt auch das Buch *HEAL* von Kelly Noonan Gores sowie der gleichnamige Film, in dem es um erstaunliche Effekte von Selbstheilung geht. Menschen, die unheilbare Krankheiten hatten und dem Tode geweiht waren, schildern, wie sie durch die Kraft ihrer Gedanken und Gefühle aus der Negativspirale ausgebrochen sind und sich selbst geheilt haben.

Freilich ist mir klar, dass einige von Ihnen beim Lesen nun denken, dieses Buch gehe spätestens hier in „Hokuspokus" über, und ab sofort könne man den Autor nicht mehr ernst nehmen. Bitte glauben Sie mir: Nichts ist mir ernster – und sollten Sie ernster nehmen als dieses Kapitel.

Um alle Hintergründe zu schildern, reichten auch Hunderte zusätzlicher Seiten nicht aus, deshalb bitte ich um Ihr Vertrauen (das durch die Quellennachweise und weiterführende Lektüreempfehlungen im Anhang gestützt wird). Ganz allgemein zusammengefasst existieren zwei grundlegend verschiedene Überzeugungen, quer durch die Menschheit und rund um den Globus: Die eine „Seite" glaubt, dass das eigene so wie auch das Schicksal anderer Menschen von äußeren Mächten bestimmt wird, sei es von einem Gott (gleich welchen Namens oder welcher Religion), dem Zufall, der Evolution, den Umständen, in die der Mensch geboren wird und lebt, oder anderen Varianten.

Die andere „Seite" sieht den Menschen als geistiges und schöpferisches Wesen, mit der Fähigkeit, nicht nur sein eigenes Schicksal zu bestimmen, sondern auch das vieler anderer Menschen, direkt oder indirekt. Während die eine Fraktion ehrfürchtig hofft, dass die göttlichen Kräfte sie „retten", ist die andere Fraktion davon überzeugt, das zu erschaffen, was sie möchte und was sich gut und stimmig anfühlt. Beide Fraktionen denken und fühlen sehr gegensätzlich, und es ist erstaunlich, dass die Unterschiede in der Denkweise und den Gefühlswelten der beiden Menschengruppen sehr selten öffentlich diskutiert werden.

Woran das liegen mag? Nun, die Fraktion der „Gottesfürchtigen" kann sich gar nicht vorstellen, dass jeder Mensch mit einer göttlichen Fähigkeit ausgestattet ist, aktiv das eigene Leben (und vieles drumherum) zu „erschaffen". Wie kann Mensch also über Dinge sprechen, die er weder kennt noch sich vorstellen kann?

Die andere „Art Mensch" weiß, dass die meisten von uns nicht glauben können, dass jeder Mensch in der Lage ist, sein eigenes Leben aktiv zu gestalten und eine Realität zu erschaffen, die sich ganz und gar von der eigenen Vergangenheit unterscheidet. Deshalb deutet diese „Glaubensfraktion" bei Gelegenheit auf die Möglichkeiten hin, versucht aber nicht, andere zu „missionieren". Diese Gruppe formuliert sozusagen ein Angebot an die andere. Diese muss es aber verstehen, also sich interessiert zeigen, lernen und wachsen wollen. Wenn dieses Interesse nicht existiert, kann auch niemand der anderen seine Erkenntnisse vermitteln, um auf neue Erkenntnisstufen kommen zu können. Vielleicht heißt es deshalb: „Wenn der Schüler bereit ist, wird er seinen Meister finden"?

Was bedeutet es also, wenn wir Menschen „Schöpfer" sind (oder sein können)? Es bedeutet einfach, dass wir das erschaffen können, was uns, unserem wahren Selbst, unserem „Sosein", entspricht. Dabei spielt es keine Rolle, ob es sich um geistige, körperliche, materielle oder emotionale Resultate handelt. An dieser Stelle sei eingefügt, dass es hier nicht um Ergebnisse gehen kann, die ganz praktisch ausgeschlossen sind, zum Beispiel eine 175 cm große Traumfigur des eigenen Körpers, wenn „nur" 160 cm Größe vorhanden sind. Oder Wimbledonsieger im Tennis sein, ohne vorher Tennis gelernt und trainiert zu haben. Bei solchen Gedanken darf man sich fragen, ob das gewünschte Ergebnis tatsächlich dem eigenen „Sein" entspricht (siehe dazu auch Kapitel 10.3) oder ob es sich um eine Projektion unseres Egos handelt.

Wir alle kennen Sprüche wie „Nichts ist unmöglich" oder „Was man denken kann, kann man auch erreichen". Auch „Sei Realist, glaube an Wunder" gehört in diese Kategorie. Hier kommen mir die vor Jahren populären Witze von „Radio Eriwan" in den Sinn, die immer mit „Im Prinzip ja, aber ..." endeten. Vielleicht erklärt das Wort „Utopie" das, was hier gemeint ist. Im Rahmen unseres menschlichen Daseins gibt es sicherlich Grenzen, die als „unüberwindbar" angenommen werden können. Doch auch da ist Vorsicht geboten. Es gibt immer wieder Dinge, die von außen betrachtet-wie Wunder erscheinen, weil wir sie rational für unmöglich halten, die aber dennoch real und wahrhaftig sind. Sie werden meist von Menschen bewirkt und erlebt, die in ihrer Arbeit an und mit sich selbst schon sehr „fortgeschritten" sind und nicht, wie die meisten von uns, erst am Beginn dieses Weges stehen. Hier soll es nicht um Extreme mit Sensationscharakter gehen, die zu Recht für unglaubwürdig oder unvorstellbar gehalten werden, sondern um Ergebnisse, die auf einer Art „höherem" Niveau liegen als zu Beginn des Weges.

Ich freue mich, wenn Sie dabeibleiben und die nächsten Überlegungsschritte mit mir gehen, die philosophischer anmuten und auch teilweise in die spirituelle Richtung gehen.

10.2 Vorsatz: Ich bin die beste Version von mir, die ich sein kann!

Wir sind alle Menschen, mit vielen Schwächen, Fehlern und Unzulänglichkeiten. Wir treffen oft falsche Entscheidungen, machen Fehler, bewusst oder unbewusst. So weit, so gut.

Die Frage ist doch: Geben wir uns mit dem „zufrieden", wer wir heute sind? Oder – einen Schritt zurück – was denken wir über uns selbst? Glauben wir, dass uns das „Schicksal" zu dem gemacht hat, was wir heute sind?

Oder könnte es sein, dass wir genau das sind, was wir „angezogen" haben, also durch unsere Gedanken und Taten selbst erschaffen? Wer sonst als wir selbst hat uns zu dem gemacht, wer, was und wie wir heute sind?

Gut, die Eltern, das Umfeld, die Kindheit, der Einfluss von prägenden Personen auf unserem Lebensweg. All das ist unbestritten. Es kann auch sein, dass sogar Zwang und Druck dabei waren und wir Dinge erleiden, tun, lernen und glauben „mussten", die nicht aus uns selbst kamen. Zweifellos gilt das für Kinder bis zu etwa sechs Jahren, in denen sie „geprägt" werden. Danach entwickeln wir die Fähigkeit, Dinge zu hinterfragen, zu bewerten und selbst zu entscheiden, was wir wollen und tun.

Gewiss gibt es Menschen, die ihr Dasein beziehungsweise ihr „Schicksal" auf dramatisch belastende Umstände zurückführen, zum Beispiel eine schwere Kindheit, Missbrauch oder ähnliche Ursachen. Dieses Argument können wir für den Rest unseres Lebens hochhalten oder uns dahinter verstecken. Verstehen Sie mich bitte nicht falsch: Zweifellos sind für viele Menschen Unfälle, Misshandlungen, Traumata aus allen denkbaren Ursachen eine besondere Bürde und Herausforderung. Glücklicherweise gibt es unzählige Beispiele, dass Geschwister aus demselben desolaten Elternhaus – manchmal vor dem Hintergrund schwerster seelischer und körperlicher Misshandlungen – sehr unterschiedliche und für schier unmöglich gehaltene Lebenswege gehen. Der eine bleibt in der Opferrolle, die andere vollbringt Höchstleistungen.

Wie ist das möglich? Die Antwort liegt in der Übernahme von Verantwortung für sich selbst. In dem einen Fall wird die Verantwortung für das eigenen Dasein negiert und anderen zugeordnet, zum Beispiel den Eltern oder anderen Menschen, den „Umständen" etc. Konsequenterweise lebt es sich damit bequem – es sind ja andere für das eigene Schicksal verantwortlich.

In anderen Fällen sind sich Menschen bewusst, dass sie zu einhundert Prozent verantwortlich sind für ihr eigenes Leben, ihr Schicksal, ihre Persönlichkeit, ihre Entwicklung, ihr Engagement, ihre Ergebnisse, ihr „Selbst" und ihr „Sein". Weil sie wissen, dass Verantwortung nur eine von zwei Seiten ist. Wie die Waagschale einer Waage. Wenn das so ist, was ist dann die andere Schale in diesem Bild? Es ist die Entscheidungskompetenz. Verantwortung und Entscheidungsmöglichkeit halten immer exakt die Waage.

Weil es hier so schön passt, lassen wir Kant mit einem seiner berühmtesten Zitate zu Wort kommen: „Aufklärung ist der Ausgang des Menschen aus seiner selbstverschuldeten Unmündigkeit. Unmündigkeit ist das Unvermögen, sich seines Verstandes ohne Leitung eines anderen zu bedienen. Selbstverschuldet ist diese Unmündigkeit, wenn die Ursache derselben nicht am Mangel des Verstandes, sondern der Entschließung und des Mutes liegt, sich seiner ohne Leitung eines anderen zu bedienen. *Sapere aude!* Habe Mut, dich deines eigenen Verstandes zu bedienen!"

Das gilt für alle Bereiche des Lebens: Wenn ich für etwas verantwortlich bin, kann ich auch entscheiden, was ich für die betreffende Sache tue. Wenn ich eine Entscheidung für eine Handlung treffe, bin ich auch dafür verantwortlich. Punkt. Sehr simpel.

Beleuchten wir einige Situationen und beginnen sehr einfach: Wenn ich für meinen Körper Verantwortung trage, entscheide ich, wie mein Körper ernährt wird, welche Pflege er erhält und wie viel Schlaf, welche Aktivitäten für Kraft, Ausdauer, Flexibilität er täglich durchführt, wie fit er ist. Wenn ich die Verantwortung meinem Arzt, dem Gesundheitssystem, der Lebensmittel- oder Pharmaindustrie zuordne, entscheide ich mich dafür, dass all die dort wirkenden Akteure für meine Gesundheit zuständig sind. Wenn ich meine Eltern für mein Sein und Schicksal verantwortlich mache, über die Kindheitsjahre hinaus, dann haben sie auch die Macht (Entscheidungsmöglichkeit) über mich ...

Machen wir mal die Umkehrprobe: Was würden Sie im beruflichen Kontext sagen, wenn jemand anderes Entscheidungen trifft, für die Sie verantwortlich sein sollen? Sie würden wahrscheinlich widersprechen und protestieren, richtig? Umgekehrt funktioniert es ebenfalls nicht. Wenn Sie selbst etwas entscheiden, kann nicht eine andere Person die Verantwortung dafür tragen, oder?

Setzen wir die Betrachtung auf der Ebene unseres Verhaltens fort: Wer trifft die Entscheidung, wann Sie morgens aufstehen, ob Sie sich duschen, Ihre Zähne pflegen, welche Kleidung Sie anziehen, wann und was Sie frühstücken, ob Sie eine Meditation durchführen oder das Radio läuft, welche Zeitung oder elektronische News Sie lesen, wie Sie mit Ihrem Partner, Ihren Kindern sprechen und so weiter? Rhetorische Frage – natürlich Sie selbst. Sie entscheiden das genau, wie Sie das wollen. Und zweifellos ist dafür niemand anderes verantwortlich als Sie selbst. Auch wenn Sie „Kompromisse" mit Ihren Lieben eingehen – es bleibt am Ende immer Ihre Entscheidung und Verantwortung.

Und wie steht es in Bezug auf unsere Persönlichkeit? Sind Sie ehrlich, pünktlich, zuverlässig, authentisch, sympathisch? Sind Sie interessiert, offen für Neues, kreativ? Oder flunkern Sie schon mal, erlauben sich „Notlügen", entsprechen den Erwartungen Ihres Umfeldes, um „gut anzukommen"? Sind Sie konsequent zu sich selbst oder lassen Sie gerne „fünfe gerade sein"? Sind Sie gut organisiert, planen Sie oder nehmen Sie die Dinge, wie sie kommen? Sehen Sie sich als Opfer des „Schicksals" oder gestalten Sie Ihr Leben aktiv im Bewusstsein, genau das zu können?

Hier wird es spannend. Glauben Sie, dass Sie Ihr eigenes Leben so gestalten können, wie Sie es wollen? Viele Menschen glauben das (leider) nicht. Das ging mir auch einst so. Dieses Gefühl, gar nicht am Steuer zu sitzen. Sie erinnern sich? Genau diese Worte benutzte ich schon in diesem Buch. Wenn Sie das nicht glauben, dann spricht immer irgendetwas oder irgendwer dagegen. Aus Gründen „von außen" geht etwas nicht. Wir sprechen hier übrigens nicht über unrealistische Möglichkeiten, zum Beispiel ohne amerikanischen Pass Präsident der USA zu werden oder mit fünfzig Jahren Astronaut oder das nächste internationale Top-Model.

Bleiben wir bei unseren drei Beispielen – Körper, Beruf und die eigene Persönlichkeit. Wer entscheidet darüber, ob Sie übergewichtig sind, ob Sie sich beruflich weiterqualifizieren und -entwickeln oder welche Version von sich selbst Sie sind? Genau. Sie selbst. Niemand sonst. Kein Mensch auf dieser Erde kann Sie zwingen, etwas anderes zu tun, als Sie (verantworten) wollen. Selbst wenn jemand Ihnen wörtlich die Pistole an die Schläfe setzen würde, um Sie zu etwas zu zwingen, haben Sie die Möglichkeit, zu sagen „Okay, drück ab – ich werde deine Forderung nicht erfüllen." Glücklicherweise wird es nur in den seltensten Fällen zu einer solchen Extremsituation kommen, und Sie werden kaum Gelegenheit haben, als „Märtyrer" zu sterben. Auch ein unwahrscheinliches, aber nicht unrealistisches Beispiel: Wenn Sie als Bankangestellte Opfer eines Überfalls sind, werden Sie dem Kriminellen besser den Kasseninhalt ausliefern, als für Geld zu sterben, das noch nicht einmal Ihnen gehört.

Zurück zur Waage aus Verantwortung und Entscheidung. Wenn ich also die Möglichkeit habe, frei zu entscheiden, wer ich sein will, was ich erschaffen möchte und wie ich leben will – kann ich das anstreben und erreichen (im Rahmen weniger wirklicher, realer Beschränkungen, die man dann auch Utopie nennen kann)? Die Antwort ist ja, ganz gleich, ob es um einen gesunden Körper, eine meinem wahren „Selbst" entsprechende Persönlichkeit, mein „Sosein", um glückliche Beziehungen oder berufliche Verwirklichung geht.

Was uns nun zum „Original" führt, zu der besten Version von sich selbst, die Sie sein können. Ja, jeder von uns kann dieses Original sein. Was dafür erforderlich ist? Verantwortung und Handlung. Nicht nur, aber das ist die Basis. Nur wenn ich die Verantwortung für alles in meinem Leben übernehme, kann ich wirklich selbstbestimmt handeln, habe also die volle Entscheidungskompetenz und Handlungsfähigkeit. Was noch dazu gehört? Dankbarkeit und Vergebung. Dankbarkeit ist ein mächtiger Schlüssel, nicht nur für das, was ist, sondern auch für das, was sein wird.

Vergebung ist eine Voraussetzung für Freiheit – Freiheit im Sinne von Unabhängigkeit und Handlungsfähigkeit. Solange ich mir und anderen nicht vergeben kann, bin ich Opfer meiner eigenen Vergangenheit beziehungsweise ein Opfer dessen, was andere mir angetan haben. Indem ich mir selbst und anderen vergebe, löse ich mich aus dieser Verstrickung, aus der unsichtbaren Fessel, die ich mir selbst angelegt habe oder die andere mir angelegt haben und die mich davon abhält, Dinge anders und neu zu gestalten.

Unser „Original", unser Wesenskern, ist frei von der Abhängigkeit der eigenen Gedanken, Worte, Taten, Fehler und anderer negativer Dinge aus der Vergangenheit. So wie er auch unabhängig ist von den Einflüssen Dritter. Leider hat uns das in den meisten Fällen niemand gelehrt, und viele Menschen können das nicht glauben. Sie fühlen sich zu klein, zu gering, zu minderwertig, zu limitiert, zu unfähig, zu glauben, dass sie sich aus diesem „Kokon" befreien können, um wirklich sie selbst, ihr Original, die beste Version von sich selbst zu sein.

Und ja, zu dieser Art Verwandlung braucht es Mut, vor allem aber den Glauben, es zu können, der so stark ist, dass er in „Wissen" übergeht. Ohne jeden Zweifel, ohne jede Angst. Und hier schließt sich der Kreis: Das wirksamste Gegenmittel gegen Angst ist Dankbarkeit und TUN. Tief empfundene Dankbarkeit für das, was ist – und das, was sein wird. Und darauf aufbauend die tägliche Arbeit, die das erschafft, wofür wir schon vorher dankbar sind, bis es erreicht ist. Das ist der Schöpfungsprozess, der uns zu Originalen macht.

10.3 Tu was du willst – die Leute reden sowieso

Wir Menschen sind soziale Wesen. Natürlich ist es den meisten von uns nicht komplett egal, wie unsere Umwelt auf uns reagiert. Aber diese typische Frage „Was sollen denn die Leute denken (oder sagen)?" ist ein großer Hemmschuh, wenn es um unsere persönliche Weiterentwicklung geht. Ich behaupte, viele von uns fragen sich bei den meisten Dingen, die sie tun, wie das wohl die anderen finden. Die anderen, das sind Familie, Nachbarn, Bekannte, Freunde, Kollegen oder Leute auf der Straße, die uns gar nicht kennen. Uns kommen Gedanken in den Sinn, wie zum Beispiel „Sicher finden die das komisch" oder „Nein, das finden die vielleicht unmöglich" oder „Die denken wahrscheinlich, ich spinne" oder, oder, oder ...

Und was passiert dann? Genau – nichts. Der Gedanke, der Impuls für eine Handlung ist damit gestorben. Es verändert sich nichts; alles bleibt, wie es ist.

Wie schade! Wie sähe wohl unsere Welt aus, wenn jeder den Mut hätte, das zu tun, was ihm oder ihr entspricht und was sie oder er probieren möchte? Nein, hier wird nicht der Anarchie das Wort zugeteilt, in der jeder macht, was er will, sich an keine Gesetze oder gesellschaftliche Regeln hält und Egoismus in Reinform lebt. Darum geht es nicht. Die Frage bezieht sich auf innere Impulse oder Ideen für Handlungen, die bisher „nicht üblich" sind und damit „aus dem Rahmen" fallen. Das können scheinbar „banale" Dinge sein. Mal mit einem schicken Kleid ins Büro zu fahren, statt immer den grauen Zweiteiler zu tragen. Dem Nachbarn spontan Hilfe anbieten, wenn Sie das Gefühl haben, er könne etwas Unterstützung brauchen. Eine technische Idee skizzieren und festhalten, auch wenn es nicht „sicher" erscheint, ob sie funktionieren wird. Ein Stückchen im Garten nicht von „Unkraut" befreien, sondern alles wild wachsen lassen. Ein Buch bestellen, das in der Familie zu kritischen Fragen oder Stirnrunzeln führt.

Oder sogar anfangen, die eigenen Gedanken, Erfahrungen, Überzeugungen, Visionen, Konzepte oder was auch immer aufzuschreiben und den Grundstock für ein eigenes Buch zu legen. Endlich dieses eine Seminar buchen, das einen schon lange interessiert. Beim Wechsel des Stromanbieters auf „Ökostrom" umstellen, auch wenn Sie nicht sicher sind, ob er wirklich richtig „Öko" ist. Die Frau an der Kasse mit einem Lächeln und einem Blick in die Augen grüßen oder sich bei einem Polizisten für seine Arbeit und seinen Beitrag dahingehend bedanken, dass wir in einer sehr sicheren Gesellschaft leben.

Kürzlich wurde ein Freund, der ebenfalls Jäger ist, mit seinem Auto von der Polizei angehalten und kontrolliert, weil er spätabends auf einer Landstraße relativ langsam fuhr, was unserer Unterhaltung auf dem Weg ins Revier geschuldet war. Das konnten die beiden jungen Beamten nicht wissen, deshalb vermuteten sie, dass Alkohol im Spiel war und der Fahrer deshalb seine Geschwindigkeit drosselte. Nachdem die Papiere für in Ordnung befunden wurden und das „Pusten" den Verdacht nicht bestätigte, wurde noch die Jagdwaffe einer beanstandungsfreien Kontrolle unterzogen. „Eigentlich" ein Vorgang, über den nicht viele Worte verloren werden müssen.

Was den Vorgang besonders machte, war die freundliche Art der jungen Polizistin und ihres Kollegen. Sie erklärten den Insassen, warum sie angehalten wurden und dass die Reaktion meines Freundes, aus dem Auto auszusteigen, statt die Seitenscheibe herunterzudrehen, ungewöhnlich war und den Verdacht mit dem Alkohol bestärkt hätte. Auch sei es sinnvoll, beim Mitführen von Waffen dies gleich zu Beginn der Kontrolle mitzuteilen, damit die Beamten sich darauf einstellen können. Die Ansprache der beiden Polizisten war freundlich und wohlwollend – und eben nicht autoritär, konfrontierend oder gar überheblich.

Für meinen Freund war diese Kontrolle im positiven Sinne noch mehrmals Gesprächsthema, und einige Wochen später berichtete er, dass er am darauffolgenden Tag bei der betreffenden Polizeistation angerufen und sich beim diensthabenden Leiter für das freundliche und vorbildliche Auftreten der beiden Kollegen bedankt habe. Verständlicherweise war der Beamte erst verwundert und unsicher, ob es sich um einen Scherz handelte, zumal solche Anrufe wahrscheinlich seltener sind als Schnee auf dem Petersplatz in Rom. Er verstand jedoch die Botschaft und sagte zu, sie an die jungen Kollegen zu übermitteln.

Nein, dies ist ebenfalls keine „weltbewegende" Angelegenheit, kein Musterbeispiel. Sie ist weder wichtig im Sinne von „Relevanz" noch hat sie Bedeutung für die Menschheit. Sie zeigt „nur", wie wir mit Situationen auch umgehen können, die zunächst negativ erscheinen oder aus unserer Erfahrung eher negativ geprägt sind. Wenn wir Vorurteile überwinden, das anerkennen, was ist, und mit der Einstellung von Dankbarkeit versuchen, das Gute in jeder Situation zu finden.

Wie sähe die Welt aus, wenn wir alle den Mut hätten, solchen Impulsen Raum zu geben und sie Realität werden zu lassen? Wenn mehr Toleranz, Wertschätzung, Anerkennung, vielleicht sogar Lob entgegengebracht würde? „Nicht gescholten ist schon Lob genug", heißt ein Sprichwort im Schwäbischen. Ist das wohl wahr? Klar kann man das so sehen; besser fühlt sich aber jeder von uns, wenn er auch mal ein Wort des Dankes und der Anerkennung erhält, oder?

Doch zurück zu den Dingen, die – wie das oft nicht ausgesprochene Lob – nicht stattfinden, weil wir Sorge haben, die Leute könnten das komisch finden.

Frage: Was passiert, wenn Sie etwas tun, was andere als sonderbar bewerten? Wahrscheinlich nicht viel. Kann sein, dass sie darüber reden, sich die Mäuler zerreißen oder in den sozialen Medien einen negativen Post schreiben. *So what?* Wen interessierts? Ich meine, wen interessierts wirklich – länger als fünf Minuten, die der Sensationsgier geschuldet sind. Was ist, wenn die Kollegen tuscheln oder die Nachbarn Ihr (neues) Verhalten „unmöglich" finden? Nichts ist dann. Einfach nichts. Sie tun es doch sowieso, oft, weil sie nichts anderes zu tun haben. Reden um zu reden, bla, bla, bla.

Wenn sie, die anderen, also sowieso reden, können wir ihnen auch gute Gründe dafür geben. Margaret Thatcher, die ehemalige Premierministerin Großbritanniens, soll angeblich sinngemäß behauptet haben: „Es gibt keine negative Presse. Solange mein Name richtig geschrieben ist und ein ordentliches Foto gedruckt wird, ist völlig egal, was in dem Artikel steht." – Eine kühne Aussage. Glauben Sie, dass das stimmt? Auch hier sage ich: Egal! Denn Sie haben auf jeden Fall recht! Wieso? Weil Ihnen egal sein darf, was die anderen denken!

Wie wollen Sie sich denn verhalten, wenn Sie es allen „recht machen" wollen? Ah, das versuchen Sie schon lange? Okay. Wie ist denn das Ergebnis? Darf vermutet werden, dass Sie so ziemlich in allem „Durchschnitt" sind? Vielleicht leben Sie in einer für Ihr Umfeld „normalen" Wohnung, fahren ein „normales" Auto, tragen „normale", also keine ausgefallene Kleidung, fahren in Urlaub zu Zielen, die von vielen Menschen besucht werden, weil das in Ihren Kreisen *en vogue* ist? Sie tragen dazu noch eine Brille mit Kassengestell und sind auch sonst recht „unauffällig"? Bitte nicht falsch verstehen – die meisten Mäuse sind grau und werden es auch bleiben. Und das ist vollkommen in Ordnung so.

Menschen sind aber keine Mäuse! Der Mensch hat vom Schöpfer, den Göttern, von der Evolution, den höheren Mächten, dem Universum oder wie wir das auch immer benennen wollen, eine im Vergleich zu allen anderen Spezies auf der Erde herausragende Fähigkeit erhalten, nämlich kraft seines Geistes Neues zu erschaffen. Ich glaube persönlich, dass viele Tierarten ebenfalls mit wundersamen Fähigkeiten sowie auch einer emotionalen Welt, also Gefühlen, ausgestattet sind. Jedoch ist der Mensch hinsichtlich der geistigen Kreativität, also

Neues zu erdenken, zu planen und zu realisieren, wahrscheinlich allen anderen Arten auf diesem Globus überlegen. Das zeigen die vorangegangenen Beispiele aus allen Bereichen des Lebens überdeutlich.

Wenn wir also die Fähigkeit erhalten haben, zu erschaffen, also Neues zu kreieren, haben wir dann nicht auch eine gewisse „Verpflichtung" dazu? Stellen wir uns einmal vor, alle Menschen hätten einen „Schöpfergeist" (den sie ja haben) – aber keiner würde ihn anwenden. Nichts Neues entstünde; wir würden heute noch leben wie vor Millionen Jahren. Als Höhlenmenschen zum Beispiel, als Nomaden, die täglich für ihre Nahrung kämpfen, suchen, jagen und sammeln müssten.

Alle Entwicklungen, die wir heute sehen und nutzen oder sogar bewundern, wurden von Menschen erdacht, konstruiert, entwickelt, erforscht, ersonnen, erfunden, kreiert und realisiert, die den Mut hatten, etwas anders zu machen. Die Ergebnisse konnten nur entstehen, weil sie bereit waren, sich der Kritik Andersdenkender, oft sogar Spott und Hohn, auszusetzen. In Extremfällen haben Menschen ihre Ideen und Überzeugungen mit dem Leben bezahlt oder nicht mehr erlebt, dass sich ihre als „unsinnig" abgestempelten Gedanken als „wahr" bestätigten.

Denken Sie nur an Galileo Galilei, dessen Theorie, dass die Erde die Form eine Kugel hat, ihn in die Verbannung führte und es Hunderte von Jahren brauchte, bis die katholische Kirche als erbittertster Gegner seiner Theorie deren Wahrheit akzeptierte. Übrigens hat sie Galilei dreihundert Jahre nach seinem Tod rehabilitiert, am 31. Oktober 1992, durchgeführt von Papst Johannes Paul II.

Keiner weiß heute mehr, wer das Rad erfunden hat. Weder ist der Name eines Erfinders bekannt noch steht fest, wo genau es das allererste Rad der Welt gab. Vielen Forschern scheint die Annahme plausibel, dass sich Rad und Wagen von ihrem bislang unbekannten Geburtsort aus geradezu schlagartig ausgebreitet haben – im Verlauf weniger Jahrhunderte. Klar ist: Das Rad ist älter als fünftausend Jahre und funktionierte bereits vor dem Jahr 3.000 vor Christus. Die Präzision ist hier auch nicht wichtig. Wenn niemand den Mut gehabt hätte, ein Loch in eine Holzscheibe oder eine Steinlatte zu bohren, würden wir heute noch alles schleppen oder hinter uns herziehen, was Pferde nicht tragen können.

Sie merken, worauf das hinausläuft: Die Beispiele sind unendlich, und sie hören längst noch nicht auf beim Smartphone, bei hochmoderner Funktionskleidung, bei Satelliten, Marssonden, minimalinvasiver Chirurgie, bei Zahnimplantaten, Covid-Impfstoffen und allem, was wir heute nutzen, ohne uns viele Gedanken zu machen.

Immer waren es Menschen, die mit ihren Ideen und Konzepten aus der Komfortzone ausgebrochen sind. Sie hatten und haben den Mut, sich Kritik auszusetzen, ja sogar zu scheitern. Wir dürfen wohl annehmen, dass die meisten Menschen eine gewisse „Unsicherheit" spüren, wenn sie Neues entwickeln und dabei auch die zu erwartende Reaktion des Umfeldes eine Rolle spielt. Die Gefahr der Kritik, des Hohns bis hin zur Lächerlichkeit. Der Punkt ist – sie haben es trotzdem getan! Kennen Sie jemanden, dessen Idee grandios gescheitert ist? Es gibt unendlich viele Beispiele, die aber aus den vorstehenden Gründen letztlich keine Rolle spielen.

In der Regel wird niemand durch Ideen oder Konzepte, die sich als nicht funktionierend herausstellen, geschädigt oder gar getötet. Selbst für den Erzeuger der Ideen spielt das Scheitern letztlich kaum eine Rolle. Er hat etwas probiert und es hat nicht funktioniert. Punkt. Niemanden interessiert später noch, wer sich rühmen konnte, recht behalten zu haben, weil er ja vorher wusste, dass es nicht funktionieren würde. Vor allem dann, wenn der nächste, übernächste oder überübernächste Versuch dann doch klappt. In den Fällen, in denen die Idee zündet und „fliegt", werden die einstmals größten Kritiker dann oft zu den größten Fans, die angeblich immer schon daran geglaubt hatten, dass die Entwicklung erfolgreich wird. Opportunisten hat es immer gegeben und wird es immer geben. Aber sich davon abhalten lassen, zu tun, was Sie für richtig halten? Lassen Sie das nicht zu! Noch ein Aspekt ist in diesem Zusammenhang bedenkenswert: Neben einem gewissen Idealismus und Optimismus gehört noch ein weiterer Punkt zu den Eigenschaften von Erschaffenden: Sie akzeptieren widrige Umstände, Hindernisse, Rückschläge oder Fehlversuche nicht als „Realität" im Sinne von „unüberwindbar" oder „unveränderlich".

Vielmehr sehen sie solche Situationen als Herausforderung und das Erfordernis, die eigenen Pläne umzustellen, anzupassen, neu auszurichten oder völlig neue Wege zur Zielerreichung zu entwickeln.

10.4 Bei Zweifeln oder Angst sind wir nicht im „Hier und Jetzt"

Ängste und Sorgen sind also *Fake*? Klingt vermessen. Ich formuliere es mal so: Wenn wir zweifeln oder uns in Ängsten verlieren, dann entsteht ein *Fake* – es ist nämlich alles reine Spekulation.

Nehmen wir mal an, Sie glauben mir. Was ist das Gegenmittel? Nachdenken, entscheiden, was zu tun ist, arbeiten, TUN, unternehmen!

Nicht verharren! Nicht weiter zweifeln! Wer zweifelt, hat Angst und wer Angst hat, läuft Gefahr, in der „Verharrung" zu erstarren. Weitergehen, nicht stehen bleiben! Das ist das Gegenmittel!

Aktion löst Angst auf!

Aktion findet im „Hier und Jetzt" statt – das ist Realität und erschafft Ergebnisse.

Take no Fake bedeutet, sich gedanklich und emotional weder längere Zeit in der Vergangenheit noch in der Zukunft aufzuhalten. Wenn Sie arbeiten beziehungsweise etwas erarbeiten und sich darauf fokussieren, können Sie nicht im Gestern oder Morgen, sondern nur in der Gegenwart sein.

Wir können uns auch fragen: „Was kann ich beeinflussen?" Die Vergangenheit sicher nicht. Das versteht jeder, oder? Aber die Zukunft? Nur bedingt. Ich kann jetzt dafür arbeiten, dass sich in der Zukunft Ergebnisse einstellen, die ich mir wünsche. Ob sie wirklich entstehen, hängt oft von anderen Einflüssen ab, die wir selbst nicht alle steuern oder beeinflussen können. Was bleibt also? Jetzt, in diesem Augenblick, das tun, was ich jetzt tun kann.

Es mag sich anfühlen und hier zuerst so lesen, als wenn das nicht viel wäre. Auch das ist *Fake*. Wenn ich kontinuierlich im „Jetzt" das tue, was ich tun kann, hat das gewaltige Konsequenzen. Wenn ein Langstreckenläufer mit einer durchschnittlichen Geschwindigkeit von sechs Minuten pro Kilometer läuft (Spitzenläufer schaffen einen

Kilometer in drei Minuten), hat er nach gut vier Stunden einen Marathon absolviert!

Wenn jemand einige Stunden am Tag seine Arbeit konzentriert macht, wird er nach einigen Tagen, Wochen oder Monaten Ergebnisse erzeugen, die erstaunlich sind, wahrscheinlich für ihn selbst.

Noch ein wunderbar naheliegendes Beispiel: Wenn jemand jeden Tag eine Seite schreibt, hat er in einem Jahr ein Buch geschrieben!

Das bedeutet noch nicht einmal, dass wir ununterbrochen und unablässig arbeiten müssen. Wenn ich im „Hier und Jetzt" bin, ganz im Moment, fällt es mir schwer, mich ablenken zu lassen, beispielsweise durch Fernsehen oder andere Medien.

10.5   Ablenkungen – Verrat am eigenen Potential

Bleiben wir einen Moment bei den Ablenkungen. Es gibt Thesen, die besagen, dass wir im Schnitt nur zwanzig Prozent unserer Zeit produktiv nutzen und dementsprechend achtzig Prozent unserer Zeit unproduktiv bleibt – also „nutzlos". Nun wollen wir nicht in eine Diskussion eintreten über die Frage, was – wenn es schon als „nutzlos" zu deklarieren ist – dennoch als „sinnvoll" eingestuft werden kann, etwa das Lesen von Büchern oder Ähnliches.

Und es geht auch nicht um Zeiten der Erholung, der Regeneration, die man einfach mit Dingen verbringt, die nicht kraft- oder nervenzehrend sind und stattdessen Spaß machen. Solche Zeiten und Abwechslungen zur Arbeit sind zweifellos sinnvoll und förderlich und deshalb in gewisser Weise auch das „Salz in der Suppe des Lebens". Manch gute Idee oder Intuition entsteht sogar genau in diesen „unproduktiven" Phasen – beim Duschen, Spazierengehen, beim Sport oder der Arbeit im Garten, also genau dann, wenn man nicht krampfhaft versucht, kreativ zu sein.

Hier geht es vielmehr um die Tätigkeiten, mit denen wir unseren Tag geschäftig ausfüllen, und die so „aussehen", als seien sie wichtig und produktiv. Die eine E-Mail hier und der eine Kontakt in den sozialen Medien da – es gibt sicher für jeden von uns Hunderte möglicher „Ablenkungen", die uns davon abhalten, uns wirklich auf „wichtige" Dinge zu konzentrieren.

Ich nehme mich hier nicht aus. Wenn ich ehrlich bin, führe ich immer wieder Tätigkeiten aus, die sich gut anfühlen, aber nur vordergründig Sinn ergeben, weil sie entweder unwichtig oder auch nicht dringend sind. Sie sind mehr „Zeitvertreib" als wirkliche Arbeit. Sie kennen bestimmt diese Überprüfungsfrage, mit der wir bei uns selbst mal einchecken können: Bin ich gerade produktiv oder beschäftigt?

Für diese Art Ablenkungstätigkeiten lassen sich viele Beispiele nennen. Das Fatale dabei: So vergehen oft Stunden, manchmal Tage, ohne dass etwas wirklich Sinnvolles oder Wichtiges in Angriff genommen oder gar fertig wird. Ich vollbringe dann keine Arbeit, die zu Ergebnissen führt, sondern bewege mich in Ablenkungen, also in gewisser Weise in „gefakter" Arbeit – weil keine brauchbaren Ergebnisse zustande kommen.

Anders als in vielen Berufen oder Tätigkeiten, deren Ergebnisse wirklich an die Arbeitszeit gebunden sind – angefangen bei der von Henry Ford etablierte Fließbandarbeit über Berufe in Gesundheit und Pflege bis hin zu Diensten wie Polizei und Feuerwehr –, sind die Resultate „kreativ" arbeitender Menschen viel weniger und manchmal kaum an die eingesetzte Zeit gebunden.

Ein Anwalt diktiert einen Schriftsatz zum Beispiel in zwei Stunden, während ein anderer damit in dreißig Minuten fertig ist. Ein Vertriebsprofi bekommt seine Termine durch Telefonate binnen weniger Minuten und schließt seine Verkäufe ungeachtet des Volumens viel schneller ab als sein Wettbewerber. Eine Werbefachfrau hat die zündende Idee für den Auftraggeber an einem Sommertag im Freibad statt in einem langweiligen Büro. Diese Beispiele zeigen, warum einige Menschen sehr viel produktiver arbeiten als andere. Mit der eingesetzten Zeit hat das in vielen Fällen wenig zu tun.

Und bei Ablenkungen, wenn die zur Verfügung stehende Zeit nicht effektiv genutzt, also verdaddelt wird? Wo gibt es sowas? Bei Gutachten beispielsweise, deren Ergebnisse bereits vor Beginn feststehen (weil der Auftraggeber das so will), bei wissenschaftlichen Arbeiten, deren Autoren längst wissen, dass sie ein „totes Pferd reiten", bei Gerichtsurteilen, bei denen sich Richter keine wirkliche „Mühe" geben, die Wahrheit ans Licht zu bringen oder sich (gerne) von Anwälten täuschen lassen, bei Handwerkern, die so tun, als wären sie Spezialisten, und, und, und ...

Take no fake im Sinne von *„das eigene Potential nicht verraten"* kann sich also ebenso auf diese vermeintlich harmlosen Ersatztätigkeiten beziehen wie das stundenlange Beschäftigen mit unwichtigen Dingen, beispielsweise zielloses Scrollen in den sozialen Medien. So kommen wir zur Frage: Wie setze ich Prioritäten und haushalte gut mit meiner (Arbeits-)Zeit? Kleiner Exkurs als Zeit für Reflexion: Eisenhower-Matrix.

 Eisenhower-Matrix

Die Eisenhower-Matrix besteht aus vier Quadraten, die sich aus den Mittellinien von Zeit und Bedeutung ergeben:

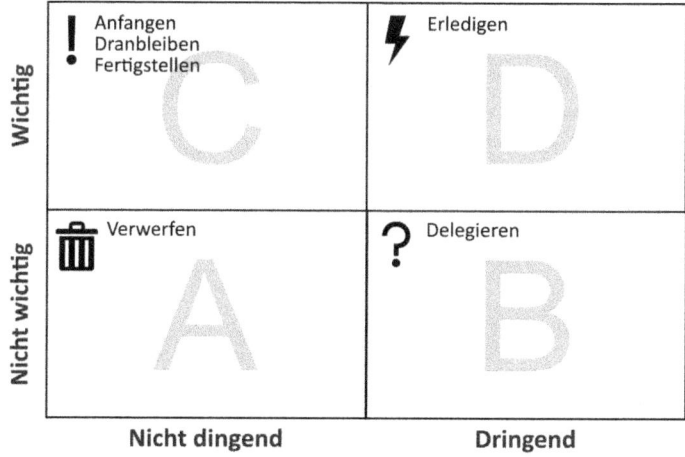

Frage: Wo verbringen die Menschen die meiste Zeit? Richtig – in B und D. Immer eher dort, wo es dringend ist, wo es vermeintlich „brennt". Beispiele: Der Paketbote klingelt an der Haustür. Dafür ist eine kurzfristige Reaktion (Paket annehmen) erforderlich. Müssen Sie das selbst tun? Kommt darauf an. Wenn Sie allein sind, sicher. Wenn nicht, kann auch jemand anderes das Paket annehmen, und Sie flögen gedanklich nicht lange aus Ihrer aktuellen Aufgabe raus. Wie sieht das in der Realität aus? Oft heißt es: „Ich mach das mal eben." ... Fangen Sie doch mal an, sich in solchen Situationen zu beobachten und üben Sie, anders zu entscheiden. Auch einen frischen Blick auf die vermeintlich so bekannte Matrix – die ja schon verstaubt ist, tausendfach gehört und gelesen –, wagen Sie ihn ab und an wieder, er könnte sich lohnen – und Ihnen Zeit schenken, die der befriedigenden Erfüllung von gewünschten Arbeitsergebnissen gewidmet ist.

10.6 Das Wichtigste im Leben ist, zu wissen, was das Wichtigste ist

So wenig eine Priorisierungsübung mit der Eisenhower-Matrix philosophisch ist, umso mehr abgehoben-vergeistigt mag sich diese Überschrift hier lesen. In jedem Fall hört sie sich logisch an, nicht wahr? Aber WAS ist das Wichtigste im Leben? Eine große und schwierige Frage, die jeder von uns unterschiedlich beantwortet.

Gibt es etwas annähernd Allgemeingültiges? Hm, knifflig ...

Lassen Sie uns mal überlegen: Zu den grundlegenden Bedürfnissen, die allesamt wichtig sind, gehören zweifellos Nahrung, ein Dach über dem Kopf, die Beziehung zu anderen Menschen, der eigene Nachwuchs und vieles mehr. Unzählige schlaue und weniger schlaue Menschen haben sich dazu schon Gedanken gemacht. Einer, der es geschafft hat, damit sogar bekannt und populär zu werden, ist Maslow, der die menschlichen Bedürfnisse in Form einer Pyramide aufgezeigt hat.

 Die Bedürfnispyramide nach Maslow

Unten, sozusagen als breiter Fuß, stehen die „Basics", also die lebensnotwendigen Dinge, und oben in der Spitze, da, „wo die

Luft dünn wird", finden wir Spiritualität, Selbsterkenntnis, bedingungslose Liebe als erstrebenswert und wichtig. Zu diesen Stufen gelangt man allerdings nur, wenn die Bedürfnisse in den Ebenen darunter erfüllt sind. Wir arbeiten uns also „hoch".

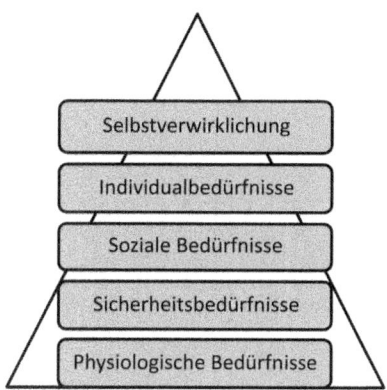

Wir können folgern, dass sich die Bedürfnisse der Menschen, und damit auch die Priorisierung des „Wichtigsten" nicht „absolut" feststellen lassen, sondern, dass das Wichtigste immer „relativ" vom erreichten beziehungsweise vom vorhandenen Lebensstandard abhängt, also von Mensch zu Mensch verschieden sein kann – und ist.

Okay – dann ist „Geld" aber wohl das Wichtigste, mag nun angeführt werden, schließlich kann man mit Geld die allermeisten Dinge auf den Maslowschen Stufen erwerben – oder mindestens die Voraussetzungen dafür schaffen.

„Halt!", höre ich schon jetzt einige Lesende rufen, die mit dem Vorstehenden gar nicht einverstanden sind. Und sie haben recht. Es wäre viel zu einfach, die Frage nach dem Wichtigsten anhand der Bedürfnispyramide von Maslow auf diese Art zu beantworten. Oder mit diesem einen Wort „Kohle".

Was ist mit den Werten, Prinzipien, Gesetzen und anderen Regeln des Lebens, die nichts mit materiellen Bedürfnissen oder dem Überleben der nächsten Generation zu tun haben? Ist nicht Wahrheit oder Ehrlichkeit das Wichtigste im Leben? Oder die Liebe, in all ihren Formen und Facetten? Was ist mit Vertrauen, Verlässlichkeit,

Verbindlichkeit und Treue? Die Basis aller zwischenmenschlichen Beziehungen. Wie sieht es aus mit Güte, Großherzigkeit, Vergebung und Verzeihen von Fehlern, ohne die es ein harmonisches Zusammenleben kaum gäbe?

Und was ist mit dem Schutz unseres Planeten gegen weiteren Raubbau und Zerstörung von Flora, Fauna, Wasser, Böden und Luftschicht? Was ist mit Frieden – zwischen Nachbarn und Staaten, mit dem Verhindern von Kriegen, dem friedlichen Zusammenleben aller Völker auf der Erde? Ist DAS nicht das Wichtigste? Oder ist es die Sonne, ohne deren Energie es niemals Leben auf der Erde gegeben hätte?

Je weiter wir gehen, desto vielfältiger werden die Möglichkeiten um die bedeutenden Dinge in unserem Leben.

Was aber ist tatsächlich das Wichtigste?

Kann es sein, dass wir gedanklich in die falsche Richtung unterwegs sind? Kann es sein, dass all die genannten Punkte richtig und wichtig sind, die Frage aber nicht beantworten können?

Wenn es also nicht die sachlichen Dinge sind, und auch nicht die Dinge zwischen den Menschen, worum kann es dann gehen? Um die Dinge IN uns vielleicht?

Wo fangen wir an, bei der Frage, was das Wichtigste in unserem Leben ist? Bei der Lebenseinstellung? Die Antworten auf die Fragen, wie wir das Leben sehen? Henry Ford soll einmal gesagt haben: „Ob du denkst, du kannst es, oder du kannst es nicht – in beiden Fällen hast du Recht." In diese Richtung könnten wir fündig werden. Oder mit der Frage „Wo willst du ‚sein'?"

Will ich in der „Fülle" sein, in einem Zustand, in dem alles zu mir „fließt", oder bin ich im „Mangel" und muss täglich um das Lebensnotwendige kämpfen? Kennen wir nicht alle Menschen, denen die Dinge scheinbar mühelos „zufliegen", die die schönen Dinge des Lebens haben und genießen? Und andere, die sich von morgens bis abends abrackern und schuften, ohne dass sie ihre Misere scheinbar verändern? Ich meine, Sie hier nicken zu sehen.

Auch Fragen wie „Wer will ich sein?" und „Wie will ich sein?" zielen in die gleiche Richtung und sind der Startpunkt einer Reise zu sich selbst, zum eigenen Verständnis und zu den Antworten auf die wohl von allen Menschen irgendwann – und von manchen immer wieder – gestellte Frage „Wer bin ich?".

10.7 Jeder Mensch ist die Version, die er selbst kreiert hat

Das gilt ausnahmslos. Nicht nur für historische Helden. Für jeden von uns. Ganz egal, ob Queen Elisabeth, Bill Gates, Nelson Mandela oder den ersten Papst a. D. Josef Ratzinger. Oder für Sie. Wow – Hammer, oder?

Was bedeutet das nun für Sie? Kann es sein, dass Sie genau die Person sind, die Sie selbst erschaffen haben? Dass Sie die volle Verantwortung für alles, ja ALLES in Ihrem Leben tragen? Nein? Ach ja, da war ja was. Ihre Kindheit. Ihre Eltern. Die Lehrer. Die Mitschüler. Ihre Kollegen. Ihre Vorgesetzten. Der Chef. Ihr Mann oder Ihre Frau …

Klar. Die sind schuld daran, dass es Ihnen nicht so geht, wie Sie es gerne hätten. Die sind schuld, dass Sie heute nicht so sind, wie Sie sein wollen. Oder könnten. Wenn „die" nicht wären … Merken Sie es selbst? Es ist eine alte *Bullshit Story*, die Sie sich da erzählen und an die Sie vielleicht bisher felsenfest geglaubt haben. Wachen Sie auf! Sehen Sie der Realität ins Auge! Sie haben das alles erschaffen! Ausnahmslos. Das ist Ihr „Original". Alles, was Sie in Ihrem Leben sehen, haben Sie selbst erschaffen. Niemand sonst.

Verantwortung übernehmen statt andere verantwortlich machen.

Das fühlt sich schlecht an? Gut so. Dann zeigt es Ihnen, dass das nicht die Version von Ihnen ist, die Sie anstreben. Dafür dürfen Sie dankbar sein. Denn dieses Gefühl hat das Potenzial, Sie richtig aufzuwecken. Wenn Sie es zulassen. Wenn Sie sich trauen, im „Hier und Jetzt" zu sein. Wahrzunehmen, was Sie fühlen. Zu erkennen, was Sie wirklich wollen, ohne Angst vor der Wahrheit. Zu entscheiden, wer Sie künftig sein wollen. Und zu tun, was dafür erforderlich ist. So einfach. Und doch so schwer.

Bleiben Sie optimistisch, denn hier bleibt es nicht bei dem Appell, etwas zu tun. In diesem Kapitel wird eine Art Geheimnis gelüftet, wie das klappen kann mit diesem vielbeschworenen guten Leben. Sie schmunzeln? Verständlich. Das haben schon so viele versprochen und dann nicht geliefert. Von Beratern und ihren artverwandten Professionen mit unrealistischen bis unlauteren Angeboten lasen Sie eben erst. Vielleicht werden Sie auch am Ende dieses Kapitels noch – oder wieder – schmunzeln. Dann habe ich zumindest erreicht, dass sich Ihre Laune verbessert hat.

Im Ernst: Geheimrezepte gibt es nicht, aber gute Zutaten, die keine Zauberei sind und auch nicht wie von selbst an ihren Platz fallen, sondern eher „Arbeit" für uns bedeuten. Von vielen dieser Zutaten konnten Sie in diesem letzten Teil des Buches schon lesen, der sehr viel mehr mit Innenschau zu tun hat als alle anderen Textbereiche zuvor. Wir bauen hier erneut einiges zusammen:

Ist es das Schicksal, sind es die Sterne, eher der Einfluss der Eltern, eine schwierige Kindheit, der aktuelle Ehepartner oder der letzte Ex, die Kollegen, die Mitarbeitenden, die Konjunktur, das Weltgeschehen, einfach die „Umstände"?

Wen oder was machen Sie für Ihre Realität, für Ihre Ergebnisse verantwortlich? Kennen Sie diese Gedanken: Wenn dies oder das (nicht) wäre, wenn sich das nicht so blöd entwickelt hätte, ja dann … Oder: Erst, wenn dies oder das erreicht ist, dann endlich … Kommt Ihnen bekannt vor? Hätte, hätte, Fahrradkette … Wenn …, dann …

Viele Menschen glauben, dass es die äußeren Einflüsse sind, die ihr Leben beeinflussen, wenn nicht gar bestimmen. Täglich lesen Millionen Menschen ihr Horoskop, beten zu allen möglichen Göttern und hoffen, dass dieses oder jenes geschehen, eintreten oder vom Universum geliefert werden möge. Es boomt die Zeit der Coaches und Mentoren, der „Manifestationsexperten" und „Lifestyle-Gurus", die den Menschen, die es glauben wollen, erzählen, wie *easy* Mensch durch positives Denken sein Schicksal verbessern und schlichtweg „alles erreichen" kann. Dass es – außer den Grenzen, die wir uns selbst setzen – praktisch keine Limits gibt und wir uns nur selbst daran hindern, unser volles Potenzial zu nutzen.

Das geht teilweise sogar so weit, dass strukturelle Missstände den Betroffenen abgesprochen werden und erlebtes Leid als „angezogen" – fast frei nach dem Motto „selbst schuld" – deklariert wird, damit dies alles vermeintlich leicht durch die reine Gedankenkontrolle endlich für immer aus dem Leben verbannt werden kann. Es werden Träume verkauft, die sich für die meisten Menschen eher als *Fake* statt Segen entpuppen, am Ende einer teuren Beratungsreise.

Nun, an dem letzten Punkt, dass wir uns selbst daran hindern, unser volles Potenzial zu nutzen, könnte was dran sein. Lassen Sie uns mal schauen ...

Woran mag es liegen, dass so viele Menschen „unter ihren Möglichkeiten spielen"? Haben sie eine limitierte, also eingeschränkte Vorstellungskraft? Können sie keine Träume, Wünsche, Ziele, Affirmationen entwickeln? Ich glaube, wir sind uns einig, dass die allermeisten Menschen über die Fähigkeiten verfügen, sich eine positive Zukunft vorzustellen und auch Ergebnisse, die weit oberhalb ihrer Realität liegen.

Aber vielleicht haben sie den „Trick" noch nicht raus, wie man sich wirklich, also „wirksam und effektiv" die Dinge wünscht, die man will – sodass sie auch wirklich eintreten und Realität werden? Das kann ich mir zumindest vorstellen. Was aber, wenn es gar keinen „Trick", keinen *Hack* gibt, den es braucht, damit „das Universum liefert"? Dann können wir es alle ewig versuchen und probieren mit den „Bestellungen ans Universum" – es wird dann keine „wundersame" Lieferung geben.

Was, wenn „das Universum" den gleichen Gesetzen gehorcht, die auch in anderen Bereichen entdeckt, entschlüsselt, beschrieben und verstanden wurden, wie beispielsweise in der Physik? Keine Sorge – ich erzähle Ihnen jetzt keine auf Quantenphysik basierende Abwandlung der automatischen Bestellwunder, wenn Sie sich „nur ins richtige Energiefeld bewegen". In der Physik gelten zum Beispiel die Gesetze der Schwerkraft, der Thermodynamik, der Energieumwandlung. Bei der Betrachtung wird schnell klar, dass jedes Ergebnis durch das zustande kommt, was zuvor dafür getan worden ist.

Werden wir konkret: Wenn ein Auto gegen einen Baum fährt, hat das eine oder mehrere Ursachen. Wenn ein Auto ein Formel-1-Rennen gewinnt, ebenfalls. In beiden Fällen können wir Faktoren wie Glück, Zufall, schwere Kindheit etc. praktisch ausschließen. In dem einen Fall war das Auto möglicherweise zu schnell. In dem anderen Fall war es schnell genug (schneller als alle anderen). Jetzt fallen Ihnen wahrscheinlich reflexartig viele Gründe für das eine oder das andere Szenario ein, zum Beispiel der Einfluss von nassen Fahrbahnen, Kurven, Seitenwind, Zustand von Reifen und Bremsen, Motorleistung, fahrerische Erfahrung und Können und, und, und ...

Ja, Sie haben recht. Alle diese Faktoren haben einen Einfluss auf das Ergebnis – egal, ob Unfall oder Sieg, Misserfolg oder Erfolg. In dem einen Fall hat der Fahrer sein Verhalten gegenüber den Einflussfaktoren unzureichend angepasst – und das Auto gegen den Baum gefahren. In dem anderen Fall hat er genau das am besten gemacht – und ist mit seinem Auto als Erster über die Ziellinie gefahren. Was ist daran nun Schicksal, Vorsehung, Glück, Zufall, Einfluss der Sterne, Affirmation, Glaube oder Ähnliches? Nichts.

Es ist das Ergebnis aus der Summe aller Leistungen, die zu diesem Resultat geführt haben. Einige Beispiele mögen das verdeutlichen: monate-, oft jahrelange Entwicklung von Hochleistungsmotoren, -getrieben, -steuerungs- und -lenkungssystemen, von Aerodynamik, nicht zu vergessen die Feinabstimmung von Antrieb, Fahrwerk, Bremsen und Rädern, die Wahl der Reifen für das aktuelle Wetter, der Bodenbelag und die Renntaktik, das Timing der Boxenstopps, das exakte Zusammenspiel des Teams zur Minimierung der Arbeiten um einige Zehntelsekunden, aber auch die physische und psychische Kondition des Fahrers, der am Ende seine mit dem Team abgestimmte Strategie und Taktik gegenüber den Konkurrenten erfolgreich umsetzt hat. All das entscheidet am Ende über das Ergebnis – ganz abgesehen vom fahrerischen Können.

Keiner dieser Faktoren hat in der Regel mit „Glück oder Zufall" zu tun, sondern ist ebenfalls das Ergebnis aller Bemühungen, Maßnahmen, Überlegungen, Planungen, Berechnungen, Vorkehrungen und Entscheidungen, die zuvor getroffen und realisiert wurden. Ganz simpel ausgedrückt: Das, was zuvor getan wurde, führt zu dem entsprechenden Ergebnis. Wie in der Physik. Oder noch einfacher: Das TUN erzeugt die Resultate.

Nun mag der eine oder die andere einwenden, es könne jedoch auch unvorhersehbare Zufälle geben, die zu Unfällen führen, zum Beispiel der Fahrfehler eines anderen Autofahrers. Das ist zweifellos richtig und im Kontext der hier ausgeführten Einsichten eher die berühmte „Ausnahme von der Regel". Gewiss kann ein Fahrzeug durch ein anderes, das auf der Rennstrecke gerade durch ein Drittes „abgeschossen" wurde, berührt und aus der Spur gebracht werden. Solch eine Situation erfüllt die wahre Bedeutung eines Unfalls, der meist durch praktisch nicht beeinflussbare Faktoren gekennzeichnet ist.

Auch in unserem Beispiel mit dem Auto und dem Baum kann theoretisch so ein Faktor vorliegen. Die Praxis zeigt jedoch, dass in den meisten Fällen eine klare Ursache oder eine Kombination von sehr wohl beeinflussbaren Faktoren und Tätigkeiten zum Unfall führten und als Unfallursache anzunehmen sind. Umgekehrt bedeutet das, dass die allermeisten Unfälle vermeidbar sind, wenn die Fahrer das dafür Erforderliche TUN würden.

Gut, dieses simple Beispiel mag aufgezeigt haben, warum das TUN, das konkrete Handeln des Menschen über die Ergebnisse entscheidet – dazu zählt selbstverständlich die geistige Arbeit, also auch „Träumen, Visionieren, Ziele setzen, Planen, Berechnen, Taktieren, Varianten erarbeiten etc. Wenn Sie jetzt einwenden, dies sei wieder eine Binsenweisheit, bin ich Ihnen dankbar. Mir war das in dieser Konsequenz lange nicht klar – und in meinen täglichen Gesprächen erfahre ich, dass es anderen Menschen ähnlich geht.

Interessant wird diese Erkenntnis jedoch, wenn wir die Frage stellen: „Wie kann ich diese Erkenntnis nutzen?" oder „Was kann mir helfen, diese Erkenntnis zu nutzen?" Diese Fragen führen praktisch unweigerlich zu der Einsicht, dass praktisch alle Ergebnisse in meinem Leben – mal abgesehen von den zuvor beschriebenen, praktisch nicht beeinflussbaren Faktoren der Unfallursache als Ausnahme zur Regel – von meinem Handeln, also von meinem konkreten TUN, abhängig sind.

Wow – wenn also alles von dem abhängt, was ich tue beziehungsweise „bin", brauche ich nicht mehr auf andere (Faktoren) zu schauen. Es gibt dann niemanden mehr, dem ich die „Schuld" an irgendwelchen Miseren ankreiden kann. Wenn etwas nicht funktioniert, liegt es an dem, was ich dafür (nicht) getan habe. Wenn etwas gut funktioniert, ebenfalls. Das bedeutet nicht, dass andere keinen Anteil daran gehabt hätten oder keinen Beitrag dazu geleistet hätten. Garantiert hat ein Ingenieur die Berechnung des Stoßdämpfers im Fahrwerk berechnet oder ein Mechaniker die Reifen aufgezogen – um in unserem Beispiel zu bleiben.

Aber was hat das zum Beispiel mit dem Fahrer des Wagens zu tun? Schauen wir uns die großen Namen der Formel 1 in den letzten zwanzig Jahren an: Hamilton, Alonso, Vettel und Schumacher. Zumindest von den letzten drei wird berichtet, dass sie sich um jedes Detail der Autos gekümmert und sich nicht nur als „Fahrer", sondern als verantwortlicher Teil des gesamten Teams gesehen haben. Sie haben Monate, Wochen, Tage und Stunden mit dem Team an der Optimierung von Details gearbeitet, die sie immer wieder getestet und weiter verbessert haben. Sie zeichnen sich nicht nur durch Engagement und Detailverliebtheit aus, sondern durch VERANTWORTUNG. Für sich, für das Team, für alle Arbeiten – und das Ergebnis.

Nie würde Ihnen ein Satz über die Lippen kommen, wie etwa: „Der Mechaniker X hat diesen oder jenen Fehler gemacht, deshalb ist das Auto ausgefallen". Im Gegenteil: Erfolgreiche Menschen, wie auch zum Beispiel der vorbildliche Fußballtrainer Jürgen Klopp in Frankfurt, Mainz, Dortmund und aktuell Liverpool, übernehmen die „volle Verantwortung für die Ergebnisse" ihrer Arbeit. Auch, und besonders dann, wenn es nicht gut läuft.

Was würden Sie als Reeder, also als Eigentümer, zu einem Schiffskapitän sagen, der Ihnen meldet: „Leider sind wir vom Sturm überrascht worden, sodass wir keine Sicherungsmaßnahmen mehr einleiten konnten. Das Schiff ist leider untergegangen."? Genauso könnte der Rennfahrer argumentieren: „Als es anfing zu regnen, haben die *Slicks* (glatte Reifen) dazu geführt, dass das Auto aus der Kurve getragen und in einen Reifenstapel gefahren ist." So eine Fremdbezichtigung werden Sie von einem Profi nie hören.

Die Schilderung von Menschen, die die Schuld bei anderen suchen, lautet in einer Unfallsituation vielleicht: „Und dann tauchte da plötzlich ein Reh auf. Beim Versuch auszuweichen, ist das Auto leider gegen einen Baum gefahren." Diese Menschen übernehmen keine Verantwortung. Sie schieben die Verantwortung für das Ergebnis den „Umständen" oder anderen Menschen zu. Sie sind „Enten", die Begründungen für Misserfolge suchen, statt „Adler", die Verantwortung übernehmen und Lösungen finden. Bei dieser berühmten Tiermetapher geht es um die Typen Problemsucher und Lösungsfinder. Der Unterschied zwischen einer Ente und einem Adler ist die Perspektive, aus der heraus sie alles um sich herum betrachten: Umwelt, Probleme und Chancen. Die Ente zieht zumeist quakend auf dem Wasser ihre Kreise und blickt deshalb selten über ihren Teichrand hinaus, während der Adler hoch oben still majestätische Kreise zieht, Überblick gewinnt, seine Beute sehr gezielt anvisiert und fast immer erfolgreich schlägt.

Verantwortung für alles im eigenen Leben zu übernehmen, wirklich ALLES, ist das Rezept, der *Hack*, der „Trick", der Menschen erfolgreich macht. Diese Menschen überlassen nichts dem Zufall. Sie sind und zeigen sich vollumfänglich verantwortlich. Zweifellos gehören neben der Übernahme der vollen Verantwortung für alle Zustände und Ergebnisse im eigenen Leben noch einige weitere Aspekte oder Erfordernisse zur Voraussetzung für die dauerhafte Realisierung der eigenen Vorstellungen, Wünsche und Ansprüche. Dazu gehen wir noch etwas detaillierter ein in Kapitel 12.3.

Doch zuvor an dieser Stelle noch ein kurzer Blick auf ein Thema, das ebenfalls in der Coaching-Szene immer wieder stark strapaziert wird: die Suche nach dem „Sinn" oder neudeutsch *Purpose*.

10.8 Suche nicht den Sinn – erschaffe ihn!

Es scheint modern geworden zu sein, den Sinn zu suchen. Für das eigene Dasein, für alles, was man tut oder lässt. Für die Partnerschaft und Ehe. Und nicht zuletzt für die eigene Arbeit – oder im Falle von Unternehmern für die Firma.

Ganze Beraterstäbe bieten ihre Unterstützung an, bei der Sinnfindung von Unternehmen, denn ohne den *Purpose* kann angeblich kein *Spirit* bei den Mitarbeitenden entstehen, der „Funke" nicht zu den Kunden überspringen ...

Doch wie groß ist die Chance, den übergeordneten Sinn für das eigene Dasein oder das Unternehmen in einem Tages- oder Wochenendseminar zu finden? Eher klein, oder? Ich habe natürlich keine Ahnung. In meinen vier Jahrzehnten als Unternehmer habe ich jedenfalls weder bei mir noch anderen Menschen oft erlebt, dass kurzfristige

„Erleuchtungen" eintraten, die die Frage nach dem Sinn wirklich mit Substanz beantworteten.

Was ist also die Alternative?

In meinem Küchenschrank steht eine Tasse mit den vier Buchstaben: „D T F W" – die Abkürzung für *Do the f...cking work* – übersetzt: „Mach deine verf...te Arbeit". Sprachlich etwas anders gelagert, aber ebenso hilfreich ist das lateinische *ora et labora* = „Arbeite und bete".

Ich sehe schon die kopfschüttelnden Reaktionen, die ungläubigen Gesichter mit dem Ausdruck des Unverständnisses über das Geschriebene. Und ich höre die Frage: „Was hat das eine mit dem anderen zu tun?"

Hier kommt die Antwort: Das sogenannte Warum beziehungsweise Wofür erschließt sich in vielen Fällen nicht auf den ersten Blick und in Sekundenschnelle. „Warum" ich Brillen verkaufe, „wofür" Möbel herstelle, Software entwickle, Haare schneide, Fußböden verlege, Anlagen verkaufe, Gärten pflege, Fahrradanhänger entwickle, Heizungen installiere, Bücher schreibe, Autos repariere, Versicherungen verkaufe, Beratungen leiste, Prozesse optimiere oder Qualität kontrolliere zeigt zwar offensichtlich, welche positiven Effekte aus der Arbeit entstehen. Meistens erklärt es aber nicht das wirkliche „Warum" oder „Wofür", den Antrieb für die Person oder die Firma, also den dahinter liegenden „Sinn" oder auf Neudeutsch *Purpose*. Beispiel: Ein Autor schreibt Bücher, weil er es gut kann, weil Menschen gern Geschichten lesen und Geld für seine Werke zahlen. Das ist nicht das „Warum" hinter der Tätigkeit, nicht die Spur zum „Sinn".

Die Antwort darauf liegt meist tiefer und hat mit den vielfältigen Facetten des eigenen „Ich", mit dem Wesenskern des Menschen oder des Unternehmens zu tun. Nun lassen sich sicher bei eingehender Beschäftigung mit der Frage nach dem „Warum" sowohl einleuchtende als auch glaubhafte Gründe dafür finden. Allen gemein ist jedoch oft, dass sie zu Beginn dieses Prozesses „künstlich" oder „verkopft" wirken, wie eine Schablone.

Was ist also zu tun?

„Tun" ist exakt – und schon wieder – das richtige Stichwort. Sobald jemand beginnt, mit Leidenschaft und Bewusstsein Brillen zu verkaufen oder Möbel herzustellen, also so gut er kann – mit dem Anspruch, immer besser und bewusster zu werden, also zum besten Brillenverkäufer und ebensolchen Möbeltischler zu werden – entwickelt sich auch ein „Verständnis" für das „Warum". Plötzlich erscheint klar und logisch, was zu Beginn in einem Nebelschleier oder in den Wolken verhüllt gewesen zu sein schien.

So wie man von einem Sport nicht sagen kann, ob er einem Freude bereitet und ob er einem liegt, ohne dass man ihn tatsächlich ausgeübt hat, ist das mit dem „Warum" ähnlich. Ohne das zu tun, für das man den Sinn sucht, ist es schwer, ihn zu finden.

Nehmen wir mal ein praktisches Beispiel: Ein Versicherungsmakler fragt sich nach dem „Warum". Vordergründig kommt er vielleicht auf Antworten wie „anderen Sicherheit geben", „Kunden die besten Konditionen bieten" oder „bestes Preis-Leistungs-Verhältnis im Markt erreichen". Nachdem er seine Kunden nach den für sich selbst ermittelten Grundsätzen bedient, merkt er, wie zufrieden seine Kunden sind, dass sie ihn weiterempfehlen, sodass sein Geschäft fast von allein wächst. Durch seine Leistung erfährt er durchweg glückliche Reaktionen bei seinen Kunden und Mitarbeitenden. Als er eines Tages unverhofft gefragt wird, was er beruflich macht, antwortet er spontan: „Ich sorge dafür, dass Menschen gelassen und in Sicherheit leben können."

Mit diesem Satz ist er seinem eigenen „Warum" einen großen Schritt näher gekommen. In den Worten steckt das „Dafür sorgen", also die eigene Aktivität, sowie die Ergebnisse „Gelassenheit" und „Sicherheit". Vielleicht beziehen sich die Ergebnisse „nur" auf andere, also Kunden und Mitarbeitende. Vielleicht jedoch auch auf sich selbst, sodass das „Warum" so beantwortet wird, dass der Betreffende sagen kann: „Ich sorge für Sicherheit und Gelassenheit" oder auch „Ich bin ein Garant für Sicherheit" oder „Ich ermögliche Gelassenheit" …

So wird im Laufe der Zeit der „tiefere Sinn" und die „Universalität des Warums" von allein deutlich, weil sie sich praktisch auf jede erdenkliche Situation anwenden lassen. Ganz gleich, ob es sich dabei um das Entgegennehmen von Anrufen beim Empfang, das Verpacken und den Versand von Waren, die Arbeit von Entwicklungsingenieuren oder zum Beispiel die Arbeit der Controllerin an der Liquiditätsplanung handelt. Der Sinn von „Ich ermögliche Gelassenheit" oder „Ich garantiere Sicherheit" ist so universell, dass sich dadurch ein „Geist" im Sinne einer Einstellung (Englisch *attitude* oder *spirit*) entwickeln kann, der oder die im wahrsten Sinne „Sinn macht" (engl. *purpose*) und auch die Mitarbeitenden und Kunden „beseelt". Mit diesem Geist gehen Menschen aus freien Stücken die berühmte „Extrameile".

Sehr oft ist erst im „Rückspiegel betrachtet", also im Nachhinein, klar und deutlich, was „wirklich" den Sinn, diesen *Purpose* oder die „Seele" eines Unternehmens ausmacht. Dabei Abkürzungen und schnelle Lösungen zu suchen, ist wenig aussichtsreich, so als wolle jemand versuchen, in einer Sportart von der Kreisklasse direkt in die Bundesliga zu wechseln ...

Das Erfolgsrezept geht mehr in diese Richtung: immer sein Bestes geben, in jeder Situation. So zu handeln, als wenn alles, was man tut, einen Unterschied macht. Weil es einen Unterschied macht. Und weil genau das „Sinn ergibt". Weil Sinn, also *Purpose*, genau so „erschaffen" wird. Wie die Statue eines Künstlers, die erst im Laufe der Arbeit immer detaillierter die Kontur annimmt, die sich der Schöpfer von Beginn an gewünscht hat.

10.9 Der Tod – die größte aller Illusionen

Auch wenn der Tod hier bereits an verschiedenen Stellen angesprochen wurde, ist er doch bei vielen Menschen mit großen Unsicherheiten, Zweifeln, Sorgen und Ängsten verbunden. Weil wir uns nicht gerne mit ihm befassen, sondern ihn lieber so weit wie eben möglich ausblenden. Zu viele Unbekannte sind mit ihm verbunden. Weder wissen wir, wann er für uns persönlich oder jemand anderes eintreten wird. Auch wissen wir nicht, wie und wo er einen Menschen heimsucht. Noch wissen wir, was genau beim Sterben passieren wird, und schon gar nicht, ob und wie es danach weitergeht.

Als älterer Mensch mit 60 plus habe ich naturgemäß mehr mit dem Tod zu tun gehabt, als das meist bei jüngeren Menschen der Fall ist. Dazu kommt, dass auf dem elterlichen Bauernhof der Tod – auch und gerade von Tieren – sei es als neugeborene Ferkel oder Kälber, als Suppenhuhn, als reifes Mastschwein oder Rind, als dankbar erlöster altkranker Hund, durch die Jagd auf das heimische Niederwild, ja, auch als tödlicher Unfall meines jüngeren Bruders, bis zum Abschied meiner Großeltern und Eltern, die alle zuhause gestorben sind, praktisch immer zum Leben dazugehörte.

Dazu kommen mit Ludger, Gregor, Heiner, Christoph, Alfons, Susanne, Jürgen, Matthias und Klemens eine Reihe junger Cousins, Freunde und Nachbarn, die sehr jung und nach unserem menschlichen Ermessen viel zu früh gestorben sind. Sie alle haben dazu beigetragen, dieses Mysterium immer wieder zu hinterfragen und zu versuchen, es zu verstehen.

Wie ganz zu Beginn des Buches bereits angesprochen, empfehle ich Ihnen, die folgenden Kapitel mit einem „bereitwillig ausgesetzten Zweifel" zu lesen, mit einer bewussten Bereitwilligkeit, Gedanken, Erfahrungen oder Möglichkeiten ohne spontane Beurteilung zuzulassen, selbst wenn sie Ihnen vielleicht zweifelhaft oder gar unglaubwürdig erscheinen. Wenn ich hier die Essenz meiner Erfahrungen und Erkenntnisse schildere, dann ohne jeden Ansatz eines Versuches, jemanden zu überzeugen, oder gar den Anspruch zu erheben, die Wahrheit zu kennen.

Bevor wir auf die Rätsel des Todes eingehen, gestatten Sie mir eine Beschreibung meiner Wahrnehmung der letzten Monate im Leben meiner Mutter, die mich sehr beeindruckt und zu einer erweiterten Sichtweise geführt haben. Durch das Löschen eines Brandes im Dachgeschoss des Elternhauses wurde die Wohnung meiner Mutter in einer Nacht im Februar 2016 unter Wasser gesetzt. Nachdem sie spontan einige Tage in der Nachbarschaft aufgenommen wurde, fand meine jüngste Schwester in der Nähe ihres Wohnortes eine wirklich tolle Altersresidenz, in der sich meine Mutter schnell einlebte und sichtlich wohl fühlte. Die Renovierung ihrer Wohnung, zeitgleich mit einem teilweisen Abriss und Neubau des durch das Feuer zerstörten Gebäudeteils, zog sich mehr als ein Jahr hin.

Als sie hätte zurückziehen können, lehnte sie das mit der Begründung ab, sie fühle sich hier sehr wohl und das Seniorenheim sei nun ihr neues Zuhause. Dann kam die Coronapandemie und durch die praktisch nicht mehr möglichen Besuche fühlte sie sich trotz zahlreicher telefonischer Kontakte zunehmend einsam, so dass sie, etwa zur Zeit ihres neunzigsten Geburtstags im April 2021, darum bat, wieder auf den Hof zurückkehren zu können. Am 31.05.2021 zog sie im Rahmen einer kleinen Abschiedsparty aus dem Pflegeheim aus und zurück in ihre Wohnung auf dem Bauernhof.

Damit änderte sich ihr Leben noch einmal grundlegend: Fast kein Tag verging, an dem sie keinen Besuch bekam: Alle Kinder, Enkel, Urenkel, Nachbarn, Freunde und auch Bekannte, die von ihrer Rückkehr gehört hatten, standen auf ihrer Matte. Nach etwa drei Monaten gab es praktisch niemanden mehr, der nicht bei ihr zu einer Visite gewesen war. Sie war mit den Jahren zwar körperlich langsamer geworden, jedoch geistig sowie mental frisch und wach.

Etwa drei Wochen vor ihrem Tod hörte sie auf zu essen, trank jedoch weiter Wasser und ihren geliebten Tee, so wie sie auch brav ihre Medikamente jeweils zur verordneten Zeit einnahm. Sie schlief die meiste Zeit, sprach bald auch nicht mehr, obwohl sie den sie Besuchenden durch ein Nicken oder Augenzwinkern klar zu erkennen gab, dass sie wusste, wer an ihrem Bett saß. In diesen Wochen hat sie auf mich eine schwer zu beschreibende Ruhe und Ausgeglichenheit, ja fast eine zuversichtliche Erwartung ausgestrahlt.

Sie war ganz offensichtlich mit allen Menschen ausgesöhnt und sowohl mit ihrem Gott als auch mit sich selbst im Reinen. Alles war gut, und es gab nach meinem Empfinden nichts, das ihr noch Sorge bereitet hätte, wovor sie Angst hatte oder sie sich gar fürchtete. Sie erwartete ihren nahenden Tod nicht nur, sie initiierte ihn ganz bewusst, ließ ihn zu sich kommen, ohne darüber zu sprechen, als es für sie die richtige Zeit war. Sie hat ihr Leben unglaublich bewusst abgeschlossen, in ihrem tiefen, unerschütterlichen Glauben an ein Leben nach dem Tod.

Auch jetzt, während ich dies eineinhalb Jahre später schreibe, fühle ich keinerlei schmerzende Trauer, sondern tiefe Dankbarkeit. Meine Mutter war eine starke Frau, mit klaren Werten und Prinzipien, die naturgemäß auch bei mir bis heute nachwirken. Das, was sie mich in ihren letzten Wochen gelehrt hat, ist ein wichtiger Teil der

Antwort auf eine der größten Fragen oder auch der Enttarnung der größten Illusion, die der Tod für viele von uns bereithält, nämlich dass mit dem Sterben unseres Körpers unsere Existenz, unser Dasein endet ...

Als ich mit Heinrich, dem jüngsten Bruder meiner Mutter, über meine Beobachtungen und Schlussfolgerungen sprach, fragte er: „Weißt du, dass unsere Mutter, deine Oma, ihren letzten Weg ebenfalls so gegangen ist?" Nein, das wusste ich nicht, und es zeigt mir, dass es Menschen gibt, die wirklich weise geworden sind und ihr Leben ebenso selbstbestimmt beenden, wie sie es zuvor geführt haben.

Man findet solche oder ähnliche Berichte immer wieder, auch und insbesondere bei so genannten Naturvölkern, also menschlichen Gesellschaften, die nicht in der von uns so genannten Zivilisation leben. Könnte es sein, dass diese Menschen einen anderen, vielleicht sogar intensiveren Bezug zu den von der Mehrheit als gegeben angesehenen drei Ebenen „Körper", „Geist" und „Seele" behalten haben, als viele Menschen in unserer von Technik sowie Zahlen, Daten, Fakten beherrschten Welt, die dieses Bewusstsein zumindest zum Teil einbüßten?

Womit wir wieder beim Bewusstsein angekommen sind. So wie jeder Mensch ganz gezielt ein Bewusstsein für praktisch alles im Leben, für den Körper, die Gesundheit, die Freude, die Partnerschaft, für den Beruf, für Geld, für Erfolg, die Erreichung von Zielen, materiellen und emotionalen Wohlstand und Tausende anderer „Seins-Zustände" anstreben und erreichen kann, ist es nach meiner Beobachtung auch mit dem Tod.

Wenngleich wir nicht wissen können, wann, wie und unter welchen Umständen er uns ereilen wird, so besteht ganz offensichtlich doch die Möglichkeit, unsere eigene Einstellung zum Tod zu entwickeln und zu manifestieren. Angst oder Zuversicht, Panik oder Gelassenheit – um hier nur zwei Extreme zu nennen – können wir selbst wählen.

Rechtzeitig das eigene Haus bestellen

Und nicht nur das, wir können uns auch ganz praktisch vorbereiten, unser Haus bestellen, wie der Volksmund sagt. So sollte jeder Mensch ab dem Tag seiner Volljährigkeit, also ab dem Tag, ab dem er für sich selbst die volle Verantwortung trägt und auch alle Entscheidungen allein treffen kann, drei Dinge regeln:

1. sein Testament, in dem er beschreibt, wie die Werte, die er hinterlässt, nach seinem Willen behandelt werden sollen.

2. seine Vorsorgevollmacht, in der er regelt, wer für den Fall, dass er für sich selbst keine Regelungen treffen kann, in seinem Namen und nach seinen Interessen handeln soll und darf.

3. seine Patientenverfügung, in der er regelt, welche medizinischen Maßnahmen (nicht) durchgeführt werden sollen in Fällen, in denen er dies selbst nicht entscheiden oder zum Ausdruck bringen kann.

Schon die Auseinandersetzung mit diesen drei Dokumenten sowie deren Erstellung, Beglaubigung und Hinterlegung löst ein intensives Befassen mit Fragen zum Tod aus. Gewiss ist es verständlich, dass Menschen dies nicht gerne tun und es deshalb oft jahrelang, manchmal über Jahrzehnte vor sich herschieben. Fast alle, die sich dieser Herausforderung jedoch gestellt haben, berichten, dass sie danach meistens erleichtert sind und spürbar weniger Angst vor dem Unbekannten verspüren. Also trauen Sie sich, organisieren Sie einen Termin, um sich über die Themen mit einer Person des Vertrauens auszutauschen. Und setzen Sie sich einen Termin, an dem alles fertig ist. Und dann ziehen Sie das durch.

Doch nun, wie angekündigt, zur eigentlichen Essenz: Wenn wir daran glauben, ein dreiteiliges Wesen zu sein, das aus Körper Geist und Seele besteht, dürfen wir auch darauf vertrauen, dass die Seele, also unser Wesenskern, das was unser „Selbst" ausmacht, mit dem Tod nicht einfach verschwindet, so wie das Licht in einem Raum, wenn es jemand mit dem Schalter ausknipst. Vieles spricht dafür, dass dieser Teil von uns über den Tod unseres Körpers und seiner Fähigkeit zu denken hinaus bestehen bleibt und eine Reise fortsetzt, deren Dimension wir als Menschen weder wissen noch erinnern oder uns vorstellen können.

Warum sollte, wenn wir in unserem irdischen Dasein die Möglichkeit haben, unser Leben und unsere Realität weitestgehend und bewusst selbst zu erschaffen, das nicht auch für unseren Abschied aus dem körperlichen Leben gelten – und darüber hinaus? Was, wenn wir durch unsere Einstellung und Erwartung an das „Danach" auch genau die Umstände für die weitere Existenz dessen, was wir Seele nennen, selbst erschaffen? Wie würden sich in dieser Dimension zum Beispiel Angst oder Zuversicht, Liebe oder Dankbarkeit – um nur einige Möglichkeiten zu nennen – auswirken?

Lerne zu Sterben während du lebst!
Vielleicht ist es enttäuschend, aber ich kenne keine in unserem gesellschaftlichen Sinne validen oder unzweifelhaften Antworten auf die vorstehenden Fragen. Was ich spüre, ist eine starke Zuversicht, ja eine Gewissheit, dass das, was mit dem irdischen Tod auf uns zukommt, viel beeindruckender, ja für unsere hiesigen Verhältnisse quasi unvorstellbar schön und allein deshalb praktisch unbeschreiblich ist.

Für mich ist die Essenz, die sich auch aus vielen spirituellen Berichten lesen lässt, Liebe und Licht, oder anders ausgedrückt, reiner Geist, oder auch die unbegrenzte Freiheit der Seele.

Vielleicht gehen wir kurz den Weg gedanklich zurück zur Entstehung des menschlichen Lebens: Vor der Geburt waren wir ein Embryo, der wiederum aus zwei Samen- beziehungsweise Eizellen entstand. Doch woher stammen all die Eigenschaften, die jeden Menschen so einzigartig machen, einschließlich des Impulses, dieses neue Leben selbst entstehen zu lassen? Braucht es nicht mehr als zwei winzige Zellkerne und den sie umgebenden Cocktail an Aminosäuren, Hormonen und allen weiteren biologisch erforderlichen Zutaten für entstehendes Leben? Es ist nachvollziehbar, dass wir uns unabhängig vom eigenen Alter meist stärker mit dem Tod als mit dem Mysterium der Entstehung des Lebens befassen und auch deshalb Parallelen nicht offensichtlich sind. Aber ist es nicht in gewisser Weise logisch, dass wir entweder aus dem „Nichts" entstehen und dann mit dem Tod auch wieder ins „Nichts" verschwinden? Oder ist unsere Entstehung ein Akt spirituelle Schöpfung, und der Tod dann konsequenterweise auch? Für mich, und Sie mögen mich gerne für naiv halten, war die Entstehung des Lebens durch den Akt der Zeugung schon immer ein Wunder, eben weil dabei diese „immaterielle Komponente" ins Spiel kommt, die wir Seele nennen und nur vage beschreiben können und von der wir, bezogen auf ihre „Reise" und auch sonst, wenig „sicher" wissen. Und was genau mit diesem Teil von uns im Tod passiert, wissen wir ebenso wenig, wie das für den Beginn des Lebens gilt. Dies ist eines der großen Geheimnisse unseres irdischen Lebens und der Umgang damit verdichtet sich, wenn wir schon nicht wissen können, außer den Glauben an das, was sein könnte.

Vielleicht finde ich auch deshalb die Aufforderung „Lerne zu sterben, während du lebst" sehr inspirierend und bedenkenswert. Sie fordert uns auf, von hinten nach vorne zu denken, uns gedanklich mit dem Ende zu befassen, bevor wir überhaupt loslegen. Ist das kontraproduktiv, also eher hinderlich, oder tendenziell hilfreich und förderlich? Was meinen Sie?

Die Auseinandersetzung mit dem Sterben versetzt uns jedenfalls in die Lage, uns schon während des irdischen und körperlichen Lebens bewusst für gravierende Veränderungen zu entscheiden, von nicht mehr passenden Dingen Abschied zu nehmen (zum Beispiel einer Firma, einem Haus, möglicherweise auch bestimmten Menschen, von Einrichtungsgegenständen, Erinnerungen, Büchern, Kleidung und allem erdenklichen Kram, der uns nicht mehr dient), andere Räume zu erschließen, neue Herausforderungen anzunehmen und weitere Erfahrungen zu ermöglichen, also in gewisser Weise bereits zu Lebzeiten neue Leben zu beginnen und zu leben. Und unser Geist, unsere Fantasie erlaubt uns, gedanklich und emotional auch darüber hinaus zu gehen. Spüren Sie die Möglichkeiten, die sich auftun, wenn Sie die Vorstellungen zulassen?

10.10 Ewiges Leben – eine Fiktion?

Durch die Gedanken über den Tod haben wir uns schon mit einigen der ganz großen Lebensthemen auseinandergesetzt und uns in Richtung der einen Frage bewegt, die noch fehlt: Gibt es ein Leben nach dem Leben? Der Begriff „ewiges Leben" ist in der christlichen

Welt sehr stark durch die entsprechenden Kirchen geprägt, die kurz zusammengefasst aussagen, dass Christen nach der Bibel und den Zehn Geboten leben sollen, um „ewiges Leben", also das Leben nach dem Tod, zu erlangen.

Diese Vorgabe empfinde ich aus verschiedenen Gründen als sehr zweifelhaft, verzichte hier jedoch bewusst auf eine ausschweifende Diskussion der verschiedenen religiösen Standpunkte und Lehren, in die dann konsequenterweise alle Religionen einbezogen werden müssten. Nur so viel: Praktisch trennen alle großen Religionen den Menschen von Gott, indem sie sinngemäß erklären, dass der Mensch klein, sündig und unwürdig ist, um mit Gott (stellvertretend für die verschiedenen Gottheiten) auf einer Stufe zu stehen, geschweige denn etwas Göttliches in sich zu tragen oder sogar „gottgleich" zu sein. Ihr da unten, Gott da oben, könnte die Zusammenfassung lauten.

Außerdem erzeugt das Konzept mit dem „ewigen Leben", das man ja als Sünder (die wir ja alle sind; wer von uns ist ohne Schuld?) als quasi unerreichbar ansehen soll, verständlicherweise „Angst", durch die christlichen Kirchen noch verstärkt um die Metaphern Fegefeuer und Hölle. Und genau das ist das Ziel: Nur Menschen, die Angst haben, lassen sich willfährig binden und lenken. Wie zufällig bieten die Religionen mit Mitteln wie Beichte, Buße und früher auch Ablassbriefen zahlreiche Möglichkeiten an, dennoch das dargebotene Ziel zu erreichen.

Menschen, die sich ihrer Schöpferkraft und ihrer Verantwortung, und dadurch ihrer Unabhängigkeit von einer Gottheit wie die großen Religionen sie entworfen haben, bewusst sind, ja darüber hinausgehend sogar ihrer eigenen Göttlichkeit, haben keine Angst. Sie sind tatsächlich unabhängig von solchen Glaubensgemeinschaften und brauchen keine Religion als ethische Richtschnur oder „mentalen Zufluchtsort".

Würden sich die Vertreter der global oder auch der nur regional agierenden Religionsgemeinschaften, und durch sie die Institutionen selbst, so verhalten, dass sie sich mit voller Transparenz und Offenheit an ihren eigenen Maßstäben messen lassen könnten, also so, dass Glaubwürdigkeit entstünde, könnte man sicher noch viel tiefergehend über den Sinn und Zweck, die Legitimationen und Lehren sowie über die Existenzberechtigungen diskutieren, als es an dieser Stelle angemessen scheint.

Kürzlich sah ich in einem Video von Pater Anselm Grün eine interessante Erklärung, die mich zum Nachdenken gebracht hat: Er sprach im Kontext von Heilung, Tod und Liebe über die Möglichkeit, „jetzt schon ein Leben zu führen, das durch den Tod nicht mehr zerstört werden kann".

Dieses Bild hat mich zum Grübeln inspiriert, weil ich gespürt habe, dass darin ein wesentlicher Gedanke zum Ausdruck gebracht wird. Was bedeutet es, ein Leben zu führen, das durch den Tod nicht mehr zerstört werden kann?

Eine Möglichkeit könnte sein, etwas im menschlichen Sinne unserer Welt so „Großes" zu erschaffen, wie zum Beispiel die gesetzliche Verbannung der Sklaverei durch Abraham Lincoln, die Befreiung Indiens durch Mahatma Gandhi oder das Ende der Apartheit in Südafrika durch Nelson Mandela, dass es in die Geschichte eingeht, so über Generationen weitergetragen wird und deshalb nicht in Vergessenheit gerät.

Eine andere wäre, so bedeutend zu werden oder zu sein, dass geistige, literarische oder musikalische Leistungen wie die von Kepler, Shakespeare, Goethe, Mozart oder Bach die menschliche Kultur prägen oder auch Kunstwerke, Statuen, Gemälde, wie die von Michelangelo, oder andere Darstellungen in Museen Platz fänden und die Erinnerung wachhalten würden.

Eine dritte Kategorie ist zweifellos die der Forscher und Entwickler, die so bahnbrechende Erfindungen initiiert haben, dass sie das Leben der Menschen nachhaltig verändert haben, Verfahren, Produkte und vielerorts Straßen nach ihnen benannt wurden und sie auch exemplarisch in Kapitel 9.1 dieses Buches Erwähnung finden.

Während die drei Möglichkeiten allesamt nach „außen" gerichtet sind, kommt für mich eine vierte Variante in Betracht, die sich nach „innen" orientiert und in der das eigene Leben im Einklang mit dem steht, was ich in meinem „Wesenskern", den man auch „Seele" oder „Selbst" oder „Sein" oder mein „Sosein" nennen kann, in Einklang bringen möchte. Was wäre, wenn ich am Ende meines jetzigen, irdischen Lebens ohne Reue, ohne Schuld und Scham, ohne Bedauern,

Gram, Wut oder gar Hass meinen menschlichen Körper und damit diese Erde verlasse? Was wäre, wenn ich auf mein eigenes Leben mit Liebe und Dankbarkeit zurückblicke, weil ich das aus meinem Leben gemacht habe, was meinem „Selbst" entspricht?

Selbst wenn ich nicht mein ganzes Leben diesem „Ideal" entsprochen habe und Jahrzehnte gebraucht habe, zu verstehen, dass ich für alles in meinem Leben voll verantwortlich bin – und nicht andere oder irgendwelche „Umstände". Und ich ebenso lange brauchte, alles in meinem Leben dankbar anzunehmen und mir selbst und allen anderen die unzähligen Unzulänglichkeiten und Verfehlungen zu vergeben. Wäre das okay und würde das letztendlich meine positive „Selbstbilanz" nicht schmälern, wäre stattdessen willkommener Anteil darin? Was wäre, wenn ich irgendwann erkannt haben werde, dass ich der Schöpfer meines eigenen Lebens war und bin und in diesem Bewusstsein das Leben tatsächlich erschaffen habe, das meinen Vorstellungen von der Person, die ich sein will, entspricht?

Wäre dadurch nicht ein Leben entstanden, das gegen jede Kritik von außen immun ist, weil niemand das Recht und einen Grund hätte, es zu kritisieren und damit in Zweifel zu stellen oder es gar im Sinne einer Be- oder Verurteilung zu vernichten? Würde das nicht meiner „unsterblichen Seele" entsprechen, die ernsthaft und redlich danach gestrebt hat, die beste Version eines Lebens zu führen, das ich als Mensch führen konnte?

Mich ermutigt dieses Bild, mich weiterzuentwickeln, nicht müde zu werden, die beste Version meines Selbst zu sein, die ich in diesem Leben sein kann. Wie geht es Ihnen mit diesen Überlegungen?

11   Sie sind nicht Ihr Beruf, Ihr Bankkonto, Ihr Unternehmen

Eine hohe Identifizierung mit dem, was wir tun – vor allem beruflich – führt oft zu außergewöhnlichen, meist positiven Ergebnissen. Deshalb ist eine hohe Identifikation ein Ideal, das es anzustreben gilt und das häufig als Vorbild für Erfolg, Zuverlässigkeit etc. angesehen wird. Im Extremfall führt das jedoch dazu, dass ein Mensch glaubt, er „sei" sein Beruf, seine Firma oder die Summe dessen, was er sein Eigentum nennt. Die Grenzen verschwimmen.

Wie oft hören wir „Ich bin Ingenieur", „Ich bin Physiotherapeutin", „Ich bin Versicherungsmakler", „Ich bin Entwicklungsleiterin", „Ich bin Geschäftsführerin", „Ich bin der Inhaber der Firma ..."? Aber ist das auch wahr?

Nein, ist es nicht. Korrekt sollte es heißen „Ich habe eine Hochschulausbildung als Ingenieur und konstruiere Abfallsortiersysteme" oder „Ich berichte als Journalistin über aktuelle Neuigkeiten", „Als Kaufmann leite ich die Geschäfte des Unternehmens XY" oder „Als Gesellschafter der Firma ABC engagiere ich mich im Bereich Erneuerbare Energien". Warum wäre das besser? „Ich bin" ist eine sehr mächtige Aussage, weil sie beschreibt, was jemand „ist". Die berufliche Tätigkeit ist jedoch kein „Sein", sondern ein „Tun".

Das Sein hat eine andere Ebene, eine andere Ausdrucksform und eine andere Bedeutung als alle Tätigkeiten, die wir verrichten. Allerdings wird das Sein aus dem Tun genährt, weil die Ergebnisse des Tuns am Ende zeigen, wer wir „sind".

Aber auch das ist im Grunde nicht „wirklich", denn das Ergebnis des Tuns mag zeigen, mit welcher Einstellung, welchem Anspruch, welcher Hingabe und welcher Präzision und Ausdauer wir die Dinge tun. Was jedoch wiederum dahintersteckt, was diese Ansprüche im Sinne des Selbstverständnisses, quasi der „inneren Leitschnur", ausmacht, das ist noch eine andere Ebene. Und die kommt dem „wahren Sein" noch ein Stück näher.

Im Grunde geht es beim Sein um die eigene Identität, also dem, was dem Wesenskern jedes Menschen entspricht. Wie wir schon geklärt haben, ist dieses „Ich bin" das Ergebnis eines Prozesses, den jeder Mensch stark beeinflussen kann und somit bewusst oder unbewusst erschafft. Wenn wir an Menschen denken, die im Laufe ihres Lebens mehrmals den Beruf gewechselt haben, wird deutlich, dass ihre Profession und ihr Sein zwar Parallelen aufweisen, jedoch im Grunde zwei verschiedene Dinge sind beziehungsweise unterschiedliche Ebenen betreffen. Beide lassen sich bewusst entwickeln, und allein die

Klarheit über diese Möglichkeit eröffnet jedem Menschen ein fast unbegrenztes Entwicklungspotential.

11.1 Was genau werde ich haben, wer genau werde ich sein?

Über das wahre Sein durften Sie hier schon viele tiefschürfende Überlegungen lesen. Lassen Sie uns gemeinsam auf eine weitere schauen, das „Haben". Sehr häufig wird die eigene Identität, also wer man „ist", von dem abgeleitet, was die Menschen haben. Also viel oder wenig Geld führt zu viel oder wenig „Sein". Wenn wir ehrlich sind, kennen wir alle genau dieses Gefühl. Viel Geld zu haben, fühlt sich gut an, und es ist nachvollziehbar, dass praktisch alle danach streben. Und arm zu sein, ist ein verflixt mieses Gefühl, jeden Tag. Und auch die Symbole, die für Geld stehen, verstärken diesen Effekt: teure Autos, luxuriöse Häuser, edler Schmuck, exklusive Reisen, feinste Hotels und Restaurants und vieles mehr. All das fühlt sich so verflixt gut an, oder umgekehrt schlecht, wenn man arm ist, dass die Möglichkeit naheliegt, das eigene „Sein" durch den materiellen Status zu definieren.

Die Gegenprobe ist schnell gemacht und auch relativ simpel: Was würde bleiben, wenn alle materiellen Dinge von einem Moment auf den anderen weg wären? Wenn Sie quasi nackt dastehen würden? Was bleibt, wenn plötzlich Geld und Vermögen keine Bedeutung mehr hätten? Richtig – da wäre nur noch die Persönlichkeit, der Wesenskern eines Menschen, der Charakter, sein Wissen, seine Erfahrungen, seine Fähigkeiten. All die anderen Dinge, wie Beruf, Geld, Firma, Reichtum und so weiter, definieren unser „Ego", unser scheinbares Selbst. Dazu mehr in Kapitel 11.4 – *DIE Erfolgsformel (nicht nur) für Unternehmer.*

Wenn in diesem Buch viele Situationen aus der Unternehmerperspektive beschrieben sind, verstehen Sie inzwischen auch, dass sie insofern für sehr viele Menschen gilt, da sie ganz unabhängig von ihrem beruflichen Status, zum Beispiel angestellt oder verbeamtet, als übertragbar und damit exemplarisch angesehen werden können. Insofern können wir den Begriff „Unternehmer" durch die Betrachtung des Gegenteils, das man zum Beispiel „Unterlasser" nennen könnte, praktisch auf alle Menschen beziehen, die einen bewussten und aktiven Lebensstil anstreben.

Doch noch einmal kurz zur Frage des „Sein". Wenn wir also weder unser Beruf sind noch das, was wir haben, also materiell besitzen, sondern das, was uns als Menschen ausmacht, was bedeutet das dann am Ende? Oder anders gefragt: Was können wir von all den Überlegungen zur persönlichen Weiterentwicklung auf unsere berufliche Tätigkeit übertragen? Vielleicht fragen Sie sich auch: Wann kommt endlich die angekündigte Erfolgsformel? Sie sind schon sehr nah dran – nur noch einen wichtigen Aspekt entfernt: Denken wir kurz an Menschen, die Außergewöhnliches im Positiven erreicht haben, also zweifellos große Führungspersönlichkeiten waren oder sind, zum Beispiel Martin Luther King, Mahatma Gandhi, Mutter Teresa oder Nelson Mandela. Alle vier waren, verglichen mit anderen ihrer Zeitgenossen, nicht wirklich reich. Sie zeichneten sich vielmehr durch eine Gabe aus, die man nicht hoch genug bewerten kann und die – in der Reihenfolge scheinbar umgekehrt – anderen Männern unglaublich hohen Wohlstand beschert haben.

Die Rede ist hier von der Fähigkeit zur Führung, die einen wesentlichen Teil des „Sein" ausmacht. Die vier genannten, aber auch viele in diesem Buch genannten Männer und Frauen – und ebenso viele hier nicht genannte – zeichnen sich durch die Fähigkeit aus, Menschen inspirieren, begeistern und so anleiten zu können, dass sie gemeinsame Ziele realisiert haben.

Sehen wir uns das mit der Führung etwas genauer an. Dabei geht es sowohl um schlechte Führung und gute Führung als auch um Fremdführung und Selbstführung. Es bietet anschauliche Beispiele statt abstrakter Allgemeinplätze, die eine Formel abzubilden versuchen.

Schlechte Führung

Der Vorgesetzte zum Mitarbeitenden: „Besorge schnellstens ein Fahrzeug, mit dem fünf Sack Zement zum Kunden gebracht werden können."

Fünf Minuten später kommt der Mitarbeitende mit einem Handkarren zurück. Der Vorgesetzte schreit: „Du, Idiot, warum hast du kein Auto besorgt?"

Hier wird das Dilemma sehr schnell deutlich. Der Vorgesetzte hatte eine bestimmte Erwartung an den Mitarbeitenden, hat sie aber nicht präzise formuliert ...

Auch wenn zwei Menschen von Häusern schwärmen, kann es leicht vorkommen, dass einer von beiden eine Doppelhaushälfte meint, während der andere an eine Villa im Grünen denkt. Wenn man also etwas Bestimmtes erreichen oder bekommen will, ist man gezwungen, sehr präzise und detailliert zu schildern, wie das Ergebnis genau aussehen soll und zu welchem Zeitpunkt es an welchem Ort sein soll. Das gilt besonders in der Zusammenarbeit und Kommunikation mit anderen Menschen. Unpräzise Angaben führen zu Missverständnissen und zu anderen Ergebnissen als erwartet. Eigentlich so simpel (Sie denken vielleicht wieder an die Binsenweisheit), aber meine jahrzehntelange Erfahrung zeigte mir – und zeigt es mir nach wie vor fast täglich –, dass dieser Zusammenhang im täglichen Tun eben nicht selbstverständlich, oft nicht verinnerlicht, nicht berücksichtig wird.

Zwar lassen sich heute viele Unklarheiten quasi „online" korrigieren, das Problem wird tendenziell jedoch eher größer als kleiner, weil sich die Art der Kommunikation zwischen Menschen drastisch verändert. Vereinbarten die Menschen „früher" – zu der Zeit, als es noch keine Mobiltelefone gab (also gefühlt vor Hunderten von Jahren) – einen exakten Ort und eine genaue Uhrzeit für ein Treffen (beispielsweise um zwanzig Uhr, links neben dem Eingang des Kinos), so geht das heute eher so: „Okay, wir treffen uns dann Samstagabend in der Stadt."

Durch das Smartphone sind wir viel flexibler geworden, brauchen nicht mehr exakt vorplanen, sondern können uns situationsbedingt und kurzfristig immer wieder neu abstimmen. Das ist einerseits sehr bequem, denn weniger Vorplanung bedeutet weniger Aufwand und weniger Verbindlichkeit. Aber ist das wirklich ein Vorteil?

Für viele Vorhaben ist zur gegebenen Zeit ein guter Plan hilfreich und deshalb sinnvoll. Ihn nicht gut vorzubereiten oder „auf den letzten

Drücker" zu erstellen, ist oft fahrlässig und eine Fehlerquelle. Wenn jemand keine klare Vorstellung hat, ob er ins Kino möchte oder in einem Restaurant zu Abend essen, darf er sich nicht wundern, wenn er – ohne den Film gesehen zu haben – hungrig nach Hause kommt. Denn letztlich entscheidet nicht sie oder er über den Verlauf des Abends, sondern es tun wahrscheinlich andere Personen, die besser organisieren. Oder der berühmte „Zufall", nach dem das Restaurant voll besetzt und der Film ausgebucht ist.

Okay, so weit, so gut – am besten also die erforderliche Planung und Abstimmung selbst in die Hand nehmen, klare Absprachen treffen, die Inhalte wiederholen und im Geschäftsleben auch noch schriftlich bestätigen lassen. Dadurch entsteht nicht nur Klarheit, sondern wir bekommen in den meisten Fällen auch noch, was wir möchten.

Gute Führung

Für mich bringt es der folgende Satz auf den Punkt: „Erkläre deinen Mitarbeitenden genau, welches Ergebnis du erwartest. Und dann lass dich überraschen." Auf dieses Beispiel übertragen würde der Vorgesetzte seinen Mitarbeitenden etwa wie folgt bitten: „Besorge bitte einen PKW oder Lieferwagen, mit dem fünf Sack Zement bis spätestens dreizehn Uhr zum fünf Kilometer entfernten Kunden gebracht werden können."

Bei dieser Formulierung bestehen kaum noch Möglichkeiten für Missverständnisse, vor allem, weil jetzt ein einzuhaltender Zeitpunkt exakt definiert ist – und so automatisch als „Richtschnur" für die Erreichbarkeit des Ziels dient.

Und wie sieht es mit den Dingen aus, die ich „mit mir selbst vereinbare"? Habe ich exakte Vorstellungen entwickelt, vielleicht sogar definiert und schriftlich festgehalten, was ich machen und erreichen will, welche Ergebnisse dabei herauskommen sollen? Simples Beispiel: Sie wollen Karriere machen und benötigen dafür eine oder mehrere zusätzliche Qualifikationen. Wo melden Sie sich für den ersten Kurs an und bis wann wollen Sie den angestrebten Abschluss erreicht haben?

Oder Sie möchten in zehn Jahren in Ihren eigenen vier Wänden wohnen? Dann könnten Sie jeden Monat zehn Prozent Ihres Nettogehaltes auf einem Konto für Ihre Zukunft anlegen, zum Beispiel in einem Depot, in dem Sie den Betrag in einen extrem breit gestreuten Aktienfonds investieren, um von den langfristig zu erwartenden Kurssteigerungen und Dividenden zu profitieren. Oder selbstverständlich in anderen Anlageformen, die Ihnen eher zusagen – mit der Disziplin und Ausdauer, Monat für Monat in zehn Jahren das erforderliche Eigenkapital für eine Eigentumswohnung anzusparen.

11.2 Mitarbeitende am Integritätsbuffet

Die folgenden Prinzipien für die Einstellung, also die Beschäftigung von Mitarbeitenden, werden Warren Buffet zugeschrieben:

„Wir suchen nach drei Dingen, wenn wir Menschen einstellen. Wir suchen Intelligenz, wir suchen Initiative oder Energie, und wir suchen Integrität. Wenn Sie letztere nicht haben, werden die beiden ersten Sie zerstören, denn wenn Sie jemanden ohne Integrität bekommen, wollen Sie, dass er oder sie faul und dumm bleibt."

Warum Integrität?

Zuerst eine ehrliche Frage an meine Lesenden mit Führungsverantwortung: Stellen Sie „nach Integrität" ein? Das sollten Sie tun, denn der Charakter einer Person, der so oft unbeachtet bleibt bei Einstellungsvoraussetzungen, kann später sehr teuer werden, wenn kritische Geschäftsentscheidungen anstehen.

Eine Person mit Integrität hat eine Orientierung in Richtung der Wahrheit. Im Zweifel wird diese Person redlich und aufrichtig arbeiten, Veränderungen annehmen und fördern, Fehlverhalten zurückweisen und gute Ergebnisse erzielen.

Außerdem tun diese Menschen, was sie sagen, und sagen, was sie tun. Solche Menschen lassen auf ihre Worte Taten folgen, stehen zu ihren eigenen Selbstverpflichtungen und halten, was sie versprochen haben. Natürlich machen auch sie Fehler (sie sind immer noch Menschen), aber sie sind berechenbar anhand ihrer eigenen, hohen Standards und lassen sich nicht von außen beeinflussen.

Ein Mensch mit Integrität zeigt sich mit der besten und höchsten Authentizität. Er stellt sich schwierigen Menschen und Situationen mit uneingeschränkter, emotionaler Ehrlichkeit und Transparenz. Nun, nachdem Sie einige Gründe erhalten haben, warum Sie den Wert von Integrität zu einem Einstellungskriterium machen sollten, das Ihre Führungskultur stärkt, noch drei geschäftliche Vorteile, die Sie sehen werden:

1. **Integrität bildet Vertrauen**

   Viele Firmen, die mit Mikromanagement geführt werden, erzeugen eine Atmosphäre von Misstrauen und Angst. In Kulturen, in denen Menschen mit Integrität und durch Beispiel führen, können sie den Menschen und ihren Entscheidungen vertrauen. Das macht es solchen Firmen und Marken sehr einfach, Menschen mit ihren eigenen Werten zu verbinden.

2. **Integrität spart Zeit und Geld**

   In Umgebungen mit Misstrauen findet man zu viele Prozesse, Systeme und Richtlinien. Führungskräfte mit Integrität arbeiten oft hart daran, solche Hindernisse des Misstrauens zu entfernen, um die Fähigkeit, schnell und zielgerichtet zu agieren sowie Änderungen zu ermöglichen, zu fördern. Einfach ausgedrückt, senkt Integrität Kosten und ist gut für die Basis des Unternehmens.

3. **Integrität schlägt Ihren Wettbewerb**

   Es gibt weitere handfeste Vorteile, die Integrität realisiert. Ein Beispiel aus den USA: *Ethisphere's 2021 World's Most Ethical Companies* – Firmen, die für ihre „standhafte Selbstverpflichtung für geschäftliche Integrität" ausgezeichnet wurden, übertrafen die Leistungen von Unternehmen eines vergleichbaren Indexes von „*Large-Cap*-Firmen" um 7,1 Prozentpunkte, in einem Zeitraum von fünf Jahren.

Führung auf Basis von Integrität ist extrem fruchtbar und gewinnbringend, wenn auch manchmal schwer durchzuhalten. Im Großen und Ganzen bedeutet das, sicherzustellen, dass alle Ihre Entscheidungen und Interaktionen mit Ihren Stakeholdern, mit Ihren kommunizierten Zielen sowie mit dem Sinn des Unternehmens übereinstimmen. Und ganz offensichtlich, organisatorisch sicherzustellen, dass jeder im Unternehmen sich so verhält – sogar dann, wenn niemand ihn beobachtet.

So, endlich haben Sie es geschafft. Mit der Klärung, warum Führung unbedingt zu den Eigenschaften und Fähigkeiten gehört, die zur Persönlichkeit und damit zur Wirksamkeit von Menschen beitragen, kommen wir nun zu einem verdichteten Regelwerk, das die praktische Anwendung erleichtern kann.

11.3   Es gibt sie – klare, einfache „Regeln des Erfolgs"!

Die zwölf ultimativen Erfolgsfaktoren für jeden Unternehmer – und alle die etwas unternehmen wollen. Und wie auch an anderer Stelle beschrieben, ist für mich praktisch jeder Mensch auch in gewisser Weise ein Unternehmer, weil er zumindest etwas unternehmen kann. Auf das Plural des Gegenteils, die „Unterlasser", wollen wir hier nicht weiter eingehen.

Endlich, hier also ist das Kapitel, nach dem Sie schon jahrelang gesucht haben! Es darf in diesem Buch nicht fehlen, weil doch praktisch jeder, zumindest darf ich das von den Lesenden dieses Buches annehmen, die „echten", die „wahren" und die wirklich „funktionierenden" Erfolgsfaktoren sucht, oder?

Also Schluss mit dem Reden um den heißen Brei: Hier sind sie, die *Hacks*, Kniffe, die heißen und begehrten Tipps für höchstwahrscheinlichen Erfolg. Mehr ist nicht erforderlich – jedoch auch nicht weniger. Doch Achtung: Die Regeln des Erfolges sind einfach, aber nicht leicht!

1. Arbeite zielgerichtet, konsequent und konzentriert! Bleibe bei einer Sache; arbeite zügig und erledige eins nach dem anderen. Kontrolliere, höre auf dein Gefühl und prüfe deine Gewohnheiten.
2. Höre zu und schweige! Frage, nimm wahr und akzeptiere. Sei achtsam, bewerte nicht, schweige innen und außen.
3. Meditiere und sei dankbar! Sieh in jedem Menschen und Ereignis das Gute, liebe die Natur. Sei dankbar und tolerant.
4. Sei ein *Powertalker*! Lerne neue Wörter, lobe und baue Menschen auf, sieh das Gute in allem. Mach Komplimente, sprich auch zu dir selbst positiv.

5. Es ist, wie es ist! Nimm wahr, erkenne deine Lektion. Bewerte nicht negativ, suche das Positive, gib allem deine Wertschätzung.

6. Lebe den Reichtum spirituell und materiell! Sieh den Reichtum im Universum, nimm wahr, was du geschaffen hast, denke und handle reich. Du verdienst es, reich zu sein, fühle dich reich, du bist reich an Erfahrungen.

7. Prüfe Verträge, schaffe Klarheit in deinen Akten und Ordnung in deinen Unterlagen. Überprüfe deine Kosten, vermeide unnötige Ausgaben. Überprüfe deine Strategien, handle erfolgsorientiert.

8. Teile deine Zeit richtig ein! Setze Prioritäten, achte auf den Sinn. Erledige alles Wichtige sofort, delegiere, was möglich ist. Mache Wertvolles und erledige alles bewusst, prüfe die Gewohnheiten deines Systems.

9. Übernimm Verantwortung! Plane, kontrolliere, sieh das Gute. Halte regelmäßig Besprechungen ab, führe mit Disziplin und Fleiß, erhöhe die Ansprüche.

10. Vertraue dem Universum! Bleibe klar, vertraue, sei dankbar. Höre auf deine Stimme, sei still und wisse, dass du der Schöpfer bist, unternimm alles Notwendige.

11. Baue auf deine Mitarbeitenden! Delegiere und motiviere! Vergib klare Aufgaben, erhöhe die Ansprüche, verlange das Beste, schaffe Gemeinschaft und eine gute Atmosphäre. Motiviere, lobe situationsbedingt. Erschaffe und lasse Freiraum.

12. Sei positiv und dankbar! Sieh hin, was du erreicht hast, sei dankbar für alles, erkenne und handle. Danke für deine Gesundheit, fokussiere „Gedanke-Wort-Tat", lebe bewusst.

Abschließend noch ein Statement zum Faktor Zeit: Geben Sie sich und Ihren Ideen Zeit. Wir leben in einer immer schneller werdenden Welt. Gefühlt findet inzwischen alles in „Echtzeit" statt. Soziale Medien wie Twitter verbreiten Nachrichten in Sekundenschnelle rund um den Globus, und viele Menschen haben das Gefühl, immer „online" sein zu müssen, um nichts zu verpassen. Wir hatten das Thema.

Die darin steckende Gefahr, zu glauben, dass heute „alles schneller" geht und es auch muss, wird noch befeuert durch den Erwartungsdruck, der sowohl von Konsumenten als auch Herstellern sowie der Werbebranche und den Medien im Allgemeinen ausgelöst wird. *Time is cash, time is money ...*

Es ist leichter geschrieben als umgesetzt, aber da es so elementar ist, gebe ich es Ihnen mit: Nehmen Sie sich die nötige Zeit und den Druck raus. Versprechen wie „In vierzig Tagen zum sichtbaren Expertenstatus" oder „In drei Monaten zum fünfstelligen Monatseinkommen" durch Ihren Onlinekurs erwecken völlig unrealistische Erwartungen.

Eine Erfahrung, die hier geteilt werden kann, weil sie vielfach bestätigt ist: „Meistens dauert es länger, als man glaubt." Auch dazu weiß der Volksmund etwas Treffendes zu sagen: „Gut Ding braucht Weile." Also setzen Sie sich und andere nicht unter Druck. Ambitioniertes Vorgehen und auch anspruchsvolle Ziele können sehr sinnvoll und wirksam sein, solange der schmale Grat zur Überforderung nicht überschritten wird.

11.4 DIE Erfolgsformel (nicht nur) für Unternehmer

Wir haben über Prinzipien guter Führung gesprochen, und auch von den Regeln des Erfolges. Lassen Sie uns nun als „Bonbon" zusätzlich eine Formel anschauen, die das Streben nach Erfolg aus einer anderen Perspektive behandelt. Der Grund dafür sind vier Faktoren, nämlich Talent, Fleiß, Glück und Ego. Diese vier wirken in einer anderen Dimension als die zuvor beschriebenen Regeln, die sich mehr auf die Ebene des Handelns beziehen.

Ganz gleich, ob wir uns berufliche Entwicklungen ansehen, sportliche oder unternehmerische Karrieren – immer sind es diese vier Faktoren, die zum (Miss-)Erfolg beitragen. Hier meine These:

Die Erfolgsformel (nicht nur) für Unternehmer

Erfolg (R wie Resultate) ist die „Summe aus Talent (T) und Fleiß (F), multipliziert mit der Summe aus Glück (G) minus Ego (E)".

$$Erfolg = (Talent + Fleiß) \times (Glück - Ego)$$

Oder kurz:

$$E = (T + F) \times (G - E)$$

Vielleicht fragen Sie sich auch manchmal, warum manche Menschen erfolgreicher sind als andere? Und das, obwohl sie vielleicht vergleichbare Voraussetzungen haben oder zu Beginn hatten? Es liegt nahe, dass es Unterschiede zwischen diesen Menschen gibt, die nicht auf den ersten Blick erkennbar sind.

Was uns zu weiteren Fragen führt: Welchen Einfluss beziehungsweise welche Bedeutung haben die einzelnen Faktoren an den erzielten Ergebnissen? Ist Talent wichtiger als Fleiß, oder umgekehrt? Und wie beeinflussen Glück – oder Pech als negatives Glück – die Resultate? Und was hat das eigene Ego mit dem Erfolg oder Misserfolg zu tun? Allesamt spannende Fragen.

Gehen wir Schritt für Schritt in die Auflösung: Talent ist hilfreich, jedoch kann Fleiß zum größeren Erfolgsfaktor werden, denn langfristig gilt: „Fleiß schlägt Talent". Immer! Dafür gibt es viele gute Beispiele und Belege. Hier nur eines: Einer der besten Basketballspieler der Welt, Michael Jordan, galt vor dem Beginn seiner Karriere als deutlich weniger talentiert als sein älterer Bruder Larry, dem eine erfolgreiche Karriere im Basketball offenstand. Michael hat seine Karriere zweifellos durch einen extremen Fleiß im Training entwickelt. Er hat nicht nur regelmäßig häufiger und länger trainiert als andere, oft hat er nach einem Spiel, statt zu feiern oder sich zu erholen, gleich wieder stundenlang Körbe geworfen.

Der zweite Erfolgsfaktor ist Glück, vermindert um das eigene „Ego". Beide Begriffe bedürfen zur Klarheit des hier Gemeinten der Erläuterung. Glück kann bedeuten, zur richtigen Zeit am richtigen Ort zu sein, die richtigen Leute zu kennen, das „Glück des Tüchtigen" zu haben. Dabei fällt mir das legendäre Zitat von Gary Player, einem sehr erfolgreichen Golfprofi, ein, der gesagt haben soll: „Je mehr ich trainiere, desto mehr Glück habe ich." Glück oder Pech sind ganz zweifellos Faktoren oder Einflüsse, die Erfolge fördern oder behindern können. Denken wir an ein Restaurant, das kurz vor Beginn der Coronapandemie eröffnete. Ganz unabhängig vom Talent des Kochs oder dem Fleiß des Servicepersonals blieb es leer, weil keine Gäste kommen konnten.

Mit Ego sind hier „Persönlichkeitsfaktoren" gemeint. Zum Beispiel kann ein großes Ego durch Besserwisserei, alles selbst machen zu wollen, zu glauben, man könne Dinge am besten, Rechthaberei, Arroganz, Überheblichkeit und so weiter, ebenso zum Ausdruck kommen wie durch übertriebene Angst, Bedenken, Misstrauen, Unsicherheit, Zweifel oder auch simple Dummheit. Dagegen drücken Charaktereigenschaften wie Bescheidenheit, Beherrschung, Umsicht, Toleranz oder Gleichmut vielmehr aus, dass die betreffende Person eher ein kleines Ego besitzt. Sicher haben Sie eine ganz gute Vorstellung davon, was hier mit Ego gemeint ist.

Zurück zur Formel: Weil das Ego größer sein kann als der Faktor Glück, kann die Summe in diesem Teil der Gleichung (Glück minus Ego) negativ werden – und damit das Gesamtergebnis. Deshalb gilt: „Je größer das Ego, desto höher das Risiko des Scheiterns."

Dafür kennt sicher jeder ein Beispiel. Trotz vorhandenem Talent, Fleiß und guten Bedingungen schaffen es manche Menschen nicht, erfolgreich zu werden. Oft, weil sie „sich selbst im Wege stehen". Oder weil ihr Ego es nicht zulässt, „über den eigenen Schatten zu springen", also mutig zu sein, sich selbst zurückzunehmen und beispielsweise Kompetenz und Verantwortung an andere zu übertragen, die den Job besser machen können als sie selbst.

Der interessante Punkt an der Formel ist, dass Talent, Fleiß und Glück im schlechtesten Fall sehr niedrig sind, jedoch praktisch fast nie negativ sein können. Selbst wenn man das Pech hat, wie im Beispiel des Restaurants, zu einem unglücklichen Zeitpunkt zu öffnen, bleiben noch Optionen für den Erfolg. Denken wir an Abhol- oder Lieferservice für die Gerichte, die auch außerhalb des Lokals verhinderte Gäste zu glücklichen und dankbaren Kunden werden lassen können. Pech lässt sich fast immer durch Fleiß ausgleichen, selbst bei geringem Talent.

Da das Ego jedoch negativ in die Berechnung eingeht, also vom Glück abgezogen wird, kann die Summe negativ sein – und damit das Gesamtergebnis. Also im Ergebnis „negativer Erfolg", sprich Misserfolg und Scheitern.

Was wir daraus lernen können? Erfolg, ganz gleich ob beruflich, sportlich oder unternehmerisch, hängt viel stärker, als man glauben mag, vom eigenen Ego ab. Das zu erkennen und das eigene Ego im Griff zu haben, ist also einer der größten Einflussfaktoren für die Ergebnisse, die wir erzielen.

Und schließlich: Leider spielt das Ego vielen Unternehmern in der letzten, entscheidenden Phase ihres Schaffens einen Streich – häufig, nachdem sie bereits eine beeindruckende, positive Entwicklung realisiert haben. Sie schaffen es nicht, ihre eigene Nachfolge, also die Übergabe der Firma an die nächste Generation, erfolgreich zu meistern. Oft schieben sie das Thema „Generationswechsel" jahrelang vor sich her, weil das Ego sich dagegen wehrt. Sie spüren es vielleicht? Dieses Thema betrifft zwar Unternehmer aufgrund der Größe und Bedeutung einer Firma mit Mitarbeitenden stärker als andere Menschen. Dennoch ist es auch für viele „Normalsterbliche" eine Herausforderung, rechtzeitig ihr Haus zu bestellen, also die Vorsorge für den eigenen Tod und die damit verbundenen Konsequenzen zu treffen. Hier stehen sich meist nur Fleiß und Ego als Kontrahenten gegenüber.

Welche Schlüsse können Sie aus der Erfolgsformel für sich selbst ableiten?

12 Warum wir nur gemeinsam die Welt retten: Mut und Hoffnung ja – Beschönigung nein

12.1 Alle wollen Veränderung, keiner sich ändern – unsere Chance!

Ob Sie einschlägige Newsletter lesen, Artikel in Online-Portalen oder Social-Media-Beiträge – überall schreien alle nach Veränderungen. Nehmen wir nur die populärsten Themen dieser Zeit: Veränderungen für Nachhaltigkeit, Umwelt-, Natur- und Klimaschutz. Statistiken zeigen, dass all die bekannten Forderungen auf große Zustimmung stoßen.

Klingt verdammt nach „Ärmel-hochkrempeln-Stimmung". Da können wir uns doch fragen, warum sich praktisch so wenig ändert. Beispielsweise werden Müllberge jährlich ebenso größer, wie auch der Energieverbrauch der Menschheit – mit Ausnahme des Jahres 2021 (Stichwort Covid-19) – von Jahr zu Jahr weiter steigt.

Es liegt auf der Hand, dass die Menschen zwar gerne über das Erfordernis von Veränderungen sprechen, diese aber in erster Linie von anderen fordern. Argumente gehen um, wie „Solange China weiterhin auf Kohle setzt, können wir in Deutschland mit nur zwei Prozent der weltweiten CO_2-Emissionen sowieso nichts ausrichten." oder „Warum soll ich auf eine Fernreise verzichten, wenn der Flieger sowieso fliegt und die Hotels geöffnet haben?". Sicher kennen auch Sie eine Vielzahl solcher Scheinargumente, die letztlich alle darauf abzielen, dass andere etwas ändern sollen, bevor man selbst beginnt.

Um richtig verstanden zu werden: Auch, wenn ich selbst in den letzten Jahren – gefördert durch die Möglichkeit virtueller Treffen durch Videokonferenzen – meine Reisen erheblich eingeschränkt und auch ohne den Einfluss der Pandemie auf Urlaube im Ausland verzichtet habe; es geht hier weniger um „Verzicht" als um das bewusste Entscheiden, für was ich mich entscheide und was ich „wähle".

Weil praktisch immer mindestens eine Alternative zur Verfügung steht (es gibt wirklich wenige Dinge, die „alternativlos" sind), habe ich auch immer die Möglichkeit der Wahl. Auto, Bus oder Fahrrad, Zug oder Flieger, Erdbeeren oder Obst im Winter, Fleisch aus konventioneller Tierhaltung oder vom Biobauern, Käse am Stück oder in Scheiben mit Trennpapier und in Folienverpackung, noch übertrumpft von Schinken in von Trennfolien separierten Scheiben. Kooperation oder Konfrontation, Freundlichkeit oder Arroganz, konstruktives oder destruktives Verhalten, Wachstum oder Verfall. Und tausend weitere Wahlmöglichkeiten. Jeden Tag.

Eine Wahl zu haben und diese Möglichkeit auch bewusst wahrzunehmen, bedeutet eben auch, aktiv Verantwortung zu übernehmen, das für mich in dieser Situation Richtige zu tun – und mich dabei wohlzufühlen. Doch Vorsicht, hier kann sich eine psychologische „Falle" auftun: Es macht einen großen Unterschied, ob ich eine Entscheidung treffe, weil ich glaube, sie aufgrund „sozialer Erwartungen" treffen zu müssen, oder weil ich sie nach eigener Abwägung bewusst treffen will. Im ersten Fall werde ich mit meiner Entscheidung kaum glücklich sein, denn „Müssen" bedeutet immer, gegen die eigene Überzeugung zu handeln. Und das fühlt sich meistens schlecht an. Weil es im Grunde inkonsequent ist und nicht meinen wahren Gefühlen oder Absichten entspricht.

Nur wenn ich etwas aus ehrlicher Überzeugung entscheide und tue, kann es sich „richtig" und damit gut anfühlen. Und genau darum sollte es gehen: Entscheidungen weder aus Gewohnheit noch aus der Erwartung des sozialen Umfeldes zu treffen, sondern bewusst nach den eigenen Werten und Prinzipien sowie nach dem, was ich mit der Entscheidung erreichen will. In dem Wissen, dass jede Entscheidung, die ich treffe, Konsequenzen nach sich zieht, negative oder positive. Und dazu sollten auch immer das eigene Wohlbefinden und Glück gehören. Eine gute Entscheidung oder Veränderung ist die, die mich glücklich macht beziehungsweise die, die Sie und andere glücklich macht.

12.2   Die Mythen von „Glück" und „Zufall"

Wie schon zuvor beschrieben, erweckt es manchmal den Eindruck, als wenn erfolgreiche Menschen einfach Glück gehabt haben. Oder wir denken, dass der Zufall sie gegenüber anderen unverschämt begünstigt hat. Seien Sie gewiss – es gibt keine Zufälle. „Die Dinge fallen einem zu, wenn sie fällig sind" ist eine ganz brauchbare Aussage, die wohl auch für das ebenfalls schon erwähnte „Glück des Tüchtigen" gilt. Nur selten bekommen wir doch Einblick in die jahrelangen Anstrengungen und Vorarbeiten, die Zielsetzungen und Strategien, die Rückschläge und Misserfolge sowie die Ausdauer und das Durchhaltevermögen, die zusammengenommen zu den Ergebnissen geführt haben.

Denn es sind eben nicht die Tricks und *Hacks*, die schon immer von besonders Schlauen wohlfeil angeboten wurden, die mit scheinbar wenig oder keiner Anstrengung zum Erfolg führen. Schon Dichter Hesiod sagte: „Vor den Erfolg haben die Götter den Schweiß gesetzt." Doch Vorsicht: Nur mit harter Arbeit ist auch nur selten jemand wirklich erfolgreich geworden.

12.3   „Wie kann ich es schaffen?"

Was also ist das wirkliche, das echte Geheimnis des Erfolges? Diese bedeutende Frage stellen sich viele Menschen ein Leben lang und meinen damit ein Leben nach den eigenen Vorstellungen und Wünschen.

Oder anders ausgedrückt: „Wie kann ich die Situation, in der ich lebe, so verändern, dass sie meinen ‚wirklichen' Wünschen und Vorstellungen entspricht?"

Über die Antwort auf diese oder ähnliche Fragen, die letztlich mit dem Erschaffen unserer individuellen Realität zu tun haben, sind bereits Hunderte, wahrscheinlich Tausende Bücher geschrieben worden. Deshalb kann hier nicht wirklich etwas „Neues" stehen, sondern nur eine kurze Zusammenfassung dessen, was sich mir bisher erschlossen hat und ich deshalb an alle, die sich dafür interessieren, weitergebe:

Die erste und essenzielle Voraussetzung für die Erschaffung einer neuen Realität ist Zielklarheit. Es ist unerlässlich, sich genau vorzustellen, wie das erreichte Ziel aussieht und beschaffen ist. Dazu hilft eine exakte Beschreibung und noch besser, Visualisierung. Schreiben, malen und zeichnen Sie alles auf, was Ihnen in Verbindung mit dem erreichten Ziel einfällt. Je detaillierter, desto besser. Beschreiben Sie das erreichte Ziel in der vollendeten Gegenwart, also etwa: „Weihnachten 2035 werde ich in mein neues Haus eingezogen sein. Es steht in „da und da" auf einem großen Grundstück, hat X Zimmer, ist nach Süden ausgerichtet und bietet eine Aussicht auf Y. Zur Ausstattung gehören neben einem Kamin eine Solarthermie- und PV-Anlage, die für einen Selbstversorgungsgrad von fünfundachtzig Prozent der benötigten Energie sorgt ..." Beschreiben Sie es so detailliert wie möglich. Das gilt freilich auch für jedes andere Ziel, das Sie erreichen wollen.

Fragen Sie sich, warum Sie das Ziel erreichen wollen. Warum ist das wichtig für Sie? Was sind Sie bereit, dafür als Gegenleistung zu erbringen? Die schriftliche Beantwortung dieser Fragen klärt, ob Ihr Ziel einem dringenden Anliegen entspricht, das Sie wirklich unter allen Umständen erreichen wollen (oder ob wir doch eher von *nice to have* sprechen, es also letztlich bedeutungslos ist). Nur wenn Ihr Anliegen so brennend ist, dass Sie bereit sind, alles andere dafür unterzuordnen, werden Sie auch die Ausdauer und das Durchhaltevermögen entwickeln, es schließlich zu erreichen.

Eine für viele Menschen große Herausforderung ist die Bedingung des ehrlichen, unbedingten Glaubens, dieses Ziel schon erreicht zu haben, bevor es erreicht ist oder mindestens, es erreichen zu können. Das ist möglich durch Ihre Vorstellungskraft und Fantasie. Jedes physische Ergebnis entsteht zunächst als Gedanke und wird durch die Fantasie immer detaillierter und realer, schon bevor es sich materialisiert. Entwickeln Sie bei der Vorstellung des bereits Erreichten Gefühle von Freude, Dankbarkeit und Erleichterung – so lange, bis es tatsächlich erreicht ist. Das intensive und ehrliche Gefühl der Dankbarkeit ist der schnellste Weg zur Erfüllung. Hier spüren Sie schon, dass das ohne den festen Glauben daran, dass Ihr Ziel bereits erreicht ist, nicht möglich ist. Denken Sie dabei an die Macht der Wiederholung. Die meisten Menschen geben irgendwann auf, weil das Ziel keine hohe Bedeutung hat, also nicht einem dringenden Anliegen entspricht.

Öffnen Sie sich für neue Impulse, Möglichkeiten und Gelegenheiten. Das gilt bereits für den Plan, das Gewünschte zu erreichen. Eine detaillierte schriftliche Planung, die Sie immer wieder den aktuellen Entwicklungen anpassen, hält Sie viel leichter bei der Stange als ein rein gedankliches Vorgehen. Außerdem entlastet das Geschriebene Ihr Gedächtnis kolossal, weil Sie alles ausgespeichert haben und nichts mehr vergessen. Bedenken Sie: „Ein Tropfen Tinte ist besser als das beste Gedächtnis." (Sprichwort aus China).

Sprechen Sie mit anderen Menschen, jedoch nur solchen, die Ihnen wirklich wohlgesonnen sind, über Ihr Ziel und achten Sie auf Hinweise, die Sie näher ans Ziel bringen können. Bilden Sie eine Gruppe von Gleichgesinnten oder beteiligen Sie sich an einer solchen Gruppe, die sich in Harmonie gegenseitig bei der Erreichung ihrer jeweiligen Ziele unterstützt, nach dem *„Mastermind*-Prinzip". Achten Sie strikt auf die positive Einstellung aller Mitglieder ihrer Gruppe und akzeptieren Sie keine Person, die nicht uneingeschränkt konstruktiv zum Erfolg beiträgt.

Hören Sie auf, sich etwas Neues oder Anderes zu wünschen oder zu wollen. Damit signalisieren Sie Ihrem Unterbewusstsein, dass Sie es nicht haben. Beginnen Sie sofort damit, Ihre neue Realität schon zu „haben", also sie „vorauszuerleben", das Gewünschte schon zu Beginn geistig und emotional in Besitz zu nehmen. Schon Jesus sagte laut Überlieferung: „Einem jeden geschieht nach seinem Glauben." Sie können es noch nicht glauben? Dann lernen Sie es. Bis es sich wie Besessenheit anfühlt, und Sie keinen Zweifel mehr an der Realität haben, die bereits auf dem Weg zu Ihnen ist. Übung macht auch hier die Meisterin oder den Meister. Üben Sie, schreiben Sie das zu Erschaffende so detailliert wie möglich auf, lesen Sie es sich jeden Tag mehrmals vor, bis Sie es auswendig können. Und dann wiederholen Sie es, so oft Sie können, jeden Tag mehrmals, immer wieder, bis es Realität ist. Sie merken an dem Gefühl der Dankbarkeit, wenn Sie es gedanklich bereits in Besitz genommen haben, weil es aus dem Herzen kommt, weil Sie aus einem ehrlichen Herzensgefühl danken, weil

Sie „aus" dem Erfolg denken und fühlen (nicht „an" den Erfolg). Denken Sie daran: Sie gewinnen am Start (nicht im Ziel)! Weil Sie gedanklich und emotional bereits am Ziel sind, bevor Sie starten, nach dem Motto „Erst gewinnen, dann beginnen." Versuchen Sie nicht, sich selbst oder Ihr Unterbewusstsein zu „überlisten", indem Sie sich etwas „einreden" oder „wünschen", an dessen Erfüllung Sie nicht „wirklich" glauben können. Vielleicht ist die Zeit dann noch nicht reif. Vielleicht muss Ihr „Verlangen", und damit der Glaube in Ihnen, noch wachsen.

Noch einmal zur Klarheit: Sobald Sie Ihre neue Realität gedanklich und in Dankbarkeit in Besitz genommen beziehungsweise angenommen haben, arbeiten Sie hartnäckig jeden Tag an der Verwirklichung Ihres Ziels, indem Sie überlegen, was Sie noch oder zusätzlich tun können, um es zu erreichen. Halten Sie die Impulse, die Sie dabei erhalten, sofort schriftlich fest und setzen Sie sie schnell und ohne Zögern um. Erweitern Sie Ihr Wissen, kümmern Sie sich um die Details, überlassen Sie nichts dem Zufall. Auch wenn Sie den Weg zu Ihrem Ziel noch gar nicht überblicken können und keine Ahnung haben, wie Sie es erreichen werden. Tun Sie jeden Tag das Erforderliche, um es Schritt für Schritt zu erreichen.

Der vielleicht wichtigste Hinweis: Lassen Sie sich nicht durch scheinbare Fehlschläge entmutigen. Oft sind sie der Test dafür, ob Sie es wirklich ernst meinen und wirklich von Ihrem neuen Besitz überzeugt sind. Durchhaltevermögen ist eine weitere Voraussetzung, ohne die Sie Ihr dringendes Anliegen wahrscheinlich nicht realisieren werden. Eine Niederlage beutet nur ein Scheitern, wenn Sie es so deuten, akzeptieren – und aufhören. Wenn Sie einen Fehlschlag als ein Ergebnis bewerten, das durch Ihre unzureichende Planung oder durch Fehler darin zustande kam, ist er gleich positiv bewertet, weil Sie einen nicht funktionierenden Weg oder Schritt identifiziert haben. Die amerikanischen *Seals*, die zweifellos zu den weltweit besten Spezialeinheiten gehören, nutzen den Leitspruch *Fail fast, fail forward*, was übersetzt bedeutet: „Aus Fehlern lernen, sich ausprobieren und weitergehen"! Ja, Sie lesen richtig: *fail* bedeutet „Fehler machen". Als Motto der *Seals*? Ja! Aus gutem Grund: Jedes kleine Kind lernt das Laufen und später Radfahren durch Hinfallen (Fehler gemacht) und wieder Aufstehen (Weitermachen). Nur so entsteht das Können, das so tief in unserem Unterbewusstsein verankert ist, dass wir nicht mehr darüber nachdenken müssen. Bei den (vordergründigen) Fehlern kommt es ausschließlich auf Ihre (positive) Bewertung an. Die allermeisten „Fehler" sind erforderliche Schritte zu besseren Ergebnissen. Jeder Sportler, jedes Kind, jeder Profi arbeitet so. Bedenken Sie, ohne diese „Misserfolge" gäbe es keinen Fortschritt. In diesem Sinne ist es ein Fehler, Fehler zu vermeiden. Kinder sollten für jeden Fehler gelobt, nicht getadelt werden. Damit sie den Mut bekommen, weiterzumachen. Und auf das Weitermachen kommt es an. Fehler sind unerlässlich für jede Meisterschaft. Und Ausdauer bedeutet, niemals aufzugeben, bis das Ziel erreicht ist.

Dazu noch ein wichtiger Aspekt: Sie können nur im „Jetzt" erschaffen. Oft vereiteln Erfahrungen der Vergangenheit sowie Vorstellungen über die Zukunft die Klarheit, dass Sie nur im „Jetzt" wählen können, welches Spiel Sie spielen, wie lange und mit welchem Ergebnis. Denken Sie immer daran, es sind die Gefühle, die das Ergebnis magisch anziehen. Und Gefühle spüren Sie nur im „Jetzt".

So simpel und doch so wirkungsvoll: Lächeln Sie! Seien Sie freundlich und zuvorkommend zu jedermann. Seien Sie die sympathischste Person im Raum. Fühlen und strahlen Sie Freude aus. Entfernen Sie jedes „Muss" aus Ihrem Leben, denn jedes „Muss" beendet das Spiel sofort. Erlauben Sie stattdessen dem „Kann", sich Ihnen zu öffnen. Seien Sie aufmerksam, und achten Sie auf neue Impulse und Möglichkeiten, die sich Ihnen oft unverhofft und aus unerwarteten Richtungen bieten. Warten Sie nicht auf die Chancen, sondern erschaffen Sie sie selbst. Werden Sie aktiv, und bleiben Sie offen, wachsam und flexibel – in der Gewissheit und Dankbarkeit, dass das Gewünschte bereits auf dem Weg zu Ihnen ist.

Sie merken, dies ist weniger eine „technische Anleitung", sondern mehr die Erklärung, warum die Realisierung Ihrer neuen oder gewünschten Realität wenig mit „harter Arbeit" zu tun hat. Es geht um die geistig-emotionale Ausrichtung und Klarheit sowie um konsequentes Dranbleiben.

Letztlich ist es Ihre „Energiearbeit", mit der Sie sich selbst in eine andere Schwingung beziehungsweise in andere Frequenzen bringen, mit denen das Gewünschte in Resonanz gehen, also angezogen werden kann. Dazu gehört wiederum der bekannte Glaube, und es lohnt sich, zu lernen und zu verstehen, wie Sie die „Energie der Erfüllung" erzeugen, bis Ihr Ziel erreicht ist.

Abschließend bedenken Sie bitte, dass dies alles keine neue Erfolgsphilosophie ist, sondern auf wissenschaftlich bestätigten Erkenntnissen beruht. Die vorstehenden viereinhalb Seiten können vielleicht der wichtigste Teil des gesamten Buches für Sie sein. In Konsequenz bedeutet das Vorstehende für Sie die Möglichkeit, alles in Ihrer Realität zu erschaffen, was Sie wirklich wollen. Haben Sie nicht schon lange danach gesucht?

12.4 Wir sind acht Milliarden – und doch alle eins!

Angesichts der dramatischen Entwicklungen und der weltgeschichtlichen Herausforderungen auf der Erde wird als eine der Ursachen die gewaltige Bevölkerungsentwicklung angeführt. Waren es zu Beginn der industriellen Revolution um 1880 noch circa zwei Milliarden Menschen, ist die Zahl im Jahr 2022 auf über acht Milliarden gestiegen.

Gleichzeitig stieg der Ressourcenverbrauch, stiegen die Mengen des CO_2-Ausstoßes und viele andere Substanzen. Diese Zahlen korrelieren zweifelsfrei und nicht zufällig mit dem Anstieg der CO_2-Konzentration in der Atmosphäre, stellvertretend für alle weiteren Einflussfaktoren auf Klima und Umwelt. Das ist alles gut nachvollziehbar. Vielleicht überrascht es jedoch, dass die allermeisten dieser acht Milliarden Menschen täglich satt werden. Zweifellos ist jeder der Millionen Menschen, die aktuell noch immer oder wieder hungern, einer zu viel, und die Zahl ist durch den russischen Angriffskrieg in der Ukraine deutlich angestiegen.

Erinnern wir uns an das erwähnte Buch *Factfulness* und die vergleichenden Statistiken, die sehr viele Entwicklungen, von denen wir glauben, sie liefen schlecht oder zu langsam, in ein faktisch richtiges und dabei überraschend positives Licht rücken. Dennoch grenzt es nämlich aus der Sicht von zum Beispiel 1960, als nur die

Hälfte der Menschen auf der Erde lebten, an ein Wunder, dass so viele Nahrungsmittel erzeugt werden. Dass die Erde in der Lage ist, so viele Menschen zu ernähren.

Allerdings ist klar: Sie ist es unter den bisherigen klimatischen Bedingungen. Niemand weiß, welche Faktoren, wie sich auf Boden, Wasser, Luft, Pflanzen, Mikroorganismen, Amphibien, Meeresbewohner, Bodenlebewesen, Insekten, Vögel und Landlebewesen auswirken. Wie sie sich bei einer Erderwärmung über eineinhalb oder zwei Grad tatsächlich verändern und auswirken. Damit sind wir wieder beim Grundübel und Ziel, die CO_2-Belastungen allenthalben und so drastisch wie möglich zu reduzieren.

Denn Folgendes ist auch klar: Es ist, wie vieles, was wir uns in diesem Buch bereits gemeinsam angesehen haben, eine Illusion, zu glauben, wir wären von anderen Menschen oder unserer Umwelt getrennt. Einerseits kann ich zwar die so genannten Prepper verstehen, also Menschen, die sich mittels individueller Maßnahmen auf verschiedene Arten von Katastrophen vorbereiten (präparieren). Andererseits finde ich es naiv, zu glauben, dass wir individuell, also wir selbst, vielleicht noch mit unserer Familie, einem globalen Desaster, das, was man ein Armageddon nennen kann, wenn es denn stattfinden würde, entgehen könnten. Zeitlich aufschieben, wahrscheinlich einige Tage, Wochen, oder Monate, ja. Vielleicht einige Jahre. Abhängig von dem Szenario, das wir uns alle nicht ausmalen wollen, egal ob Klimakatastrophe mit dem Ergebnis verbrannter Erde oder nukleares Desaster mit den gleichen Konsequenzen. Am Ende sitzen wir acht Milliarden Menschen jedoch alle „in einem Boot". Entweder wir schaffen das als Menschheit, oder wir gehen als Menschheit unter.

Der Gedanke, dass einige (Milliarden) Menschen bei steigendem Meeresspiegel eben „Pech" haben, weil sie flache Inselstaaten bewohnen, die schlicht „untergehen", ist ebenso kurzsichtig wie der Glaube oder die Hoffnung, wir (in Deutschland) würden davon nicht betroffen sein. Wir werden alle (!), jeder einzelne von uns, betroffen sein. Nichts wird bleiben, wie es ist. Da werden weder Wegsehen, Grenzen, Zäune, Patrouillen, Küstenwache noch Schutzkeller und Lebensmittelvorräte helfen.

Menschen werden in internationalen Fluchtbewegungen Schutz suchen und die höhergelegenen sowie klimatisch milderen Gebiete der Erde bevölkern. Friedfertig oder gewaltsam, jedenfalls unaufhaltsam. Doch dieses Szenario soll hier nicht weiter ausgeführt werden, weil genau dieses Inferno zu verhindern ist und nach meiner Überzeugung auch abgewendet werden kann.

Jedoch nur, wenn wir, insbesondere die „besser begüterten Menschen", Möglichkeiten und Wege erkennen und bereit sind, uns konsequent für alle Menschen einzusetzen, weil wir am Ende alle EINS sind ...

12.5 Vorsicht Falle: Egal was ich tue, das macht ja sowieso nichts aus

Wir schauen uns die Thematik „Bevölkerungswachstum" und die Möglichkeit von denen von uns, die auf der „Sonnenseite" des Planeten Erde geboren wurden, etwas genauer an und nutzen eine auf den ersten Blick vielleicht ungewöhnliche Metapher. Vor rund einem Jahr, am 15.11.2022, ist die Weltbevölkerung statistisch auf die genannten 8.000.000.000 Menschen angewachsen. Ganz unabhängig von dieser gewaltigen, praktisch nur sehr schwer zu ermessenden Zahl, kommt mir die Erde dann manchmal wie ein Blumenkohl vor, der von Insekten und Bakterien besiedelt ist, oder sollte man sagen „befallen"?

Jedes einzelne von diesen 8.000.000.000 Insekten versucht nun, es sich auf dem Blumenkohl gemütlich zu machen. Dabei erscheinen den Bewohnern manchmal Knospen, Blätter oder andere Formen der Oberfläche als störend; und obwohl sie wissen, dass die Bestandteile für die vitalen Funktionen des Blumenkohls lebenswichtig sind, fressen die Insekten sie zu großen Teilen einfach weg. Auch ist jedes Insekt darauf bedacht, sein eigenes „Feuerchen" zu machen, damit es schön warm wird. Es möchte auch unbedingt rund um den Blumenkohl reisen, um all die schönen Stellen zu sehen, die noch nicht abgefressen oder zugeschi...en wurden. Soweit die zugegeben sehr vereinfachte Metapher aus der Vogelperspektive.

Kein Mensch will frieren. Und niemand kann etwas dagegen haben, dass Menschen reisen wollen. Das soll jeder können. Allerdings ist erwiesen, dass der CO_2-Fußabdruck proportional zum verfügbaren Vermögen oder Einkommen der Menschen ansteigt. Das bedeutet: Die Reichen verursachen statistisch viel höhere Emissionen als die Armen. Das wird deutlich, wenn man an dreihundert Meter lange Superyachten mit eigenem Helikopter und den jährlich zigfachen An- und Abreisen der Eigner mit Privatjets denkt, um ein Extrembeispiel zu beschreiben.

Kommt jetzt der Aufruf zur „Gleichmacherei", zur Umverteilung von Vermögen, zur Rückkehr in den Schoß des Kommunismus? Mitnichten! Die Menschen sind – im Gegensatz zu ihren Grundrechten, die für jedermann identisch sein sollen – nicht „gleich", im Sinne der persönlichen Ausprägungen, Fähigkeiten, Wünsche und dementsprechend in ihrem Verhalten. Und es würde gegen die ureigensten menschlichen Interessen verstoßen, alle Menschen zu Gleichheit, Gleichbehandlung oder gleichen Handlungen zu zwingen. Und große Teile der Wirtschaft weltweit leben davon, dass Menschen mit viel Geld auch viel Geld ausgeben und damit anderen zufließen lassen.

Zunächst geht es hier bei der Feststellung der Abhängigkeit von Reichtum und Ressourcenverbrauch nur um ein Faktum – und die Frage, was daraus abgeleitet werden kann.

Aus meiner Sicht dreierlei:

1. Menschen mit einem höheren Vermögen tragen – ganz unabhängig von der persönlichen Ökobilanz – eine höhere Verantwortung für die Entwicklung der Klimakrise und ihren Ursachen, weil sie sie – statistisch gesehen – stärker verursacht haben als die ärmeren Teile der Bevölkerung.

2. Menschen mit einem höheren Vermögen haben – wieder ganz unabhängig von der persönlichen Ökobilanz – auch (viel, viel) höhere Handlungsmöglichkeiten, Dinge zum Besseren zu verändern.

3. Menschen mit hohem Vermögen haben – Sie ahnen es, wieder ganz unabhängig von der persönlichen Ökobilanz – auch eine höhere Verpflichtung, Dinge zum Besseren zu verändern.

So zeigen aktuelle Studien, dass vier Prozent der Menschheit in der Lage wären, die erforderlichen finanziellen Mittel aufzubringen, um die Klimakrise noch so zu begrenzen, dass das Ziel, die Erderwärmung auf 1,5 Grad Celsius zu begrenzen, gehalten werden könnte. Werden sie es tun? Werden SIE einen angemessenen Beitrag leisten?

Auch wenn aufgrund des bisherigen Verhaltens der Menschheit – und insbesondere „der Reichen" (mir ist klar, dass diese Pauschalisierung in vielen Einzelfällen nicht gerechtfertigt ist, statistisch gesehen jedoch schon) – starke Zweifel daran bestehen, stimmt es mich sehr optimistisch, wie sich nicht nur einige wenige prominente Menschen engagieren.

Zwei Beispiele: Melissa und Bill Gates sowie Yvon Chouinard. Erstere initiieren und finanzieren mit der Stiftung seit 2000 beachtliche Gesundheits-, Ernährungs- sowie Umwelt- und Klimaschutzprojekte. Chouinard überführte seine Unternehmensanteile an dem milliardenschweren Textilhersteller Patagonia im Jahr 2022 in eine gemeinnützige Stiftung, deren künftige Erträge aus dem Unternehmen künftig ausschließlich dem Umwelt- und Klimaschutz dienen werden. Zwei beeindruckende Beispiele.

Lassen Sie uns kurz einen Moment spinnen: Was würde passieren, wenn alle Menschen, die einen sicheren und effektiven Weg suchen, durch den Einsatz von Geld Maßnahmen für den Klimaschutz zu fördern, dies zum Beispiel in einem „Planet-Erde-Schutz-Fonds" könnten? Wenn dieser Fonds so strukturiert ist, dass er vollkommen transparent arbeitet, mit minimalen Kosten auskommt, und noch dazu das Geld nicht verschenkt, sondern nach unternehmerischen Gesichtspunkten immer in Verbindung mit einer adäquaten Leistung der Projektpartner vor Ort einsetzt, zum Beispiel als haftungsfreies Darlehen mit geringen Zinsen, wie es seit vielen Jahren von seriösen Mikrokreditanbietern, wie beispielsweise KIVA praktiziert wird.

Als gutes Beispiel kann auch die 1983 vom bengalischen Wirtschaftswissenschaftler Muhammad Yunus gegründete Grameen Bank gelten, für deren Konzept, Realisierung und Entwicklung er 2006 den Friedensnobelpreis erhielt.

Damit ein Beitrag beziehungsweise ein Engagement in einer solchen, globalen Organisation für jedermann und nicht nur für besonders Begüterte möglich ist, könnte eine mehrstufigen Mitgliedschaft für zum Beispiel folgende Mitgliedsbeiträge in Euro oder äquivalent Dollar angeboten werden.

Die Zahl „acht" als Basis für die Beiträge ist hier gewählt, weil sie – um neunzig Grad gedreht – das Symbol für Unendlichkeit darstellt. Sie kann, wie auch alle Nullen, durch jede andere Zahl ersetzt werden.

Status Mitglied	Beitrag in €/$
Luft	8
Wasser	80
Boden	800
Wald	8.000
Feuer	80.000
Elemente	800.000
Schwingung	8.000.000
Materie	80.000.000
Energie	800.000.000
Licht	8.000.000.000

Doch zurück zu dem Konzept, das sich mit gutem Willen der Beteiligten leicht unter Nutzung bestehender Strukturen, zum Beispiel die der Vereinten Nationen und seriösen, effizienten Hilfsorganisationen realisieren ließe, wenn sowohl die Entscheidungskompetenz über die Mittelverwendung als auch die Verantwortung dafür von legitimierten Vertretern der Mitglieder, also der Geldgeber, getragen würde.

Mit dieser Struktur sowie einem dafür zu erstellenden Regelwerk würde sichergestellt, dass das Geld nicht in unüberschaubaren Verwaltungsstrukturen versickert, sondern dort eingesetzt wird, wo es die größte gewünschte Wirkung entfaltet. Und wo Menschen mit ihm aktiv wirtschaften, was bei einem Darlehen viel wahrscheinlicher ist als bei geschenktem Geld. Wie bereits beschrieben ist *African GreenTech* ein gutes Beispiel dafür, wie man Klimaschutz und wirtschaftliche Entwicklung gemeinsam förden kann. Letztlich ist der Grundgedanke dem biblischen Gleichnis entliehen, nach dem es besser ist, Menschen das Angeln beizubringen als ihnen Fische zu schenken.

Die Mitglieder eines solchen „Planet-Erde-Schutz-Fonds" dürften mit ihrem Engagement werben, wenn sie (nach dem eigenen Gewissen) einmalig zehn Prozent ihres Vermögens oder jährlich rund ein Prozent ihres Einkommens für den Menschen-, Arten-, Klima- und Umweltschutz einsetzen. Was, wenn der finanzielle Einsatz dadurch zu einem Statussymbol avancieren würde, quer durch alle Bevölkerungsschichten und rund um den Globus? Wer weiß, vielleicht sind es ja genau Sie, liebe Leserin, lieber Leser, die beziehungsweise der die Idee für den nächsten Schritt zur Realisierung mitbringt und umsetzt?

Dazu noch eine kleine Anekdote: Meine jüngste Schwester ist Bestatterin, und als wir uns kürzlich trafen, kam die Frage auf, ob die weißen Hemden, in denen Verstorbene bestattet werden, inzwischen Taschen hätten? „Bedaure", antwortete sie, „es sind auch keine neuen Modelle zu erwarten"; auch künftig hätte „das letzte Hemd" keine Taschen!

Sehen wir es doch einmal so: Alles, was wir hier auf der Erde in Anspruch nehmen, besitzen, oder gar unser Eigentum nennen, ist in Wahrheit nur geliehen. Von unseren Kindern, Enkeln, Urenkeln und Hunderten Generationen, die noch nach uns auf diesem Planeten leben können sollten. Wir sind verantwortlich für alles, was wir tun oder nicht tun. Dafür, wie wir diese Erde hinterlassen. Und wir werden bei unserem irdischen Abschied nichts Materielles mitnehmen. Auch unsere Kinder nicht, ganz gleich, wie groß die Vermögen sind, die ihnen als Erbe zufallen. Vielleicht ist es klug, nicht (nur) möglichst große Summen an Vermögen aufzubauen und zu vererben, sondern (auch) einen möglichst intakten Planeten Erde zu hinterlassen? Das Schöne an dieser Idee ist, dass sie nicht aus einer „Entweder-oder-Alternative" besteht, sondern aus einem „Sowohl-als-Auch".

In begüterten Familien bestehen meist großzügige Möglichkeiten, eine finanzielle Absicherung der Nachkommen sogar über mehrere Generationen zu gewährleisten. Die dafür erforderlichen Prinzipien, verbunden mit dem im Kapitel 2.3 beschriebenen Zinseszins, können in diesen Kreisen als bekannt angenommen werden.

Auch wenn die Weissagung der Cree nur widerstrebend den Platz an dieser Stelle gefunden hat, sie drückt doch aus, was viele Menschen zurzeit bewegt, weil sie in vielen Bereichen unserer Natur und Umwelt Veränderungen ausmachen, die inzwischen unübersehbar und äußerst gefährlich erscheinen: „Erst wenn der letzte Baum gerodet, der letzte Fisch gefangen, der letzte Fluss vergiftet ist, werdet ihr merken, dass man Geld nicht essen kann."

Entscheidend ist deshalb an dieser Stelle die Frage, was mit dem Kapital passiert, dass nicht für das eigene Wohlbefinden, die eigene Freiheit und Unabhängigkeit sowie die Absicherung der eigenen Zukunft und die der Nachkommen benötigt wird. Also einem Teil des Vermögens, von dem Sie selbst und Ihre Nachkommen praktisch nicht merken und auch in Zukunft nicht merken würden, ob es Ihnen gehört oder nicht.

Wie so oft im Leben gibt es mehrere Möglichkeiten. Eine ist offensichtlich, nämlich das Vermögen weiter zu mehren, sprich noch größeren Reichtum aufzubauen. Also das Vermögen dem Zweck der weiteren Vermehrung zuzuordnen. Oder man sucht, findet oder entwickelt philanthropische, also menschenfreundliche Konzepte, die über die eigene Sphäre und die eigenen Bedürfnisse hinausreichen. Das ist die zweite Möglichkeit. Vorausgesetzt, es besteht die Bereitschaft, sich dem Gedanken oder Konzept zu öffnen, seine eigenen, privilegierten Möglichkeiten für die Allgemeinheit einzusetzen, ja – für die positive Zukunft der Menschheit und damit der Welt, in der wir leben.

Wie kommt man dann zu einer guten Entscheidung? Wie kann man für sich selbst einen „Maßstab" entwickeln, das eine zu tun, ohne das andere zu lassen? Auch an dieser Stelle erhalten Sie kein Rezept à la „Man nehme …", sondern als Vorschlag zwei Fragen, nämlich erstens „Wozu ist das gut?" und zweitens „Was würden Ihre Ur-Ur-Ur-Enkel zu der Entscheidung sagen, die Sie heute (nicht) treffen?"

Die erste Frage können Sie auf alle erdenklichen Aspekte beziehen und auf diese Weise abklopfen, ob Ihre Idee, Ihr Plan den Sinn ergibt, den Sie sich vorstellen und der für Sie wichtig ist. Tun Sie sich dabei selbst einen Gefallen und fragen sich nicht, was andere wohl dazu sagen würden. Dann bekommen Sie womöglich von drei Leuten, die

Sie fragen, fünf verschiedene Meinungen, was meist wenig hilfreich erscheint. Denken Sie lieber gründlich nach, am besten schriftlich, und verlassen Sie sich auf Ihr Bauchgefühl.

Die zweite Frage führt dazu, dass alle kurzfristigen und kleinlichen Einflüsse auf die Antwort unbedeutend erscheinen und Sie sich gedanklich in die Lage versetzen, etwa einhundert Jahre in die Zukunft zu sehen und die Entscheidung aus der Sicht von Menschen beurteilen, die Sie/sie nie persönlich kennengelernt haben. Dadurch rücken die wirklich wichtigen Aspekte in den Blick der Entscheidung, und dadurch entsteht oft der Wunsch, etwas von echtem Wert zu erschaffen, das bleibt und die Zeit überdauert.

Vielleicht sind jetzt, hier und heute andere Entscheidungen von Ihnen gefragt als noch vor zehn, zwanzig oder dreißig Jahren? Weil die Welt schon jetzt nicht mehr die gleiche ist und wir jetzt handeln müssen, nicht erst in zehn, zwanzig oder dreißig Jahren – wollen wir kein Armageddon erleben.

Ergänzend kann eine dritte Frage, auf die wir schon eingegangen sind, auch hier sehr hilfreich wirken, nämlich: „Was, wenn es alle tun würden?" Mit der Antwort wird schnell klar, in welche Richtung sich die Menschheit und unser Globus entwickeln würden. Entscheidend ist am Ende der Mut, das, was Sie selbst als richtig und wichtig ansehen, auch wirklich zu „tun". Wie heißt es doch so schön? „Tun ist wie Wollen, nur krasser!"

12.6 Nachhaltigkeit als Lebensqualitätsgewinn

Schauen wir abschließend nochmal auf das Wir. Allgemeine Aufrufe zum Aktionismus verhallen doch so gern, vielleicht im guten Gegensatz zu persönlicheren Anknüpfungspunkten. Das Thema „Nachhaltigkeit" ist überall und so groß und wirkmächtig, dass sich ihm niemand entziehen kann. Aber: Geht es Ihnen nicht auch so? Sobald in einer Gruppe von Menschen, ganz gleich ob auf einer Party, in der Nachbarschaft beim Grillen, im Sportverein oder der Firma, das Thema „Nachhaltigkeit" aufkommt, wird es still. Einige ignorieren es, andere machen vielleicht noch einen witzigen Spruch, aber nur wenige sehen in Nachhaltigkeit etwas wirklich Positives, weil es für die meisten einen Verlust an Lebensqualität bedeutet.

Auch ich habe in den letzten Jahren bewusst auf Flugreisen verzichtet, mich für ein Wasserstoffauto entschieden, dennoch oft die Bahn gewählt und manchmal gebrauchte statt neue Gegenstände erworben, zum Beispiel bei Büchern. Dabei ist mir aufgefallen, dass ich das Gefühl, dass ich bei einem, sagen wir, Verzicht habe, nicht ein Gefühl von Mangel, Traurigkeit, Bedauern oder gar Verlust sein muss. Es liegt vielmehr an meiner inneren Einstellung, ob sich mein nachhaltiger Lebensstil gut und richtig anfühlt oder sogar meine Lebensqualität erhöht.

Um es an einem bewusst einfachen Beispiel zu beschreiben: In diesem Jahr bin ich nach vielen Jahren „Abstinenz" erstmals wieder eine Woche Ski gelaufen. Mit drei Freunden, die einen vierten Mann zum abendlichen Kartenspielen suchten.

In einem Portal für private Anzeigen fand ich sowohl einen nicht getragenen Skianzug, der mir wie angegossen passte, als auch eine neuwertige Protektorweste und einen wenig getragenen Helm mit Skibrille. Ich war wirklich sehr gut eingekleidet, die Produkte erhielten ein zweites Leben, kosteten nur etwa die Hälfte gegenüber neuen Sachen, und gleichzeitig wurden drei Verkäufer glücklich. Bei dieser Aktion gab es nur Gewinner, und das fühlt sich für mich echt gut an.

Fragt sich, wie wir einen Weg finden können, uns immer wieder ehrlich – nicht gespielt, weil unser Geist das so will oder andere Geister – an nachhaltigen Entscheidungen zu erfreuen? Für mich liegt die Antwort in folgendem Vorsatz: Ich „muss" nicht, sondern ich „wähle"! Sie spüren den Unterschied sofort. Ich muss nicht mit dem Fahrrad in die Stadt, zu Freunden, zum Bahnhof oder zum Einkaufen fahren, wenn ich das Fahrrad bewusst wähle. Ich will es so. Ich darf es so machen.

Es ist meine Entscheidung, ob ich die frische Luft und die körperliche Anstrengung genieße oder ob ich über den kalten Regen fluche! Es ist meine Bewertung und meine Wahl, ob ich mich über mein eigenes Engagement freue und damit meine Lebensqualität verbessere – und die unseres Planeten. Apropos Regen: Es gibt diesen schönen

Spruch, mit dem ich hier schließen möchte: „Ich freue mich, wenn es regnet, denn wenn ich mich nicht freue, regnet es trotzdem."

Zu guter Letzt – niemand muss die Welt (allein) retten! Erinnern Sie sich – wir sind acht Milliarden Menschen. Jeden Tag werden mehr Gleichgesinnte wach und beginnen, etwas zu „tun". Und lassen Sie sich nicht täuschen: „Viele kleine Leute, die an vielen kleinen Orten viele kleine Dinge tun, können das Gesicht der Welt verändern!" (frei nach einem afrikanischen Sprichwort)

Suchen und finden Sie die für Sie passenden Mitstreiter, bilden Sie Gemeinschaften, organisieren Sie zusammen wirksame Konzepte und Maßnahmen.

Fangen Sie heute an, hier und jetzt. Sie wissen ja, morgen kann niemals sein. So wie es das Schild in der Kneipe zeigt, auf dem steht: „Morgen gibt's Freibier." Das Schild hängt seit vielen Jahren dort, und Freibier gibt's nie …

Vielleicht wird die darin steckende Aussage durch das Beispiel auch für Sie real, anwendbar und verhindert die Infektion mit der Krankheit „Aufschieberitis"?

Im Grunde, in der Essenz und Konsequenz, existiert nur das „Hier und Jetzt". Nichtstun oder Handeln, Schnacker oder Macher, Ente oder Adler, Zweifel oder Wissen, Angst oder Liebe, *Fake* oder Fakt?

Es ist Ihre Wahl.

Die größte Herausforderung liegt nicht irgendwo da draußen. Sie liegt in Ihnen. Sie haben diese Idee, dieses Konzept, diesen Traum, diese Vision, dieses Ziel, diese Mission, die einen Unterschied macht. Ganz gleich, was es ist, warten Sie nicht länger. Fangen Sie an, und machen Sie jetzt den ersten Schritt.

Nehmen Sie Papier und Stift, und beginnen Sie zu schreiben, greifen Sie zu Ihrem Telefon, und rufen Sie an, klicken Sie Ihren Rechner an und schreiben Sie die E-Mail, tippen oder sprechen Sie die Nachricht in Ihr Smartphone, sprechen Sie mit Ihren Liebsten darüber, und bitten Sie um Unterstützung.

Egal, was es ist, tun Sie es JETZT, heute noch.

Und dann bleiben Sie dran und hören nicht auf, bevor Sie Ihr Ziel erreicht haben!

Niemand hat so viel Wissen, das es rechtfertigen würde, ein Pessimist zu sein!

Schließlich – nehmen, geben und machen

Ich danke Ihnen von Herzen, dass Sie sich die Zeit genommen und die Aufmerksamkeit aufgebracht haben, das Buch bis ans Ende zu lesen. Vielleicht hat es zu neuen Erkenntnissen oder auch Ideen geführt, für die die Zeit jetzt reif ist. Darüber würde ich mich ebenso freuen, wie über das, was auch ich beim Schreiben gelernt habe.

Abschließend ein Beispiel: Wie Sie schon lesen konnten, entstammt der Titel dieses Buches nicht meinen Gedanken, sondern bereits vor mehr als zehn Jahren der Kreativität einer pfiffigen Marketing-Spezialistin aus Dortmund. Ich habe ihn dankbar für dieses Buch übernommen, weil er nach meinem Geschmack exakt und prägnant beschreibt, wie mit Lügen, Plagiaten, Täuschungen und vielen anderen *Fakes* umzugehen ist.

Dadurch entstand irgendwann in mir die Frage, was eigentlich so alles in dem Wort *take* steckt? Im ersten Augenblick denken wir bei der Übersetzung ins Deutsche an „nehmen" oder „annehmen". Der Duden liefert noch einige weitere Bedeutungen, zum Beispiel „übernehmen" oder „einnehmen", und auch „mitnehmen", „entgegennehmen" und „abnehmen". Tatsächlich steht *take-in* sogar für die „Täuschung" selbst, was mir neu war.

Take bedeutet aber noch viel mehr, nämlich auch „machen", ein „Zeichen setzen" und „abheben". *Take a rest* (Pause machen), *take a stand* und *take off* sind die Redewendungen im Englischen. Sie sind tolle Aufforderungen, um aktiv zu werden und zu zeigen, dass *take* nicht nur „nehmen", sondern auch „tun" und „machen" bedeuten kann. Das gefällt mir sehr, denn Sie wissen ja, einen Standpunkt einnehmen ist genauso mein Wunsch für Sie als Lesende, wie auch, dass Sie für Ihre ureigene Mission abheben.

So zeigt uns *take*, dass ein einzelnes Wort sehr unterschiedliche Bedeutungen haben kann und es sich lohnt, genau hinzuschauen und zu erkennen, in welchem Kontext es welche Bedeutung erzeugt. Schön finde ich auch *I take your point* – mit der Bedeutung „Ich verstehe, was Sie meinen" sowie *Let me take care of that* – „Ich übernehme das" und *Take his word* – „Nimm ihn beim Wort" (was natürlich auch für „Sie" und „sie" gilt)!

Vielleicht sehen Sie *TAKE no FAKE* jetzt ebenfalls mit anderen Augen, aus anderen Blickwinkeln und Perspektiven oder mit anderen Bedeutungen als noch zu Beginn Ihrer Lektüre. In diesem Sinne bedanke ich mich bei Ihnen, liebe Leserinnen und Leser, für Ihr Interesse, Ihre Zeit, Ihre Aufmerksamkeit, Ihre Wertschätzung und schon jetzt für Ihre davon ausgehenden Initiativen! Und auch bei allen Unterstützenden, die zu diesem Buch beigetragen haben, bedanke ich mich nochmals auf das Herzlichste und verbleibe mit einem aufrichtigen *Take care* – passen Sie auf, und machen Sie's gut!

Ihr Alex Deitermann

DANKE

Liebe Leserinnen und Leser, mit großer Freude und Dankbarkeit wende ich mich an Sie, um meine aufrichtige Dankbarkeit für die Unterstützung und das Interesse an meinem Buch *TAKE no FAKE* zum Ausdruck zu bringen.

Es war eine unglaubliche Reise, dieses Buch zu schreiben und zu veröffentlichen, und ich bin überwältigt von der positiven Resonanz, die es bisher erhalten hat. Dieses Buch ist ein Herzensprojekt für mich, das auf meinen eigenen Erfahrungen, Erkenntnissen, Leidenschaften und Überzeugungen aufgebaut ist. Danke für Ihr Verständnis, dass es weder Anspruch auf Vollständigkeit noch Allgemeingültigkeit erhebt noch erheben kann.

Ich bedanke mich bei Ihnen, liebe Leserinnen und Leser, dass Sie sich die Zeit genommen haben, das Buch zu lesen und in meine Gedankenwelt einzutauchen. Das bedeutet mir viel, jedoch ist es mein größter Wunsch, dass Sie durch *TAKE no FAKE* inspiriert wurden, Ihr volles Potenzial zu entfalten, an sich selbst zu glauben und nach der Realisierung Ihrer Träume zu streben, ohne Kompromisse einzugehen. Dadurch werden Sie selbst zum Original, zum Schöpfer und zur Quelle der Veränderungen, die unsere Welt im Angesicht großer Herausforderungen verbessern.

Ein besonderer Dank gebührt auch meinem Team, das stets an meiner Seite stand, von der Ideenfindung bis zur Veröffentlichung und darüber hinaus, namentlich Katharina Boguslawski (Design, Illustrationen, Buchsatz und Website), Krizia Köhler (Lektorat), Dr. Ralf Hasler und Annika Lyndgrun (Philosophie), Dr. Nicole Hermann und Markus Coenen (Autoren-Coaching und Konzept), afkara jl modang (Coverdesign), Tanja Spath-Nagazi (Korrektorat) und besonders Hauke Wagner (Marketing), Mario Hattwig (Radio PR) sowie Vera Echelmeyer (Präsentation und Verkauf). Außerdem One World Distribution (Druck) und Nova MD (Vertrieb). Ihre und Eure Professionalität und Fachkenntnisse, Eure Hingabe und Expertise sowie Euer unermüdlicher Einsatz haben einen unermesslichen Beitrag zum Erfolg dieses Buches geleistet und dazu beigetragen, dass *TAKE no FAKE* nun in den Händen der Leserinnen und Leser liegt.

Des Weiteren möchte ich meiner Familie, meinen Freunden und meinen Mentoren meine Wertschätzung ausdrücken, die mich während des Schreibens ermutigt, inspiriert und unterstützt haben. Eure Liebe, Geduld und Ermutigung haben mir geholfen, den Glauben an mein Werk aufrechtzuerhalten und mich durch die Höhen und Tiefen des Schreibprozesses zu führen.

Last but not least bedanke ich mich bei Claudia Kleinert, Ralf Hellmann, Inge Bell sowie Wolfgang Grupp sen. für Ihre Beiträge sowie die darin enthaltene wertschätzende Unterstützung für die Anliegen des Buches.

Die Entwicklung, Fertigstellung und Verbreitung von *TAKE no FAKE* wäre ohne all diese wunderbaren Menschen und deren kreative und professionelle Beiträge nicht möglich gewesen. Deshalb danke ich Euch und Ihnen allen von ganzem Herzen für die Begeisterung, das Vertrauen und die Unterstützung, die ihr und Sie mir auf dieser Reise haben zuteilwerden lassen.

Ich hoffe aufrichtig, dass *TAKE no FAKE* Ihnen wertvolle Einsichten, Inspiration und Motivation geschenkt hat. Möge dieses Buch Sie dazu ermutigen, Ihre eigenen Träume zu verfolgen, Integrität zu leben und eine Welt zu schaffen, in der die Wahrheit, das Echte, die Authentizität und das Bessere triumphieren und so zu einer lebenswerten Zukunft beitragen.

In aufrichtiger Dankbarkeit

Ihr Alex Deitermann

Buchempfehlungen

Das Black Box Prinzip von Matthew Syed
Denke nach und werde reich von Napoleon Hill
Der längere Atem von George Leonard
Der Selbstentwickler von Jens Corssen
Tipping Points von Malcolm Gladwell
Eine neue Erde von Eckhard Tolle
Ernährung für ein neues Jahrtausend von John Robbins
Extreme Ownership von Jocko Willink und Leif Babin
Factfulness von Hans Rosling
Frohes Schaffen von Timo Kaapke
Führung ist keine Raketenwissenschaft von Daniel Mehde und
Carsten Banse
Gespräche mit Gott (3 Bände) von Neil Donald Walsch
Good Bank von Caspar Dohmen
Glückskinder von Hermann Scherer
HEAL von Kelly Noonan Gores
JETZT von Simone Stargardt und Jochen Stargardt
Machen, nicht denken! von Richard Wiseman
MEHR SEIN, weniger brauchen von Jessica Böhme und Thomas
Bruhn
Napoleon Hills Gesetze des Erfolges von Napoleon Hill
PLAY BIGGER von Al Ramadan, Dave Peterson, Christopher Loch-
head, Kevin Maney
Principles von Ray Dalio
PROFIT FIRST von Mike Michalowicz
So werden Sie reich wie Norwegen von Clemens Bomsdorf
Shoe Dog von Phil Knight
The Big Five for Life von John Strelecky
Über die Psychologie des Geldes von Morgan Housel
Überfluss von Peter H. Diamandis und Steven Kotler
Unstoppable von Malte Stöckert
Werde Übernatürlich von Dr. Joe Dispenza
WHOEVER MAKES THE MOST MISTAKES WINS von Richard Far-
son und Ralph Keyes

Literaturverzeichnis

Ein Literaturverzeichnis mit klickbaren Links bekommen Sie im **Bonusmaterial**, das Sie hier herunterladen können.

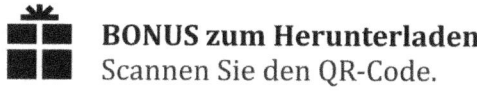 **BONUS zum Herunterladen**
Scannen Sie den QR-Code.

Kapitel 1

https://www.pm-wissen.com/psychologie/a/luegt-man-wirklich-200-mal-am-tag/2873/

https://www.mdr.de/wissen/luegenerkennung-die-luege-steht-uns-nicht-ins-gesicht-geschrieben-100.html

https://www.deutschlandfunkkultur.de/luegen-zwischen-unterhaltung-und-selbstbetrug-100.html

https://chris-ley.de/magazin/fake-it-until-you-make-it/

https://www.deutschlandfunkkultur.de/fake-news-vorbeugen-impfung-gegen-desinformation-100.html

https://www.philoclopedia.de/2018/05/18/bertrand-russell-über-kennzeichnungen/

https://www.bundesregierung.de/breg-de/schwerpunkte/umgang-mit-desinformation/deep-fakes-1876736

https://www.dw.com/de/fake-news/t-36822110

https://www.zeit.de/thema/fake-news?utm_referrer=https%3A%2F%2Fwww.google.com%2F

https://de.wikipedia.org/wiki/Kunst_kommt_von_K%C3%B6nnen

https://www.dw.com/de/fake-news/t-36822110

https://www.zeit.de/zustimmung?url=https%3A%2F%2Fwww.zeit.de%2Fdigital%2Finternet%2F2020-03%2Ffake-news-usa-praesidentschaftswahl-wahlkampf-facebook-studie

https://www.bdzv.de/alle-themen/pressefreiheit/tag-der-pressefreiheit/desinformation-toetet-essay-von-bernhard-poerksen-zum-tag-der-pressefreiheit

https://www.aachener-zeitung.de/consent/?ref=https%3A%2F%2Fwww.aachener-zeitung.de%2Fpolitik%2Fdeutschland%2Fdesinformation-toetet_aid-68796945

https://www.deutschlandfunk.de/russlands-desinformationspolitik-die-arbeit-eines-100.html https://www.ardmediathek.de/video/science-talk/fake-news-und-die-grosse-vertrauenskrise/swr/Y3JpZDovL3N3ci5kZS9hZXgvbzE4MTYzMTU

Kapitel 2
https://www.zdf.de/nachrichten/politik/selenskyj-deepfake-video-ukraine-krieg-russland-100.html
https://de.wikipedia.org/wiki/Wulff-Aff%C3%A4re
https://de.wikipedia.org/wiki/Kachelmann-Prozess
https://www.tagesschau.de/faktenfinder/trump-bilanz-uswahl-fakenews-101.html
https://de.statista.com/infografik/24003/anzahl-der-falschen-oder-irrefuehrenden-aussagen-von-us-praesident-donald-trump/
https://www.spiegel.de/politik/allein-das-schwein-a-d87894bc-0002-0001-0000-000013681890
https://www.welt.de/politik/deutschland/article148969193/Ein-Teil-dieser-Antworten-wuerde-die-Bevoelkerung-verunsichern.html
https://www.handelsblatt.com/politik/international/europaeische-union-kurz-scheitert-mit-blockadepolitik-oesterreich-bekommt-ueber-die-eu-keine-zusaetzlichen-impfdosen/27063534.html
https://zeitgeschichte-online.de/kommentar/ex-machina
https://www.deutschlandfunk.de/schreiben-nach-ki-artifizielle-und-postartifizielle-texte-100.html
https://www.mentorium.de/plagiatssoftware/
https://www.jetzt.de/interview/eine-doktorarbeit-kostet-etwa-20-000-euro-520034
http://www.doktortitel.cc/product/doctor-h-c-of-church-management/
https://www.ebay.de/itm/122641068502
https://www.focus.de/gesundheit/arzt-klinik/schoenheitsoperationen-so-sah-patrick-vor-6-jahren-aus-das-haben-dutzende-schoenheits-ops-aus-ihm-gemacht_id_11511382.html
https://www.instagram.com/explore/tags/plasticpositive/?hl=de
https://www.rtl.de/cms/barbie-double-amanda-ahola-ist-suechtig-nach-schoenheits-ops-4216590.html
https://www.ikk-classic.de/gesund-machen/trends/schoenheits-ops
https://www.dgaepc.de/aktuelles/dgaepc-statistik/dgaepc-statistik-2022/
https://www.stern.de/neon/herz/schoenheits-ops--ist-die-vagina-eine-neue-problemzone--7459348.html
https://www.ble.de/SharedDocs/Downloads/DE/Landwirtschaft/Oekologischer-Landbau/ListeKontrollstellen.pdf;jsessionid=2226E6979F3A3EE74B982FED670CC393.1_cid335?__blob=publicationFile&v=18
https://taz.de/EU-Rechnungshof-kritisiert-Oekokontrolle/!5580535/
https://foedevarestyrelsen.dk/siden-findes-ikke

https://taz.de/Vorwuerfe-gegen-Schweinehalter/!5792577/
https://www.biowahrheit.de/hintergrund/
https://blog.wwf.de/bio-ruege/
https://www.welt.de/wirtschaft/article151987009/McDonald-s-scheitert-mit-
seinem-Bio- Burger.html
https://taz.de/Whistleblower-packt-aus/!5816173/
https://www.bundesgesundheitsministerium.de/fileadmin/Dateien/5_
Publikationen/Drogen_und_Sucht/Berichte/No_Roids_Inside_
Abschlussbericht.pdf
https://www.merkur.de/wirtschaft/ard-doku-expertin-bio-siegel-sind-
verarsche-wie-schweine-und-huehner-zr-12344446.html
https://www.ble.de/SharedDocs/Downloads/DE/Landwirtschaft/
Oekologischer-Landbau/ListeKontrollstellen.pdf?__
blob=publicationFile&v=7
https://daserste.ndr.de/panorama/archiv/2019/Razzia-Millionen-Betrug-mit-
Krebsmedikamenten,zytostatika108.html
https://www.zeit.de/zustimmung?url=https%3A%2F%2Fwww.zeit.
de%2Fwirtschaft%2F2011-02%2Fhiv-medikamente-betrug-
pharmahandel
https://www.polizei-beratung.de/themen-und-tipps/betrug/arzneimittel/
https://www.merkur.de/deutschland/krebs-medikamente-razzia-betrug-
abrechnung-aerzte-apotheker-pharma-beweise-durchsuchungen-zr-
13342337.html
https://www.aerzteblatt.de/archiv/81354/Arzneimittelfaelschungen-Hohe-
kriminelle-Energie

Kapitel 3
https://www.spiegel.de/wirtschaft/ceo-fraud-in-erfurt-falsche-chefs-erbeuten-
ueber-zwei-millionen-euro-a-ce4b26a6-b974-4b65-811a-6284d6ea7869
https://it-sec.de/betrug-im-unternehmensumfeld/
https://prevency.com/de/desinformationskampagnen-als-gefahr-fuer-die-
wirtschaft/
https://www.woxx.lu/green-finance-das-geld-waechst-auf-den-baeumen/
https://www.pharmazeutische-zeitung.de/gewinnspanne-hoeher-als-im-
drogenhandel/
https://www.aerzteblatt.de/archiv/81354/Arzneimittelfaelschungen-Hohe-
kriminelle-Energie
https://www.grin.com/document/74207
https://www.kom.de/medien/fake-news-kosten-die-weltwirtschaft-78-mrd-
dollar/
https://programm.ard.de/TV/tagesschau24/Kontakt/?
sendung=287214832666

https://www.ey.com/de_de/news/2022-pressemitteilungen/07/plagiate-werden-immer-haeufiger-im-internet-gekauft

https://www.globalcompact.de/migrated_files/wAssets/docs/Menschenrechte/Studie_DGCN-ERGON_-DINA5-_20181129_WEB.pdf

https://www.lightup-movement.de/fashion-revolution/ausbeutung-textilindustrie

https://euipo.europa.eu/tunnel-web/secure/webdav/guest/document_library/observatory/documents/reports/2019_Status_Report_on_IPR_infringement/2019_Status_Report_on_IPR_infringement_pr_germany.pdf

https://www.wiwo.de/unternehmen/industrie/produktpiraterie-unfassbar-dreist-der-kampf-gegen-produktfaelscher/28954958.html

https://www.daserste.de/information/reportage-dokumentation/dokus/sendung/i-want-more-milliardenraub-im-netz-100.html

https://www.kanzlei-schumacher.at/news/schwindel-mit-wald-und-holzinvestments

https://www.tagesschau.de/ausland/europa/eu-nachhaltigkeitssiegel-greenpeace-kritik-101.html

https://www.tagesschau.de/ausland/europa/eu-kommission-taxonomie-103.html

https://www.tagesschau.de/ausland/oesterreich-klage-taxonomie-atomkraft-101.html

https://www.google.de/books/edition/Die_Wirecard_Story/0Nv1DwAAQBAJ?hl=de&gbpv=1&pg=PT7&printsec=frontcover

https://www.nzz.ch/gehoert_die_bp-aktie_in_oekologische_finanzprodukte-ld.919018

https://www.tagesschau.de/ausland/europa/eu-nachhaltigkeitssiegel-greenpeace-kritik-101.html

https://www.bund.net/service/presse/pressemitteilungen/detail/news/klage-gegen-eu-kommission-fossiles-gas-gehoert-nicht-in-die-taxonomie/

https://www.tagesschau.de/ausland/oesterreich-klage-taxonomie-atomkraft-101.html

https://www.sueddeutsche.de/wirtschaft/wirecard-nordamerika-insolvenz-1.5091168

https://www.isi.fraunhofer.de/content/dam/isi/dokumente/cct/2020/Faktencheck-Batterien-fuer-E-Autos.pdf

https://www.focus.de/auto/news/ifo-studie-physikprofessor-und-hans-werner-sinn-e-autos-umweltschaedlicher-als-diesel_id_10604434.html

https://vsvbb.de/themen/abgasskandal-schadensersatz/vw-abgasskandal-volkswagen/

https://www.volker-quaschning.de/datserv/CO2/index.php

https://www.umweltbundesamt.de/daten/klima/atmosphaerische-treibhausgas-konzentrationen#kohlendioxid-

https://www.co2online.de/klima-schuetzen/klimawandel/klimawandel-luegen-und-mythen/

https://www.slpb.de/themen/gesellschaft/politische-kultur/wtf-bring-dich-ein/wtf-klimawandel-klimaluege-klimakrise

https://www.lehmanns.de/shop/sozialwissenschaften/25174873-9783940431370-handbuch-der-klimaluegen

https://www.absatzwirtschaft.de/china-kopiert-alles-das-frustriert-188113/

https://www.moebelkultur.de/news/zoll-stellt-18-dornbracht-plagiate-sicher/

https://t3n.de/magazin/fake-china-wechat-alibaba-plagiate-250828/

https://www.ardmediathek.de/video/reschke-fernsehen/der-kampf-ums-klima-wie-uns-die-oel-industrie-beluegt/das-erste/Y3JpZDovL2Rhc2Vyc3RlLm5kci5kZS80ODY3XzIwMjMtMDYtMDEtMjMtMzU0MzU

https://encrypted-tbn0.gstatic.com/images?q=tbn:ANd9GcTZn3nj-ufupQzIkOBHoC0F5tVrXIL7DKPIcoVSllTwhA&s

https://wiki.bildungsserver.de/klimawandel/index.php/Kohlenstoff_im_Ozean

https://www.spiegel.de/gesundheit/diagnose/who-statistik-zahl-der-verkehrstoten-weltweit-konstant-a-1058458.html

https://www.spiegel.de/gesundheit/diagnose/who-statistik-zahl-der-verkehrstoten-weltweit-konstant-a-1058458.html

https://www.umweltbundesamt.de/daten/energie/energieverbrauch-nach-energietraegern-sektoren#allgemeine-entwicklung-und-einflussfaktoren

https://www.spiegel.de/wissenschaft/natur/james-black-sagte-1977-die-klimakrise-voraus-leider-arbeitete-er-bei-exxon-a-1298292.html

https://www.ardalpha.de/wissen/umwelt/klima/klimawandel/klimawandel-klimaforschung-geschichte-historisch-100.html

https://www.pik-potsdam.de/~stefan/Publications/Other/rahmstorf_neu_2004.pdf

https://www.ardmediathek.de/video/reschke-fernsehen/der-kampf-ums-klima-wie-uns-die-oel-industrie-beluegt/das-erste/Y3JpZDovL2Rhc2Vyc3RlLm5kci5kZS80ODY3XzIwMjMtMDYtMDEtMjMtMzU0MzU

https://www.auto-motor-und-sport.de/tech-zukunft/alternative-antriebe/wasserstoffauto-brennstoffzelle-co2-neutral-batterie-lithium/

https://insideevs.de/news/574056/wasserstoffautos-absatzsteigerung-zahlen/

https://efahrer.chip.de/news/1000-fahrzeuge-und-neue-h2-tankstellen-wird-olympia-zum-wasserstoff-test_107164

https://www.solarify.eu/2022/11/22/280-636-lobbyisten-von-oel-gas-und-kohlekonzernen/

https://de.wikipedia.org/wiki/Sonnenenergie

https://www.carwow.de/ratgeber/welches-auto-passt-zu-mir/das-wasserstoffauto-vorteile-nachteile-und-zukunftsaussichten#Gefahr

https://www.n-tv.de/auto/Kehrt-der-Wasserstoff-Verbrenner-zurueck-article22364694.html

https://europe.autonews.com/automakers/toyota-subaru-mazda-will-explore-greener-fueling-options-internal-combustion

https://www.umweltbundesamt.de/sites/default/files/medien/479/dokumente/uba_welche_treibhausgasemissionen_verursacht_die_wasserstoffproduktion.pdf

https://www.flugrevue.de/flugzeugbau/universal-hydrogen-dash-8-fliegt-erstmals-mit-brennstoffzellenantrieb/

https://www.globalcompact.de/migrated_files/wAssets/docs/Menschenrechte/Studie_DGCN-ERGON_-DINA5-_20181129_WEB.pdf

https://www.wiwo.de/unternehmen/auto/44-ueberstunden-pro-woche-hundm-lieferanten-bekommen-laut-studie-armutsloehne/23109666.html

https://saubere-kleidung.de/2020/04/ausbeutung-made-in-europe/

https://www.wiwo.de/unternehmen/auto/44-ueberstunden-pro-woche-hundm-lieferanten-bekommen-laut-studie-armutsloehne/23109666.html

https://www.lightup-movement.de/fashion-revolution/ausbeutung-textilindustrie

https://www.textilwirtschaft.de/suche/?OK=suchen&i_sortfl=pubdate&i_sortd=desc&i_q=Produktpiraterie

https://www.karg-und-petersen.de/anti-piracy-analyst/wco-studie-nike-ist-am-haeufigsten-gefaelschte-marke/

https://www.wiwo.de/unternehmen/industrie/produktpiraterie-unfassbar-dreist-der-kampf-gegen-produktfaelscher/28954958.html

https://www.stores-shops.de/technology/plagiatschutz-im-online-handel/

https://www.guter-rat.de/magazin/ratgeber/verbrauchertipps/online-shopping-plagiate-100

https://www.lightup-movement.de/fashion-revolution/ausbeutung-textilindustrie

https://www.hessenschau.de/panorama/frankfurter-flughafen-zoll-findet-mehr-als-2000-gefaelschte-luxusuhren-v1,zoll-stellt-2000-gefaelschte-luxusuhren-sicher-100.html

https://euipo.europa.eu/tunnel-web/secure/webdav/guest/document_library/observatory/documents/reports/2019_Status_Report_on_IPR_infringement/2019_Status_Report_on_IPR_infringement_pr_germany.pdf

https://www.wiwo.de/unternehmen/industrie/produktpiraterie-unfassbar-dreist-der-kampf-gegen-produktfaelscher/28954958.html

https://www.ey.com/de_de/news/2022-pressemitteilungen/07/plagiate-werden-immer-haeufiger-im-internet-gekauft

https://www.nzz.ch/international/fettleibigkeit-in-den-usa-amerikanischer-lebensstil-macht-dick-ld.1721041

https://www.spektrum.de/news/wie-die-ernaehrung-die-lebenserwartung-beeinflusst/1993408

https://www.stern.de/genuss/essen/biosiegel--warum-man-sich-auf-das-eu-biosiegel-nicht-verlassen-sollte-9055768.html

https://www.tagesschau.de/wirtschaft/unternehmen/wirtschaftspruefer-wirecard-credit-suisse-101.html#:
~:text=Wirecard%20wurde%20jahrelang%20von%20Ernst,
und%20300.000%20Euro%20Bu%C3%9Fe%20zahlen.

https://www.google.com/search?client=firefox-b-d&q=Auf+Nachfrage+von+frontal+(fr%C3%BCherer+Name+bis+2021:
+Frontal+21)+beim+Focus+hei%C3%9Ft+es,+Frau+Dr.
+Germes+f%C3%BChrte+den+Facharzt+f%C3%BCr+Radiologie+und+w
urde+somit+unter+dieser+Spezialisierung+gelistet.
&sa=X&ved=2ahUKEwi4sdiH9ImAAxVVYKQEHY_
TDiYQgwN6BAgeEAE&biw=1280&bih=899&dpr=1

https://www.op-online.de/region/hanau/klinikum-hanau-krankenhaus-main-kinzig-kreis-auszeichnung-focus-siegel-13794168.html

https://www.deutschlandfunk.de/verbot-der-aerzte-siegel-des-focus-100.html

https://de.wikipedia.org/wiki/Plagiat

https://www.opend.org/read/mord-und-plagiat-verjaehren-nicht

https://www.rechtsindex.de/verwaltungsrecht/3296-urteil-aberkennung-des-doktortitels

Kapitel 4

https://de.wikipedia.org/wiki/Plagiat(https://www.handelsblatt.com/
unternehmen/handel-konsumgueter/handel-fast-sieben-prozent-der-importe-in-der-eu-sind-gefaelscht/24115924.html

https://www.rechtsindex.de/verwaltungsrecht/3296-urteil-aberkennung-des-doktortitels

https://www.plagiarius.com/index.php?ID=52

https://www.deutschlandfunkkultur.de/identitaet-und-beruf-verloren-in-der-weltirrelevanz-100.html

https://essayhilfe.de/dissertation/

https://www.korrektur-plus-lektorat.de/masterarbeit-vom-ghostwriter-schreiben-lassen- schlechte-idee/

https://www.spiegel.de/lebenundlernen/job/promotionsbetrug-wie-man-sich-einen-falschen-doktortitel-kauft-a-842596.html

https://www.focus.de/gesundheit/arzt-klinik/schoenheitsoperationen-so-sah-patrick-vor-6- jahren-aus-das-haben-dutzende-schoenheits-ops-aus-ihm-gemacht_id_11511382.html

https://www.ikk-classic.de/gesund-machen/trends/schoenheits-ops

https://www.dgaepc.de/aktuelles/dgaepc-statistik/dgaepc-statistik-2022/

https://www.stern.de/neon/herz/schoenheits-ops--ist-die-vagina-eine-neue-problemzone--7459348.html

https://www.sueddeutsche.de/sport/doping-fitness-1.5017189
https://www.welt.de/icon/article214338018/Fake-Follower-Wie-Mode-Influencer-damit-bei-Instagram-Geld-verdienen.html
www.wika-wika.cn
https://euipo.europa.eu/ohimportal/de/web/observatory/quantification-of-ipr-infringement
https://www.handelsblatt.com/unternehmen/handel-konsumgueter/produktpiraterie-die-faelschermafia-richtet-milliardenschaeden-an/24422268.html
https://www.spiegel.de/wissenschaft/technik/china-mediziner-faelschen-offenbar-hunderte-medizin-studien-a-65a950df-1a72-4396-a232-fb1f48cc98df
https://www.handelsblatt.com/unternehmen/handel-konsumgueter/studie-der-eu-faelschermafia-macht-in-europa-milliardengeschaefte/25901332.html
https://www.handelsblatt.com/unternehmen/mittelstand/schmaehpreis-plagiarius-taeter-nutzen-anonymitaet-des-internets/20944934-2.html
https://www.wiwo.de/unternehmen/industrie/schmaehpreis-plagiarius-schoenes-design-fuer-jedermann-bezahlbar-die-frechsten-produktfaelschungen-des-jahres/28957190.html#:~:text=Der%20Schmähpreis%20Plagiarius%20zeichnet%20jedes,sehen%20Sie%20in%20unserer%20Bilderstrecke.&text=Der%20Schmähpreis%20Plagiarius%2C%20den%20die,jährlich%20die%20dreistesten%20Produktfälscher%20aus
https://www.t-online.de/digital/id_88043506/tausende-fake-profile-so-machte-china-im-internet-corona-propaganda.html
https://www.spiegel.de/wissenschaft/technik/china-mediziner-faelschen-offenbar-hunderte-medizin-studien-a-65a950df-1a72-4396-a232-fb1f48cc98df
https://www.aphorismen.de/zitat/17225

Kapitel 5

https://www.daserste.de/unterhaltung/film/filmmittwoch-im-ersten/sendung/weil-du-mir-gehoerst-114.html
https://de.wikipedia.org/wiki/Weil_du_mir_geh%C3%B6rst
https://hochstrittig.org/petition-eltern-kind-entfremdung/

Kapitel 6

https://trademarks.justia.com/758/98/prognost-75898278.html

Kapitel 7

https://www.youtube.com/watch?v=Qt2mbGP6vFl

Kapitel 8

https://www.spiegel.de/gesundheit/diagnose/statistik-tausende-behandlungsfehler-in-kliniken-und-arztpraxen-entdeckt-a-6c3f1c9f-abe6-4e36-9d2b-93524d5b371a

https://www.badische-zeitung.de/laenger-stark-und-fit-im-alter-fuer-krafttraining-ist-es-nie-zu-spaet--193404505.html

https://www.spiegel.de/politik/kampf-gegen-die-haie-a-1bfd5989-0002-0001-0000-000013681710

https://www.spiegel.de/wissenschaft/mensch/arztfehler-bis-zu-15-prozent-aller-diagnosen-sind-falsch-a-550594.html

https://www.julius-hackethal-stiftung.org/html-2/meineid.htm

https://www.medimops.de/julius-hackethal-der-meineid-des-hippokrates-von-der-verschwoerung-der-aerzte-zur-selbstbestimmung-des-patienten-taschenbuch-M03404603575.html

https://de.statista.com/statistik/daten/studie/39013/umfrage/ausgaben-im-gesundheitswesen-in-deutschland/.

https://www.aekno.de/fileadmin/user_upload/aekno/downloads/2020/gak-entscheidungen-2000-2015.pdf

https://www.lern-online.net/physik/mechanik/arbeit-leistung-energie/

https://www.youtube.com/watch?v=bU4cyLL-g6U

https://www.spiegel.de/politik/kampf-gegen-die-haie-a-1bfd5989-0002-0001-0000-000013681710

https://www.weka.ch/themen/fuehrung-kompetenzen/mitarbeiterfuehrung/qualifikation-und-ziele/article/ziele-formulieren-mit-der-smart-formel-klare-ziele-formulieren/

https://www.sprachnudel.de/woerterbuch/Bullshit

Kapitel 9

https://de.wiktionary.org/wiki/Original

https://www.deutschlandfunk.de/der-hype-um-die-authentizitaet-100.html

https://www.africagreentec.com/

https://www.deutschlandfunkkultur.de/hans-rosling-u-a-factfulness-mit-fakten-gegen-unwahrheit-100.html

https://www.rki.de/DE/Content/Institut/Geschichte/Robert_Koch.html

https://www.destatis.de/DE/Themen/Gesellschaft-Umwelt/Bevoelkerung/Sterbefaelle-Lebenserwartung/_inhalt.html

https://www.deutschlandfunk.de/erste-penicillin-behandlung-vor-80-jahren-der-lange-weg-zum-100.html

https://www.geo.de/magazine/geo-chronik/19658-rtkl-geniale-erfindungen-wie-der-mensch-das-rad-erfand-und-damit-die-welt

https://www.operation-karriere.de/karriereweg/medizinstudium/meilensteine-der-medizingeschichte.html

https://de.wikipedia.org/wiki/William_Thomas_Green_Morton

https://de.wikipedia.org/wiki/Theodor_Kocher

https://de.wikipedia.org/wiki/Karl_Landsteiner

https://faszinationchemie.de/wissen-und-fakten/news/small-is-beautiful-eine-erfolgsgeschichte-niedermolekularer-wirkstoffe

https://www.ardalpha.de/wissen/gesundheit/james-watson-dna-dns-francis-crick-genforschung-strickleiter-gene-100.html

https://nds.wikipedia.org/wiki/Wilhelm_Conrad_R%C3%B6ntgen

https://de.wikipedia.org/wiki/Leuchtdiode

https://diaspective-vision.com/

https://www.freepatentsonline.com/DE102014107321.html

https://www.podcast.de/podcast/2543494/das-beste-aus-2-generationen

https://www.wirtschaft-digital-bw.de/ki-made-in-bw/innovationswettbewerb-ki-fuer-kmu/hyperspec-sortierung-von-wertstoffen

Kapitel 10

https://www.filmstarts.de/kritiken/273783.html

https://www.scorpio-verlag.de/Buecher/340/Heal.html

https://www.domradio.de/artikel/vor-25-jahren-rehabilitierte-johannes-paul-ii-galileo-galilei

Kapitel 11

https://ethisphere.com/2021-wme-announcement/

https://beruhmte-zitate.de/zitate/1958073-henry-ford-ob-du-denkst-du-kannst-es-oder-du-kannst-es-nicht/

https://www.strussundclaussen.de/karriere-blog/beitraege/das-ego-je-groesser-desto-besser/

Über Alex Deitermann

Alex Deitermann ist überzeugter Idealist, bewusster Optimist und seit seinem 25. Lebensjahr Unternehmer mit Herzblut. Seine Mission sind nach vier erfolgreichen Firmenübergaben „gelungene Generationswechsel" in Unternehmen.

Er begann 2009, sich beruflich für die Absicherung von Produkten und Materialien gegen Plagiate zu engagieren, wurde dadurch für viele beeindruckende Beispiele sensibel und begann zu verstehen, warum unsere Welt durch Lug und Trug, durch Plagiate und Fälschungen oder durch Täuschungen und gezielte Desinformation gesellschaftlich, politisch, ethisch, ökologisch und auch ökonomisch leidet.

In diesem Buch verschweigt er auch eigene Fehler und *Fakes* der Vergangenheit nicht. Sein Anliegen jedoch sind Wege und Möglichkeiten für jeden Leser und jede Leserin, eigene Standpunkte zu entwickeln, auf eigene Sinne und Werte zu vertrauen, bewusst genauer hinzuschauen, eigene Überzeugungen, Ziele und Wege für deren Realisierung auszubilden und dadurch die Welt ein Stück zu verbessern.

Alex Deitermann, Jahrgang 1959, ist Unternehmer, Autor, Podcast-Host, Vortragsredner sowie gefragter Sparringspartner und Unterstützer für Mittelständler und Familienunternehmen. Er engagiert sich seit vielen Jahren für Natur-, Umwelt- sowie Klimaschutz und ist seit 2020 auch Wasserstoffpionier. Mehr über den Autor unter: www.alexdeitermann.de.

Losung:

Wenn du etwas ganz fest willst,

dann wird das Universum darauf hinwirken,

dass du es erreichen kannst.

Paolo Coelho